KB054585

인문학적 지혜의 샘〔泉〕

다산 정약용의 목민리더십(Ⅱ)

〈목민리더십과 인성교육〉

김종두 지음

明文堂

　지금 우리사회는 인문학 열풍이 불고 있다. 인문학을 연구하고 가르치는 대학에서는 '인문학의 위기'를 말하는데, 기업과 시민들 사이에서는 '인문학의 열풍'이라는 아이러니한 현상이 나타나고 있는 것이다. 인문학人文學은 '인간〔人〕의 문화적 흐름〔文〕을 알게 해주는 학문〔學〕'으로 해석된다. 인문학〔studia humanitatis〕 용어를 최초로 사용한 키케로Marcus Tullius Cicero는 '인간의 정신을 가장 존귀하고 완전하게 해주는 학문'이라 했고, 혹자는 '앎과 실천의 간격을 좁혀주는 학문', '생生과 사死의 경계점에서 인간이 지향해야 할 본연의 가치를 추구하는 학문' 등으로 정의定義했다. 이는 문화의 시대인 21세기의 정신과도 맥을 같이하고 있는데, 인문학은 한마디로 "나는 누구이며 어떻게 살아갈 것인가?"에 대해 스스로 질문하고 답을 구하는 학문이라 할 수 있다. 이런 시점에 "학문은 인간의 삶에 이로움을 주어야 한다."면서 실사구시實事求是적 학문을 주장했던 다산茶山 정약용丁若鏞(1762~ 1836)의 가르침에서 인문학적 지혜를 찾아보고자 한다.

　이 책은 필자가 국방대학교 안보과정에서 강의했던 '다산 정약용의 공직자 리더십'을 보완하는 형태로 저술하였다. 다산은 폐족을 당하고 유배형에 처해진 상태라 언제 사약賜藥이 내려질지 모르는 처절한 상황에서도 "리더는 공정한 마음으로 듣고 모두를 살펴서 오직 옳은 것만을 추구해야 한다."는 '공청병관公聽並觀 유시시구唯是是求'[1] 정신으로 『목민심서』를 비롯한 500여 권의 저술과 2,500여 수의 시를 통해 나라와 백성을 걱정하는 참지식인의 모습을 보여주었다. 비록 200여 년 전에 남긴 것들이지만, 그가 보여준 위국위민爲國爲民의 충정衷情과 실용지학實用之學의 정신은 오늘날 리더십 정신으로 승화되어야 한다는 생각이다.

다산은 조선시대 실학을 집대성한 개혁사상가이자 역사·지리·문학·법학·과학·건축·공학·의학·음악·천문학 등을 발전시킨 한국의 레오나르도 다빈치로 불린다. 반계 유형원柳馨遠과 성호 이익李瀷의 중농주의重農主義 학풍을 계승하고 박지원朴趾源, 박제가朴齊家 등 북학파의 중상주의重商主義를 받아들임으로써 경세치용經世致用과 이용후생利用厚生을 종합하여 실학實學을 집대성했다. 그리고 중국의 성리학性理學과 양명학陽明學을 비판적으로 수용하고 서양의 학문과 기술을 받아들이는 등 변화의 흐름을 수용함으로써 '사유체계思惟體系의 변화'·'제도개혁'·'기술개발' 등을 기반으로 '신아지구방新我之舊邦'의 개혁안을 제시했다.

리더십은 리더와 팔로어가 주어진 상황과 여건 속에서 목표를 효과적으로 달성해 나가도록 하는 영향력influencing power이자 상하동욕上下同欲의

••••
1 『상례사전』「서문」: "…使後之君子 公聽並觀而 唯是是求 亦余志也."
  * 후세에 군자〔리더〕로 하여금 공정한 마음으로 듣고 모두를 살펴 〔나라와 백성을 위해〕 오직 옳은 것만 추구하도록 하자는 것이 또한 나의 뜻이었다.

과정Process이다. 그러나 리더십은 수많은 정의가 존재하고 범주가 워낙 넓어서 한마디로 표현하기는 쉽지 않다. 리더십의 책 제목에 등장하는 '가버넌스'·'가치'·'감성'·'경청'·'관계'·'균형'·'변화관리'·'배려'·'비전'·'사랑'·'서번트'·'소통'·'슈퍼'·'신뢰'·'오센틱'·'원칙'·'위기관리'·'윤리'·'임파워먼트'·'전략'·'정직'·'혁신' 등의 키워드만 봐도 그렇다. 그런데 이러한 용어用語들을 포괄할 수 있는 단어가 '목민牧民'이다.

현대리더십에서는 문화文化가 중요하다. 문화의 시대인 21세기는 더욱 그렇다. 그러나 한국은 『리더는 있으나 리더십은 없다』는 책의 제목처럼, 정치계를 비롯한 기업·종교·군대·교육계 등의 리더십은 시대적 요구를 따르지 못하고 있는 것이 현실이다. 예컨대 최고 리더인 대통령들의 말로末路, 재벌 2·3세들의 상속재산 법정다툼과 인성결핍 현상, 일부 종교지도자와 군軍 리더들의 일탈逸脫 현상 등은 한국적 리더십 철학의 부재와 무관치 않다.

이런 현상에 대해 이규태李圭泰는 『리더십의 한국학』에서 "남쪽의 귤나무를 강북에 옮겨 심으면 귤이 아니라 탱자가 열린다."는 '남귤북지南橘北枳'를 인용하면서 "서양문화의 윤리에 기초한 기업경영 중심의 리더십을 한국의 정치·경제·행정·교육·종교 등의 분야에 여과 없이 적용하면 부작용이 일어날 수 있다."고 경고한 바 있다. 서양세계에서 이윤창출을 목적으로 발전시킨 리더십이론을 우리가 그대로 적용해서는 안 된다는 것이다. 다산이 천주교 문제로 유배형에 처해지고 여러 인재들이 희생된 옥사獄事는 문화·윤리적 충돌에서 비롯된 리더십의 문제였다. 이런 면에서 우리 실정에 맞는 리더십이 필요할 것인데, 한국적 철학에 기초한 리더십을 '목민리더십'으로 명명命名하고, 다음과 같은 점에 주안을 두고 집필하였다.

첫째, 정약용 선생을 이해하는데 도움이 되고자 했다. 공자는 "알면 좋아하게 되고, 좋아하게 되면 즐기게 된다."[2]고 하여 '지호락知好樂'을 추구했다. 마찬가지로 다산의 목민정신을 리더십에 접목하려면 다산을 이해해야 한다. 이런 점에서 75년의 생애와 삶을 '숫자 18'과 연관시켜 설명했다. 유년시절에 이어 4세 때부터 22세까지 '수학修學 18년', 이후 39세까지 '정조의 지우知遇 18년', 이후 40세에서 57세까지 '유배 및 저술 18년', 이후 75세까지 '만년晩年 18년'을 보냈다. 이외에도 숫자 18과 연관되는 내용이 많은데, '숫자 18'과 연계하면 다산을 이해하기가 쉽다.

둘째, 다산의 목민정신을 10가지로 정리해서 제시하였다. 목민리더십은 목민정신에 기초하면서 『목민심서』 내용을 절차와 방법으로 하는 한국적 리더십 모델이다. 이는 마치 목동이 양떼를 푸른 초원으로 인도하며 보살피듯 '牧〔리더〕'이 '民〔팔로어〕'을 이끌어가는 리더십이다. 다산은 방대한 저술과 수많은 시詩를 통해 정책을 제안하고 수령의 폭정을 고발하면서 백성을 위로했다. 저술한 책은 「자찬묘지명」에는 도합 499권으로, 『여유당집』에는 503권으로, 『열수전서총목록』에는 542권으로 명시되어 있는데, 이를 토대로 목민정신을 10가지로 정리해서 제시하였다.

••••
2 『논어』「옹야」: "知之者 不如好之者 好之者 不如樂之者."
　＊아는 자는 좋아하는 자만 같지 못하고, 좋아하는 자는 즐거워하는 자만 같지 못하다.

셋째, 『목민심서』는 목민리더십의 기본서基本書이자 교과서임을 제시하였다. 『목민심서』는 『경세유표』와 『흠흠신서』의 내용을 서로 연관지어 저술한 책이다. 그리고 국가개혁을 주문한 『경세유표』는 유배된 신분이라 실현이 어렵다고 판단하고, 지방수령〔牧〕을 통해 백성〔民〕의 삶을 개선시켜야 한다는 염원에서 『목민심서』를 저술했다. 이는 목민관이 '부임赴任' 해서 '해관解官' 할 때까지의 과정을 목민관이던 아버지와 정조에게 배운 내용, 그리고 자신이 '암행어사' 와 '곡산부사谷山府使' 등에서 경험한 내용을 기초로 12편 72개 조항으로 구성했다.

넷째, 시대성을 감안하여, 현대리더십의 흐름과 목민리더십을 연계하고자 하였다. 리더십은 1900년대 초에 이론 연구가 시작된 이래 1980년대에 거래적去來的, transcational 리더십에서 변혁적變革的, transformational 리더십으로의 전환이 요구되어 왔다. 그러면서 '서번트 리더십' 을 비롯한, '셀프리더십', '가치중심 리더십', '윤리적 리더십', '오센틱 리더십', '가버넌스 리더십' 등 다양한 리더십이 등장했다. 이런 과정에서 한국의 리더십은 1950년 6.25한국전쟁 당시 미국의 군軍리더십을 접한 이래, 1970년대 경영학에 도입하면서 기업리더십을 중심으로 발전되오고 있는 것이 현실이다. 이런 관계로 공공의 행정 분야 리더십이 여타의 리더십을 선도先導해야 한다는 필요성에 따라 목민리더십을 현대리더십의 흐름과 연계하였다.

다섯째, 다산의 가치 지향적 삶을 목민리더십과 인성교육으로 승화시키고자 하였다. 인성교육은 인성함양을 목표로 가정과 학교, 사회에서 통합적으로 이루어지는 교육의 과정process이다. 이는 교육자가 피교육자를 대상으로 상황을 감안해서 인성이 함양되도록 영향력을 행사하는 과정으로 본다면, 그 과정은 리더십 행위에 해당되므로 리더십은 인성교육의 수단이 될 수 있다. 그리고 인간은 가치에 따라 판단하고 행동방향을 선택하는 속성이 있다는 점에서 인성교육은 가치교육과 연관이 깊다. 다산은 '효孝'와 '공렴公廉', '3호三好', '4의四宜', '오교五教', '6렴六廉', '여유與猶 7덕목德目', '8대 옥당玉堂' 등의 가치를 지향하는 삶을 살았다는 점에서, 다산이 지향했던 가치들을 목민리더십과 인성교육으로 연계하였다.

이 책은 다산의 목민정신이 한국적 리더십으로 적용되어야 한다는 취지에서 집필되었다. 따라서 리더십 분야에 이어 철학·역사·법학·지리·과학·건축·공학·의학·음악·차茶 등에 이르기까지 다산정신을 이 시대의 실용지학實用之學으로 승화시킨 저술이 나왔으면 하는 바램이다.

끝으로 『다산의 목민리더십』에 공감하며 흔쾌히 본서의 출판을 맡아주신 명문당明文堂 김동구金東求 사장님과 본서를 집필하는 동안 가르침을 주신 박석무朴錫武 다산연구소 이사장님, 김남기金南基 정약용문화교육원 이사장님께 감사드린다. 그리고 다산 관련 저술과 강연을 통해 깨침을 주신 금장태琴章泰, 김상홍金相洪, 김시업金時業, 김용옥金容沃, 송재소宋載卲, 임형택林熒澤 교수님께 감사드리며, 다산을 공부할 수 있는 저서를 출판해 주신 정민鄭珉 교수님과 정해렴丁海廉 선생님께 감사드린다. 또한 정성으로 교정을 맡아주신 최영숙崔英淑 선생님과 김동건金東鍵 박사님, 안미옥安美玉 회장님께도 감사드린다.

2021년 5월에
茶山 연구소에서 저자 씀.

다산 정약용의 목민리더십(Ⅱ)
〈목민리더십과 인성교육〉

인문학적 지혜의 샘〔泉〕

다산 정약용의 목민리더십(II)

〈목민리더십과 인성교육〉

3장 현대리더십의 흐름과 목민리더십

현대리더십은 대체로 1980년대 이후 시점에 등장한 리더십을 일컫는다. 전통적 리더십은 '리더 · 팔로어 · 상황요인'이라는 3대 구성요소의 역동적 관계를 중심으로 목표를 달성해가는 과정으로 해석했다. 그러나 현대로 오면서, 리더십의 효과성 제고와 영향요인에 대한 관점이 다양해지면서 새로운 장르의 리더십이 등장했다. 특히 범람하는 지식정보와 글로벌화된 무한경쟁시대의 도래는 인본주의와 신뢰의 중요성, 그리고 문화를 기반으로 하는 변화와 혁신을 요구받기에 이른 것이다.

그런 가운데 리더십은 조직 구성원의 성품과 인격이 조직문화 전반에 크게 영향을 미친다는 자각이 일어나면서 높은 이상과 도덕적 가치를 기반으로 구성원들의 의식을 고양시킴으로써 기대 이상의 성과를 내도록 동기화하는 쪽으로 발전하고 있다. 이런 흐름에 맞춰 등장한 리더십이 '서번트 리더십'을 비롯한 '슈퍼리더십', '셀프리더십', '원칙중심 리더십', '팔로어십', '가치 중심 리더십', '윤리적 리더십', '감성적 리더십', '오센틱 리더십', '가버넌스 리더십' 등이다.

리더십[leadership]은 전통적으로 리더[leader]와 배[ship]의 합성어로 이해되어 왔다. 즉 선장[leader]이 배[ship]를 목표지점으로 이동시키는 과정에서의 영향력과 상호작용으로 이해한 것인데, 초기에는 리더의 역할이 리더십을 좌우하는 것으로 보아왔다. 그러나 현대로 오면서 배[ship]는 '리더'뿐 아니라 '구성원'의 동기유발, 그리고 다양한 '상황요인'의 영향을 받으면서 움직이는 '과정process'으로 인식하게 되었다.

리더십 연구자들에 의하면 리더십은 인류의 출현과 함께 존재해 왔지만, 리더십 이론이 체계화된 것은 20세기 초, 미국의 기업경영 효율화에서 비롯된 것으로 보고 있다. 그리고 한국에 리더십이 들어온 것은 1950년 한국전쟁 당시 미군에 의해 들어온 '리더십' 용어를 '통어通御', '통수統帥', '통솔統率', '지휘통솔指揮統率' 등으로 번역해서 한국군이 사용했고, 기업경영 분야에서는 1970년대부터 리더십 이론이 적용되기 시작한 것으로 보고 있다. 이렇듯 우리의 리더십은 미국의 경영학 분야의 리더십을 원용援用해서 적용하고 있다고 볼 수 있다.

목민리더십은 목민정신牧民精神에 기반基盤하면서, 『목민심서』 내용을 절차와 방법으로 적용하는, 일종의 공공행정의 리더십이다. 이는 공공의 리더십 기능발휘를 통해 정치, 경제, 사회, 문화, 교육 분야 리더십의 효과성을 높여야 한다는 당위적 측면에서 목민리더십이라는 명칭을 사용하였다. 그리고 목민정신은 제2장에서 살펴보았듯이 한국적이면서도 현대리더십이 추구하는 핵심가치들을 포함하는 정신이다.

따라서 본장에서는 리더십의 형성과정과 이론의 변천, 목민리더십의 개념과 필요성에 대해 알아보고, 이를 바탕으로 현대리더십의 흐름과 목민리더십을 연계시켜 봄으로써 목민리더십을 이해하는데 도움이 되고자 한다.

리더십의 형성과 이론의 변천에서 본
목민리더십

1) 리더십의 형성 및 유래와 다산의 관점

리더십은 동·서양을 막론하고 인류의 출현과 함께 존재하면서 진화해 오고 있는 인문사회과학의 영역이다. 동양에서 공자는 "세 사람이 길을 가면 그중에 반드시 나를 이끌어 주는 스승이 있기 마련이다."[3]면서 "[리더는] 먼저 몸과 마음을 닦아 수양하여 집안을 안정시킨 후에 나라를 다스리고 천하를 평정할 수 있다."[4]고 했다. 그리고 "어떤 일을 이루어 냈을 때, 그것은 리더에 의해서가 아니라 우리들이 스스로 성취해냈다."[5]는 요순堯舜시대의 '무위이치無爲而治'[6]론과 '무위자화無爲自化'[7]론

----

3 『논어』 「술이」: "三人行必有我師焉 擇其善者而從之 其不善者而改之."
4 『대학』: "修身齊家治國平天下."
5 『도덕경』 「48장」: "無爲而無不爲."
6 『논어』 「위령공」: "無爲而治者其舜也與 夫何爲哉 恭己正南面而已矣."

을 제시했다.

　서양에서도 『모세5경』에 "재판관을 세울 때는 재주와 덕을 겸비한 자를 지도자로 임명해야 한다."고 했고 플라톤은 『국가론』의 '동굴의 비유'에서 "리더인 철인哲人은 동굴 밖을 내다보지 못하는 사람들을 선善의 이데아인 태양의 세계로 향하도록 인도해야 한다."면서 리더의 존재와 역할을 밝혔다. 또한 플루타르코스는 『플루타르크 영웅전』에서 "리더는 높은 도덕심과 정의감에 입각하여 리더십을 발휘해야 하며, 그럼으로써 구성원에게 덕德스러운 마음을 일으키게 해야 한다."고 했다.

　다산의 관점은 "목민관이 백성을 위해 있는가?, 백성이 목민관을 위해서 있는가? 목민관은 백성을 위해 있는 것이다."[8]면서 "마을에서 공평하게 처리하는 어른을 이정里正으로 뽑고, 이정 중에서 잘못을 바로잡고 학식이 높은 사람을 당정黨正으로 뽑고, 당정 중에서 덕이 있는 어른을 주장州長으로 추대하고, 여러 주州의 주장 한 사람을 추대하여 국군國君이

••••
　＊아무것도 하지 않고도 다스린 이는 아마도 순임금이구나! 무엇을 했었는가. 몸을 공손히 하고 바르게 임금의 자리를 지키고 있었을 뿐이다.

7『도덕경』「57장」: "天下多忌諱 而民彌貧 民多利器 國家滋昏 人多伎巧 奇物滋起 法物滋彰 盜賊多有. 故聖人云 我無爲而民自化 我好靜而民自正 我無事而民自富 我無欲而民自樸."
　＊세상에 금하는 것이 많을수록 백성은 더욱 가난해지고, 백성에게 편리한 도구가 많을수록 국가는 더욱 혼란해지며, 사람들에게 기교가 많을수록 기이한 물건이 더욱 생겨나고, 진기한 물건이 많을수록 도적은 더욱 더 많아진다. 그러므로 성인은 말하기를, 내가 무위하면 백성은 저절로 변화되고, 내가 고요하면 백성은 저절로 바르게 되며, 내가 무사하면 백성은 저절로 부유하게 되고, 내가 무욕하면 백성은 저절로 순박하게 되는 것이다.

8 정약용, 「원목」: "牧爲民有乎民爲牧生乎 牧爲民有也."

라 이름하고, 국군 중에서 한 사람을 뽑아 방백方伯으로 삼고, 방백 중에서 한 사람을 추대하여 우두머리로 삼아 그를 황왕皇王으로 삼는다. 황왕의 근본은 이정에서 시작되었고, 이정은 백성에서 비롯되었으니 목민관은 백성을 위해 있는 것이다."라고 했다. 그러면서 "리더의 학문은 수신修身이 반이고, 목민牧民이 반이다."[9], "〔목민관은〕 나 자신을 먼저 수양하고, 백성을 편안하게 해야 한다."는 '수기안민修己安民'[10]을 제시했다.

리더십은 이처럼 동서양을 막론하고 점진적으로 도덕과 윤리성에 기초한 인격 중심의 리더십이 강조되어 왔음을 볼 수 있다. 이는 다산이 추구했던 목민정신과도 맥을 같이 하고 있다.

2) 리더십 이론의 변천 과정에서 본 목민리더십

리더십 이론에 대한 체계적인 연구가 시작된 것은 미국에서 20세기 초 경영학 계통에서 이윤창출과 생산성 향상을 추구하는 방안을 모색하는 과정에서 비롯되었다. 즉 리더가 가지고 있는 리더십 역량이 성과를 좌우한다고 본 것인데, 이러한 연구는 "리더의 특성은 선천적으로 타고난

----

9 『목민심서』「서문」: "君子之學 修身爲半 其半牧民也."
10 『목민심서』「서문」: "窮居絶徼 十有八年 執五經四書 反復硏究 講修己之學.", 「율기」: "公事有暇 必凝神靜慮 思量安民之策 至誠求善." 「자찬묘지명」: "六經四書 以之修己 一表二書 以之爲天下國家 所以備本末也."

다."고 보았던 '특성론〔1920~1950〕', "리더십은 리더의 말보다는 행동이 중요하다."고 보았던 '행동론〔1960〕', "리더십은 리더의 선천적 특성과 행동이 중요하지만 상황에 부합해야 한다."고 보았던 '상황론〔1970〕', "리더십은 리더와 팔로어의 높은 도덕성에 기초한 변화와 혁신을 통해서 목표를 달성해 가는 과정이다."라고 보았던 '변혁론〔1980〕' 등으로 이어져 왔다. 그러다가 21세기 '문화의 시대'가 도래하면서 리더십에서도 문화의 중요성이 부각되고 있다.

(1) 특성론特性論적 접근과 다산의 관점

리더십 이론에서 특성론적 접근은 리더십의 지배적인 요인이 '리더의 특성'에서 비롯된다고 보는 시각이다. 이는 리더의 성품이 선천적으로 타고 난다고 보는 성리학〔性卽理성즉리〕적인 접근방식과 맥을 같이 한다고 볼 수 있다.

특성론은 대략 1920년대부터 1950년대에 이르기까지 스톡딜〔Stogdill〕을 비롯한 여러 학자에 의해 제기되었다. 스톡딜은 리더의 특성을 ①재능〔capacity〕 ②성취〔achievement〕 ③책임〔responsibility〕 ④참여〔participation〕 ⑤지위〔status〕 등 5개 범주로 구분하면서 이러한 인간적 특성을 사회적 위치와 경제적 위치, 인기 등의 정도에 따라 미치는 영향력이라고 보았다.

이러한 특성론은 주로 리더의 내면적인 면에 초점을 맞추어 연구되었는데, 이 이론은 성공적인 리더와 성공적이지 못한 리더, 리더인 사람과 리더가 아닌 사람을 구분하는 특성이 무엇인지를 규명하는데 초점을 두고 있었다. 그러면서 리더의 신체적 특성과 성격적 특성 등이 리더십 성패를 좌우한다고 보았다. 그리고 리더의 특성 중에는 부하들이 리더를 따르고 싶어 하는, 뭔가 다른 카리스마 기질을 선천적으로 타고난다고 인식했다.

그러나 리더십 연구가들은 리더십의 성공 여부를 결정지어 주는 일반화된 특성이 존재하기 어렵고, 이를 검증할 만한 이론적 근거가 미약하다는 판단에 따라 리더의 선천적 특성보다는 행위적인 면에 관심을 가지게 되었다.

이와 관련된 다산의 관점은, 사람의 성품은 선천적으로 착하게 태어나지만 성장하면서 자신이 좋아하는 쪽을 선택하면서 인성 함양에 연계되어 간다는 이른바 '성기호설性嗜好說'을 주장했다. 즉 벼는 물을 좋아하고 기장〔밭벼와 비슷한 식물〕은 마른 곳을 좋아하며, 마늘과 파는 닭똥을 좋아하고 꿩은 산을 좋아하며 사슴은 풀을 좋아하는 것과 마찬가지로 사람은 선善을 좋아하고 악惡을 싫어하는 속성이 있으므로 선을 좋아하는 쪽으로 이끌어야 한다고 본 것이다.

(2) 행동론行動論적 접근과 다산의 관점

리더십 이론에서 행동론적 접근은, 리더십의 지배적인 요인이 '리더의 행위적 실천'에 있다고 보는 '행동론'의 시각이다. 말만 앞세우고 실천을 하지 않으면 리더의 카리스마도 지워져버리게 된다는 것이다. 행동론은 리더와 구성원의 관계에 초점을 맞추어 구성원에게 바람직한 영향을 미치거나, 집단이나 조직의 유효성을 높이는 리더의 행동 유형이 무엇인지를 규명하는 데 초점이 맞춰진 이론이다.

이는 1950~60년대에 미국의 아이오와[Iowa]대학, 오하이오[Ohio]주립대학, 미시간[Michigan]대학 등에서 연구되었다. '리더의 특성은 선천적으로 타고 난다'고 보는 특성론과 달리 '리더는 교육훈련 등을 통해 육성될 수 있다.'는 후천성에 더 무게를 둔 연구이다. 맨 먼저 아이오와대학에서는 리더의 행위에 따라 '권위형'·'민주형'·'방임형' 리더로 분류하였고, 오하이오 주립대학의 연구에서는 업무성과에서 구성원들의 역할에 비중을 두는 '구조주도 유형'과 인간관계에 비중을 두는 '배려유형'으로 분류하였다. 또한 미시간대학의 연구에서는 업무 중심의 '과업지향행동'과 관계 중심의 '종업원지향행동'으로 구분하였다. 그 후 브레이크[Blake]와 머튼[Mouton] 등에 의해 인간관계를 중시하는 'y축'과 생산성을 중시하는 'x축'의 두 축에서 다섯 가지의 관리격자 유형, 즉 '태만형'·'권위형'·'사교형'·'중도형'·'팀형'으로 구분하는 연구가 나왔다. 이 접근법은 리더와 부하의 관계가 '업무중심'이냐, '관계중심'이냐에 따라 여러 유형의 리더십 형태로 분류하는 것이다.

이 시기에 대한민국에서는 6.25한국전쟁을 계기로 한국 군대에 리더십 개념이 유입되었으며, 리더십을 통솔統率, 통수統帥, 통어統御 개념으로 해석해서 사용했다.

이와 관련한 다산의 관점은 "오직 옳고 바른 마음으로 듣고 보아서 나라와 백성을 위해 옳은 일을 행동으로 옮겨야 한다."는 '공청병관公聽並觀'과 '유시시구唯是是求'를 강조했다. 또한 다산은 '덕德'에 대해서도

'행오지직심行吾之直心', 즉 '나의 곧은 마음을 행동으로 옮기는 것'으로 해석하면서, '행하지 않으면 덕이 될 수 없다.'고 함으로써 행함의 중요성을 강조했다.

(3) 상황론狀況論적 접근과 다산의 관점

상황론적 접근은, 리더십의 영향력이 리더의 특성이나 행위보다는 리더와 팔로어가 처하고 있는 상황요인에 의해 좌우된다고 보는 관점이다. 여기서 '상황'은 '리더'와 '팔로어' 모두에게 미치는 영향요인이다. 그러므로 리더십의 효과성은 리더의 개인적 특성이나 리더의 행위보다도 '상황요인'이 리더십의 성패를 좌우한다고 보는 관점이다. "로마에 가면 로마의 법을 따르라.", "송충이는 솔잎을 먹어야 살 수 있다."는 속담이 있듯이 상황요인의 영향을 크게 보는 주장인데, 이 시기에 한국의 경영학 분야에 리더십 개념이 유입되어 적용되기 시작하였다.

상황론은 1970~90년대에 이르러 피들러〔Fiedler〕의 '상황적합성이론', 하우스〔House〕의 '경로-목표이론', 허쉬〔Hersey〕& 브랜챠드〔Blanchard〕 등의 '상황적 리더십이론' 등이 등장하면서 구체화되었다. 피들러의 '상황적합성이론'은 조직의 상황에 영향을 미치는 변수를 3가지로 보는데, 첫째는 리더와 구성원 사이의 인간관계, 두 번째는 과업의 구조화 상태, 세 번째는 리더의 직위권력〔포지션 파워〕 상태 등에 따라 리더가 '과업중심' 또는 '관계중심'의 리더십 행위를 선택하게 된다는 것이다.

하우스의 '경로-목표이론'은 조직구성원의 기대심리를 이용하는 이론으로, 리더는 구성원이 성과의 대가로 받게 될 보상의 가치를 높이고, 보상을 향해 나가는 경로에 어려움을 주는 장애요인을 제거함으로써 과업수행의 동기부여와 만족감을 높이는 이론이다. 즉 리더가 상황요인을 고려하여 목표달성에 이르는 경로를 제시할 때, 구성원이 어떤 경로를 택하느냐에 따라 효과성이 달라진다는 것이다.

허쉬와 블랜챠드의 '상황적 리더십 이론'은 조직상황의 변수와 구성원의 성숙도〔능력·의욕 유무〕에 따라 리더의 리더십 행위가 '지시형〔능력과 의욕이 모두 낮은 경우〕', '지도형〔능력은 있으나 의욕이 낮은 경우〕', '지원형〔능력은 낮으나 의욕이 높은 경우〕', '위임형〔능력과 의욕이 모두 높은 경우〕'을 선택하여 구사한다는 이론이다.

상황적 리더십이론은 리더와 팔로어 간의 상호작용에 영향을 미치는 환경적 요인을 규명하거나 리더가 지닌 특성, 또는 리더가 하는 행동이 구성원의 성숙도와 상황요인에 따라 유효성이 어떻게 다른지를 규명하려 했다. 이는 '리더'·'구성원'·'상황요인' 등 리더십 세 요소의 상호작용에 따라 유효한 리더십이 나타난다고 본 것이다. 그러나 이 접근법은 다양한 상황이 매우 빠르게 변화될 때 리더가 리더십을 발휘할 시간이나 상황처리에 한계가 있고, 특히 '리더'와 '구성원', '상황요인'이라는 리더십 구성요소의 역동적 관계 속에서의 다양한 변화에 대응하기 위해서는 변화와 혁신이 필요하다는 관점에서 '변혁적〔transformational〕 리더십'이 등장하게 된다.

이와 관련된 다산의 관점은, 당시 조선사회가 삼정문란三政紊亂 등으로 백성들이 피폐한 상황에 직면해 있음을 직시하고, 삶의 환경과 여건을 개선하기 위해서는 목민관의 사유체계思惟體系의 변화와 제도개혁 등

『경세유표』 저술을 통해 상황변화의 필요성을 주장했다. 또한 2,500여 수의 시를 통해 탐관오리의 악행을 고발하고 백성을 위로하는 등 백성의 삶과 관련된 '상황요인'의 개선이 필요하다는 점을 주장했다.

(4) 변혁론變革論적 접근과 다산의 관점

변혁론적 접근은, 리더십의 지배적 요인이 '변화와 혁신'에 있다고 보는 '변혁적變革的' 시각이다. 이는 1970년대 후반에 등장한 로버트 그린리프의 서번트 리더십의 영향으로 1980년대에 번즈[Burns]와 바스[Bass] 등이 변화와 혁신을 강조하는 새로운 장르의 리더십을 제안했다. 이 리더십은 구성원이 달성한 성과에 대해 보상하는 '거래적 리더십' 행태와 대칭되는 것이다. 즉 구성원의 욕구와 내재적 동기수준을 높이고 나아가 자유 · 평등 · 정의 · 평화와 같은 도덕적 동기를 자극함으로써 구성원의 가치체계 정립을 통해 조직의 변화를 이끌어 내는 리더십이다.

이 시기에 한국 군대에서는 리더십 용어를 '통솔'에서 '지휘통솔指揮統率'로 바꾸어 사용하였다. 군대의 리더십 특성을 살린다는 취지였지만, 용어의 의미로 보면 '리더십'의 본뜻에서 더욱 멀어지는 결과를 초래하였다.

변혁적 리더십이 등장하게 된 배경은 조직 내 · 외적 환경의 급격한 변화에 대한 적응과 전통적 리더십의 한계성 때문이다. 즉 조직을 둘러싼 외부 환경이 급변함에 따라 기존의 안정적 환경을 전제로 했던 전통적 리더십 이론들이 변화를 요구받게 되면서 새로운 장르의 리더십이 등장하게 된 것인데, 그 핵심은 조직의 유연성과 혁신에 있었다. 그리고 이러한 새로운 리더십 패러다임은 구성원의 신념·욕구·가치 등에 기초한 도덕성을 바탕으로 급변하는 조직 환경에 능동적으로 대처하면서도 구성원의 능력 향상과 인본주의이다.

이와 관련된 다산의 관점은, 당시 조선사회는 털끝 하나 부패하지 않은 것이 없다는 판단에서 "나의 나라를 새롭게 바꾸겠다."는 '신아지구방新我之舊邦'을 제안했던 때이다. 그리고 이를 위해 서얼庶孽의 차별 철폐, 토지제도 개혁, 양반계층의 특권 폐지, 사유체계思惟體系의 변화, 제도개혁, 기술개발 등을 통해 백성이 잘 사는 나라로 만들어야 한다면서 개혁의 필요성을 주장했다. 이와 관련된 내용은「전론田論」,「직관론職官論」,「탕론湯論」,「서얼론庶孽論」,「통색의通塞議」,「원원原怨」,『경세유표』,『목민심서』,『흠흠신서』 등에 잘 나타나 있다.

(5) 문화론文化論적 접근과 다산의 관점

문화론적 접근은, 리더십의 지배적인 요인이 '문화의 흐름'에 있다고 보는 '문화론'의 시각이다. 문화론은 2000년대에 접어들면서 '문화의 시대'라는 새로운 조류가 나타나게 되었고, '문화적 상대성〔cultural relativity〕'이 이슈로 등장했다. 즉 "나라〔또는 같은 문화권〕의 문화가 다르면 리더십의 원형이 다르고, 조직의 문화가 다르면 리더십의 원형이 달라진다. 우리나라에서도 서구이론의 지나친 일반화에 대한 반성으로 한국적 리더십 이론 탐색의 노력이 증가하고 있고, 동시에 한국적 리더

십 원형의 타당성에 대한 반론도 제기되고 있다."[11]고 보는 시각이다. 21
세기는 '문화의 세기'라는 표현과 함께 문화에 대한 인식도 달라졌는데,
이러한 문화론적 접근은 상황론적 접근에서 좀 더 진화된 접근방식이라
할 수 있다. 리더십이 리더에 의해 좌우된다는 인식을 바꿔서, 리더와 구
성원에게 영향을 주는 상황요인을 문화적 요인으로 확대한 것이다. 리더
십의 목적은 결국 효율성效率性과 효과성效果性을 높이는 데 있고, 이는
문화적 상황에 의존해야 하는 시대가 도래到來했다고 보는 시각이다. 따
라서 타문화권他文化圈에서 개발된 리더십 이론은 효율성과 효과성 측면
을 감안해서 적용해야 하는 것이다.

이 시기에 한국 군대에서 사용하던 '지휘통솔'이라는 용어를 '군대
리더십〔military leadership〕'으로 수정해서 사용하게 되었다. 필자가 국방
리더십 센터장을 하던 무렵이다.

이와 관련된 다산의 관점은, '3호三好' 정신을 강조했다. 즉 타문화권에
서 개발된 리더십 이론을 적용함에 있어서는 세 가지 내용이 고려되어야
한다는 점을 일깨우고 있다. 첫 번째는 우리의 역사와 고경古經을 좋아하
는 '호고好古'이고, 두 번째는 독서와 학문탐구를 좋아하는 '호독好讀'이
며, 세 번째는 우리의 문화와 전통을 좋아하는 '호아好我'이다. 이는 "한
국적인 것이 세계적인 것이다."라는 표현에서도 알 수 있듯이 다산이 저
술한 『목민심서』를 비롯한 『경세유표』와 『흠흠신서』, 그리고 「원교原敎」,
「원덕原德」, 「원정原政」, 「원목原牧」, 「원원原怨」 등에 제시되어 있는 내용
은 한국문화에 기초하는 한국적 리더십 철학을 담고 있다고 할 수 있다.

••••
11 박유진, 『조직과 리더십』, 양서각, 2009. 210쪽.

목민리더십의 개념과 필요성

1) 목민리더십의 개념

'목민牧民'의 사전적 의미는 "목민관〔牧〕이 백성〔民〕을 이끈다."는 뜻이다. 그런데 다산은 '목牧'을 '다스리다, 통치하다.' 등의 의미보다는 '수양修養하다', '보살피다.', '더불어 함께하다.' 등의 의미로 해석했다. 즉 '牧목'을 '保民보민', '養民양민'으로 본 것이다. 여기서 '保보'는 '보호하다', '보살피다', '養양'은 '〔낳아서〕 기르다', '〔젖을〕 먹이다', '봉양하다', '맡아 관장하다' 등의 뜻이 들어 있다. 이처럼 다산은 목민을 '백성을 보호하고 돌보다', '성장시키다', '양식을 제공하다' 등으로 본 것이다.

다산은 "백성을 부양하는 것을 가리켜 목牧이라 한다."[12]고 했는데, 이

••••
12 『목민심서』「서문」: "養民之謂牧者."

를 현대리더십의 입장에서 보면 '서번트리더십'과 유사한 개념이다. 그러므로 '목민리더십'은 목동牧童이 양떼를 좋은 곳으로 안내하여 보호하고 돌보듯이, 리더가 팔로어를 웰빙의 삶으로 안내하는 리더십으로 이해할 수 있다. 다산은 "토호土豪의 횡포는 소민小民들에게는 시랑豺狼과 호랑이다. 그 해독을 제거하고 양 같은 백성들을 보호하는 것이야말로 참된 목민관의 역할이다."[13]라고 하여 목민관을 목동牧童에 비유하였다.

'목민牧民'의 의미는 글자를 통해서도 알 수 있다. '牧'은 '牛〔소 우〕'자와 '攵〔회초리로 칠 복〕'가 결합된 글자이니 "목동이 회초리로 양떼를 목적지로 안내한다."는 뜻이다. 목동이 소를 몰고 갈 때 회초리를 드는 것은 '다스림'보다는 '가야 할 곳으로 바르게 안내'하는 데에 있다. 그리고 '民'은 '口〔입 구〕'자와 '氏〔성 씨〕'가 결합된 글자이니 성〔氏〕을 가진 많은 사람들〔口〕, 즉 '백성'을 뜻한다.

따라서 목민리더십은 목민정신에 기반基盤으로 하면서 『목민심서』내용을 절차와 방법으로 적용하는 리더십이고, 목민정신은 제2장에서 살펴보았듯이 ①오교五敎 ②근본과 오뚝이 ③공렴公廉 ④근검勤儉 ⑤창의創意 ⑥3호三好 ⑦위국위민爲國爲民 ⑧공청병관公聽並觀 유시시구唯是是求 ⑨상하동욕上下同欲 ⑩신아지구방新我之舊邦 등 10가지로 핵심이 되는 정신이다.

13 『목민심서』「형전6조禁暴」: "土豪武斷 小民之豺虎也 去害存羊 斯謂之牧."

2) 목민리더십의 필요성

오늘날 대한민국에서 목민리더십이 요구되는 이유에 대해서는 '리더십의 역할 및 기능〔4roles model〕'과 '문화적 관점'에서 설명할 수 있다.

(1) 리더십의 역할 및 기능〔4roles model〕의 관점

리더십의 역할 및 기능은 '리더·구성원·상황요인'의 세 요소가 역동적으로 조화를 이루도록 함으로써 리더십의 효율성과 효과성을 높이는 작용이다. 즉 조직이 목표한 바를 이루어 가는 과정〔process〕의 효율성과 효과성을 높이는 것인데, 리더십의 역할이 명시되어 있는 문헌은 스티븐 코비의 『원칙중심 리더십』과 미 육군에서 발행한 『군대 리더십〔military leadership〕』 교범에서 찾을 수 있다.

스티븐 코비〔Stephen Covey, 1932~2012〕는 '리더십의 네 가지 역할〔4roles model〕'[14]로 ① 목표 및 방향제시〔pathfinding〕 ② 조직의 한 방향 정렬〔aligning〕 ③ 개인의 내적 동기부여〔empowering〕 ④ 본보기〔modeling〕 등으로 제시했고, 미 육군교범에는 리더십의 역할을 "임무를 완수하고 조직을 개선하는 동시에 목표 및 방향, 그리고 동기부여를 통해서 사람들에게 영향을 미치는 것이다"[15]라고 하면서 '가치〔values〕'·'특성〔attributes〕'·'기술〔skills〕'·'행동〔actions〕'을 리더십의 네 기둥으로 삼고, 'Be〔인격요소〕·Know〔지식요소〕·Do〔행동요소〕'를 리더가 갖추어야

●●●●

14 한국리더십 센터, 『THE 4ROLES OF LEADERSHIP』, 1999, pp.13~79.

15 육군본부, 『육군〔미 야전교범 - 1〕』, 2006, p.31.

할 기본 요건으로 제시하고 있다. 따라서 코비가 제시한 '리더십의 네 가지 역할〔4roles model〕'을 기초로 목민리더십의 필요성을 살펴본다.

코비는 『성공하는 사람의 7가지 습관』, 『원칙중심 리더십』, 『소중한 것을 먼저하라』 등의 저자이자 미국을 움직이는 25인 중의 한 사람으로 선정되었던 인물이다. 코비리더십 센터에서는 '코칭리더십 프로그램', '원칙중심 리더십 프로그램' 등을 운영하고 있으며, 필자도 두 프로그램을 이수하면서 '리더십의 네 가지 역할'을 접하게 되었는데, 이를 도식화하면 〈그림 1〉과 같다.[16]

〈그림 1〉: 리더십의 네 가지 역할 모델〔leader ship 4roles model〕

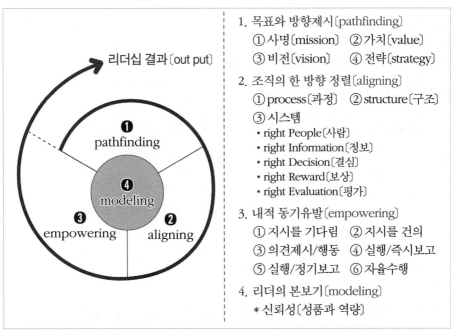

1. 목표와 방향제시〔pathfinding〕
   ① 사명〔mission〕 ② 가치〔value〕
   ③ 비전〔vision〕 ④ 전략〔strategy〕
2. 조직의 한 방향 정렬〔aligning〕
   ① process〔과정〕 ② structure〔구조〕
   ③ 시스템
   • right People〔사람〕
   • right Information〔정보〕
   • right Decision〔결심〕
   • right Reward〔보상〕
   • right Evaluation〔평가〕
3. 내적 동기유발〔empowering〕
   ① 지시를 기다림 ② 지시를 건의
   ③ 의견제시/행동 ④ 실행/즉시보고
   ⑤ 실행/정기보고 ⑥ 자율수행
4. 리더의 본보기〔modeling〕
   * 신뢰성〔성품과 역량〕

• • • •
16 본 그림은 스티븐 코비의 '성공하는 사람의 일곱 가지 습관'과 '원칙중심 리더십'의 내용을 기초로 필자가 재구성한 것임.

〈그림 1〉에서 보듯이 리더십의 역할은 본보기[modeling]를 바탕으로 목표와 방향[pathfinding]을 제시하고 조직을 한 방향으로 정렬[aligning]시키며, 개인별 내적 동기[empowering]를 유발시킴으로써 리더십의 결과[output]가 저절로 나오게 되어지는 과정으로 볼 수 있다.

① 목표와 방향제시[pathfinding]

목표와 방향제시[pathfinding]는 조직의 구성원에게 나아가야 할 방향을 알도록 하는 것이다. 여기에는 조직구성원의 ⓐ사명[mission] ⓑ가치[value] ⓒ비전[vision] ⓓ전략[strategy] 등이 포함된다. 즉 '왜, 해야 하는가?', '공유할 가치는 무엇인가?', '이루고자 하는 것은 무엇인가?', '어떤 전략으로 접근할 것인가?' 등을 염두에 두고 목표와 방향을 설정해야 한다는 것인데, 이를 목민정신과 연계하여 살펴보면 다음과 같다.

첫째, 사명使命[mission]이다. '맡겨진 임무', '부여받은 명령'을 뜻하는 사명은 우리가 존재하는 이유를 알게 하는 '그 무엇'이다. 스티븐 코비는 사명을 '왜, 우리는 존재하는가[Why we exist!]를 아는 것'이라고 했다. 개인의 입장에서는 내가 왜, 존재하는가?, 조직의 입장에서는 우리가 왜 존재하는가를 알도록 하는 것이다. 다산은 목민관이 지향해야 할 사명으로 '위국위민爲國爲民'을 강조했다.

둘째, 가치價値[value]이다. '물건의 값어치', '사물의 중요도', '인간이 지향해야 할 정신적 목표', '행동기준의 원칙' 등으로 해석되는 가치는 인간이 가치 있는 삶을 살아가도록 이끌어주는 '그 무엇'으로 작용한다. 스티븐 코비는 가치란 '우리를 믿고 의지하게 해주는 것이 무엇인가?

〔What we believe in?〕.'를 찾아가는 것이라고 했다. 가치에는 보편적 · 이타적 가치, 목적적 · 수단적 가치, 정신적 · 물질적 가치 등이 있다. 그리고 리더는 집단과 조직 구성원에게 어떤 가치를 제시할 것인가, 어떤 가치를 기준으로 살아가게 할 것인가를 제시해주는 것이 중요하다. 이런 맥락에서 가정에서 '가훈家訓', 학교에서 '교훈校訓', 회사에서 '사훈社訓' 등을 설정해서 구성원들에게 삶의 방향을 제시하는 것이다. 다산은 보편적 가치인 '효'를 비롯한 '공렴公廉', '3호三好', '4의四宜', '오교五敎', '6렴六廉' 등을 제시했다.

셋째, 비전〔vision〕이다. 비전은 여러 의미로 이해되지만 대체로 '꿈', '희망', '목표', '이상', '전망', '이루고자 하는 이상적인 모습' 등으로 해석하는데, 코비는 '우리가 이루고자 하는 그 무엇〔What we want to be?〕'으로 정의했다. 다산은 『경세유표』, 『목민심서』, 『흠흠신서』, 『심경』, 『소학』 등을 통해 '사유체계思惟體系의 변화', '제도의 개혁', '기술개발' 등을 비전으로 제시한 바 있다.

넷째, 전략戰略〔strategy〕이다. 전략이란 전쟁 · 전투의 계략, 전쟁을 치루기 위한 국가적인 방략, 운동경기나 정치적 승부와 관련된 세부적인 방책 등을 뜻한다. 코비는 전략을 '싸워 이기기 위한 실행계획〔action plan〕'으로 정의했다. 즉 "구슬이 서 말이라도 꿰어야 보배다."라는 말처럼 '비전 · 미션 · 가치' 등을 목표달성과 연계하여 실행계획화 하는 것을 뜻한다. 다산은 '신아지구방新我之舊邦'을 이루기 위해서는 목민관과 백성이 '상하동욕上下同欲'을 이루게 하는 방략이 필요하다고 했다.

② 조직의 한 방향 정렬〔aligning〕

조직의 한 방향 정렬〔aligning〕은 부분과 전체의 관계 속에서 리더와 구성원이 서로의 사고思考를 조율하여 합치合致시키는 것이다. 스티븐 코비는 조직이 정렬되기 위해서는 ⓐ구조〔structure〕 ⓑ시스템〔system〕 ⓒ과정〔process〕을 어떻게 조율해서 작동케 하느냐가 중요하다고 했는데, 이 또한 다산이 제시한 내용과 연관된다.

첫째, 조직의 구조構造〔structure〕에 관해서이다. 구조는 부분이나 요소가 전체와 어울려 이루어지는 상태를 말한다. 어느 조직이건 부서의 편성이 어떻게 짜이느냐에 따라 조직의 효율성과 직결된다. 즉 조직의 구조가 잘못 짜여지면 조직을 한 방향으로 정렬하기가 어렵고, 서로의 이해관계와 상충相沖되어서 결과를 도출하기도 어렵게 된다. 이런 맥락에서 다산은 당시 『경세유표』를 통해 구조개혁을 제안했다.

둘째, 조직의 시스템〔system〕 측면이다. 시스템이란 어떤 과업의 수행이나 목적 달성을 위해 공동 작업하는 조직화된 구성요소의 집합이다. 따라서 조직의 시스템이 원활하게 움직이기 위해서는 ⓐ올바른 사람〔right people〕 ⓑ올바른 정보〔right information〕 공유 ⓒ리더의 올바른 결심〔right decision〕 ⓓ공정한 보상〔right reward〕 ⓔ올바른 평가〔right evaluation〕 등을 통해서 피드백되어야 한다. 이렇게 되었을 때 그 조직이 한 방향으로 정렬되어 좋은 결과를 얻을 수 있다. 속담에 "사공이 많으면 배가 산으로 간다."고 했는데, 사공이 많은 가운데서도 배가 산으로 가지 않고 올바른 방향으로 가도록 시스템이 작동되어야 한다는 의미이다. 다산은 당시 『경세유표』, 『목민심서』, 『흠흠신서』, 그리고 「통색의」 등을 통해 적재적소에 용인用人할 것 등을 주문했는데, 이는 시스템의 정상적 작동을 주문하는 것이다.

셋째, 업무 진행의 과정過程〔process〕이다. 과정은 일이 되어가는 경로이다. 아무리 구조가 잘 되어있다고 해도 업무의 진행 경로가 잘못되거나, 불합리하거나, 투명하지 않으면 소통이 되지 않는다. 그리고 이렇게 되면 조직의 한 방향 정렬은 어렵다. 그러므로 과정이 투명하고 진행하는 일은 예측 가능해야 한다. 다산은 당시 『목민심서』와 『흠흠신서』, 그리고 「원교」와 「원정」 등에서 '유시시구唯是是求'와 '6렴廉'에 기반基盤한 과정이 정상적으로 작동되어야 한다는 점을 강조했다.

③ 개인의 내적 동기유발〔empowering〕

내적 동기유발〔empowering〕은 구성원들로 하여금 신바람 속에서 자신이 가지고 있는 재능·열정·공헌 등을 발휘하도록 하는 것이다. 여기에는 '리더십 여건'과 '리더십 스타일'이 중요하게 작용하는데, '리더십 여건'은 리더가 팔로어를 대상으로 리더십을 발휘하는데 미치는 상황요인을 뜻하고, '리더십 스타일'은 리더가 리더십을 발휘할 때 구성원의 수준과 상황 등에 따라 적용하는 방식, 즉 '통제형'·'방임형'·'감독형'·'자율형' 등을 말하는 것이다. 스티븐 코비는 부하의 임파워먼트 수준을 여섯 부류로 나누고, 그에 맞는 리더의 리더십 행위가 필요하다고 보았다. 첫 번째는 리더의 지시를 기다리는 부하, 두 번째는 리더에게 지시를 건의하는 부하, 세 번째는 리더에게 의견을 제시하고 행동으로 옮기는 부하, 네 번째는 해야 할 일을 실행하고 즉시 보고하는 부하, 다섯 번째는 해야 할 일을 실행하고 정해진 시기에 보고하는 부하, 여섯 번째는 자율적으로 알아서 일을 수행하는 부하로 구분한 것이다. 여기서 가장 이상적인 부하는 여섯 번째의 경우이고, 여섯 부류의 부하에게 적용할 리더십의 스타일은 첫 번째부터 세 번째까지는 '감독형' 스타일을, 네 번째에서 여섯 번째까지는 '자율형' 스타일을 적용하는 것이 바람직하다. 그리고 '통제형'과 '방임형'은 가급적 배제하고 '자율형'을 적용하는 것이 바람직한 것으로 보았는데, 이런 과정을 통해 구성원은 목표달성에 집중하게 된다는 점이다.

다산은 당시 전반적인 개혁을 통해 백성들에게 희망을 줌으로써 동기가 부여되도록 해야 한다는 점을 『경세유표』와 『목민심서』, 『흠흠신서』 등을 통해서 제안했다.

④ 본보기〔modeling〕

본보기는 리더와 구성원 모두가 본이 되어야 한다는 것으로, 이를 위해서는 각자의 성품과 역량을 바탕으로 신뢰를 구축해 가는 노력이 필요하다. 사람에게는 '거울신경〔mirror neuron〕'이 있어서 누군가를 본받게 되는 작용을 하고, 그것을 흉내 내다보면 행동화되고 습관화되어 성품 형성으로 이어진다. 그리고 본보기 효과로 얻어진 좋은 모습이 오래오래 영향이 미치도록 하는 '링거링 효과〔lingering effect〕'로 이어지도록 해야 한다. 그러자면 리더의 본보기가 우선되어야 하는데, 리더의 본보기는 어쩌면 리더십의 시작과 끝이라고 할 수 있다.

본보기는 리더의 성품과 역량을 필요로 한다. 성품性品은 리더의 성질이나 됨됨이, 인간으로서의 품격을 뜻하는데, 속담에 "자녀는 부모의 등을 보고 배운다.", "선생님이 좋아야 과목이 재미있다.", "교육은 교사의 질을 넘어설 수 없다."는 표현 등이 이를 뒷받침한다. 이렇듯이 리더가 본이 되지 못하면 팔로어의 추종을 기대할 수 없고, 인간관계도 발전하기 어렵다. 또한 성품이 결여된 사람이 높은 지위에 오르게 되면 목표달성이 어려울 뿐 아니라 그 휘하에 있는 구성원은 스트레스를 받게 되어 업무의 효율이 떨어진다. 그리고 역량力量은 어떤 일을 해낼 수 있는 힘으로, 리더가 그 일을 감당할 수 있는 힘의 정도를 뜻한다. 군대에서 역량이 모자라는 사람을 리더로 임명해 놓으면 전쟁에서 승리로 이끌기 어렵고, 기업에서 역량이 모자라는 사람을 리더의 자리에 앉히면 그 기업은 성과를 내기가 어렵다. 굳이 군대나 기업뿐만 아니라 가정에서 부모로서의 역량이 부족한 사람이 가정을 이끌게 되거나 학교에서 역량이 모자란 교사가 학생을 가르치게 되면 그 효과성은 떨어진다. 그래서 리더십에서 성품과 역량은 중요하다.

신뢰信賴는 서로 믿고 의지하는 것을 뜻한다. 믿음은 족히 다른 것들을 하나로 연결해주는 기능[信足而一異신족이일이]이 있다. 좋은 성품을 가진 사람, 일을 할 수 있는 역량을 갖춘 사람이 상대방에게 신뢰를 줄 수 있다. 다산은 '오교五敎'에 충실한 사람은 좋은 성품을 가지기 마련이고, 상대에게 호감을 주게 되어 신뢰의 바탕이 되는 것은 당연하다고 했다.

다산은 리더의 본보기의 중요성에 대해 강조했는데, 그중에서도 『목민심서』에 "자신이 올바르면 명령하지 않아도 잘 시행되기 때문에 쉽다고 하는 것이고, 자신이 올바르지 못하면 아무리 명령해도 따르지 않으므로 어렵다고 한 것이다."[17]라고 해서 본이 되어야 한다는 점을 강조했다. 이 외에도 「율기6조」를 비롯, 「부임6조」와 「해관6조」, 「봉공6조」와 「이전6조」 등에서 목민관의 수신제가修身齊家, 본보기에 의한 수범자적 역할의 중요성에 대해 강조하고 있다.

(2) 문화적 관점

문화는 자연과 대비되는 용어로, 그 의미는 文化라는 글자에 잘 나타나 있다. 즉 '文' 자는 '밝게 하다', '빛나게 하다', '아름답게 하다.' 는 뜻이 들어있고, '化' 자는 '되게 하다', '변화하다' 는 의미인데, 두 글자 의미를 결합하면 '밝게, 아름답게 변화시킨다' 라는 뜻이다. 이런 점에서 "문화는 인간의 삶을 밝게 해주는 정신적 · 예술적 영역의 총체다." 라는 정의는, 글자의 의미와 맥을 같이 하고 있다.

문화는 대체로 세 가지 의미로 해석한다. 하나는 예술인 · 대중문화 등 '문학과 예술적 의미', 둘은 문화인 · 문화민족 등 '지적知的 · 발전적 의미', 셋은 한국문화 · 서양문화 · 호남문화 · 영남문화 등 '생활방식의 의미' 이다. 이렇게 볼 때 문화적 관점에서 목민리더십이 필요한 이유에 대해서는 다음과 같이 설명할 수 있다.

첫째, 한국의 문화에 기초한 리더십이 필요한 때문이다. 한국의 문화에 기초한 리더십은 한국인의 생활방식에 가깝고, 문학과 예술에 어울리

----

17 『목민심서』「이전6조〔속리〕」: "其身正 不令而行 故曰是易 其身不正 雖令不從 故曰是難."

면서 지적知的 발전을 도모할 수 있는 리더십이다. 이 점에 대해 이규태 李圭泰(1933~2006)는 『리더십의 한국학』에서 '남귤북지南橘北枳'에 비유했다. 즉 서양에서 서양문화를 기반으로 발전시킨 기업경영 중심의 리더십 이론을 한국에서 여과 없이 적용하면 부작용이 나타난다는 것이다. 그러므로 한국에서는 목민리더십과 같은 우리의 문화에 기반한 리더십을 통해 가정과 학교, 종교와 군대, 정치와 행정 등 각각의 분야에서 부작용이 나지 않도록 해야 하는 것이다.

둘째, 『목민심서』에 기반基盤하는 리더십의 필요성이다. 『목민심서』는 한국인 리더가 한국인 팔로어를 대상으로 공공의 이익을 목표로 부임赴任에서 해관解官 단계에 이르는 과정에 대해서 목민관의 역할을 기술한 책이다. 그리고 목민리더십은 율기律己를 통한 '수기修己'[18], 백성을 편안케 하는 '안민安民'[19], 백성과 함께 하는 여민與民[20], 백성에 의지하는 의민依民, 백성을 위하는 위민爲民 등 민본정신民本精神에 바탕을 두는 리더십이다. 다산은 「원목原牧」에서 "목민관이 백성을 위해 존재하는가?, 백성이 목민관을 위해 존재하는 것인가(牧爲民有乎 民爲牧生乎)?"라면서 백성 중심의 정치를 역설했다. 이렇듯이 우리에게는 한국적이면

●●●●
18 정약용, 「자찬묘지명」: "…六經四書 以之修己(육경사서로써 자기 몸을 닦게 하고…)."
19 『목민심서』 「부임6조(칙궁)」: "…思量安民之策(백성을 편안히 할 방책을 헤아려)"에 나오며, "나를 먼저 수양한 다음에 백성을 편안하게 한다."는 의미로 '안민'은 「예전6조」, 「형전6조」 등에도 나옴.
20 『논어고금주』 「학이」: "仁者二人也 二人相與者也 牧與民二人也."
  * "인이라는 것은 두 사람이다, 두 사람은 서로 더불어 함이다. 목민관과 백성은 더불어 함께하는 두 사람이다."라고 풀이하여, 인간은 더불어 함께하는 사회적 존재임을 밝히고 있음.

서 공공의 목적을 추구하는 리더십이 필요한데,『목민심서』는 이를 뒷받침하는 한국적 리더십의 기본서이자 교과서라 할 수 있다.

셋째, '3호三好'에 기초한 리더십의 필요성이다. '3호'는 앞서 설명한 바와 같이 우리의 역사와 옛것[好古호고], 독서와 학문[好讀호독], 우리의 문화와 전통[好我호아]을 좋아하는 것이다. 우리의 역사와 문화, 독서를 통한 풍부한 지식을 기반으로 리더십을 발휘해야 한다는 것이다.

넷째, '유시시구唯是是求'와 '유선시사唯善是師' 정신에 기초한 리더십의 필요성이다. 리더는 개인과 가정, 사회와 국가, 자연에 이익이 되는 공통분모를 찾아서 오직 옳고 옳은 것을 추구하고, 그러한 사람을 스승으로 삼는 정신으로 리더십을 발휘해야 한다. 설령 기업을 이끄는 리더라 할지라도 그 기업에는 리더 자신과 종업원 개인, 그리고 리더 자신의 가정과 종업원의 가정이 있다. 이를 위하는 일이 사회와 국가, 자연을 위하는 일로 연계되도록 해야 한다. 그러나 우리 사회의 리더십 현실은 그렇지 못하다. 최근에 일어나고 있는 일련의 사건들, 이를테면 초대 대통령의 하와이 망명, 부하의 총에 사망, 백담사 유배, 부엉이 바위 자살自殺, 형무소 영어圄圄의 신세 등의 현상이 계속되고 있음을 보게 된다. 또한 탈세와 비행을 일삼는 부유층, 수백억 원의 상속을 받고도 다투는 재벌형제의 송사訟事, 종교지도자와 군 고급리더들의 일탈 현상 등을 볼 수 있다. 다산은『심경』과『소학』으로 안[內]과 밖[外]을 다스리라는 경학經學, 그리고『경세유표』,『목민심서』,『흠흠신서』등 경세서經世書를 통해서, 올바른 인성을 소유한 인격자를 양성해야 한다는 점을 강조했다.

| 3 |

현대리더십의 흐름에서 본
목민리더십

1) 현대리더십의 변천 추세

현대리더십은 시기적으로 1980년대 이후의 리더십을 말한다. 80년대를 기점으로 새로운 장르의 리더십〔new leadership theories〕이라 불리는 다양한 리더십들이 등장했다. 이는 조직을 둘러싼 외적 환경이 급변하면서 기존의 안정적 환경을 전제로 수립되었던 전통적 리더십 이론들이, 그 타당성에 대해 의문을 가지게 되었고, 그 대안으로 현대에 부합되는 새로운 리더십을 필요로 했기 때문이다.

1990년대 초반 WTO〔세계무역기구〕체제의 출범과 자유무역주의 확산으로 인해 글로벌화가 대두되고, 이를 필두로 정보 및 지식기술의 급격한 발달, 소비자의 다양한 요구, 인터넷에서의 새로운 가상 시장의 형성, 기업 간 경쟁의 격화, 나라 간 이해관계의 충돌 등 외적 환경의 변화는 새로운 리더십을 필요로 하게 되었다. 그리고 그 핵심은 조직의 유연성과 혁신에 있었다. 이러한 뉴 패러다임들은 인본주의 철학에 입각하여 구성원의 신념·욕구·가치 등을 변화시켜 급변하는 조직 환경에 능동적으로 대처할 수 있는 역량을 향상시키는데 있었다. 세계 경제와 기업경영의 여건 변화가 리더십 변화를 주도한 것이다.

특히 변혁적 리더십〔transformational leadership〕을 주창한 번즈〔Burns〕는 "리더십이란 리더와 부하가 상호간 더 높은 도덕적 및 동기적 수준을 갖도록 만드는 과정이다."라고 정의하면서, 변혁적 리더는 '공포·탐욕·질투·미움' 등과 같은 하등 수준의 감정을 이용하는 것이 아니라 '자유·정의·평등·평화·인본주의' 등과 같은 고등 수준의 이상과 도덕적 가치에 호소함으로써 집단의 목표 달성을 추구한다고 했다. 이를 매슬로우〔Maslow〕의 '욕구 5단계설'과 연계하면 변혁적 리더는 팔로어의 보다 높은 단계의 욕구를 자극하여 동기화하는 사람이다. 이러한 리더 밑에 있는 팔로어들은 '일상적인 자신'에서 '더 훌륭한 자신'으로 인식하게 된다. 그래서 변혁적 리더십은 리더에 의해서만이 아니라 조직의 직책 위계상에서 어느 누구에 의해서도 효과성이 극대화될 수 있는 리더십으로 인식되고 있다.

번즈는 변혁적 리더십을 거래적 리더십〔transactional leadership〕과 대비시켜 설명했다. 거래적 리더십은 개인의 이기적 관심을 자극하여 상대를 동기화하는 방법이다. 예컨대 지방자치단체장 선거 출마자들이 '고용정책·각종 보조수당 지급·교통난 해결' 등의 공약사업을 내걸어서 주민들의 표와 거래하고, 회사의 고용자는 임금과 직위를 이용해서 피고용자의 노동과 교환하는 것 등이다. 이에 비해 변혁적 리더십은 구성원의 욕구·가치·신념 등을 감안하여 고차원적인 가치관과 도덕성을 자극함으로써 동기화하는 방식을 택한다. 그러면서 부하의 반응에 따라 행동을 변경해가면서 고차원적 동기유발을 유도한다. 그래서 변혁적 리더는 개인적 수준에서의 영향력에만 관심을 갖는 것이 아니라, 조직 전체의 구조적 수준에서, 체제의 변화와 기구의 개혁을 시도한다.

이런 흐름에서 1980년대 이후에 변혁적 리더십과 함께 출현한 리더십이 ①서번트 리더십 ②슈퍼리더십 ③셀프리더십 ④원칙중심의 리더십 ⑤팔로어십 ⑥가치중심의 리더십 ⑦윤리적 리더십 ⑧감성적 리더십 ⑨오센틱 리더십 ⑩가버넌스 리더십 등인데, 이는 변혁적 시각에서 접근한 현대적 리더십의 트랜드라 할 수 있다.

2) 현대리더십의 흐름으로 본 목민리더십

현대리더십의 흐름의 관점에서 1980년대 이후에 등장한 리더십은 많지만, 그중에서 대표적 트랜드라 할 수 있는 리더십이 서번트 리더십을 비롯한 가치중심의 리더십, 감성적 리더십, 오센틱 리더십, 가버넌스 리더십 등인데, 이러한 리더십과 목민리더십을 연계시켜 본다. 그리고 그 방안의 하나로 다산의 저술 중에서 대표적이라 할 수 있는 『목민심서』 내용과 연계시켜 보고, 이어서 다산의 삶을 통해 리더십의 정신을 고찰해 보려고 한다.

(1) 서번트 리더십과 목민리더십

① 서번트 리더십 개관

'서번트 리더십'은 1970년대 중후반 로버트 그린리프(Rovert K. Greanleaf)에 의해 제기된 리더십의 한 모델이다. 이 리더십은 'servant'라는 단어의 의미(하인, 종, 고용인, 종업원 등)에서 볼 수 있듯이 리더가 섬김의 자세로 팔로어를 보살피고 뒷받침하는 등 성원해줌으로써 성공의 길로 안내하는 리더십으로, 리더십의 변혁을 선도했다.

그린리프는 "리더가 사랑을 잃었을 때 권력에 의존하게 되고, 권력에 의존한 리더십으로는 어떤 조화도 이룰 수 없으며, 어떤 문제도 해결할 수 없다."면서 서번트적 자세의 필요성과 함께 새로운 리더십의 모델로 제시했다. 서번트적 자세란 타인을 사랑하고 섬기는 자세로 구성원들과 소통하는 것을 최우선으로 여기며, 그들의 욕구를 만족시키기 위해 마치 하인(종)처럼 봉사(헌신)하는 자세를 의미한다.

그린리프의 이러한 리더십 철학은 당시 리더십의 흐름에 큰 영향을 주었다. 당시 리더십 이론의 관점은 '특성론', '행동론', '상황론'으로 전개되고 있었음에서 알 수 있듯이, 리더의 위상(카리스마 등)이 리더십을 좌우하는 것으로 인식되던 때라서 리더를 '서번트'에 비유한 것 자체가 매우 획기적인 리더십으로 받아들여졌다.

서번트 리더십의 기본정신은 그린리프가 '서번트 리더십의 제안 배경'을 설명한 내용에 잘 나타나 있다. 첫 번째는 그린리프가 대학생이던 시절 오스카 헤밍 교수에게 영향을 받은 내용이다. 헤밍 교수는 "미국사회에서 공룡처럼 커가는 거대한 교회, 거대한 기업, 거대한 정부, 거대한 노동조합, 거대한 대학 등은 각각의 조직에서 구성원에 대한 서비스를 기대하기 어렵게 되었다."면서 "구성원이 주인이 되는 세상이 오도록 해야 한다."는 내용의 강의를 했는데, 이런 내용에서 영향을 받았다고 밝히고 있다.

두 번째는 그가 성인이 되어 대학교수로 재직할 때 학생운동의 현장을 목격하고 시위하고 있는 학생들을 도와주는 과정에서 얻은 경험이다. 즉 시위현장에서 학생들이 처하고 있는 약자로서의 입장을 파악하고, 그들이 난관을 극복할 수 있도록 지도하면서 리더의 서번트적 자세의 필요성을 느꼈다는 점이다.

세 번째는 헤르만 헤세의 소설 『동방으로의 여행』의 주인공 '레오〔Leo〕'로부터 받은 영향이다. 소설에 등장하는 '레오〔Leo〕'는 순례자들을 섬기며 안내〔서번트〕하는 심부름꾼에 불과했다. 하지만 어느 날 갑자기 그가 사라졌는데, 그렇게 되자 여행을 계속할 수 없었던 일행이 그를 찾아 나서야 했고, 찾아 나선지 일 년여 만에 그를 찾아내고 보니 그가 바로 교단의 최고 책임자였으며, 실제적인 리더였다는 점을 알게 되었다는 내용이다. 그린리프는 그 소설을 읽으면서 여행단의 실제적 리더가 인솔 책임자가 아닌, 안내하는 봉사자로서 역할을 했던 '레오'였음을 확인하고 나서, 리더는 서번트적이어야 한다는 점을 깨달은 것이다.

그린리프의 리더십 철학은 리더보다 팔로어 쪽에 초점을 두고 있다. 이러한 내용은 그가 제시한 서번트 리더의 특성에 잘 나타나 있다. 서번트 리더의 특성으로는 첫째, 자신을 서번트〔하인, 머슴〕, 또는 지원자로 인식하고 둘째, 설득과 대화로 과업을 수행해나가며 셋째, 조직원이 성장하도록 돕는다. 넷째, 신뢰에 기초한 관계를 중요하게 생각하고 다섯째, 도덕적 권위, 즉 양심적인 태도로 이끌어 간다는 점이다. 이러한 서번트 리더십의 특성은 리더 중심에서 팔로어 중심으로의 패러다임 전환을 불러왔으며, 현대 리더십의 발전에도 많은 영향을 주었다.

② 『목민심서』에 담겨진 서번트 리더십 정신

〈표 2〉: 목민심서에 담겨진 서번트 리더십

① 절약만 하고 나눠주지 않으면 친척들이 배반한다. 베풀기를 즐겨하는 것은 덕을 심는 근본이다.[21]
② 가난한 친구와 곤궁한 친척은 힘자라는 대로 도와주어야 한다.[22]
③ 어린이를 사랑하는 것은 선왕들의 큰 정치이다. 역대 왕들이 이를 행하여 아름다운 법도를 세웠다.[23]
④ 홀아비, 미망인, 고아, 독거노인을 4궁이라 하는데, 이들은 궁하여 스스로 일어서지 못하고 다른 사람의 힘을 빌어야만 일어설 수 있으니 도와야 한다.[24]
⑤ 걸식하며 다니는 자는 천하의 궁민으로 고할 데가 없는 자이다. 어진 목민관이라면 마음을 다해야 하며, 소홀히 해서는 안 된다.[25]

• • • •
21 『목민심서』「율기6조〔낙시〕」: "節用不散 親戚畔之 樂施者 樹德之本也."
22 『목민심서』「율기6조〔낙시〕」: "貧交窮族 量力以周之."
23 『목민심서』「애민6조〔자유〕」: "慈幼者 先王之大政也 歷代修之以 爲令典."
24 『목민심서』「애민6조〔진궁〕」: "鰥寡孤獨 謂之四窮 窮不自振 待人以起 振者擧也."
25 『목민심서』「진황6조〔설시〕」: "流乞者 天下之窮民而無告者也 仁牧之所盡心 不可忽也."

③ 다산의 삶에 나타난 서번트 리더십의 정신

다산의 삶에 나타난 서번트 리더십의 정신은 첫째, 나라와 백성을 위하는 '위국위민爲國爲民'의 모습에서 찾아볼 수 있다. '유시시구唯是是求'와 '유선시사唯善是師' 정신에 기반基盤하는 이 정신은 500여 권이 넘는 저술과 2,500여 수의 시詩에 잘 나타나 있다. 당시 다산은 대역죄인 신분이라 그가 쓴 책들을 외부에 전파할 수도 없고, 누군가에게 읽혀질 것이라는 기대를 하기도 어려웠으며, 지금처럼 출판사에 맡겨 인세印稅를 받을 수 있는 처지도 아니었다. 그럼에도 불구하고 다산은 중환자에 비유될 수 있는 조선사회를 치유하겠다는 일념으로 사유체계思惟體系의 변화와 제도를 바꾸며 기술 개발을 통해서 백성을 잘 살게 해야 한다고 보고 이를 실천했는데, 여기서 서번트 리더십의 정신이 발휘되었음을 알 수 있다.

둘째, 폐족을 당한 처지에서도 자녀들에게 서번트적인 삶을 주문했다는 점이다. 이러한 내용은 유배지에서 보낸 편지 26통 중 자식들에게 당부하는 내용에 잘 나타나 있다. "여러 날 밥을 끓이지 못하고 있는 집이 있을 텐데, 그런 집에 대해서 너희는 쌀 한 되라도 떠 주어서 굶주림을 면하게 해주어야 한다. 또한 병들어 약을 먹어야 할 사람에게는 한 푼의 돈이라도 쪼개 약을 지어줘서 일어날 수 있도록 도와주어야 한다." [26], "큰 추위나 홍수가 있으면 잊지 말고 식량이나 땔감을 대주어라. 이런 때 죽 한 그릇이라도 도와주면 허름한 집 한 채 살 돈을 대주는 것 보다 낫다." [27]

••••
26 박석무 역, 정약용 저 『유배지에서 보낸 편지』, 창비, 2019. 58쪽.
27 박석무 역, 정약용 저 『유배지에서 보낸 편지』, 창비, 2019. 121쪽.

고 했다. 또한 자식에게 보낸 「하피첩」에 "무릇 재물을 저장해두는 것은 남에게 베풀어 주는 것만 못하다. 도둑에게 털리는 것을 걱정하지 않고 불에 타는 것을 걱정하지 않고 소나 말로 운반하는 수고도 없이, 사후에까지 갈 수 있고 아름다운 명예가 천년토록 전해질 수 있다. 천하에 이렇게 큰 이익이 있겠는가? 재물이란 단단히 잡으려 할수록 더욱 더 미끄럽게 빠져나가니, 마치 메기와 같은 것이다."[28]라고 가르치고 있다.

셋째, 유배생활로 건강이 악화된 상태에서도 서번트적인 삶을 보여주 었다는 점이다. 다산은 40세(1801년)에서 57세(1818년)까지 햇수로 18 년 동안 경북 장기와 전남 강진에서 유배생활을 했다. 그 기간 동안 중풍 에 걸려서 입술 밖으로 침이 흐르고 팔다리 사용이 몹시 불편한 가운데서 도 자식에게 26편의 편지를 보내서 마음을 바로 하고 학업에 열중하도록 간곡히 당부했다. 그중에서도 47세(1808년)에서 49세(1810년)에 이르는 동안에 보낸 9편의 가계家誡를 통해 자식들이 바른 사람으로 성장할 수 있도록 사랑으로 가르치고 있음을 볼 수 있다. 또한 가정 내에서 부모공 경과 형제간 우애를 통해 근본을 잃지 않는 모범적인 삶을 살아야 가문을 지켜갈 수 있다는 점도 강조하면서 "몸을 닦는 일(修身수신)은 효도(孝 효)와 우애(友우)를 근본으로 삼아야 한다.", "친구를 사귈 때는 반드시 효행을 기준으로 평가해야 한다. 나는 그 점을 지키지 않고 친구 사귄 것 을 반성하고 있다."라는 등의 내용을 통해 자식을 사랑하는 아버지로서

••••
28 정약용, 「하피첩」: "凡藏貨秘密 莫如施舍. 不虞盜奪 不虞火燒 無牛馬轉輪之勞 而吾能 攜至身後 流芳千載. 天下有此大利哉? 握之彌固 脫之彌滑 貨也者鮎魚也."

헌신적인 사랑을 보내고 있음을 볼 수 있다.

　넷째, 저술활동을 통해 나라와 백성을 위하는 이타적利他的인 삶을 보여줬다는 점이다. 이는 다산이 저술한 의서醫書와 아동용 교재를 들 수 있다. 의서로는 『촌병혹치村病或治』와 『마과회통』이 있는데, 이 책들은 다산이 9남매〔6남 3녀〕중에서 6남매〔4남2녀〕를 홍역과 천연두로 잃었던 슬픔을, 다른 부모들에게만은 줄여 주어야겠다는 깊은 마음에서 시작됐다. 그리고 기존의 아동용 교재인 『천자문』을 '3호정신'의 입장에서 비판하고 보완한 책이 『아학편兒學編』이다. 이는 진정으로 어린이를 사랑하는 마음에서 시작된 책이다. 이 책은 상·하 두 권으로 나누어 각각 1,000자의 문자를 수록하여 도합 2,000자로 구성했는데, 기존의 중국 『천자문』이 글자 배열의 체계성, 학습의 단계성, 내용의 연관성 등에서 미흡하다 판단하고, 이러한 점을 보완한 것이다. 다산은 문자공부를 시작하는 어린 시절부터 학문의 기초를 닦음은 물론 인성함양도 함께 고려되어야 한다는 생각에서 집필한 책이다. 이 책을 집필하고 나서 흑산도에 있는 중형에게 책의 교정을 부탁한 편지에 "제가 편집한 아학편 2권은 2천자로 한정하여 상上권에는 형체가 있는 물건에 관한 글을, 하下권에는 물정物情과 사정事情에 관련된 글자를 수록했고, 여덟 글자마다 『천자문千字文』처럼 한 개의 운을 달았습니다. 2천자를 다 읽고 나면 『국풍國風: 시경』을 가르쳐 주어도 절로 통할 것입니다."[29]라고 적었는데, 이러한 내용에서 서번트적인 마음을 읽을 수 있다.

<hr />

29 박석무 역, 정약용 저 『유배지에서 보낸 편지』, 창비, 2019. 250쪽.

(2) 슈퍼리더십과 목민리더십

① 슈퍼리더십 개관

'슈퍼리더십〔super leadership〕' 은 1989년에 만즈와 심스〔C. Manz and P. Sims Jr.〕의 공저 『슈퍼리더십: 사람들이 스스로 리드하게 만드는 리더십』이 출판되면서 알려지게 되었다. 저자著者는 자기 자신에게 영향을 미치기 위해 취하는 광범위한 사고 및 행위 전략으로 셀프리더십이 필요하다고 했다. 그러면서 팔로어로 하여금 '자신이 원하는 방향으로 자기를 이끌어가도록 하는 것이 슈퍼리더의 역할' 이라고 했는데, 이는 조직구성원 모두를 리더로 육성하려는 전략에서 나온 리더십의 한 모델이다. 여기서 '슈퍼' 는 '대단한', '굉장히 좋은', '보통보다 나은' 등의 의미로, 슈퍼리더는 그러한 팔로어〔셀프리더〕를 만든다는 뜻이다.

현대리더십은 구성원들의 자각에서 비롯되어 구성원의 잠재력을 발현發顯할 수 있게 하는 데 초점이 있다. 이런 점에서 슈퍼 리더는 구성원의 개인적인 능력을 중시하며 '알아서 스스로하는 정신' 을 요구한다. 그래서 슈퍼 리더는 자신보다 똑똑한 사람을 영입하고 교육과 훈련을 통해 인재를 육성할 것을 강조하며 학습하는 조직문화를 만들어 간다. 이는 각자가 스스로의 주인이고 리더가 되어야 진정한 조직경쟁력이 형성된다고 믿는데서 나온 것이다. 이러한 리더십을 일컬어 '슈퍼리더십' 이라고 하며, 구성원 개개인들이 자기 자신을 리드하는 '셀프 리더' 가 될 수 있도록 도와주는 사람을 '슈퍼 리더' 이다.

따라서 슈퍼 리더는, 리더가 직접 나서서 부하를 이끌어가기보다는 팔로어를 뒤에서 성원해 주고 보이지 않게 도와줌으로써 그들로 하여금 스스로 성취하도록 만들어주는 사람이다. 그럼으로써 그들이 리더의 도움 없이 스스로 해냈다고 자부하도록 하는 데 초점이 있다. 대체로 리더 중에는 지위가 높아질수록 계급이나 지위(position power)를 이용해서 "나 아니면 안 된다."는 식의 독선적 리더십을 구사하는 경우가 있는데, 그러한 유혹에서 과감히 벗어날 수 있는 사람이 바로 슈퍼 리더이다. 구성원들을 현명하게 만들어 팔로어 스스로가 '기꺼이 하겠다.'는 마음으로 성취할 수 있는 기회가 만들어지도록 도와주는 리더이다. 슈퍼리더십의 성공사례로, 『목민심서』「이전6조」'용인' 편에 나오는 '복자천宓子賤〔B.C. 260~B.C. 161, 공자의 제자〕', 권한을 철저히 위임함으로써 유라시아를 정복할 수 있었던 '칭기즈칸〔1162~1227〕', 자기보다 현명한 사람들을 주변에 모이게 함으로써 사업의 성공신화를 이뤄낸 '앤드류 카네기〔1835~1919〕' 등의 사례를 들 수 있다.

② 『목민심서』에 담겨진 슈퍼리더십 정신

〈표 3〉: 목민심서에 담겨진 슈퍼리더십

① 관용은 사람을 얻는다. 아랫사람을 너그럽게 거느리면 순순히 따르지 않는 백성이 없을 것이다.[30]
② 나라를 다스리는 것은 사람을 쓰는데 있다. 군현은 비록 작으나 그 사람을 쓰는 것은 나라살림과 다를 것이 없다.[31]

••••
30 『목민심서』「율기6조〔칙궁〕」: "寬則得衆 御下以寬 民罔不順."
31 『목민심서』「이전6조〔용인〕」: "爲邦在於用人 郡縣雖小 其用人 無以異也."

③ 쓸만한 사람을 하나 얻어 좌수로 삼고 모든 일을 그에게 물어서 시행하니 내가 할 일이 무엇이겠는가, 결재만 할 뿐이다.[32]

④ 훌륭한 인재를 천거하는 것은 수령의 직분이다. 비록 고금古今의 제도가 다르다 해도 현인을 천거하는 것을 잊어선 안된다.[33]

⑤ 변등辨等이라는 것은 백성을 편안케 하고, 뜻을 정하는 중요하고도 의로운 일이다. 등급이나 위엄이 밝지 못하다면 지위나 계급이 어지러워져서 백성이 흩어지고 기강이 무너지게 된다.[34]

③ 다산의 삶에 나타난 슈퍼리더십의 정신

다산의 삶에 나타난 '슈퍼리더십'의 정신은 다음과 같은 내용에서 찾아볼 수 있다. 첫째, 구성원 각자에게 일을 맡겨서 내적 동기를 유발하게 했다는 점이다. 아들에게 준 가계家誡에 "옛날 어진 임금들은 사람을 쓰는데 있어 적재적소에 배치하는 지혜가 있었다."면서 집안 모든 사람에게 일을 맡겨서 행하게 하라는 내용이 나온다. 이는 슈퍼리더십에 해당하는 내용이다. 궁중에서 맹인盲人에게는 음악을 연주하게 하고 절름발이는 대궐을 지키게 하며, 고자鼓子는 후궁의 처소를 출입하게 하고, 꼽추와 불구자 등 허약자에게도 각자에게 적절한 용무를 맡겼는데, 이 또한 슈퍼리더십에 해당되는 내용이다. 그리고 다산은 '부지런함[勤]'에 대해 설명하면서 "오늘 할 일을 내일로 미루지 말고 아침에 할 일을 저녁

····

32 『목민심서』「이전6조〔용인〕」: "我得一人爲座首 凡事問而行之 吾何爲哉."

33 『목민심서』「이전6조〔거현〕」: "擧賢者 守令之職 雖古今殊 制而擧賢不可忘也."

34 『목민심서』「예전6조〔변등〕」: "辨等者 安民定志之要義也 等威不明 位級以亂則民 散而無紀矣."

까지 미루지 말며, 맑은 날에 해야 할 일을 비 오는 날까지 끌지 말도록 하고 비 오는 날 해야 할 일을 맑은 날까지 끌지 말아야 한다. 늙은이는 앉아서 감독을 하고 어린 사람들은 다니면서 어른들이 시키는 일을 행하며, 젊은이는 힘든 일을 하고 병든 사람은 집을 지키며, 부인들은 길쌈을 하느라 한밤중〔四更〕이 되기 전에 잠자리에 들지 않아야 한다. 요컨대 집안의 상하 남녀가 한 사람도 놀고먹는 사람이 없게 하고, 또 잠깐이라도 한가한 시간이 없도록 하는 것을 부지런함〔勤〕이라고 한다.”고 했는데, 이처럼 각자의 역할을 적절히 부여하는 것도 슈퍼리더십에 해당되는 내용이다.

둘째, 리더가 직접 하기보다는 팔로어를 활용할 것을 주문하고 있다. 이는 『목민심서』에 다음과 같은 사례에 잘 나타나 있다. 첫 번째 사례는 「이전6조」 ‘용인用人’ 편에 나오는, 선보마을을 다스린 ‘복자천宓子賤’과 ‘무마기’의 사례이다. “공자의 제자 복자천이라는 사람이 선보 마을을 다스릴 때에, 그곳에는 스승으로 섬기는 사람도 있었고, 친구로 사귀는 사람도 있었고, 부리는 사람도 있었다. 그가 거문고를 타고 집 아래로 내려오지 않아도 선보 마을은 잘 다스려졌다. 그런데 ‘무마기巫馬期’라는 사람이 선보 마을을 다스릴 때는 그렇지 못했다. 무마기는 아침 일찍부터 마을에 내려와서 밤늦게서야 돌아갔고, 밤낮으로 현장에 있으면서 직접 일을 지시해야 선보 마을이 다스려졌다. ‘무마기’가 ‘복자천’을 찾아가 그 비결을 물으니 “나는 사람에게 맡겼지만, 그대는 자신의 노력에 맡겼네. 노력에 맡기면 고되고, 사람에 맡기면 편안하다네.”[35]라고 말해

---

35 『목민심서』「이전6조〔용인〕」: “宓子賤治單父 有師事者 有友交者 有役使者.

준 사례이다.

두 번째 사례는 안주목사 이원익의 사례이다. "완평完平 이원익李元翼〔1472~1634〕이 안주목사安州牧使로 있을 때, 정치 행적이 뛰어났다. 사람들이 정치의 요결을 물으니, 공은 이렇게 대답하였다. '나는 올바른 사람 하나를 얻어 좌수로 삼고 모든 일을 그에게 물어서 행했다. 내가 무엇을 했겠는가. 그저 응낙만 했을 뿐이다.' 라고 답했다."[36]는 내용이다. 이렇듯 다산은 수령 자신이 직접 하기보다는 휘하에 있는 팔로어를 잘 활용할 것을 주문하면서 "대개 관원이 되면 항상 자신은 한가하고 아전들은 바쁘게 해야 한다. 만일 자신이 문서 속에 파묻혀 있게 되면 아전들이 끼치는 폐단 등에 대해 살피지 못한다."[37]고 했다.

리더십 현장에서 리더를 호칭하는 은어 중에 '멍부', '멍게', '똑부', '똑게' 라는 용어가 있다. 여기서 말하는 '멍부'는 '멍청하고 부지런한 리더', '멍게'는 '멍청하고 게으른 리더', '똑부'는 '똑똑하고 부지런한 리더', '똑게'는 '똑똑하고 게으른 리더'를 이르는 표현이다. 팔로어들이 제일 좋아하는 유형은 '똑게'형이고, 가장 싫어하는 유형은 '멍부'형인데, 슈퍼리더십과 어울리는 리더 유형은 '똑게'형이다.

••••

彈琴身不下堂 單父治. 巫馬期亦治單父 以星出 以星入 日夜不處 以身親之 而單父亦治 巫馬期問其故 宓子賤 曰 "我之謂任人 子之謂任力. 任力者勞 任人者佚."

36 『목민심서』「이전6조〔용인〕」: "李完平元翼爲安州牧使 治行第一 人問政要. 公曰 我得一人爲座首 凡事問而行之 吾何爲哉 畫諾而已."

37 『목민심서』「이전6조〔용인〕」: "大抵做官 須令自家常閒 吏胥常忙方得 若自家被文字叢了 討頭不見 胥史便來作弊 五字近思錄."

(3) 셀프리더십과 목민리더십

① 셀프리더십 개관

'셀프리더십(self leadership)'은 1989년에 슈퍼리더십과 함께 나온 리더십의 모델이다. 만즈와 심스(C. Manz and P. Sims Jr.)는 "자기 자신에게 영향을 미치기 위해 취하는 광범위한 사고 및 행위의 전략으로 셀프리더십이 필요하다."면서, 셀프리더십을 제안했다. 여기서 '셀프 리더'는 자기가 자기 스스로를 원하는 바람직한 방향으로 이끌어 가는 '자발적 자율형 리더'를 의미한다. 현대 리더십은 구성원들이 리더의 지시가 없이도 자기 스스로 알아서 긍정적인 방향으로 움직이는 셀프리더를 요구한다.

셀프리더십의 성공적 고려사항으로 신체적身體的 역량, 감성적感性的 역량, 지적知的 역량, 영적靈的 역량을 들고 있다.[38] 먼저 '신체적 역량'은 몸이 건강해야 자신이 원하는 방향으로 뭔가를 이룰 수 있다는 것이고, '감성적 역량'은 자신의 감정을 잘 관리할 수 있어야 타인의 감정을 이해하고 관리할 수 있으며, 조직 및 타인과의 관계를 잘 하기 위해서는 자신의 감성관리가 필요하다는 것이다. 또한 '지적知的 역량'은 현대는 지식·정보의 시대인 만큼 '아는 것만큼 참모습을 볼 수 있다(知則爲眞看 지즉위진간)', '아는 것이 힘이다.'라는 말처럼, 자신과 관련된 정보를 처리할 수 있는 역량이 있어야 자신을 이끌어 갈 수 있다는 것이다. 마지막

••••
38 황을호 역, 새뮤얼 D. 리마 저, 『셀프리더십』, 생명의 말씀사, 2006. 136쪽.

으로 영적靈的 역량은 자신의 정신이나 영감을 컨트롤할 수 있는 역량이다. 사람은 때에 따라서는 강하면서도 한없이 나약한 존재일 수 있고, 인간의 본질적인 문제로 고민하게 되는 경우가 있다. 이럴때 종교적 신념이나 신神에 대한 의지 등을 통해서 자신이 위로받을 수 있는 힘이 영적 역량이다.

② 『목민심서』 내용에 담겨진 셀프리더십 정신

〈표 4〉: 목민심서에 담겨진 셀프리더십

① 벼슬살이에 임하는 자는 먼저 조급히 성내는 것을 경계해야 한다. 진실로 상관이 형벌의 권한을 잡고 있으니, 무릇 그 명령에는 좌우가 순종하여 거역함이 없을 것이거늘, 만일 그 조급함이 노여움을 타서 문득 형벌을 시행하면 온당치 못한 경우가 많을 것이다.[39]
② 상사의 명령이 공법에 어긋나고 민생을 해치는 것이라면 마땅히 꿋꿋하게 굴지 말아야 하며 확연히 스스로를 지켜야 한다.[40]
③ 상사의 지시를 막아야하는 경우에는 반드시 언사를 공손히 해야만 노여움을 사는 것을 모면할 수 있고, 상사가 문책하매 내가 그것을 변명하는 경우에는 반드시 문장을 간절하게 써야만 의혹을 풀 수 있다.[41]
④ 동트기 전에 일어나서 촛불을 밝히고 세수하며, 옷매무새를 단정히

39 『목민심서』 「율기6조〔어중〕」: "當官者 先以暴怒爲戒 誠以守令秉刑罰之權 凡有命令 左右有順無逆 若乘其暴怒 輒施刑罰 其不中者多矣."
40 『목민심서』 「봉공6조〔예제〕」: "唯上司所令 違於公法 害於民生 當毅然不屈 確然自 守."
41 『목민심서』 「봉공6조〔문보〕」: "上司有令 自我防之 必恭遜其辭 乃免觸怒 上司有噴 自 我辨之 必剴切其文 乃可解惑."

하고 얼마쯤 있다가 생각을 정리하여 오늘 해야 할 일들을 놓고 먼저 선후의 차례를 결정한다.[42]

⑤ 아전을 단속하는 근본은 자기 몸을 다스리는데 있다. 그 몸이 바르면 비록 명령하지 않아도 행하여 질 것이고, 그 몸이 바르지 못하면 비록 명령하여도 행하여지지 않을 것이다. 예로써 정제하고 은혜로써 대한 뒤에 법으로써 단속해야 한다.[43]

③ 다산의 삶에 나타난 셀프리더십의 정신

다산의 생애와 삶에 나타난 셀프리더십 정신을 살펴보면 첫째, 독서와 글쓰기, 경서 공부를 통한 자기 수양에 충실했다는 점이다. 다산은 4살 때 『천자문』을 배우고 7살 때 '산山'이라는 오언시五言詩를 지었으며, 10살 때 「삼미자집」이라는 시집詩集을 낼 정도로 독서와 글쓰기를 좋아했다. 또한 마재〔馬峴〕와 인접해 있는 수종사水鍾寺 사찰을 독서와 시작詩作의 장소로 삼아 활동하면서 지적知的 역량을 키웠고, 수기修己를 기초로 안민安民하고 여민與民하는 삶에 충실했던 점 등은 어려서부터 독서를 통해 자신의 역량을 강화하는, 셀프리더십의 정신이 있었음을 볼 수 있다.

둘째, 아호雅號와 당호堂號를 셀프리더십으로 승화시켰다는 점이다. 다산은 자신이 태어난 곳, 즉 고향에 대한 애향심이 특별했다. 또한 자신이

---

42 『목민심서』「율기6조〔칙궁〕」: "未明而起 明燭盥洗 整衣束帶 默然危坐 乃繹思慮 取今日當行之務 先定先後次第."

43 『목민심서』「이전6조〔속리〕」: "束吏之本 在於律己 其身正 不令而行 其身不正 雖令不行. 齋之以禮 接之有恩 然後 束之以法."

사용한 아호가 30여 개 정도인데, 이 중에서 가장 많이 사용한 것이 '열수', '다산', '사암'이다. 이 중 '열수'는 엄밀히 말하면 아호가 아니라 관향처럼 이름 앞에 쓴 별호別號이다. 『악서고존樂書孤存』, 『목민심서牧民心書』, 『흠흠신서欽欽新書』 등의 서문에 '열수 약용이 쓰다'라고 기록했는데, 열수洌水는 선생이 태어난 곳이자 입향조 정윤종丁允宗 대代부터 터를 잡고 살아온 고향〔두물머리〕을 뜻하는 이름이다. 이는 학연學淵과 학유學游 등 두 아들도 이름 앞에 열수洌水를 썼고, 「자찬묘지명」에 "이 무덤은 열수洌水 정약용의 묘요, 아호는 사암俟菴이고 당호는 여유당與猶堂이다."라는 표현에서도 '열수'는 관향처럼, '사암'은 아호로 사용했다.

'다산茶山'이라는 아호는 선생이 다산초당에서 유배생활을 할 때, 혜장惠藏을 비롯한 그곳 지역 주민들이 '다산茶山에서 글 가르치는 선생'이라는 의미로 '다산선생'이라 부르던 호칭이 자연스럽게 아호가 된 것이다. 그 후 조선학을 연구한 정인보鄭寅普, 안재홍安在鴻, 최익한崔益翰 등의 학자들이 아호를 '다산'으로 사용하면서 일반화된 것으로 보인다. '사암俟菴'은 선생이 직접 밝힌 아호로, 이는 선생의 한恨이 서린 아호로 보인다. '사암'은 "백 년을 기다려 성인이 나타나 자신을 평가한다 하더라도 미혹함이 없는 삶을 살았다〔百世以俟백세이사 聖人而不惑성인이불혹〕."는 평가를 받겠다는 의지意志가 담겨 있다. 그리고 여기서 말하는 '성인'은 "요순堯舜임금과 정조와 같은 성군聖君을 뜻하며, 백 년 후에 나타나서 나를 평가하더라도 어느 한 편에 치우침이 없이 오직 나라와 백성을 위해 살았다."는 인정과 평가를 받기를 원하고, 그런 마음으로 다음 세상을 기다리겠다는 의지가 담겨있다. 이는 선생이 유배지에서 저술하는 동안 복사뼈에 세 번이나 구멍이 나고, 중풍中風으로 침을 흘리며 책을 저술한 탓에 왼쪽 어깨가 내려앉을 정도의 어려움 속에서도 책 저술에 매달린 것은, 노론 측에서 남긴 사헌부 탄핵문과 편향된 재판 기록에 의해서가 아니라 자신이 저술한 책에 의해서 후세 사람들에게 평가받겠다는 의지를 담아 지은 아호라는 점이다.

당호는 '여유당與猶堂'과 '사의재四宜齋' 등이 있다. 여유당與猶堂은 39세 때 '천주학쟁이'라는 오명과 모함으로 더 이상 벼슬하기가 어렵다는 판단에서, 마재로 돌아와 지은 아호이다. 여기서 '여與'는 마치 겨울에 내를 건너듯이〔若冬涉川약동섭천〕, '유猶'는 주저하기는 사방의 이웃을 두려워하듯〔若畏四隣약외사린〕 살아가겠다는 의미, 즉 자신을 돌이켜보고 조심하는 자세로 살아가겠다는 뜻으로 지은 당호이다. 그리고 사의재四宜齋는 강진에서 유배를 시작하면서 마땅히 지켜야 할 네 가지를 뜻한다. 그것은 '생각을 바르게〔思사〕', '용모를 바르게〔貌모〕', '말을 바르게〔言언〕', '행동을 바르게〔動동〕' 함으로써 이안묵李安默을 비롯한 노론세력으로부터 자신을 방호하며 살아가겠다는 뜻을 담아 지은 당호이다. 다산은 이렇듯 아호와 당호를 통해서 자신을 지켜내고, 자신이 원하는 방향으로 살아가려고 노력했음을 볼 수 있다.

셋째, 자신과 가문을 지키기 위해 노력한 셀프리더십 정신이다. 다산이 유배지에서 자식들에게 보낸 편지에는 자신을 지키겠다는 강한 의지와 함께 자식들을 교육하는 내용이 나온다. 편지 형식의 가계家誡를 내려서라도 자식들로 하여금 폐족을 면하고, 집안을 일으켜 세우게 하려는 아버지의 간절함을 엿볼 수 있다. 대표적인 것이 「하피첩霞帔帖」인데, '하피'는

'노을하[霞]', '치마피[帔]'의 합자로 '노을 빛깔의 붉은색 치마'의 뜻으로, 조선시대 사대부 여인의 예복을 가리킨다. 이 첩帖은 1810년 선생이 전남 강진에서 유배생활을 하던 때 부인[홍혜완]이 보낸 치마를 잘라서 두 아들에게 교훈이 될 만한 글을 서첩으로 만들어 보낸 것이다. 주 내용은 선비의 마음가짐, 삶을 풍족히 하고 가난을 구제하는 방법, 효孝와 우애友愛의 가치 등이 적혀 있어 다산의 가치관을 엿볼 수 있다. 본래는 4개의 첩으로 만들어졌으나 3개의 첩만 전해진다. 이렇듯 선생은 자신을 지키고, 두 아들도 자신을 지켜 아버지와 자식이 원하는 방향으로 자신들을 이끌어가고자 했는데, 여기서 셀프리더십 정신을 찾을 수 있다.

(4) 원칙중심 리더십과 목민리더십

① 원칙중심 리더십 개관

'원칙중심[principle centered] 리더십'은 1994년 미국의 스티븐 코비[Stephen R. Covey]가 제안했으며 '원칙'에 바탕을 둔 리더십의 한 모델이다. 여기서 말하는 '원칙原則'은 '세상에서 변할래야 변할 수 없는 법칙'을 뜻한다. 다시 말해서 뿌린 대로 거두는 농사의 법칙, 나침반의 자침이 언제나 진북향[truenorth]을 향하는 나침판의 원리 등에서와 같이 변할 수 없는 것들을 뜻하는 말이다.

농사꾼이 농사를 지으려면 봄에 씨를 뿌리고, 여름에 김을 매고 거름을 주며, 가을에 추수하고 겨울에 토지를 쉬게 해 주는 과정이 지켜져야 하는 것은 일종의 원칙이다. 코비는 "황금알을 낳는 거위는 하루가 지나야 또 하나의 황금알을 낳을 수 있는 것이지, 거위의 뱃속에 있는 황금알을 한꺼번에 꺼내려고 하면, 이는 거위마저 죽게 해서 황금알 모두를 잃고 만다.", "물고기 한 마리를 주면 하루 양식을 주는 것이지만, 물고기 잡는 법을 가르쳐 주면 평생 동안 먹을 수 있는 양식을 구할 지혜를 주는 것이다.", "소나무를 넘어뜨리기 위해 톱질을 하다가 톱이 무뎌지면 톱날을 날카롭게 한 다음에 톱질을 해야 나무를 쓰러뜨릴 수 있다.", "자동차를 몰고 도로를 달리는데 주유 게이지가 깜빡거리면 최근 거리에 있는 주유소에서 기름을 주유하고 목적지로 향하는 것이 목적지에 빨리 도달하는 길이다."라는 등의 표현은 원칙에 대한 설명이다. 또한 링컨은 "내가 나무를 베는 데 6시간이 주어진다면, 나는 도끼를 가는 데 4시간을 사용할 것이다."라고 했는데, 큰 둥치의 나무를 쓰러뜨리기 위해서는 철저한 준비를 하는 것이 원칙이라는 얘기이다.

'원칙중심 리더십'의 철학은 코비의 두 가지 배경 설명에 잘 나타나 있다. 첫 번째는 미국 사회에서 성실한 사람보다 처세에 능한 사람이 성공하는 경향이 나타나고 있다고 경고한 것이다. 코비는 미국의 200년 역사에서 문헌에 나타나 있는 성공한 사람을 조사해 본 결과, 독립 이후 150년 가까이는 성실 근면한 사람이 성공하는 추세였지만, 근래 50년 동안은 성실한 사람보다는 처세에 능하고 권모술수權謀術數가 앞선 사람에게 출세의 기회가 주어지고 있다는 것으로 파악했다. 이런 현상을 보면서, 코비는 '성실하고 근면한 사람이 올바르게 평가받는 미국사회를 만들어야 한다.'는 생각에서 '원칙중심 리더십'을 제안하게 되었다는 점이다.

두 번째는 미국사회에서 일어나고 있는 리더의 솔선수범 결여와 비윤리적 행위로 야기되는 사건들에 대한 비난에 대해 각성이 필요하다는 점을 들고 있다. 예컨대 베트남전쟁에 참전한 미군의 장교 및 부사관 등 초급 리더들이 비윤리성으로 인해 발생한 하극상下剋上 사건을 들 수 있다. 베트남전쟁에 미군이 월맹군에게 패하고 나서 가브리엘 교수가 그 원인을 분석해 본 결과, 전투에 참여한 미군의 장교·부사관 중 부하의 총에 맞아 사망한 인원이 무려 1,016명이나 되는데, 이는 간부 전체 사망자의 20%에 해당하며, 그 원인은 미군 리더들의 솔선수범 결여와 비윤리성에 있었다.[44]는 분석 내용이다. 코비는 원칙에 대해 설명하기를, 사람은 누구나 가정이나 직장 생활에서 어려운 문제에 부딪쳤을 때 스스로에게 '해법'에 대해 질문하기 마련이고, 여기에는 반드시 원칙이 뒷받침되어야 하는데, 사람들 중에 일부는 목적이 훌륭하면 수단은 어떤 것이어도 상관없다고 생각하는 경향이 있으나, 이는 원칙중심의 삶에 위배되는 것임을 알아야 한다고 했다.

② 『목민심서』에 담겨진 원칙중심 리더십 정신

〈표 5〉: 『목민심서』에 담겨진 원칙중심 리더십

① 국법이 금하고 형법에 실려 있는 것은 마땅히 두려워해서 감히 범하는 일이 없도록 해야 한다.[45]

••••
44 모광용, 「한국군 윤리교육제도에 관한 연구」, 영남대학교 석사학위논문, 1991. 10쪽.
45 『목민심서』 「봉공6조〔수법〕」: "國法所禁 刑律所載 宜慄慄危懼 毋敢冒犯."

② 이로움에 유혹되지 아니하고 위세에 굽히지 않는 것이 법을 지키는 길이다. 비록 상사가 독촉하더라도 받아들이지 않는 용기가 있어야 한다.[46]

③ 공용문서의 문안은 마땅히 정밀하게 생각하여 자신이 직접 작성할 것이며, 아전의 손에 맡겨서는 안 된다.[47]

④ 상사가 이치에 맞지 않는 일을 강제로 군현에 배정한다면 수령은 마땅히 이를 따져 봉행하지 않도록 해야 한다.[48]

⑤ 환난이 있을 것을 생각하고 미리 방비하는 것은 이미 재앙을 당하여 은혜를 베푸는 것보다 나은 것이다.[49]

③ 다산의 삶에서 본 원칙중심의 리더십 정신

다산은 가장家長으로서 햇수로 18년〔40~57세〕 동안 유배생활을 해야 했다. 그러다 보니 편지에 의존해서 자녀를 가르칠 수밖에 없었다. 유배생활을 시작할 때 자녀들의 나이가 큰아들〔학연〕은 18세, 둘째 아들〔학유〕은 15세, 딸은 8살이었다. 그러다보니 대면교육을 통한 자녀교육이 절실한 시기였지만, 유배 중이라 다음과 같은 점에서 원칙중심의 리더십의 정신이 발휘되었음을 볼 수 있다.

첫째, 근본을 잃지 않은 자세로 학문을 하도록 강조했다는 점이다. "근본이 서면 길과 방법이 저절로 생긴다〔本立而道生본립이도생〕."는

----

46 『목민심서』 「봉공6조〔수법〕」: "不爲利誘 不爲危屈 守之道也 雖上司督之 有所不受."

47 『목민심서』 「봉공6조〔문보〕」: "公移文牒 宜精思自撰 不可委於吏手."

48 『목민심서』 「봉공6조〔공납〕」: "上司以非理之事 强配郡縣 牧宜敷 陳利害 期不奉行."

49 『목민심서』 「애민6조〔구재〕」: "思患而預防 又愈於旣災而施恩."

『논어』의 표현을 인용해서 근본을 잃지 않는 학문을 강조한 것이다. 그리고 그 근본은 효제孝弟에 있다고 했다. 여기서 효孝는 부모와 자식, 제弟는 형제간의 상호적 관계의 근간根幹을 제공한다. 불경 『인과경』에 "부모와 자식의 인연은 일만 겁이고, 형제의 인연은 구천 겁이며, 부부의 인연은 팔천 겁이다."라는 말이 있다. 이처럼 부모와 자식의 관계는 중요하고, 부모공경의 효는 원칙 중의 원칙인 것이다. 그러므로 다산은 부모형제와의 관계를 저버리지 않는, 근본에 충실한 학문의 중요성을 강조하고 있다.

둘째, 「하피첩」에 나타난 '원칙 중심의 삶'이다. 「하피첩」은 보물 제1683-2호로 지정되어 있다. 이는 다산이 49세〔1810년, 순조 10〕에 강진 유배생활 중 부인이 보낸 빛바랜 치마를 서첩으로 만들어 두 아들에게 가계家誡로 보낸 것인데, 여기에는 두 아들이 교훈으로 삼아야 할 원칙들을 적고 있다. 그 내용은 선비다운 마음가짐, 가난을 구제하는 방법, 효와 우애로운 삶 등 삶의 원칙이 담겨져 있다. 또한 2년 후인 1810년 봄에 둘째 아들〔학유〕이 귀향하면서 지참했던 「하피첩」을 받아본 부인과 큰아들〔학연〕은 남편과 아버지를 그리워하며, 해배를 위한 방책을 강구하게 된다. 그 사례가 그해 9월에 큰아들 학연이 바라〔꽹과리〕를 두드려 "억울하니 아버지를 해배시켜주세요."라고 행차 중인 순조純祖 임금 앞에서 호소하는, 이른바 '꽹과리 상소'이다. 이를 알게 된 조정에서는 특별히 은총을 내려 해배명령을 내렸으나, 홍명주洪命周의 상소와 이기경李基慶의 대계臺啓로 인해 석방되지 못했다. 이런 과정을 통해 다산가家의 원칙적인 삶에 비해 관속官屬들의 비원칙적인 모습을 볼 수 있다.

셋째, 집안에 양자養子를 들이는 과정에 나타난 '원칙중심'의 모습이다. 문제의 발단은 중형〔약전〕의 부인과 다산의 질부姪婦, 즉 다산의 입장에서 보면, 둘째 형수와 조카 학초學樵의 아내에 관련된 딱한 사연에서 비롯된 일이다. 당시 중형은 흑산도에 유배된 상태였고, 학초는 장가들은 상태에서 17세에 요절夭折했다. 그러다 보니 마재〔馬峴〕 마을에는 남자가 없는 가정에서 두 고부姑婦가 외롭게 살아가고 있었다. 그러던 차에 다산의 족질族姪인 학기學箕〔1773~1835〕의 아들이 학연學淵과 학유學遊에게 글을 배우고 있었는데, 그 아이가 두 여인의 마음에 쏙 들어왔다. 글을 배우고 있는 학기의 아들이 용모가 준수하고 예의범절이 바른 모습을 본 두 고부姑婦의 마음에 쏙 들었던 터라 양자로 삼고 싶어진 것이다. 이 일에 대해 학연과 학유 역시 같은 마음이어서 학기와 의논한 결과 "현산玆山과 다산茶山이 원하면 그렇게 하겠다."라는 답을 받은 상태였다. 이런 내용이 다산에게 편지로 전해졌고, 다산은 흑산도의 약전 형님께 편지로 아뢰었지만, 당시 법도상 양자를 들일 수가 없었다. 약전과 약용 형제가 고민하고 있던 차에 다산은 형수〔약전의 부인〕로부터 편지를 받았다. "서방님이 저를 불쌍히 여기시고 도와주십시오, 현산은 그곳에 아들이 있으나 저는 아들이 없습니다. 저야 비록 아들이 있다손 치더라도 청상과부인 며느리는 아들이 없으니 청상의 애절한 슬픔에 예禮가 무슨 소용입니까? 예법에 없더라도 나는 그 애를 데려 오겠습니다." 라는 편지였다. 그런 차에 몸져 누워있던 아내에게서도 편지가 왔다. "다시는 예禮를 논하지 말고 인정人情을 살피십시오. 만약 그 일을 못하게 된다면 시어머니와 며느리 두 사람은 한 노끈에 목을 맬 것입니다. 어떻게 다시 예

禮를 언급하시겠습니까?'라는 내용이었다. 그러자 다산은 형수와 아내의 편지를 받고 눈물을 흘리면서 형수에게 "예에 비록 어긋난다 하더라도 사람이 해야 할 일로 보면 매우 옳습니다. 저는 차마 막지 못하겠으니 그냥 보고 있겠습니다. 현산玆山과 편지를 주고받으면서 그 처분에 전적으로 따르십시오."라고 답장을 보내고, 약전 형에게도 "옛 경전대로만 굳게 지켜 화기和氣를 잃게 해서는 안 됩니다. 우리나라 풍속에도 양자법養子法이 있습니다. 〈중략〉 깊이 생각해 주시면 다행이겠습니다."라고 편지를 보냈다. 이런 과정에 나타난 다산의 마음에서 '원칙중심의 삶'을 발견할 수 있다.

(5) 팔로어십과 목민리더십

① 팔로어십 개관

'팔로어십〔followership〕'은 1994년 켈리〔Robert E. Kelley〕가 저술한 『팔로어십의 위력〔The Power of Followership〕』이 나오면서 알려지게 되었다. 켈리는 "조직 목표 달성에 리더가 기여하는 정도는 10~20%에 불과하고, 80~90%는 팔로어의 역할에 의해 달성된다."는 논리와 함께 팔로어십을 주창主唱했다.

팔로어십은 리더십〔leadership〕의 대칭적 의미를 갖는 용어이다. 팔로어십은 '따르다', '돕다', '후원하다', '공헌하다' 등을 의미하는 독일어 'follazionhan', 즉 리더를 도와줌으로써 계획된 과업 완수에 공헌하는 능력을 일컫는데, '따르는 사람의 정신', 또는 '기꺼이 함께 하려는 정신력' 등으로 해석한다.

리더십의 의미를, 조직 구성원의 마음을 움직이게 하여 리더가 의도하는 방향으로 목표를 달성해 가는 과정이라고 할 때, 팔로어의 자발적 참여 없이는 목표달성이 어렵다. 사람들은 흔히 어떤 과업이 성공적으로 완수되고 나면 그것이 리더의 역할에 의해 달성된 것으로 여기는 경향이 있지만 실제는 팔로어의 역할이 더 큰 경우가 많다는 것이다. 그래서 리더십과 팔로어십은 '수레의 두 바퀴', 또는 '동전의 양면'처럼 상호의존적 관계로 보아야 한다. 즉 리더는 앞에서 끌고 팔로어가 뒤에서 밀어주는 가운데 함께 이뤄내는 합작合作으로 보아야 한다는 점이다. 그러므로 팔로어의 역할이 없이는 리더의 존재나 역할도 있을 수 없다는 것이 팔로어십을 제안한 켈리의 주장이다.

어떤 면에서는 리더십과 팔로어십은 같은 의미로 인식되기도 한다. 예컨대 사람은 누구나 부모이면서 자식의 위치에서 살아가기 마련이다. 그리고 부모도 누군가의 자식이다. 이런 점에서 누구나 리더인 동시에 팔로어의 위치에 있는 것이다. 군軍 조직의 경우, 사단장을 기준으로 하면 사단장은 리더이고 휘하에 있는 연대장과 대대장 등은 팔로어다. 그러나 군단장을 기준으로 하면 사단장師團長도 팔로어이다. 마찬가지로 행정관서의 조직에서도 도지사를 기준으로 하면 도지사는 리더이고 군수와 면장 등은 팔로어에 해당하지만, 대통령을 기준으로 하면 도지사道知事도 팔로어이다. 정조와 다산의 관계에 있어서도 다산이 정조를 보필할 때는 팔로어였지만, 금정찰방이나 곡산부사로 나가 있을 때는 다산도 리더였다.

따라서 계층별 조직에서 어떤 위치에서 보느냐에 따라 '리더', 또는 '팔로어'의 역할이 될 수 있다. 이런 점에서 리더십의 성패 여부는 리더와 그를 따르는 팔로어의 상호작용〔上下同欲상하동욕〕에 의해 좌우되는 것으로 보아야 한다.

리더십이라는 것이 '자신'과 '타인'을 올바른 방향으로 이끌어가는 리더의 능력이라면, 팔로어십은 리더를 잘 보좌하고 리더가 성공할 수 있도록 지원해 주는 팔로어의 역량이다. 팔로어십은 본래 군대 등 수직적 조직에서 리더〔지휘관〕를 팔로어〔부하〕들이 따르는 모습에서 출발했지만, 근래에는 모든 조직생활에서 적용되는 개념으로 인식되고 있다. 동서고금東西古今을 막론하고 리더십의 중요성은 모두가 다 아는 내용이지만, 분명한 것은 리더의 역할만으로는 조직이 효율적으로 움직이는 데는 한계가 있는 것이다. 모든 공동체 안에는 리더와 팔로어가 함께 존재하고, 리더보다는 리더를 추종하는 팔로어의 숫자가 절대적으로 많다. 그래서 리더십에서는 '파레토 법칙'[50]과 '롱테일 법칙'[51] 모두를 고려해야 한다. 그리고 리더에게 리더십이 필요하듯이 팔로어에게도 팔로어십

••••
50 '결과물의 80%는 조직의 20%에 의하여 생산된다.'는 의미임. 상위 20% 사람들이 전체 부富의 80%를 가지고 있다거나, 상위 20%의 단골 고객층이 전체 매출의 80%를 점유한다고 보고, 이들을 타깃으로 하는 이른바 VIP 마케팅 전략은 파레토 법칙에 기반한 것임.
51 파레토 법칙의 상대적 개념으로, 80%의 '사소한 다수'가 20%의 '핵심 소수'보다 뛰어난 가치를 창출한다는 의미임. 인터넷 시대가 도래하면서 관심이 증대되는 내용으로, 파레토 분포에서 매출의 80%를 담당하는 상위 20%의 제품을 머리〔head〕로, 매출의 20%를 담당하는 하위 80%의 제품을 꼬리〔tail〕로 보면서 다수를 대상으로 하는 틈새 상품〔niches〕은 롱테일 법칙에 기반한 것임.

이 필요하다는 점이다.

리더십의 과정에서 팔로어십을 성공적으로 적용했던 사례로 축구계의 히딩크와 박항서 감독을 들 수 있다. 두 사람은 2002년 한일 월드컵에서 '감독'과 '수석코치'의 사제師弟관계로 만났지만 지금은 두 사람 모두 국가대표를 이끄는 감독으로 활동하고 있다. 두 감독이 성공한 리더로 평가받고 있는 요인은 선수들을 공동체 정신으로 뭉치게 한 팔로어십에 있었다.

먼저 2002년 한일 월드컵에서 '4강 신화'를 달성한 히딩크 감독의 경우이다. 당시 히딩크의 '열정과 신뢰의 리더십'에 매료되어 있던 팔로어들이 히딩크가 제시한 체력훈련 프로그램을 자발적으로 소화해 냈고, 이른바 경기장 안에서는 '붕대 투혼'으로 화답和答하는 모습을 보여주었다. 이는 감독의 리더십에서 나온 것이긴 하지만, 팔로어들의 자발적 참여의지, 즉 팔로어십이 뒷받침된 결과물이었다.

다음은 베트남에서 활동하고 있는 박항서 감독의 '파파 리더십' 사례이다. 선수들을 자식처럼 여기는 박 감독의 부드러운 리더십은 승승장구를 거듭하여 선수들뿐 아니라 베트남 국민들로부터도 영웅 대접을 받고 있다. 박 감독은 지속적인 승리를 선사함으로써 온 나라를 들썩이게 하는 가슴 벅찬 감동을 전해주고 있는 것이다.

히딩크 감독이 한국의 축구문화를 이해하고 학연과 인연관계를 뛰어넘는 리더십과 팔로어십을 적용한 결과였다면, 박항서 감독 역시 베트남 문화를 이해하는데서 출발했다. 즉 베트남인들은 어느 민족보다 자존심이 강하고, 호치민의 리더십 하에서 세계 최강 미국 군대를 상대로 싸워 승리했다는 자부심과 자존심이 강한 민족이다. 이를 간파한 박 감독은 베트남 축구대표 선수들의 자존심을 세워줌으로써 그들의 마음을 얻어 낼 수 있었다. 아버지와 같은 마음으로 선수를 감싸 안았고, 부드러운 카리스마로 나태함을 버리게 하였으며, 충성심 높은 팔로어십을 이끌어 낸 결과, 예전에 볼 수 없었던 자발적 동기유발이 계속되는 승리로 이어지는 결과를 낳은 것이다.

결국 어떤 조직이 성공하려면 그 조직의 리더가 부하들을 잘 이끄는 것 못지않게 팔로어가 리더를 잘 따르려는 마음을 가지는 것이 중요하다. 그러기 위해서는 팀원들이 스스로 '나는 훌륭한 팔로어가 되겠다.'고 다짐하는 분위기를 만들어야 한다. 비록 리더의 아랫사람이지만 허드렛일을 하는 사람이 아니라 조직 공동체에서 없어서는 안 될 존재라는 생각을 가지게 하는 것이다. 때로는 자신이 가진 고유한 색깔을 잃지 않는 존재[팔로어]로 남아 있을 때 그 조직이 살아 있는 조직이 될 수 있는 것이다.

그러나 반대로 팔로어가 자기표현을 지나치게 강하게 하고, 자기 생각만을 관철하려 한다면, 그 공동체는 와해될 수 있다. 자기를 스스럼없이 표현하는 것을 미덕으로 여기고, 자신만의 주장을 지나치게 내세우거나 모든 것을 혼자 결정하려는 자기 주도적 팔로어가 많아진다면, 반목하거나 갈등을 조장하는 결과로 이어질 수 있다. 이런 점에서 팔로어에 대한 인성함양과 리더십 교육은 중요하다.

② 『목민심서』에 담겨진 팔로우십 정신

〈표 6〉: 목민심서에 담겨진 팔로어십

① 남쪽의 시골〔강진〕은 전답의 조세租稅가 나오는 곳이라, 간악하고 교활한 아전들이 농단하여 그에 따른 여러 가지 폐단이 어지럽게 일어났는데, 내 처지가 비천卑賤하므로 들은 것이 매우 상세하였다. 이것 또한 그대로 분류하여 대강 기록하고 나의 천박한 소견을 붙였다.[52]

② 다른 버슬은 구해도 좋으나 목민관만은 구할 것이 못된다. 제배除拜된 처음에 재물을 함부로 써선 안 된다.[53]

③ 요즘 사람들 중에 홍문관이나 승정원을 거쳐 지방관이 된 자는 망녕되이 스스로 교만해져서 몸소 세세한 일은 돌보지 않고 말하기를 "문신의 다스리는 체통이 음관과는 다르다."하여 오직 바둑이나 시詩로 스스로를 즐기며, 정사는 보좌하는 사람들에게 맡김으로써 생활하는 백성들을 병들게 하니, 이와 같은 자는 조문條文을 읽어야 할 것이다.[54]

④ 사사로이 쓰임을 절약하는 것은 사람마다 능히 할 수 있으나 국고를 능히 절약하는 사람은 드물다. 공사公事보기를 사사私事처럼 한다면 그는 곧 어진 목민관이다.[55]

----

52 『목민심서』「서문」: "而南徼之地 田賦所出 吏奸胥猾 弊瘼棼興 所處旣卑 所聞頗詳 因亦以類疏錄 用著膚見."

53 『목민심서』「부임6조〔제배〕」: "他官可求 牧民之官 不可濫也. 除拜之初 財不可濫施也."

54 『목민심서』「율기6조〔칙궁〕」: "今人以玉堂 銀臺出者 妄自驕重 不親細事 乃曰 '文臣治體 與蔭官不同' 唯棋局 詩篇以自娛樂 委政丞佐 以病生民 凡如是者 宜觀此條."

55 『목민심서』「율기6조〔절용〕」: "私用之節 夫人能之 公庫之節 民鮮能之 視公如私 斯賢牧也."

⑤ 목민관의 직분은 백성을 가르치는데 있을 따름이다. 부역을 바르게
하는 것도 관직을 마련하고 목민관을 두는 것도 장차 가르치기 위함
이다.[56]

③ 다산의 삶에 나타난 팔로어십 정신

다산이 저술한 책에는 인간관계에서 성공할 수 있는 방안들이 많이 제
시되어 있다. 이는 공동체를 구축하고 화합단결을 도모할 수 있는 내용이
기도 하다. 성공과 행복으로 가는 90%의 비중이 인간관계에 달려있다고
하는데, 이러한 관계는 다산이 밝힌 '오교五敎'에서 시작된다. 이런 점에
서 다산의 삶을 통해 팔로우십 정신을 찾아보고, 이를 현대적 상황에 접목
시키는 방안을 생각해 본다.

첫째, 인간관계의 기본인 '오교五敎'를 팔로어십과 연계하는 것이다.
'오교'는 가정에서 효제자孝弟慈를 바탕으로 관계를 공고히 하는 덕목이
다. 이는 「오교론」과 『유배지에서 보낸 편지』 등에 잘 나타나 있다. 오교는
'부父·모母·형兄·제弟·자子'라는 다섯 신분에서 각자의 도리를 다하
라는 가르침이다. 즉 "아버지[父]는 의로워야[義] 하고 어머니[母]는 자애
로워야[慈] 하며, 형[兄]은 우애[友]롭고 동생[弟]은 공손해야[恭] 하며,
자식[子]은 효도[孝]해야 한다."는 내용이다. 가정에서 체화體化로 맺어진
관계 기반을 이웃과 사회, 나라와 자연 사랑으로 확대하는 기본정신이다.

----

56 『목민심서』「예전6조〔교민〕」: "牧民之職 敎民而已平其賦役 將以敎也 設官置牧 將以
敎也."

다산은 자식에게 보낸 편지에서 '나는 '오교'를 기준으로 사람을 평가하지 않고 관계하다 보니 친구를 잘못 사귀어 어려움을 겪고 있다. 그러니 너희는 반드시 '오교〔孝弟慈〕'를 잣대로 사람을 평가해서 사귀기 바란다."고 했다. 가정에서 체득한 의로움〔義〕, 자애〔慈〕, 우애〔友〕, 공손함〔恭〕, 하모니 정신〔孝〕을 기본으로 하는 대인관계를 주문하고 있는 것이다.

둘째, 팔로어로서 자기계발을 중시하는 삶이다. 다산은 자식들에게 주문한 내용이 『유배지에서 보낸 편지』에 나온다. 부모라면 누구나 자식에게 진실을 기초로 이야기할 수밖에 없다. 다산은 편지를 통해 "독서를 통해 성인의 길로 들어설 수 있다. 그것이 폐족을 면하는 길이다."라고 당부했다. 폐족廢族은 조상이 지은 죄로 인하여 후손에게 벼슬길이 막히는 것을 말한다. 독서를 통해 학문을 이루어 반듯한 사람으로 살아가다 보면 언젠가는 폐족에서 벗어날 수 있게 된다는 점을 강조한 것이다. 결과적으로 이런 가르침을 받았던 큰아들〔학연〕은 69세 되던 1852년〔다산 사후 16년〕에 미관말직 벼슬을 음직으로 받아 '선공감 감역〔종9품〕'을 거쳐 '사옹원주부主簿〔종6품〕'에 올라 폐족을 면했고, 둘째 아들인 학유는 김정희金正喜, 초의草衣 등과 어깨를 나란히 하는 큰 학자로 성장했으며, 『농가월령가農家月令歌』를 남겼다.

셋째, 자식과 제자들에게 역량강화에 대하여 강조한 내용이다. 다산은 평소 "동트기 전에 일어나라〔起〕.", "기록하기를 좋아하라〔記〕."를 강조하면서 "생각날 때마다 즉시 적고, 기록해야만 실제로 얻는 바가 있다. 오로지 소리 내어 읽기만 해서는 아무것도 얻는 것이 없게 된다."[57]고 했다.

----
57 정약용, 「위반산정수칠증언」: "隨所思卽行箚錄 方有實得. 苟一向朗讀 亦無實得也."

또한 "공부는 개나 닭처럼 여겨야 한다. 개나 닭을 잃어버리면 하루 종일 찾아 나서면서, 공부를 잃어버리고서도 찾을 줄 몰라서는 안 된다."고 했는데, 이는 아랫사람들로부터 존경받고 동료들과 상관으로부터 신뢰받는 삶을 살아갈 수 있기 위해서는 부지런히 자기 역량강화에 힘써야 한다는 점을 이르는 것으로, 팔로어십에 해당하는 내용이다.

(6) 가치 중심 리더십과 목민리더십

① 가치 중심 리더십 개관

'가치 중심〔value-based〕 리더십'은 1995년에 미국의 교육자인 수잔 쿠즈마스키〔Susan S. Kuczmarski〕와 토마스 쿠즈마스키〔Thomas D. Kuczmarski〕가 제안한 리더십의 한 모델이다. 이 리더십은 오늘날처럼 사회문제로 부각되고 있는 가치의 혼돈상황을 해결하기 위한 수단으로 제시되었다. 인간은 본디 가치에 따라 판단하고 행동방향을 선택하는 속성이 있다는 점에 착안하여, 인간이 지향해야 할 가치價値value를 중심으로 발휘하는 리더십이다.

가치價値는 '물건의 값어치', '사물이 지니는 의의나 중요도', '인간정신의 목표가 되는 보편타당의 당위', '인간행동의 기준이 되는 주요원칙', '인간의 감정·욕구나 관심이 되는 것', '조직의 공통된 목표·신념·이상' 등으로 다양하게 해석된다. 또한 가치는 자신의 문화적 배경에 대한 믿음이 반영되어 형성되는 관계로 문화적 영향을 많이 받는다. 인간은 어려서부터 개인적 경험과 가정교육 등을 기초로 가치체계가 형성되는데, 가치는 우리가 세상을 보는 '안경'으로 작용하게 된다. 동일한 사안에 대해서 사람마다 판단이 다르고 상반된 견해를 주장하는 것은 가치기준의 차이에서 오는 것이다.

이런 이유에서 사람은 자신만의 안경을 통해 가치를 평가하고 판단하며 우선순위를 정해서 행동하게 되며, 이런 이유에서 리더와 조직 구성원이 공통의 가치를 추구하도록 하는 가치공유가 중요하다. 『손자병법』에도 '상하동욕자승上下同欲者勝', 즉 "전장에서 승리를 예측할 수 있는 5가지의 요인이 있는데, 그중에 하나는 상관과 부하가 하고자 하는 마음이 같은 쪽이 승리한다."[58]고 했다. 이는 가치공유의 중요성을 말하는 것이다. 때문에 조직 구성원의 가치공유는 조직의 목표달성은 물론, 발전을 지속 가능하게 해주는 장점이 있다. 이런 이유로 가정에서 '가훈家訓', 학교에서 '교훈校訓', 회사에서 '사훈社訓' 등을 정해서 마음에 새기도록 하는 것인데, 이는 가치 중심 리더십의 일환이다.

② 『목민심서』에 담겨진 가치 중심 리더십 정신

〈표7〉: 목민심서에 담겨진 가치 중심 리더십

① 백성을 사랑하는 근본은 예산을 아껴 쓰는데 있고, 아껴 씀의 근본은 검소한 삶에 있다. 검소함 이후에 청렴할 수 있고, 청렴한 이후에 백성을 사랑할 수 있다. 검소함은 목민관의 가장 큰 책무이다.[59]

• • • •
58 『손자병법』「모공」: "故知勝者有五 〈중략〉 上下同欲者勝."
59 『목민심서』「부임6조〔치장〕」: "愛民之本 在於節用 節用之本 在於儉. 儉而後 能廉 廉而後能慈 儉者 牧民之首務也."

② 청렴은 목민관의 본무요, 모든 선의 원천이며, 모든 덕의 근본이다. 청렴하지 않고 유능한 목민관은 아직 없었다. 청렴은 큰 장사다.[60]

③ 목민관이 청렴하지 않으면 백성들이 도둑으로 지목하여 마을을 지날 때에 더러운 욕설이 비등할 것이므로 또한 부끄러운 일이다.[61]

④ 사사로이 쓰임을 절약하는 것은 사람마다 능히 할 수 있으나 국고를 능히 절약하는 사람은 드물다. 공사보기를 사사처럼 한다면 그는 곧 어진 목민관이다.[62]

⑤ 양로의 예를 폐하면 백성이 효도할 줄 모르게 될 것이니 목민관 된 자는 이 예를 거행하지 않으면 안된다.[63]

③ 다산의 삶에 나타난 가치 중심의 리더십

다산이 걸어온 길은 가치 지향적 삶, 그 자체라 할 수 있다. '효孝', '청렴淸廉', '3호好', '사의四宜', '오교五敎', '육렴六廉' 등의 가치를 기준으로 살면서 자식과 제자를 가르쳤고, 그러한 삶을 안내했다는 점에서다. 다산이 보여준 가치 지향적 삶에 대해서는 '제5장〔목민리더십과 인성교육〕'에서 자세히 다루기로 하고, 여기서는 다산이 보여준 삶과 각종 문헌

----

60 『목민심서』「율기6조〔청심〕」: "廉者 牧之本務 萬善之源 諸德之根 不廉而能牧者 未之有也. 廉者天下之大賈也."

61 『목민심서』「율기6조〔청심〕」: "牧之不淸 民指爲盜 閭里所遇 醜罵以騰 亦足羞也."

62 『목민심서』「율기6조〔절용〕」: "私用之節 夫人能之 公庫之節 民鮮能之 視公如私 斯賢牧也."

63 『목민심서』「애민6조〔양로〕」: "養老之禮廢 而民不興孝 爲民牧者 不可以不擧也."

의 내용, 그리고 유배지에서 보낸 편지 내용을 중심으로 다산의 가치 중심 리더십의 정신을 살펴본다.

첫째, 효제자孝弟慈 가치를 리더십으로 연계했다는 점이다. 다산은 사회가 건강하기 위해서는 사회구성원의 윤리의식이 갖추어져야 하며, 이를 위해 가정에서부터 윤리의 근간인 '오교'에 기초한 교육이 이루어져야 한다고 보았다. 그러면서 '오교'는 보편적 가치인 효가 바탕이 된다고 했다. 조선시대의 지배층 유자儒者들이 주장하는 '효제'는 충효忠孝사상에 이데올로기화되어 있던 관계로 '효제'를 바르게 이해하기 어려웠다. 그러나 다산의 '오교'는 "아버지〔父〕는 의로워야〔義〕 하고 어머니〔母〕는 자애로워야〔慈〕 하며, 형〔兄〕은 우애〔友〕롭고 동생〔弟〕은 공손해야〔恭〕 하며, 자식〔子〕은 효도〔孝〕해야 한다."고 했는데, 이는 '효'라는 가치에 바탕을 둔 리더십과 연관된다.

둘째, 근검勤儉과 청렴淸廉의 가치를 리더십과 연계했다는 점이다. 다산은 자식에게 "근검勤儉 두 글자를 유산으로 준다."[64]면서 '부지런할 근勤' 자와 '검소할 검儉' 자를 강조했다. '근勤'에 대해서는 집안의 상하 남녀가 한 사람도 놀고먹는 사람이 없게 하고, 또 잠깐이라도 시간을 허비하지 않도록 하는 것을 '勤근'이라고 한다."고 했다. '검儉'에 대해서는 "의복은 몸을 가리기 위한 것이다. 올이 가늘고 고운 옷은 조금이라도 해지면 세상에 볼품이 없어지지만 올이 굵고 두툼한 옷은 약간 해진다 해도 볼품이 없어지지는 않는다. 옷 한 벌을 만들 때마다 앞으로 오래도록 입

••••
64 박석무 역, 정약용 저 『유배지에서 보낸 편지』, 창비, 2019. 184쪽.

을 수 있을지, 없을 지를 생각해야 하며, 곱고 아름답게만 만들어 빨리 해지게 해서는 안 된다. 이런 생각으로 옷을 만들게 되면 당연히 곱고 아름다운 옷감을 버리고 투박하고 질긴 옷감을 택하지 않을 사람이 없게 된다."고 하여 절약을 강조하고 있다.

셋째, 고적제도考績制度의 내실화를 통해 '찰물察物'의 가치를 중요시했다는 점이다. 고적제도는 일종의 근무 성적 평가 제도다. 다산은 관리의 고적考績을 바르게 평가함으로써 참된 공직자들이 진출되도록 해야 한다고 했다. 이런 내용은 다산이 약전 형에게 보낸 편지 내용에 잘 나타나 있다. "요즈음 '밤이 낮과 같은 세상'이라는 말은 요순堯舜시대의 통치를 이르는 말인데, 그러한 정도에 이른 까닭을 살펴보면 오직 근무자의 근무 평가제도 한 가지 일 따름이었습니다."[65]면서 "아아! 교화教化가 행해지지 않고 예의바른 풍속이 이루어지지 않으며, 전야田野가 제대로 개간되지 않고… 육축六畜이 번성하지 못하고… 온갖 공장의 기술이 미련하고 무디지 않음이 없고, 민생고가 날로 심해지는 데에도 고적考績의 점수만 높이 받으면 수령은 무사해진다…"[66]면서 고적제도가 바르게 실현되어야 한다는 점을 역설했다.

이를 오늘날에 적용한다면, 다산이 강조한 대로 근무실태를 파악하고 그 결과를 근거로 고적을 평가하라는 것이다. 예컨대 공직에서는 학연과 지연에 관계없이 평가하고, 학교에서도 교사〔수〕들의 연구업적과 교수실

••••
65 박석무 역, 정약용 저『유배지에서 보낸 편지』, 창비, 2019. 216쪽.
 * 夜如晝之世者 眞唐虞之謂 觀其所以致此之由 唯考績一事是已.
66 박석무, 『풀어쓰는 다산 이야기』, 문학수첩, 2005. 104쪽.

적을 평가하는 등의 제도가 정착되어야 한다. 다산은 오직 나라와 백성을 위해 헌신하고 봉사하는 인성을 가진 참된 리더가 인정받는 문화가 정립되어야 비로소 조직에서 필요로 하는 인재가 선발될 수 있다고 보았다. 바르고 깨끗한 세상, 공정하고 합리적인 세상이 오기를 그렇게도 바랐던 다산은 그의 저서 곳곳에서 고적제도의 올바른 확립과 시행을 강조했다. 이를 통해서 인간행동의 기준, 구성원의 감정과 욕구, 조직의 공통된 목표, 신념과 이상 등으로 작용되는 가치 지향적 삶을 유도했음을 볼 수 있다.

(7) 윤리적 리더십과 목민리더십

① 윤리적 리더십 개관

윤리적 리더십[ethical leadership]은 1996년 미국의 켈로그[Kellog] 재단에서 발표한 리더십의 한 모델이다. 윤리적 리더십을 제기한 노스하우스[Peter G. Northouse]는 그가 저술한 『리더십』에서 "윤리적 리더십은 리더십 이론을 서술하려는 것이 아니고, 리더십 상황에서 일어나고 있는 윤리적 현안문제들에 대한 지침을 제시하려 한다. 인간은 동굴거주 시대부터 리더의 윤리성에 대해 지속적으로 관심을 가져왔으며, 국가지도자의 비윤리적 행위나 기업경영자의 경영윤리 등은 관심의 대상이었다."[67] 면서 리더십에서 윤리를 리더의 자질문제와 리더의 행위 문제로 보았다.

●●●●
67 김남현·김정원 역, Peter G.Northouse 『리더십』, 경문사, 2004. 376쪽.

리더십은 선善을 추구하는데 목적이 있기 때문에 리더의 행위 또한 윤리적이어야 한다. 리더는 일반적으로 추종자들보다 더 많은 권한을 가지고 있는 관계로 리더가 윤리적 모델이 되어 수범적일 때 추종자들의 삶에 긍정적인 영향을 줄 수 있다. 그러나 리더가 비윤리적이면 긍정적인 영향을 주기 어렵다. 이런 점에서 리더의 윤리성은 중요하며, 이는 과거에 비해 현대리더십에서 상대적으로 더 많이 요구받고 있다.

리더의 윤리는 리더십의 중심에 자리하고 있다. 리더가 구성원에게 조직의 목표와 방향을 제시하고 조직을 한 방향으로 정렬시키는데 있어서 신뢰성과 결부되기 때문이다. 리더는 자기 나름의 신념과 가치 기준을 가지고 있어서 리더에 의해 촉진되는 가치들은 그 조직 전체의 가치에 큰 영향을 미친다. 이런 점에서 리더의 윤리성은 조직의 윤리적 환경을 조성하는데 중요하며, 구성원들의 윤리성 여부는 그 조직을 건강하게 하는데 영향을 준다.

리더들은 집단의 과업이든 지역사회의 과업이든 구성원들과 함께 공동의 목표 달성을 추구한다. 이런 과정에서 리더는 구성원들을 조직의 특성에 맞는 정체성을 지닌 인간으로 상대해야 하는 윤리적 책임이 있다. 특히 리더들은 구성원들로부터 그들과의 이해관계, 욕구, 양심적인 대안에 대해 주의를 기울일 것을 요구받는다. 그리고 리더는 리더십의 과정에서 지위가 갖는 특수성 때문에 특별히 더 큰 윤리적 책임이 요구된다. 이러한 내용은 '윤리적 리더십의 5가지 원칙'[68]에 잘 나타나 있다. 즉 윤리적 리더는 타인을 존중하고 타인을 섬기며, 공정하고 정직하며,

••••
68 김남현 · 김정원 역, Peter G.Northouse 『리더십』, 경문사, 2004. pp.388~397.

공동체 구축을 위해 노력해야 한다는 점이다.

② 『목민심서』에 담겨진 윤리적 리더십 정신

〈표 8〉 : 목민심서에 담겨진 윤리적 리더십

① 목민관이 청렴하지 않으면 백성들이 도둑으로 지목하여 마을을 지날 때에 더러운 욕설이 비등할 것이므로 또한 부끄러운 일이다.[69]

② 목민관은 자신의 몸을 닦은 뒤에 정제하고 집을 정제한 뒤 나라를 다스린다는 것은 천하의 공통이치이니 고을을 다스리려면 먼저 가정을 정제해야 한다.[70]

③ 목민관이 아전을 단속하는 근본은 자기 몸을 다스리는데 있다. 그 몸이 바르면 비록 명령하지 않아도 행하여질 것이고, 그 몸이 바르지 못하면 비록 명령하여도 행하여지지 않을 것이다. 예로써 정제하고 은혜로써 대한 뒤에 법으로써 단속해야 한다.[71]

④ 부하를 통솔하는 방법은 위엄과 신의뿐이다. 위엄은 청렴에서 생기고 신의는 충성에서 나오는 것이니, 충성스러우면서 청렴할 수 있다면 이에 부하를 복종시킬 수 있을 것이다.[72]

⑤ 윗물이 맑지 않으니 아랫물이 맑기 어렵다. 아전들이 농간 부리는 방법은 익숙할대로 익숙해져서 귀신같은 간계를 살필 길이 없다.[73]

----

69 『목민심서』 「율기6조〔청심〕」: "牧之不淸 民指爲盜 閭里所遇 醜罵以騰 亦足羞也."

70 『목민심서』 「율기6조〔제가〕」: "修身而後齊家 齊家而後治國 天下之通義也 欲治其邑者先齊其家."

71 『목민심서』 「이전6조〔속리〕」: "束吏之本 在於律己 其身正 不令而行 其身不正 雖令不行. 齋之以禮 接之有恩 然後 束之以法."

72 『목민심서』 「이전6조〔어중〕」: "馭衆之道 威信而已 威生於廉 信生於忠而能廉 斯可以服衆矣."

73 『목민심서』 「호전6조〔곡부〕」: "上流旣濁 下流難淸 胥吏作奸 無法不具 神姦鬼猾 無以昭察."

③ 다산의 삶에 나타난 윤리적 리더십의 정신

　다산이 걸어온 윤리적 리더십의 정신은 '윤리적 리더십의 5원칙'과 연계하여 생각해 볼 수 있다. 첫째, 타인을 존중하는 삶을 보여줬다는 점이다. 존중尊重은 높이어 귀중하게 대한다는 뜻이다. 다산이 보여준 존중하는 삶은 『목민심서』에 기술한 내용과 이계심李啓心 사건의 처리 과정에서 정의로운 목민관의 모습에서 찾아볼 수 있다. 『목민심서』 「부임6조」의 '이사蒞事' 조에 "목민관이 부임해서 임무를 시작하게 되면 먼저 선비들과 백성들의 의견을 듣고 업무에 임해야 한다."는 내용과 「봉공6조」 '예제禮際' 조에 "백성들과 상대함에 있어서 예의로 상대해야 한다."는 내용, 그리고 「애민6조」의 '양로養老', '자유慈幼', '애상哀喪', '관질寬疾', '구재救災' 조와 「형전6조」의 '금포禁暴', '휼수恤囚' 등의 조에서 백성을 존중하는 마음과 자세에 대해 기술했다. 이계심 사건을 처리하는 과정에 나타난 목민관으로서 다산이 보여준 것들은 이계심의 정의로운 행동을 존중해준 모습이다. 즉 관아의 형방刑房이 작성해 놓은 내용보다 이계심과 백성들이 작성한 내용을 더 정의로운 내용으로 신뢰하고, 이계심의 보고 내용을 존중하는 마음으로 처리했다는 점이다.

　이계심 사건의 전말은 이렇다. 전임前任 부사 시절에 이계심이라는 농민이 1,000여 명의 백성을 데리고 관아官衙에 들어와서 부당한 세금징수에 대해 항의했다. 그러자 전임 수령은 그를 죄인으로 단정하고 체포하라 명했고, 체포를 피해 도망친 이계심은 수배 중인 상태였다. 조정에서는 이를 민란民亂으로 규정하고 주모자를 처벌하라는 지침이 내려진 상태였지만, 신임 수령으로 부임하던 다산은 자수해온 이계심의 자초지종

自初至終을 듣고 난 뒤 그를 무죄로 석방했다. 다산은 "백성의 억울함을 드러내어 항의했으니, 너 같은 사람은 관청에서 천금을 들여서라도 사들여야 할 사람이다."라며 오히려 칭찬하면서 의로운 일로 처리한 것이다. 이계심은 터무니없는 세금을 매긴 관아에 맞서 1,000여 명이 넘는 백성들을 이끌고 용기를 내어 목숨 걸고 항의했고, 마침 새로운 곡산부사가 부임한다는 소식을 듣고 자수한 것이다. 다산의 부임 행렬이 곡산에 들어서자 불쑥 나타나 길목을 막아선 이계심은 그간의 곡산 관청에서 있었던 병폐에 대해 12항목으로 작성한 호소문을 제시했다. 다산은 호소문을 자세히 읽고 나서 "이계심은 관의 잘못된 행정에 대해 피해를 감수하며, 당당하게 정의로운 행동을 했으므로 오히려 상을 주어야지 벌을 줄 사람이 아니다."라며 무죄로 처리하는 리더십을 보여줬던 것이다.

둘째, 백성을 섬기는 삶을 보여줬다는 점이다. 다산이 타인을 섬기는 삶은 『목민심서』의 「봉공6조」에 '공직자로서 백성에게 봉사하는 삶'을 통해 알 수 있다. "백성이 목민관을 위해 있는 것이 아니라 목민관이 백성을 위해 있는 것이다. 백성을 위하는 자리가 목민관의 자리다."라고 한 「원목」, "정政이란 백성에게 바르게 대한다."는 뜻임을 강조하면서 "정치는 백성들로 하여금 편안한 삶을 살 수 있도록 백성을 보살피는 것이다."라는 「원정」 등에서 섬김의 삶이 강조되고 있다. 특히 이계심 사건 처리는 국민저항권을 인정해준 사례라는 점에서, 섬기는 자세의 표본이라 할 수 있다.

셋째, 매사에 공정성을 보여준 삶이었다는 점이다. 다산이 보여준 '공정성의 삶'은 '공렴公廉' 정신, 즉 공정하고 청렴한 세상을 만들겠다는 강한 의지력의 반영이다. 다산이 제시한 공정과 청렴이야말로 모든 공직자에게 해당되는 윤리와 도덕의 나침반이다. 이는 다산이 28세 때 공렴을 다짐하면서 쓴 시, 그리고 33세[1794년, 정조18] 때 10월 28일부터 11월 15일까지 암행감찰 결과보고서에 잘 나타나 있다. 다산이 암행감찰임무를 부여받은 지역은 연천, 적성, 삭령, 마전 등 경기도 북부지역 4개 군으로, 이곳에는 정조의 최측근이던 김양직, 강명길, 서용보 등이 수령과 관찰사로 나가 있던 곳이다. 정조는 측근들의 근무실태를 감찰하기 위해서는 자신이 특별히 신뢰하는 신하를 임명해야 했고, 선택된 인물이 정약용이었다. 암행감찰결과 적성 현감 이세윤李世胤과 마전군수 남이범南履範에 대해서는 선정을 베풀고 있다는 평가를 내렸지만, 연천 전 현감 김양직金養直과 삭녕 전 군수 강명길康命吉, 경기 관찰사 서용보徐龍輔 등에 대해서는 탐욕스런 행위를 찾아내어 고발하는 등 '공렴'을 잣대로 엄중히 평가한 것이다.

넷째, 정직한 삶을 보여준 점이다. 이는 암행어사 임무수행 결과보고서에 나타난 정직성이다. 김양직에 대해서는 궁중의 어의御醫로 권세가막강했고, 강명길은 왕실의 묏자리를 잡는 지관地官으로 왕실과의 끈을 이용해 토색질한 것으로 기술했다. "연천 전 현감 김양직은 5년 동안 벼슬살이를 하면서 온갖 나쁜 짓을 다 했는데, 환곡 3천5백 석을 마음대로 도둑질해서 백성에게 피해를 입혔습니다.", "삭녕 전 군수 강명길은 관아에 근무하는 이들의 식비와 봉록을 가로채고 화전에 지나치게 세금을 물렸으며, 뇌물 바치는 문門을 만들어 항상 열어놨다고 합니다.", "전 경기 관찰사 서용보는 친척과 그 집안의 비리가 많았는데, 친척들이 사기를 쳐서 향교 터를 빼앗아 서용보에게 바쳤고, 서용보는 임금이 행차하는 길을 닦아야 한다는 구실로 세금을 거둬들인 일이 있습니다."라는 내용이다. 유배지에서 자식들에게 보낸 편지에도 "진실성이 있는 시를 짓는데 힘을 기울여야 한다.", "허례허식을 경계하라.", "거짓말을 입 밖에 내선 안 된다." 등 정직한 삶을 강조했음을 볼 수 있다.

다섯째, 공동체 구축을 위해 노력한 삶을 들 수 있다. 다산은 『경세유표』에서 모두가 함께 더불어 사는 사회를 만들어야 한다는 점을 강조했다. 양반계층과 선비 등도 놀고 먹어선 안 되며, 모든 사람이 함께 일하는 사회를 만들어야 한다는 것이다. 심지어 국왕조차도 부지런하고 치밀하게 일하는 사람이기를 바랬다. 다산이 꿈꾼 나라는 모두 함께 일하고, 모두 함께 벌고, 모두 함께 살아가는 공동체였던 것이다. 『경세유표經世遺表』에서 '경세經世'는 '세상을 경영한다.'는 뜻이라고 하면서 자신의 학문을 경학經學과 경세학經世學으로 구분했다. '경학'은 유학경전으로 육경六經〔詩시·書서·禮예·樂악·易역·春秋춘추〕과 사서四書〔論語논어·孟子맹자·大學대학·中庸중용〕를 말한다. 다산은 경학을 통해서 자신을 다스리는 '수기修己'와 경세학을 통해서 백성을 다스리는 '치인治人'에 대해 밝히면서 경학이 본本이고, 경세학이 말末이라고 했다. 그러면서 『경세유표』를 통해 국가경영에 관한 제도개혁안을 제시했고, 『목민심서』를 통해서는 행정체계 구축과 목민정신의 실천을 통해 공동체를 구축하고자 했다. 다산은 『경세유표』「서문」에서 군주에게 부지런〔勤〕함과 치밀함〔密〕을 요구하면서, 군주는 신료臣僚들이 하는 일에 대해서 공정하게 평가해야 한다고 했다. 여기에는 근면함과 치밀함이 필요하며, 다산이 보는 군주는 천상의 전제적 군주가 아니라 부지런히 왕정을 시행할 책무를 지닌 공적公的인 군주라고 보았다. 이처럼 『경세유표』와 『목민심서』가 우리에게 던지는 메시지는 공공성과 시대변화에 맞는 개혁을 통해 새로운 조선을 건설해야 한다는 것이며, 이를 통해서 백성의 삶이 윤택해지도록 개선시켜야 한다는 것이다. 여기서 윤리적 리더십의 정신을 발견할 수 있다.

(8) '감성적 리더십' 과 목민리더십

① '감성적 리더십' 개관

'감성적 리더십' 은 이성理性보다는 감성感性에 호소하는 리더십이다. 감성을 중시한다고 해서 '이성' 을 소홀히 해도 된다는 것은 아니고, 이성과 감성을 적절히 조화시켜야 한다는 뜻이다. 인간은 이성적 판단을 가능케 하는 좌뇌左腦와 감성적 판단을 도와주는 우뇌右腦가 있다. 좌뇌가 합리적 · 객관적 · 분석적 · 이론적 · 구체적 · 계획적인 사고를 맡는 이성적 기능이라면, 우뇌는 오관五官에 의한 정서적 · 직관적 · 본능적 · 통합적 · 이상적 · 충동적 사고를 도와주는 감성적 기능이다. 그래서 감성은 인간의 본성을 깨우는 촉매로 작용한다.

'감성적 리더십' 이 세상에 알려진 것은 2002년 다니엘 골먼이 저술한 『감성적 리더십primal leadership』이 나오면서다. 저자는 이 책에서 "최고의 리더는 구성원의 호응과 공감을 바탕으로 한 감성의 리더십으로 승부

해야 한다. 리더의 카리스마 · 비전 · 전략의 기본은 감성에 있다."고 주장했다. 즉 현대의 리더십은 지능지수(IQ: intelligence quotient)보다는 감성지수(EQ: emotional quotient)에 의한 리더십이 점점 더 필요해지고 있다는 것이다.

심리학자 다니엘 골먼은 "이성에 호소하는 경우보다 감성에 호소하는 경우가 20% : 80%의 비율로 감성에 비중을 두게 되므로 IQ〔지능지수〕로는 사회생활에서 성공을 이룰 수 없다. 본인의 감정조절과 타인의 감정인식, 그리고 동기부여와 원만한 대인관계 등을 가능하게 하는 EQ〔감성지수〕가 성공확률을 높여준다."고 했다. 그러나 감성이 지나치면 판단을 그르치기도 하는데, 감정이 복받치면 흥분해서 이성의 균형을 잃을 수도 있기 때문이다. 이런 점에서 '이성적인 업무'와 '감성적인 소통'이 조화를 이루어야 한다는 것이다. 시비是非와 진위眞僞를 가리기보다는 역지사지易地思之적 관점에서 측은지심惻隱之心이 가미된 상태로 접근할 때 소통이 훨씬 수월해진다는 점이다. 또한 "리더십이란 상대방의 마음을 움직이는 기술이다."라는 리더십 정의에서도 감성적 리더십의 필요성을 느낄 수 있다.

감성지능을 달리 표현하면, 자신이나 타인의 감정을 인지하는 능력이다. 즉 자신과 타인의 감정을 잘 이해하고 여러 종류의 감정들을 잘 변별할 수 있는 역량이다. 이를 토대로 자신의 사고와 행동방향을 선택할 수 있고, 상대로부터 공감을 얻어낼 수 있을 때 좋은 리더십을 발휘할 수 있는 것이다. 특히 현대사회는 구성원 각자의 개성이 다양해지고 가치기준에도 혼란이 오면서, 구성원들의 감성을 이해하고 그들과 긍정적인 관계를 유지하게 하는 감성역량이 뒷받침된 리더십이 더욱 요구되고 있다.

② 『목민심서』에 담겨진 감성적 리더십 정신

〈표 9〉: 『목민심서』에 담겨진 '감성의 리더십'

① "봄에는 고아들을 위한 잔치를 열고, 가을에는 노인에 대한 잔치를 베푼다. 봄에는 어린이들을 기르고, 가을에는 노인을 봉양한다." 하였으니, 가을 추수 뒤 추위가 오기 전에 이 예를 행하도록 해야 할 것이다.[74]

② 때때로 노인을 우대하는 혜택을 베풀면 백성들이 노인에게 공경할 줄을 알게 될 것이다.[75]

③ 엄숙하고, 공경하고, 겸손하고, 온순하여 감히 예를 잃지 않으며 평화롭고 통달하여 서로 막히는 일이 없어야, 정과 뜻이 믿음으로 맺어지게 된다.[76]

④ 설 명절〔歲時〕에는 죄수들도 집에 돌아가는 것을 허락한다. 은혜와 신의로 서로 믿는다면 도망하는 자가 없을 것이다.[77]

⑤ 장기 죄수가 오랫동안 집을 떠나 있어 자녀의 생산이 끊기게 되는 자는 그 정상과 소원을 참작하여 자애와 은혜를 베풀어 주어야 한다.[78]

74 『목민심서』 「애민6조〔양로〕」: "禮記曰 春饗孤子 秋食耆老 月令曰 春養幼少 秋養衰老 宜於秋成之後 天寒之前 行此禮也."

75 『목민심서』 「애민6조〔양로〕」: "以時行優老之惠 斯民知敬老矣."

76 『목민심서』 「봉공6조〔예제〕」: "嚴恭孫順 毋敢失禮 和平通達 毋胥苶澁 則庶乎其情志 交孚矣."

77 『목민심서』 「형전6조〔신형〕」: "歲時佳節 許其還家 恩信既孚 其無 逃矣."

78 『목민심서』 「형전6조〔신형〕」: "久囚離家 生理遂絶者體其情願 以施慈惠."

③ 다산의 삶에 나타난 '감성적 리더십' 정신

다산이 저술한 경세서의 대부분은 '오교' 에 기초한 '유시시구' 정신과 '공렴정신' 에 투철함으로써 백성의 삶을 편안하게 해야 한다는 '이성의 영역' 에 맞춰져 있다. 그러나 한편으로 2,500여 수의 시와 『목민심서』 「애민」 편 등을 보면 백성의 마음을 헤아리고 보듬는 '감성의 영역' 이 중시되고 있음을 보게 된다. 따라서 다음과 같은 다산의 삶에서 감성적 리더십의 정신을 발견할 수 있다.

첫째, 다산의 시詩에 나타난 '감성적 리더십' 정신이다. 시詩는 인간의 사상과 정서를 함축적이고도 운율적으로 표현하는 언어이다. 공자는 시를 '사무사思無邪', 즉 '생각함에 사악함이 없는 것' 이라고 표현했다. 다산은 2,500수가 넘는 방대한 시를 남겼는데, 그 시에는 강렬한 사회의식과 참여의식, 그리고 비판의식으로 백성을 위로하는 내용이 담겨 있다. 예컨대 암행어사 임무를 수행하면서 굶주림에 힘들어하는 백성을 보고 지은 「기민시飢民詩」, 유배지로 떠나면서 가족과 부모님과의 이별을 노래한 '석우별石隅別', '사평별沙坪別', '하담별荷潭別', 강진지역의 탐관오리 貪官汚吏에 시달리는 아낙을 보면서 지은 「애절양哀絶陽」 등 수없이 많다.

다산은 유배지에서 아들에게 보낸 편지에 "시詩는 나라를 걱정해야 한다." 면서 시를 쓰는 정신과 방법에 대해 가르쳤다. 그러면 "세상을 걱정하고 백성을 궁휼히 여겨 항상 힘없는 사람을 구원해주고 싶어 마음이 생겨나고 가슴이 아파서 차마 그냥 두지 못하는 그런 간절한 뜻을 가져야 비로소 시詩로 나타낼 수 있다고 했다. 만약 자기 자신의 이해에만 연연한다면 그 시는 시라고 할 수 없다."라고 한 것이다.

둘째, 다산이 써준 묘지명墓誌銘에 나타난 '감성적 리더십'의 정신이다. 다산은 이가환李家煥·이기경李基慶·권철신權哲身·오석충吳錫忠, 큰형 약현, 중형 약전, 그리고 서모 잠성김씨와 큰 형수 경주이씨, 며느리 심씨, 조카 학초와 학수, 자찬묘지명自撰墓誌銘 등 24편의 묘지명을 남겼다. 다산이 여러 사람에게 묘지명을 써준 이유는 그 사람의 억울함을 위로하고 명예를 회복시켜 주기 위해서다. 또 어떤 경우는 고마움을 표현하고 싶은 사람도 있고, 너무 일찍 세상을 떠나 보내서 아쉬움과 애달픔을 담은 경우도 있다. 이는 이성보다 감성에 가까운 표현이다.

셋째, 다산의 작품들에 나타난 '감성적 리더십'의 정신이다. 다산은 신분차별의 부당함을 지적했다. 그중에서도 서얼에 대한 차별을 비판했는데, 서얼庶孼로 태어난 사람이 무슨 죄가 있으며 서얼을 차별했을 때 국가적으로나 개인적으로나 어떤 이익이 있는지를 반문한다. 「서얼론庶孼論」에서 "서얼이 자기 부모를 부모라 부르지 못하는 것은 무엇 때문인가? 무엇 때문에 서얼의 등용을 막는가? 이는 이치에 맞는 일이 아니다."라고 기록했다. 이는 어머니가 첩이나 후처라는 이유만으로 '아버지'라고 부르지 못하는 자식의 입장을 생각하고 쓴, 서출들의 억울하고 원통한 마음을 이해한 감성적 결과물이다.

이밖에도 세상을 경륜하는 데는 법法보다 예禮로써 해야 하고, 자신이 죽어서라도 이루어지기를 원하는 마음에서 정책건의서로 올린 『경세유표』, "마치 목동이 양떼를 좋은 풀밭으로 안내하고 맹수들로부터 지켜주며 보호해 주듯이 백성을 잘 살 수 있도록 보살펴야 한다."는 목동과 같은 리더십을 기술한 『목민심서』, "억울한 백성이 나오지 않도록 법을 삼가고 삼가하여 바르게 처리해야 한다.”며 백성사랑 정신에서 나온『흠흠신서』등을 저술한 것, 그리고 “나의 아픔이 너의 아픔이고, 너의 아픔은 나의 아픔이다.”라는 심정으로 저술한『마과회통麻科會通』과「열부론烈婦論」,「호적의戶籍議」,「신포의身布議」,「원원原怨」등은 다산의 감성적인 마음을 읽을 수 있다.

(9) 오센틱 리더십과 목민리더십

① 오센틱 리더십 개관

‘오센틱 리더십〔authentic leadership〕’은 2004년에 빌 조지〔Bill, Goerge〕의 저서『진실의 리더십』과 미국에서 ‘동암연구소’를 운영하는 전혜성 박사의『다문화사회의 오센틱 리더십〔authentic leadership in multicultural society: 섬기는 부모가 자녀를 큰 사람으로 만든다〕』책을 통해 알려지기 시작했다. 이 리더십은 진정성眞正性과 진실성眞實性에 바탕을 두고 자신의 가치와 내면의 소리에 충실할 것을 요구하는 새로운 접근 방식의 리더십 모델이다.

전혜성은 이 책에서 ‘오센틱 리더로 키우는 7가지 덕목’을 제시하면서 오센틱 리더와 비非오센틱 리더를 구분했다. 즉 오센틱한 리더는 자신이 어떻게 생각하고 행동하는지에 대해 깊이 인식하고 자신과 주변의 사람들과 적응유연성resilience을 유지하며 보다 높은 도덕적 특성을 가지는 사람이다. 반면, 비非오센틱 리더는 구성원을 희생시켜 자기 이익을 추구하는 착취적 리더〔exploitative Leader〕라고 말한다. 그러면서 오센틱 리더가 되기 위해 추구해야 할 덕목으로 ①뚜렷한 목적의식과 열정 ②공동의 목표와 이익을 위한 봉사 ③자기 정체성과 문화적 역량 ④재주보다 덕을 중시하는 태도〔德勝才덕승재〕 ⑤창의적인 통합능력 ⑥역사인식에 기초한 글로벌한 안목 ⑦대인관계 역량의 증진 등을 꼽았다.

'오센틱 리더십'이 출현하게 된 배경은 21세기에 부합하는 리더십은 오센틱해야 한다는 데서 비롯되었다. 리더십 이론이 오랜 기간 다수의 학자들에 의해 특성론·행동론·상황론·변혁론 등으로 변화되어 오는 과정에서 리더십의 관점도 변했다는 것이다. 이를테면, 그동안의 리더십은 '리더 중심'·'부하 중심'·'교환 관계'·'변화와 혁신' 등 다양한 관점에서 연구가 발표되어 왔지만 진정한 의미에서의 리더십은 오히려 후퇴하고 있다는 점이다. 비록 일부이긴 하지만, 많이 배운 사람일수록, 또는 부자일수록 부모에 대해 불효하는 사람이 많다는 것은 하나의 사례라 할 수 있다. 특히 현대에 오면서 정부조직 및 기업경영 일선에서 일어나고 있는 일련의 윤리의식 결여 현상과 기술의 진전, 무한경쟁의 도래, 조직의 존속위협 등의 현상은 좀 더 고결하고 정직하며 '자기 자신에게 진실한' 리더를 필요로 하게 되면서, 오센틱 리더십을 출현하게 만든 것이다.

우리는 다른 사람으로부터 존경받고 스스로 성취감을 높일 수 있는 '진정성 있는 리더'를 원하지만 그런 리더를 발견하기는 결코 쉽지 않다. 우리가 직면하고 있는 리더십은, 현재 그가 뛰어난 능력을 가진 선장〔부모〕이라 할지라도 그 역시 한때는 선원〔자녀〕이었고, 그런 그가 수많은 경험을 거쳐 리더 자리에 올랐으며, 그 과정에는 오센틱한 면이 뒷받침했다는 점을 간과하고 있다는 점이다. 그리고 현대의 리더십은 리더가 정직正直하고 진실眞實되지 않으면 결코 리더의 자리에 오를 수 없고, 리더십 발휘 자체가 어렵다는 점이다.

② 『목민심서』에 담겨진 오센틱 리더십 정신

〈표 10〉: 『목민심서』에 담겨진 오센틱 리더십

① 백성을 이끌어 가는 방법에는 위엄과 믿음이 있을 뿐이다. 위엄은 청렴에서 나오고, 믿음은 '충'에서 나오는 것이니 '충'하고 청렴할 수 있다면 대중을 복종시킬 수 있다.[79]
② 관리官吏가 한 일은 반드시 그에 맞는 공적을 따져야 한다. 그 공적을 따지지 않는다면 백성이 힘써 일하지 않는다. 국법에 없는 것을 혼자서 행할 수는 없으나 그 공과를 기록하였다가 연말에 공적을 따져서 상줄 것을 의논한다면 오히려 그만두는 것보다 나을 것이다.[80]
③ 나이를 늘리거나 줄인 자, 유학을 모칭한 자, 관작官爵을 위장한 자, 홀아비를 가칭한 자, 속여서 관작을 만든 자는 아울러 조사해서 금하도록 한다.[81]
④ 첨정으로부터 포를 거두는 부정한 일은 양연〔사람 이름〕에게서 시작되어 오늘에 이르고 있는데, 폐단이 커 백성들의 뼈에 사무치는 병통이 되고 있다. 이 병을 고치지 않는다면 백성들은 모두 죽게 될

••••

79 『목민심서』「이전6조〔어중〕」: "馭衆之道 威信而已 威生於廉 信生於忠而能廉 斯可以服衆矣."

80 『목민심서』「이전6조〔고공〕」: "吏事必考其功 不考其功 則民已勸矣. 國法所無不可獨行 然書其功過 歲終考功 以議施賞 猶賢乎已也."

81 『목민심서』「호전6조〔호적〕」: "增年者 減年者 冒稱幼學者 僞載官爵者 假稱鰥夫者 詐爲科籍者 並行査禁."

> 것이다.[82]
>
> ⑤ 청송聽訟의 근본은 성의誠意에 있고, 성의의 근본은 신독愼獨에 있다. 그 다음은 먼저 내 몸을 바르게 하고서 백성을 경계하며 가르쳐서 굽은 것은 바르게 펴줌으로써 또한 송사하는 일이 없도록 해야 한다.[83]

③ 다산의 삶에 나타난 오센틱 리더십의 정신

다산의 삶에서 발견할 수 있는 오센틱 리더십의 정신은 다음의 내용에서 찾아볼 수 있다. 첫째, 강진 유배지 '사의재四宜齋'에서 주모酒母와 나눈 대화에서의 진정성과 진실성이다. 유배생활을 시작한 지 얼마쯤 지났을 때 주모가 다산에게 말을 걸어왔다. "부모의 은혜는 동등하고, 오히려 어머니의 수고가 크고 많은데 아버지의 성씨를 따르게 하고, 부모가 세상을 떠나면 상복喪服을 입는 기간에 있어서도 어머니는 아버지보다 한 단계 낮게 입습니다. 이는 아버지와 어머니를 차별하는 것입니다. 초목에 비유하면 아버지는 '종자' 요 어머니는 '토양' 인데, 아무리 좋은 종자라도 토양이 좋지 않으면 종자는 제대로 자라기 어렵습니다. 이런 점에서 종자를 길러내는 토양의 중요성이 간과되고 있다고 생각합니다. 옛 성인들이 교훈을 세우고 예禮를 제정한 것은 여기서 비롯된 것이라 생각하는

----

82 『목민심서』 「병전6조〔첨정〕」: "簽丁收布之法 始於梁淵 至于今日 流波浩漫 爲生民切骨之病 此法不改 而民盡劉矣. 첨정수포지법 始於梁淵."

83 『목민심서』 「형전6조〔청송〕」: "聽訟之本 在於誠意 誠意之本 在於愼獨 其次律身 戒之誨之 枉者伸之 亦可以無訟矣."

데, 제 말이 틀린가요?'라는 질문을 받은 것이다. 다산은 답하기를 "아버지께서 나를 낳으셨기 때문에 옛날 책에도 아버지는 나를 처음 태어나게 해주신 분으로 나와 있소. 어머니의 은혜가 비록 깊고 높기는 하지만, 하늘이 만물을 처음 생겨나게 한 그 은혜가 중요하기 때문일 겁니다."라고 답했다. 그러자 주모는 "선생의 말은 옳지 않습니다. 내가 생각해 보니 밤의 종자는 밤나무가 되고, 벼의 종자는 벼가 되지만 그 온몸이 이루어지는 것은 모두 땅기운 때문입니다. 그러나 결국 나무나 풀의 종류가 나누어지는 것은 모두 종자에서 비롯되지만 바르게 성장하는 것은 토양의 영양분에 말미암은 것입니다. 옛날 성인들이 교훈을 내세우고, 예를 정한 것은 여기서 비롯된 것이므로 예에 맞아야 한다고 생각합니다."라는 말을 듣고, 크게 깨달아 주모가 지적한 것과 그 지혜를 인정하였다는 점이다.

이러한 내용은 약전 형에게 보낸 편지에 나온다. "저는 흠칫 크게 깨달아 주모를 공경하는 마음이 일었습니다. 천지 간에 지극히 정밀하고 오묘한 진리가 이렇게 밥을 파는 주모에게서 나올 줄이야 누가 알았겠습니까?, 기특하고 기특한 일입니다."라는 내용에서 다산의 진실되고 진정성 있는 마음을 읽을 수 있다.

둘째, 영암군수 이종영李鍾英에게 당부한 글에 나타난 진정성과 진실성이다. 이종영은 다산과 학문적으로 교유하던 문산文山 이재의李載毅(1772~1839)의 아들이다. 다산이 53세(1814년, 순조 14) 3월 4일, 이종영이 영암靈巖의 군수로 있을 때, 아들의 관아官衙에 기거하던 문산이 다산을 찾아와 아들에게 줄 글을 부탁했다. 이때 다산은 '위영암군수이종영증언爲靈巖郡守李鍾英贈言'이라는 제목의 글에서 여섯 글자의 염렴, 즉 '육렴六

廉’을 써줬다. 첫째의 ‘염廉’은 재물에 청렴해야 한다. 즉 일체의 뇌물을 받지 말고 청백리가 되어야 한다는 것이다. 둘째의 ‘염廉’은 이성異性에 청렴해야 한다. 즉 자기 부인, 자기 남편 아니고는 거들떠보지 않아야 한다는 것이다. 셋째의 ‘염廉’은 직위職位에 청렴해야 한다. 즉 자기가 맡은 직책이나 권한의 범위에서만 공무를 집행해야 한다는 것이다. 넷째의 ‘염廉’은, 재물에 청렴해야만 투명한 공직생활을 할 수 있다는 내용이다. 다섯째의 ‘염廉’은 이성에 청렴해야 공직자로서의 위엄을 유지할 수 있다는 내용이다. 여섯째의 ‘염廉’은 직위에 청렴해야만 공직자로서 강직함을 유지할 수 있다는 내용이다. 여기서 다산이 써준 여섯 글자의 ‘염廉’에서 오센틱한 면을 발견할 수 있다.

셋째, 유배지에서 자식에게 보낸 편지에서 진정성과 진실성 있는 삶을 강조한 내용이다. 다산은 자식들에게 “거짓말을 입 밖에 내지 않아야 한다.”면서 아버지 재원 공과 숙부 재진 공의 삶을 아들에게 설명했다. 그리고 아들에게 폐족을 면할 수 있는 방안으로 진정성과 진실성 있는 삶을 당부했고, 다산이 55세 때〔1816년, 순조 16〕 “아버지께서 홍의호洪義浩, 강준흠姜浚欽, 이기경李基慶 등에게 해배를 부탁 해보시는 것이 어떻겠습니까?”라는 큰아들의 편지를 받고 “천하에는 두 가지의 큰 기준이 있다. 하나는 옳고 그름〔是非시비〕의 기준이요, 다른 하나는 이롭고 해로움〔利害이해〕의 기준이다. 이 두 가지의 큰 기준에 의해서 네 단계의 등급이 나온다.”면서 아들에게 훈계한 내용이다. 또한 “재산은 옳지 못한 방법으로 모은 것은 오래 지킬 수 없으니 정당한 방법으로 모아야 한다.”, “학문은 인간의 삶에 이로움을 줄 수 있어야 한다.” 등을 알려 준 대목에서 오센틱한 면을 볼 수 있다.

(10) 가버넌스 리더십과 목민리더십

① 가버넌스 리더십 개관

가버넌스 리더십이 알려진 것은 2007년 '리처드 P. 채이트〔Richard P. Chait〕', '윌리엄 P. 라이언〔William P. Ryan〕', '바버라 E. 테일러〔Barbara E. Taylor〕' 등이 저술하고 김호연金昊淵이 옮긴 『가버넌스 리더십』이 출판되면서부터다. 저자들은 이 책에서 영리를 목적으로 하지 않는 기관이나 단체의 새롭고 현실적인 운영방안에 대해 '리더십으로서의 가버넌스〔goverance as leadership〕' 라는 책에서 개념을 정립했다. 공공기관을 뒷받침하는 비영리기관의 효율적인 운영을 위해 제시한 리더십으로, 새로운 패러다임의 리더십 모델이다.

가버넌스goverance는 사전적으로 '지배구조', '통치', '관리', '통치관리방식' 등으로 해석된다. 저자들은 이 책에서 "어떻게 하면 비영리단체의 지배구조와 그 기능을 정상화할 것인가?", "이 사회의 존재와 관리방식은 어떻게 운영해야 할 것인가?", "가버넌스를 효율적으로 운영하기 위해서는 사업과 운전자본 등을 어떻게 해야 할 것인가?" 등을 리더십차원에서 다루고 있다.

비영리법인은 학술, 종교, 자선慈善, 기예技藝, 사교社交 등 영리가 아닌 공익사업을 목적으로 한다. 그리고 여기에는 비영리사단법인과 비영리재단법인이 있고, 각각의 비영리 기관에는 조직의 이사장이 있으며, 자원 봉사하는 이사들이 있다. 또한 일반적으로 이사장은 조직을 이끌고 이사들은 조직을 관리하는 형태로 운영된다. 그런데 실제로 우리 사회에

첨예하게 의견이 대립되고 있는 사안들 중에는 사립학교를 비롯한 병원, 종교기관 등 비영리 법인들에 관한 내용이 포함돼있다는 점이다.

우리 일반인들의 인식은, 비영리 기관들의 역할과 업무의 중요성, 존재 의의 등에 대해서는 인정하면서도, 다른 한편으로 이 기관들이 효율적이고 정상적으로 운영되고 있느냐에 대해서는 의문의 시각이 존재한다. 예컨대 사학의 교육법인의 경우 나이가 90을 훨씬 넘어 활동 자체가 어려운 고령자를 총장이나 이사장으로 임명해 놓은 경우, 또는 대형 종교재단에서 편법적으로 법인을 승계하는 과정에서 이사들이 '거수기' 역할에서 벗어나지 못하고 있는 경우 등이 그렇다.

저자들은 비영리기관의 효율적인 운영을 위한 가버넌스 리더십에는 다음과 같은 '5대 자본'의 필요성[84]을 제기한다. 첫째, 지적知的 자본이다. 지식정보화시대에 맞게 대처할 수 있는 법인 이사들의 브레인 파워를 말하는 것이다. 여기에는 다양한 전문지식과 함께 '하드 지식'과 '소프트 지식'이 결합된 지식이 필요하다는 것이다.

둘째, 평판評判 자본이다. 평판은 세상 사람들이 비평하여 시비를 판정하는 것으로 이미지와 관련된 것들이다. 해당 법인의 이미지가 좋으냐, 나쁘냐에 따라 비영리법인의 활동 영역에 영향을 미친다는 것으로, 이사들의 명성과 이름의 인지도, 평판 등이 자본으로 작용한다.

셋째, 정치적政治的 자본이다. 이는 해당 법인이 그 조직 사람들의 이

••••
84 김호연 역, 리처드 P. 채이트(Richard P. Chait), 윌리엄 P. 라이언(William P. Ryan), 바버라 E. 테일러(Barbara E. Taylor) 공저, 『가버넌스 리더십』, 삼우반, 2007. 211~237쪽.

해와 관련하여 어떤 결정을 해야 할 때, 구성원을 설득하여 법인의 결정 사안에 따라오게 할 수 있는 영향력과 장악력을 말한다. 기관의 대내외적인 문제를 정리하고 우선순위를 매겨서 해결해 나갈 수 있는 능력이 정치적 자본에 해당한다.

넷째, 사회적社會的 자본이다. '사회적' 이란 사회에 관계되거나 사회성을 지닌 것을 의미하며, 법인의 사회적 자본은 성향이 비슷한 법인들끼리 서로 의존하는 자본을 통틀어 이르는 말이다. 공동생활을 영위하기 위해서는 비슷한 성격을 가진 법인끼리 정보를 교환하고 공유하여 법인이 추구하는 목적달성에 기여할 수 있는 자본이다.

다섯째, 이사理事들의 참여 및 역할을 높여 자본으로 삼는 것이다. 본디 이사理事는 법인의 업무를 집행하고, 원칙적으로 이를 대표하여 법률행위에 직무권한을 가지며, 그 사무를 집행하는 사람이다. 따라서 관련법과 업무에 대한 지식을 갖춰야 하고, 지적 자본과 평판 자본, 정치적 자본과 사회적 자본 등의 기능 및 역할을 효율화할 수 있어야 한다.

② 『목민심서』에 담겨진 가버넌스 리더십 정신

〈표 12〉: 『목민심서』에 담겨진 가버넌스 리더십

① 공사公事에 틈이 있으면, 반드시 정신을 집중하여 고요히 생각하며 백성을 편안히 할 방책을 헤아려내어 지성으로 잘 되기를 강구해야 한다.[85]

85 『목민심서』「율기6조〔칙궁〕」: "公事有暇 必凝神靜慮 思量安民之策 至誠求善."

② 국법이 금하고 형법에 실려 있는 것은 마땅히 두려워해서 감히 범하는 일이 없도록 해야 한다.[86]

③ 천하의 일은 한 사람이 해낼 수 없으며, 함께해야 하는 법이다.[87]

④ 공직에서 사私를 행하거나 법을 잘못 쓰면 그 속임은 이서吏胥에게도 통과되지 못하고, 가정에서 불법을 행하거나 부정한 물품을 받으면 그 속임은 동복僮僕에게도 통과되지 못한다.[88]

⑤ 죄를 밝히고 법을 신칙하는 것도 장차 가르치기 위함이다. 모든 정치가 제대로 행하여지지 않아서 교육을 일으킬 겨를이 없다면 백세에도 선치가 있을 수 없다.[89]

③ 다산의 저술에 나타난 가버넌스 리더십의 정신

다산이 흑산도에서 귀양살이를 하고 있는 약전 형에게 보낸 편지에 "온 천하가 이미 썩은 지 오래 되었습니다〔天下腐已久천하부이구〕."라는 내용이 있다. 이는 당시 다산이 조선사회를 진단하고 내린 평가다. 그리고 다산은 이러한 조선이라는 나라를 치유하기 위한 방안으로 '1표2서'를 비롯한 여타 저술을 통해 계몽하고자 했고 2,500여 수의 시를 통해 비판하면서 백성을 위로했다. 그리고 그 시에는 다산이 주장하고자 했던 사회의 실상과 개혁 방향이 담겨있다. 한 마디로 다산은 학문과 시를 하나로 묶

----

86 『목민심서』「봉공6조〔수법〕」: "國法所禁 刑律所載 宜慄慄危懼 毋敢冒犯."

87 『목민심서』「봉공6조〔문보〕」: "天下 事非一人所可爲也."

88 『목민심서』「이전6조〔속리〕」: "在公堂 行一私 枉一法 瞞不過吏胥 在私宅 行一法 受一物 瞞不過僮僕."

89 『목민심서』「예전6조〔교민〕」: "明罰飭法 將以教也 諸政不修 未遑興教 此百世之所以無善治也."

었으며, 이러한 정신이 시로 형상화되었다고 볼 수 있다.

『경세유표』 「서문」에, 가버넌스 리더십의 정신이 들어있음을 볼 수 있다. 다산은 '하夏, 은殷, 주周, 진秦, 한漢' 나라 등에서 법의 이행이 잘 되지 않는 것을 사례를 들어 지적하면서 "이와 같은 것은 무슨 까닭인가?, 은나라와 주나라 사람은 명철하고 슬기롭고 성스러워서, 그 재주와 식견이 비록 순舜이나 우禹가 만든 것이라도 줄이고 보태어서, 시대의 형편에 적합하도록 할 수 있었다. 그러나 한漢나라 사람은 거칠고 어리석어서 그 재주와 식견이 비록 상앙商鞅과 이사李斯가 만든 것이라도 일체 따라서 하고, 거기서 벗어날 줄 몰랐다. 이것으로 보면, 법을 고치지 못하는 것과 제도를 변경하지 못하는 것은 한결같이 본인이 현명하거나 어리석은데 연유한 것이지, 천지天地의 이치가 원래부터 고치거나 변경시키지 못하게 하는 것은 아니다."[90]라면서 "털끝만큼 작은 일이라도 병폐 아닌 것 없이 덮여 있으니, 오늘날 고치지 않으면 나라를 망치고야 말 것이다. 이것이 어찌 충신과 지사가 팔짱을 끼고 방관할 수 있는 일이겠는가?"[91]라고 했다.

이는 오늘날 비영리법인이 안고 있는 문제를 가버넌스 리더십을 적용함으로써 해소해야 하고, 그런 방도는 '1표2서'에서 지혜를 얻을 수 있음을 제시하고 있는 것이다. 비영리법인의 목적이 반드시 공익을 추구하는 것은 아니라 하더라도 사회 일반의 이익에 공헌하기 위하여 설립된 법인이라는 점에서 새겨야 할 내용이다. 이런 면에서 공익법인은 일반 국

••••
90 박석무 · 정해렴 편역, 정약용 저, 『다산문학선집』, 현대실학사, 2000, 24쪽.
91 『경세유표』, 「서문」: "蓋一毛一髮 無非病耳 及今不改 基必亡國而後已 斯豈忠臣志士."

민에게 혜택을 주는, 법률관계의 주체로서 지위를 인정해주는 역할을
해야 한다.

　비영리법인非營利法人과 사단법인社團法人 등의 내부 운영은 법률에 따
라 운영된다. 하지만 법에 의한 권리와 의무의 주체로서 자격을 부여받
은 사람으로 구성하는 면에 있어서는 운영 자본, 즉 지적 자본·평판 자
본·정치적 자본·사회적 자본으로서의 역할과 기능이 발휘될 수 있어
야 한다. 이런 점에서 『경세유표』에 나와 있는 법제 및 제도개혁, 『목민심
서』의 '3기紀'에 해당하는 「율기」·「봉공」·「애민」, '6전典'의 내용인
「이전」·「호전」·「예전」·「병전」·「형전」·「공전」 등에 제시된 내용들
은 가버넌스 리더십에 관계되는 내용이라는 점에서 그 의의를 부여할 수
있다.

4장 『목민심서』에서 본 목민리더십

『목민심서』는 다산이 저술한 500여 권의 책 중에서 대표 저서로 알려져 있다. 그러나 이 책은 '마음으로 쓴 글〔心書심서〕' 이라는 표현이 말해주듯이, 폐족을 당하고 대역죄인으로 몰려 유배생활 중이다 보니 '목민' 에는 참여할 수가 없어서 '마음' 만을 담아 펴낸 책이다. 이 책은 본보기가 된 아버지의 목민관 모습과 정조의 지우知遇를 받으며 체험한 공직자의 본本을 담았다. 그리고 자신이 금정찰방과 곡산부사, 암행어사 등 임무를 수행하면서 목격한 탐관오리들의 만행과 아전들의 횡포에 힘들어하는 백성들의 모습을 담아 기술했다.

목민관의 본보기가 되어준 아버지 재원 공은 다산이 5세에서 6세 때까지는 연천현감漣川縣監, 16세에서 18세까지는 화순현감和順縣監, 19세 때는 예천군수醴泉郡守로 봉직하면서 다산에게 영향을 주었다. 그리고 22세에 초시에 합격해서 성균관에 입학하면서부터는 정조의 지우知遇를 받았다. 그러면서 28세에 대과합격, 31세에 홍문관 수찬, 33세에 암행어사, 34세 때 금정찰방, 36세에 동부승지 사직 및 곡산부사, 38세에 형조참의 사의 및 귀향 40세에 유배생활을 시작하면서 보고 느낀 내용을 기반으로 57세〔1818년, 순조18〕 봄에 집필을 시작해서 1821년 늦은 봄에 마재에서 48권으로 마무리한 책이 『목민심서』이다.

당시에 중국에서 들여온 『목민서』가 있었지만, 다산이 보기에는 내용에 있어서 조선의 실정에 맞지 않고 체계도 미흡하다고 판단한 듯하다. 이러한 문제인식에서 『목민심서』를 구상했다. 그러나 이 책이 나온 이후에도 당쟁의 격화와 세도정치, 삼정문란 등은 백성의 생활을 더욱 힘들게 하고 있었으며, 급기야 다산의 사후 58년〔1894년, 고종31〕에 전라북도 고부古阜 일대의 동학농민 군軍이 궐기했고, 이를 진압하라는 철종 임금의 지시에 따라 『목민심서』가 대안서代案書로 추천되기도 했다. 그러나 한편으로 『목민심서』가 동학군의 기본교재로 사용되기도 했었다는 점에서, 『목민심서』는 지방행정관의 윤리지침서이면서, 한편으로는 백성들이 관리官吏를 평가하는 잣대가 되는 책이기도 했다.

필자와 『목민심서』의 인연은 군 대대장〔중령〕시절 사단장께서 『목민심서』를 생일선물로 주신 일에서 비롯되었다. 이 한 권의 책이 필자의 가치기준을 바꿔놓았다고 해도 과언이 아니다. 필자는 대대장과 참모직 수행뿐 아니라 육군대학 리더십 교관, 국방대학교 리더십 교수, 전역 후 대학에서 리더십 교수로 봉직하는 동안 리더십의 교과서이자 한국적 리더십을 구상하는데 있어서, 기준서가 되어주었다. 이 책에는 리더가 부임赴任하는 단계로부터, 3기紀와 6전典, 진황賑荒, 해관解官 단계에 이르기까지의 과정이 우리의 실정에 맞게 기술되어 있다.

따라서 본장에서는 『목민심서』에 기초한 리더십을 살펴봄에 있어서, '역주 목민심서〔7권 본, 창비, 임형택 교열〕'와 '한국고전종합DB〔http://db.itkc.or.kr〕'의 내용을 기초로 한국적 리더십과 목민심서의 관계, 그리고 목민심서 내용에 기초한 목민리더십의 적용 방안에 대해 알아본다.

『목민심서』의 저술 배경과 구성

1) 『목민심서』의 저술 배경

다산이 『목민심서』를 저술하게 된 배경에는 『경세유표』와 연관돼 있다. 다산이 56세부터 집필해 오던 『경세유표』를 중단하고 『목민심서』를 저술했다는 점에서다. 『경세유표』가 국가 차원의 법제개혁을 위한 정책 제안서라면 『목민심서』는 목민관이 백성을 잘 이끌 수 있게 안내해주는 윤리지침서이자 리더십 교과서이다. 다산은 「서문」에서 "백성을 다스린다는 것은 백성을 기르는 것이다. 군자의 학문은 몸을 수양하는 것이 반(半)이고, 백성을 기르는 것이 반이다. 그런데 오늘날 백성을 다스리는 자들은 오직 거두어들이는 데만 급급하고 백성을 부양할 바는 알지 못한다. 이 때문에 백성들은 여위고 곤궁하고 병까지 들어 힘들어 하고 있는데, 백성을 다스리는 자는 고운 옷과 맛있는 음식에 자기만 살찌우고 있으니 슬프지 아니한가!", "이 책을 심서心書라고 이름 한 까닭은, 백성을 기르려는 마음만 있고, 몸소 시행할 수 없는 처지이기 때문이다."라고 했다. 본디 다산은 『경세유표』를 통해서 국가 차원의 개혁을 시도하려고 했지만 유배된 신분이었기 때문에 힘들다고 판단하고, 그 대신에 고을을 담당하는 수령들을 통해서 백성의 삶을 개선해야겠다는 심산心算으로 『목민심서』를 저술한 것이다.

따라서 『목민심서』의 저술 배경은 다음과 같이 정리해볼 수 있다. 첫째, 조선사회의 진단 결과에 따른 긴급 대처용 책이 필요했기 때문이다. 다산은 당시 조선사회를 "온 천하가 썩은지 이미 오래다〔天下腐已久천하부이구〕."라는 진단과 함께 조선사회를 중환자重患者에 비유했다. 그래서 다산으로서는 '신아지구방新我之舊邦'을 목표로 집필하던 『방례초본〔경세유표〕』을 중단하고, 현행의 제도 안에서라도 백성의 삶을 개설할 수 있는 긴급 처방용으로 『목민심서』를 집필한 것이다. 그래서 『방례초본』의 이름으로 시작한 『경세유표』보다 먼저 완성되었다.

둘째, 우리 실정에 맞는 행정실무 지침서가 필요했기 때문이다. 『목민심서』가 나오기 전에는, 중국에서 들여와 읽혀지던 『목민서牧民書』와 『목민고牧民攷』 등이 있었지만 다산은 그 체계와 내용이 미흡하다고 판단했다. 당시의 『목민서』는 주로 중국의 것을 들여와 간행해서 활용했는데, 최초에 들어온 책이 1412년〔태종12〕에 들어온 『목민심감牧民心監』이다.[92] 그 후 16세기 중반 유희춘柳希春〔1513~1577〕의 『치현수지治縣須知』, 16세기 후반 정철鄭澈〔1536~1593〕의 『유읍재문諭邑宰文』, 1620년에 간행

••••
92 임형택, 『다산학공부』, 돌베개. 2018. 263쪽.

된 중국의 『관상정요전서官常政要全書』 등이 있었는데, 18세기에 접어들면서 안정복安鼎福〔1712~1791〕의 『임관정요臨官政要』, 홍양호洪良浩〔1724~1802〕의 『목민대방牧民大方』 등 다양한 『목민서』 류類가 간행되었지만, 미흡하다는 판단이었다. 그래서 19세기에 와서 간행된 책이 『목민심서』인데, 기존 『목민서』와 비교해 보면 3책 48권이라는 규모, 12편 72조로 구성된 체계, 그리고 다산이 목민관 경험에 기초한 찰물察物을 기반으로 구성되어 있다는 점에서 기존의 책들과는 차이가 크다.

셋째, 목민관의 본분, 즉 목민관은 백성을 위해 존재하는 것임을 강조하고 싶었기 때문이다. 다산은 「원목」에서 "수령이 백성을 위해서 있는 것인가?, 백성이 수령을 위해서 생겨난 것인가?", 「탕론」에서는 "무릇 천자天子의 지위는 어떻게 해서 생겨난 것인가?, 하늘에서 떨어져 천자가 되는 것인가?, 아니면 땅에서 솟아나 천자가 되는 것인가?, 5가家가 1린鄰이 되고 장長으로 추대된 사람이 인장鄰長이 되고, 인장 중에서 추대된 사람이 이장里長이 되고, 이장 중에서 추대된 사람이 현장縣長이 되고, 현장에서 추대된 사람이 제후諸侯가 되고, 제후 중에서 추대된 사람이 천자天子가 되는 것이다. 이와 같이 천자는 여러 사람이 추대해서 이루어지는 것이다."라고 하여, 목민관은 민民을 위해 존재하는 것임을 밝혔다. 또한 『목민심서』 「서문」에서 "목민관이란 백성을 부양하는 것을 이르는 것이다〔養民之謂牧者양민지위목자〕."라고 했는데, 이를 리더십과 연계하면 서번트적 자세로 백성을 이끄는 것이다. 즉 '리더〔牧〕' 보다는 '팔로어〔民〕' 에 방점을 둔다는 점이다. 이는 "천하에 호소할 곳이 없는 지극히 천한 자가 백성이지만, 천하에서 태산처럼 높은 자도 백성이다. 그러므로 비록 상사가 높다 해도 백성을 앞세워 다투면 굴하지 않는 이가 적다."[93]고 했다.

넷째, 백성을 사랑하는 애민정신을 임금에게 건의하고 싶은 마음 때문이다. 다산은 『목민심서』 제목에 대해, '심서心書'라고 한 이유를 "심서心書라 함은 무슨 까닭인가? 목민牧民할 마음은 있으되 실행할 수 없기 때문에 '심서'라 이름한 것이다."라고 하면서 "다른 벼슬은 구해도 좋으나 목민의 벼슬을 구해서는 안 된다."고 했다. 목민관은 아무나 할 수 있는 직분이 아니며, 백성을 사랑하는 기본자세가 되어 있어야 한다는 점을 강조하고 있다. 여기서 '심서心書'라는 말과 '유표遺表', 그리고 '사암俟菴' 등의 용어를 통해서 당시 다산의 심경心境을 살펴볼 수 있다. '심서'는 '마음으로라도…', '유표'는 '죽어서 표表를 올려서라도…', '사암'은 '백 년 후를 기다리는 마음으로…'라는 뜻을 담고 있기 때문이다. 당시 조선사회는 임진왜란〔1592년〕과 병자호란〔1636〕 등을 겪으면서 폐허화되어 방방곡곡 온전한 곳이 없었다. 그럼에도 당쟁과 세도정치 등으로 삼정문란三政紊亂을 불러온 터라 다산은 근본적인 치유책으로『경세유표』,『목민심서』,『흠흠신서』등 '1표2서'를 저술하게 된 것이다.

다섯째, 수령들에게 종합적인 복무지침서를 마련해주고 싶었기 때문이다. 다산은『목민심서』「서문」에서 "수령이라는 직책은 관장하지 않는 바가 없으니 여러 조목을 차례로 드러내더라도 오히려 직분을 다하지 못

93『목민심서』「봉공6조〔문보〕」: "天下之至賤無告者 小民也 天下之隆重如山者 亦小民也 故上司雖尊 戴民以爭 鮮不屈焉."

할까 걱정되는데, 하물며 스스로 생각해서 스스로 실행하기를 바랄 수 있겠는가? 이 책은 첫머리와 맨 끝의 두 편을 제외한 나머지 10편에 들어 있는 것만 해도 60조條나 되니, 진실로 어진 수령이 자기 직분을 다할 것을 생각한다면 아마 방향을 잃지 않을 것이다."라고 기록했다. 그리고 수령의 업무는 임금이 하는 것과 규모만 다를 뿐 내용은 같다고 했다. 그래서 56세〔1817년, 순조 17〕에 시작한 『방례초본〔경세유표〕』과 57세에 시작한 『목민심서』, 그리고 58세에 시작한 『흠흠신서』 등은 연속선상에서 집필된 것들이다. 이를테면 『경세유표』는 제도개혁을 다룬 국가 차원의 마스터 플랜이고, 『목민심서』는 지방 수령들의 윤리적 각성과 애민정신으로 백성들을 이끌어야 할 내용을 담은 행정지침서인 셈이다. 그리고 『흠흠신서』는 『목민심서』의 「형전6조」에 담지 못했던 내용을 담아서, 억울한 백성이 없도록 하기 위해서 저술한 형법서刑法書이다.

결론적으로 『목민심서』는 관리들에게 목표와 방향을 제시〔pathfinding〕해주고, 수령과 백성의 생각이 한 방향으로 정렬〔aligning〕되도록 함으로써 백성들의 동기가 유발〔empowering〕되도록 목민관이 본보기〔modeling〕가 되어야 한다는 점을 담은 리더십 교과서이다. 중병에 걸려 있다고 판단한 조선을 『경세유표』로 개혁하는 데는 제한요소와 시간이 많이 소요될 것이라고 판단하고, 우선적으로 목민관들을 활용해서 백성들의 삶을 개선해주자는 취지에서 저술한 책이 『목민심서』이다.

2) 『목민심서』의 구성

　『목민심서』는 12편 72개조로 구성되어 있다. 다산은 「자찬묘지명」에서 "이 책은 모두 12편篇으로 구성되어 있다. '율기律己 · 봉공奉公 · 애민愛民'을 3기紀로 삼고, '이吏 · 호戶 · 예禮 · 병兵 · 형刑 · 공工'을 6전典으로 삼았으며, 진황賑荒을 단원單元으로 배치하고, 부임赴任과 해관解官을 맨 앞과 뒤로 놓았다. 그리고 각 편은 다시 6조條로 나누어 모두 72조로 구성했다."고 기록했다.

　'3기紀'는 『목민심서』의 뼈대와 줄기가 되는 세 기둥이다. 원래 '기紀'자는 뜻을 나타내는 '실 사糸'와 음을 나타내는 '자기 기己'가 결합되어 '벼리', '밑바탕', '단서' 등을 뜻하는 글자이다. '糸〔가는 실 사〕'는 베를 짜기 위해 '여러 개의 실타래에서 하나를 뽑아낸다.'는 뜻을 가진 글자로, '어떠한 것의 시작점', 즉 '실마리', '단서' 등을 뜻한다. 그리고 '기己'는 실타래에서 뽑힌 한 가닥의 실을 의미한다. 여기서 다산이 '율기', '봉공', '애민'을 '3기紀'로 이름한 것은, 이 3편篇이 『목민심서』의 벼리〔뼈대가 되는 줄거리〕라는 뜻이다.

　'6전典'은 '맡아서 해야 할 6가지' 업무 영역이다. 즉 목민관으로서 맡아서 해야 할 '6개 부서가 맡아서 하는 일'이다. 원래 '전典'자는 죽간을 엮어 만든 '책冊'자에 '받들 공廾'자가 결합한 글자로, '양손으로 받들고 있는 중요한 책'이라는 의미를 담고 있다. 『목민심서』에서는 '6전典'으로, '이전吏典' · '호전戶典' · '예전禮典' · '병전兵典' · '형전刑典' · '공전工典'으로 삼고 있는 것 또한 목민관이 맡아서 해야 할 중요한 6가지 업무영역을 의미한다. '6전'은 원래 『주례周禮』에서 따온 말인데, 한국에서도 세조世祖 때 시작하여 성종成宗 때 완성한 『경국대전』에 '이전·호전·예전·병전·형전·공전'등 6전으로 나누고 있다. 이와 같은 형식은 갑오개혁 이후에 제도개혁과 더불어 점차 새로운 체계로 변모되었다.

　나머지 3편은, 재난을 대비하는 내용을 한 개의 단원〔賑荒진황〕으로, 그리고 시작할 때〔赴任부임〕와 마무리할 때〔解官해관〕의 업무에 관해 편성해 놓고 있다. 이는 목민관이 고을을 다스리는 중에 흉년이나 홍수 등 재난을 만났을 때를 대비해서 방책을 수립〔賑荒진황〕해 놓아야 한다는 것이다. 그리고 고을의 수령으로서 부임할 때〔赴任부임〕와 업무를 마칠 때〔解官해관〕, 목민관으로서 유념해야 할 내용을 담아 기술했다.

　그런데 특이한 점은 '3기紀'에서 '6전典'으로 넘어가는 길목에 '애민愛民'을 배치하고, '6전'에서 해관解官으로 넘어가는 길목에 '진황賑荒'을 삽입하여 순서를 잇고 있다는 점이다. 즉 '3기紀'는 자신을 다스리는 '율기律己'에 이어 나라를 위해 봉사하는 '봉공奉公'을 놓은 다음에 백성을 사랑하라는 '애민愛民'을 배치했는데, 이는 백성을 사랑하는 마음으로 '6전典'에 임해야 한다는 뜻으로, '진황賑荒'을 '해관解官' 앞에 둔 것은 임무를 마쳐갈 즈음에는, 만일을 대비해서 재난이 닥쳐올 때의 대책이 세워졌는지, 어려움에 처한 백성은 없는지 등을 살펴야 한다는 의미로 보인다.

한국적 리더십과 『목민심서』

1) 한국적 리더십의 필요성과 『목민심서』

한국적 리더십은 한국에 알맞는, 한국의 특징에 부합하는 리더십을 말한다. 나라에는 그 나라마다 고유한 특징을 가진 문화가 존재하기 마련이므로 그 나라만의 문화와 국민의 의식구조에 적합한 리더십이 필요하다는 뜻이다. 리더십 이론을 개발하고 발전시켜온 서양문화는 우리의 문화와는 다르다. 우리는 한국인만의 독특한 문화와 의식구조를 가지고 있기 때문이다. 예컨대 우리가 소중하다고 생각하는 학연·혈연·지연 등의 연고주의緣故主義와 서열의식序列意識 등에 대한 생각은 서양인들과는 많은 차이가 있다. 이런 점에서 미국 사회가 필요로 해서 그들의 문화에 맞춰 발전시켜 놓은 것을, 우리 사회에 그대로 적용하면 부작용이 일어날 수 있다. 특히 서양문화뿐 아니라 기업의 이윤창출에 목표를 두고 개발한 리더십 이론이라는 점에서, 가정과 학교, 종교와 군대, 공공행정 분야 등에 적용함에 있어서는 유의해야 하는데, '남귤북지南橘北枳'의 결과로 이어질 수 있다는 점에서다. 이것이 한국적 리더십이 필요한 이유이다.

21세기를 문화의 시대, 지식정보화知識情報化의 시대, 글로벌 시대, 4차산업혁명 시대 등 다양하게 표현한다. 문화文化는 '밝을 문文'자와 '변화할 화化'가 결합된 글자이나 '세상을 밝게 변화시키는 정신적 예술적 영역의 총체'를 말한다. 이는 어디까지나 자연적인 것이 아니라 사람의 필요에 의해서 만들어가는 영역이다. 그렇기 때문에 동서양의 문화, 영호남의 문화가 다르다. 그리고 문화는 리더십에서 상황요인이자 영향력으로 작용된다는 점에서 중요한데, 다산이 당시 폐족을 당하고 유배생활을 하게 된 것도 당시의 상황요인, 즉 종교적·문화적 마찰과 연관돼 있다. 날로 격화되어가던 당쟁黨爭과 세도정치가 문화로 작용했고, 유교儒敎와 천주교天主敎의 종교적 마찰로 이어져 많은 인재를 희생시켰는데, 이것은 문화의 충돌에서 빚어진 것이다. 조선의 정치문화는 반대파를 숙청하기 위한 수단으로 천주교를 사교邪敎로 매도罵倒했던 것인데, 이런 상황에서도 다산은 도탄에 빠진 백성들을 구할 방도를 찾았고, 그런 마음에서 저술한 책이 '한국적 리더십 교과서'격인 『목민심서』이다.

지식 정보에서 '지식知識'은 '알 지知'자와 '식별할 식識'자의 합자이니, 리더십의 관점에서 보면 '알고 있는 내용을 식별할 수 있는 역량'이고, '정보情報'는 '뜻 정情'자와 '알릴 보報'자의 합자이므로, '뜻하는 바를 알릴 수 있는 역량'이다. 그리고 '글로벌'은 세계의 모든 사람들과 모든 지역을 범위로 하며, '4차산업혁명'은 시간·공간·인간을 데이터화

하여 융합함으로써 삶에 편리함을 주고는 있지만, 로봇·사물인터넷·인공지능 등 기계류의 출현은 인간의 더 큰 윤리성을 요구받고 있다.

이런 점에서 『목민심서』는 한국인 리더〔목민관〕가 한국인 팔로어〔백성〕를 대상으로 한국문화에 기초하여 발휘하는 리더십 지침서라는 점에 가치가 있다. 그리고 리더가 '부임赴任' 하는 단계로부터 임무를 마치는 '해관解官' 에 이르기까지 한국의 실정에 맞춰 상세하게 기술하고 있는 점도 한국적이다. "송충이는 솔잎을 먹어야 살 수 있다.", "로마에 가면 로마의 법을 따라야 한다."는 격언은 리더십에도 해당된다. 리더십은 구성요소〔리더·팔로어·상황요인〕의 역동성이 작용하는 가운데 리더와 팔로어 모두는 문화의 영향을 받기 때문이다. 그리고 '환경' 은 리더십 구성요소 중에서 '상황요인' 에 해당되고 '문화' 로 작용한다. "인간은 문화가 다르기 때문에 가치도 약간 다르다. 사람들은 다른 목적을 추구하고 다른 충동을 가지며, 다른 형태의 행복을 그리워한다〔말리노프스키〕.", "앎의 기저에는 문화적 체계가 있다〔미셸 푸코〕.", "문화는 조직 활동의 근본 패턴으로 작용하는 기본적인 가정들과 신념들이다〔샤인〕." 라는 표현은, 리더십과 문화의 관계성을 말해주고 있다.

리더십에서 문화가 중요하다는 점에 대한 다산의 관점은, '3호三好' 정신에서 찾을 수 있다. '3호' 는 '호고好古'·'호독好讀'·'호아好我' 를 뜻한다. 『목민심서』야말로 '3호' 정신에 기초한 리더십 교과서이기 때문이다.

2) 리더십 교과서로서의 『목민심서』

모든 교육에는 교과서를 필요로 한다. 교과서는 교육과목에서 사용하는 주된 교재이기 때문이다. 우리는 어떤 분야에서 가장 모범이 될 만한 일을 비유적으로 표현할 때 '교과서적'이라고 한다. 그러므로 한국적 리더십을 교육하는 데에도 리더십 교과서가 필요하고, 한국문화를 토양으로 한국인 리더가 한국인 팔로어를 이끄는 데에는 리더십 원리가 담긴 리더십 교과서가 필요한데, 여기에 가장 적합한 책이 『목민심서』라고 보았다.

현재 한국에서 적용되는 리더십, 이를테면 가정과 학교, 종교와 군대, 국가와 지방자치단체, 중소기업과 대기업 등에서 적용하는 리더십은 한국 철학에 기초하는 리더십으로 보기 어렵다. 필자는 육군대학에서 리더십을 강의하면서 이 문제로 많은 고민을 한적이 있다. 그러던 중에 연대장을 마치고 국방대학교에서 '정약용의 공직자 리더십〔일명 목민리더십〕'을 강의하게 되었고, 국방리더십 센터장 직을 맡게 되면서 전문가 및 관계 기관들과 교류하는 기회가 많아졌다. 그리고 『리더십의 철학적 기초〔philosophical foundations of leadership〕』[94]라는 책을 접하면서 큰 깨침을 받는 계기가 되었다.

저자는 이 책에서 "무엇이 리더십과 리더를 구성하는가?"라는 질문과 함께 "리더십의 본질과 리더를 만드는 자질이 무엇인지를 연구해야 한

----

94 제정관 譯, 데이비드 코돈 著, 『리더십의 철학적 기초』, 철학과 현실사. 2006.

다.", "인간은 똑같이 태어나지 않았으며 인간에게는 서로 다른 본질적인 차이가 있다."는 내용과 함께 '플라톤', '아리스토텔레스', '칼 마르크스' 등 수많은 현자賢者들의 리더십 사례를 들고 있다. 이런 맥락에서 『목민심서』는 시대적 차이가 있긴 하지만 한국적 리더십의 철학이 담긴 교과서로서 충분하다는 생각이다.

『목민심서』를 이렇게 보는 이유는 다음의 세 가지 이유 때문이다. 첫째는 『목민심서』의 12편 내용이 한국적인 상황에서 각종 사례가 한국적이라는 점이다. 사례 중에는 중국의 것이 인용되고는 있지만 문화적으로 이질감이 많지 않은 것들이다.

두 번째는 조선후기에 나타난 삼정문란三政紊亂과 민란의 해결책으로 『목민심서』가 추천되었다는 점이다. 당시 강화도령으로 알려진 철종〔哲宗, 재위: 1849~1863〕은 "삼정문란과 민란의 해결책을 올리라"는 극단의 지시를 내리게 됐는데, 노사蘆沙 기정진奇正鎭〔1798~1879〕이 "조선의 병폐는 간악한 수령과 아전들의 횡포에 있습니다. 다산 정약용의 『목민심서』에 그 해결책이 다 있습니다."라는 상소를 올린 기록이다. 그 후 1895년〔고종 32〕 전북 고부古阜 일대에서 동학농민운동이 일어났을 때에도 『목민심서』가 해결책으로 제시되었다는 점이다.[95]

세 번째는 『목민심서』가 반란군의 교본으로도 사용되었다는 점이다. 당시에 조정은 민란民亂의 불씨가 된 불온서적을 찾아내도록 지시했고, 그 불온서적으로 지목한 책이 바로 정다산 비결로 불리는 『목민심서』와

---

95 목포MBC, "조선혁명가 사암, 동학과 정약용의 호 사암俟菴에 얽힌 이야기", 유튜브. 2016. 5. 28.

『경세유표』였다. 반란군 입장에서 수령들이 잘못하고 있는 점을 찾아내는데, 기준서로 작용된 책이 『목민심서』와 『경세유표』였던 것이다.

『목민심서』는 그 내용면에 있어서는 시대적으로 200여 년의 차이가 있지만, 공직자로서의 업무절차와 방법, 정신자세면에 있어서는 오늘날에도 적용할 내용이 많다는 점에서, 한국적 리더십의 교과서라고 할 수 있다.

| 3 |
『목민심서』의 내용

　　『목민심서』의 내용은 제1편 '부임6조'로부터 제12편 '해관6조'에 이르기까지 목민관이 해야 할 업무내용과 절차를 기술하고 있다. 각 편은 다시 6개 조로 나누어져 있으므로 전체 72개 조로 되어 있는데, 그 내용을 리더십의 관점에서 요약, 정리하면 다음과 같다.

1) 부임6조赴任六條: 근무지에 부임할 때 지켜야 할 내용

　　부임赴任은 '다다르다', '나아가다' 등의 의미인 '赴부' 자와 '맡기다', '감내하다'는 의미인 '任임' 자가 결합된 글자이므로 '임명이나 발령을 받아 근무할 곳으로 간다.'는 뜻이다. 따라서 제 1편 「부임6조」는 목민관이 고을에 부임할 때 지켜야 할 내용, 즉 '제배除拜'·'치장治裝'·

'사조辭朝'·'계행啓行'·'상관上官'·'이사莅事' 등 6개 조항으로, 현대적 관점은 지방자치단체장〔공직자〕이 선거에 당선〔진급〕되고부터 취임〔부임〕하여 업무를 시작하기까지의 과정을 담고 있다.

(1) 제배除拜: 임명을 받음

제배除拜는 '임명할 제除'와 '받을 배拜'자가 결합된 글자이므로 '임명받을 때의 마음가짐'을 뜻한다. 이는 공직자가 공무원시험에 합격, 또는 선거에서 당선되었을 때, 공직자가 어떤 자세로 근무할 것인가에 대한 마음가짐이라 할 수 있다. '수령守令'은 군수郡守와 현령縣令의 줄임말로 오늘날로 보면 지방단체장이다. 다산은 대과에 합격하고 나서 "둔하고 졸렬해 임무 수행이 어렵겠지만 공정과 청렴으로 정성을 바치길 원합니다."[96]라는 시詩를 통해 공정公正과 청렴淸廉을 다짐했다. 다산은 목민관으로 임명받을 때 마음가짐에 대해서 "다른 벼슬은 구해도 좋으나 목민관만은 구할 것이 못된다. 제배된 처음에 재물을 함부로 써선 안 된다."[97], "오직 수령守令만은 만민을 위하는 자이니, 하루에 만 가지 일을 처리함이 마치 천하 국가를 다스리는 군왕과도 같아서, 그것은 크고 작음만 다를 뿐, 그 처지는 실로 같은 것이다."[98]라고 했다. 이는 한 나라를

••••

96 『여유당전서1』 「시집 1권」 다산학술문화재단: "鈍拙難充使 公廉願效誠."
97 『목민심서』 「부임6조〔제배〕」: "他官可求 牧民之官 不可濫也. 除拜之初 財不可濫施也."
98 『목민심서』 「부임6조〔제배〕」: "唯守令者 萬民之宰 一日萬機 具體而微 與爲天下國家者 大小雖殊 其位實同."

이끄는 '임금의 역할'과 한 고을을 이끄는 '수령의 역할'이 크게 다르지 않다는 점을 말한 것이다.

(2) 치장治裝: 부임 행장 꾸리기

치장治裝은 '다스리다', '바로잡다'를 의미하는 '치治'자와 '행장', '짐보따리'를 의미하는 '장裝'자가 결합된 글자이므로 임지로 부임하러 갈 때 짐을 꾸리는 일을 뜻한다. 조직 구성원은 새로운 상관을 맞이하게 될 때면 그 사람에 대해 매우 궁금해 하고 알고 싶어 한다. 그리고 그 사람을 파악할 때 이삿짐 차량의 살림살이 규모와 종류 등을 보고, 그 사람이 살아온 정도程度에 대해 나름으로 파악하고 소문을 내기도 한다. 그래서 새로 부임하는 목민관의 행장은 검소하게 꾸리는 것이 선입견을 좋게 하는 방편方便이 된다. 다산은 "백성을 사랑하는 근본은 예산을 아껴 쓰는데 있고, 아껴 씀의 근본은 검소한 삶에 있다. 검소함 이후에 청렴할 수 있고, 청렴한 이후에 백성을 사랑할 수 있다. 검소함은 목민관의 가장 큰 책무다."[99]라고 하여 부임 단계부터 준수해야 할 사항으로 '검소'와 '청렴'을 제시했다. 이 내용은 「율기6조」의 '절용', 「봉공6조」의 '공납'조에도 나오는 내용이다.

---

99 『목민심서』「부임6조〔치장〕」: "愛民之本 在於節用 節用之本 在於儉. 儉而後 能廉 廉而後能慈 儉者 牧民之首務也."

(3) 사조辭朝: 임명권자에게 하직 인사

사조辭朝는 '말하다', '아뢰다' 는 의미인 '사辭' 자와 '문안하다', '임금을 뵙다.' 는 의미인 '조朝' 자가 결합된 글자이므로 부임 전에 임금께 인사드릴 때 마음가짐을 뜻한다. 요즘으로 보면 군軍에서 장성으로 진급한 사람들이 대통령에게 신고하는 모습, 지자체장들이 대통령에게 인사하는 모습 등을 연상해 볼 수 있다. 다산은 "임금을 하직〔부임인사〕하고 대궐문을 나서게 되면 개연히 민망民望에 수응하며 군은君恩에 보답할 것을 마음으로 다짐해야 한다."[100]고 했다. 임명해준 명령권자에게 고마운 마음으로 은혜에 보답하겠다는 마음은, 곧 백성의 바램〔民望〕에 부응하는 것임을 알고, 이를 실천하겠다고 다짐해야 한다. 다산은 경기도 북부지역 6개 현縣에 대해 암행감찰을 하라는 어명을 받고 하직인사를 한일이 있다. 암행감찰 대상자 중에는 궁중에서 어의御醫로 있다가 삭녕朔寧군수에 보임된 강명길康命吉, 궁중에서 지관地管으로 있다가 연천漣川군수로 보임된 김양직金養直, 조정에서 업무를 하다가 경기관찰사〔도지사〕로 보임된 서용보徐龍輔 등도 포함돼 있었다. 다산이 감찰해보니 그들은 '사조' 하면서 약속한 내용과는 너무 다르게 임무를 수행했음을 확인하고 나서 임금에게 감찰 결과를 보고했다. 다산이 28세에 대과급제하고 지은 시詩 "둔하여 임무 수행이 어렵겠지만 공정과 청렴이 본이 되도록 정성을 다하기를 원합니다〔鈍拙難充使둔졸난충사 公廉願效誠공렴원효성〕."고 다짐한 내용을 이행한 것이다. 이러한 자세가 공직자로서 '사

----

100 『목민심서』 「부임6조〔사조〕」: "辭陛出門 慨然以酬民望 報君恩 設于乃心."

조'에 해당되는 것이다.

(4) 계행啓行: 발령을 받아 임지로 떠남

계행啓行은 '열다', '안내하다'는 의미의 '啓계' 자와 '길을 가다'는 의미인 '行행' 자가 결합된 글자이므로, 목민관이 부임하기 위해 길을 떠날 때의 마음가짐을 뜻한다. 공직자가 임지로 부임하기 전에는 전임자나 전문가에게 조언을 들어야 하는데, 이때는 익살스럽고 풍자諷刺적인 행동은 삼가해야 한다. 또한 부임하는 기관에는 들어가지 말고 인근 지역에 묵어서 그 기관에 폐를 끼치지 않아야 한다. 이 점에 대해 다산은 "부임길에 관부를 두루 찾아가 마땅히 먼저 임관된 자의 말을 귀담아들을 것이며, 해학으로 밤을 보내서는 안 된다. 부임하는 전날 밤은 반드시 이웃 고을에서 묵어야 한다."[101]고 이르고 있다.

(5) 상관上官: 자리에 오름〔취임식〕

상관上官은 '오르다'는 의미의 '上상' 자와 '기관, 벼슬'을 상징하는 '官관' 자가 결합된 글자이므로 임지에 부임하여 관직에 오르는 일, 즉 취임 행사에서의 마음가짐을 뜻한다. 새로 맡은 직분의 자리에 오르게 되면 관속들의 보고를 받는 등 업무를 시작하게 됨으로 취임행사가 끝나

----

101 『목민심서』「부임6조〔계행〕」: "啓行在路 歷入官府 宜從先至者 熟講治理 不可諧謔 竟夕. 上官前一夕 宜宿隣縣."

면 찾아온 손님들과 간략한 인사로 작별하고, 관속들로부터 당면 업무를 보고 받으면서 조치할 사항을 조치해야 한다. 만에 하나 취임식에 참석한 내빈들과 교유 등으로 시간을 길게 보내는 일은 자제해야 한다. 다산은 이 점에 대해 "부임하면 관속들의 참알을 받아야 한다. 시의에 알맞도록 하고 스스로 이를 굳게 지켜 나가야 한다."[102]고 했다.

(6) 이사莅事: 업무의 시작

이사莅事는 '다다르다', '지위地位'를 뜻하는 '莅이' 자와 '일하다', '관직에 임하다'는 의미인 '事사' 자가 결합된 글자이므로, 목민관이 지위에서 관무를 시작할 때 해야 할 일, 즉 업무를 파악하고 진단診斷하는 일을 뜻한다. 예컨대 의사가 환자를 치료하려면 환자에 맞는 치료방법을 찾기 위해 진찰을 해야 하는 것과 같은 이치이다. 따라서 향후 업무를 수행하기 위해서는 조직 내에 문제점이 있는지 여부를 파악하고, 이를 해소하기 위한 방안을 구상해야 한다. 다산은 이 점에 대해 "부임한 날 선비와 백성들에게 령令을 내려서 병폐에 대한 것을 묻고 여론을 파악하도록 해야 한다."[103]고 이르고 있다.

••••
102 『목민심서』 「부임6조〔상관〕」: "受官屬參謁. 唯適時宜 確然以自守."
103 『목민심서』 「부임6조〔이사〕」: "是日 發令於士民 詢瘼求言."

2) 율기6조律己六條: 자기 자신을 다스리고 가다듬는 일

율기律己는 '법', '규칙' 등을 의미하는 '律율' 자와 '몸', '자기', '다스리다' 등의 의미인 '己기' 자가 결합된 글자이므로, 자기 자신을 다스리고 조율하며 가다듬는 일을 뜻한다. 목민관은 자신을 다스리고 가다듬어서 상급기관 직위자, 그리고 백성들과 합당하게 조율해야 하는 위치에 있으므로 먼저 자기 자신부터 다스릴 수 있어야 한다는 것이다. 여기에는 '칙궁飭躬'·'청심淸心'·'제가齊家'·'병객屛客'·'절용節用'·'낙시樂施' 등 6개 조항의 내용을 제시하고 있다. 현대적 관점에서 보면 공직자로서 수신제가修身齊家와 관련되는 내용이다.

(1) 칙궁飭躬: 바른 몸가짐

칙궁飭躬은 '바로잡다', '신칙하다'는 '飭칙' 자와 '자기' '자신', '몸'을 뜻하는 '躬궁' 자가 결합된 글자이므로, 자기 몸가짐을 바르게 하는 일을 뜻한다. 다산의 저술을 읽다 보면 '수기修己'를 기초로 '안민安民'하고 '여민與民'해야 한다는 내용이 많이 나온다. 여기서 '수기'를 강조하는 이유는 '자기 자신을 바로해야 한다.'는 칙궁이 먼저 돼야 리더십 발휘가 가능해지기 때문이다. 이런 의미에서 다산은 '칙궁'을 「율기」 편 맨 앞에 놓고 있다. 다산은 "공사公事에 틈이 있으면, 반드시 정신을 집중하여 고요히 생각하며 백성을 편안히 할 방책을 구상해서 지성으로 잘되기를 강구해야 한다."[104], "몸이 목민관의 자리에 있으면 그 몸은 곧 과

녁이 된다. 그러므로 한 마디 말과 하나의 행동을 삼가지 않으면 안 된다."[105]고 했는데, 이 내용은 「이전6조」의 '속리'에도 나오는 내용이다.

(2) 청심淸心: 청렴한 마음가짐

청심淸心은 '맑다', '깨끗하다'는 의미의 '淸청' 자와 '마음', '의지'를 나타내는 '心심' 자가 결합된 글자이므로, 깨끗하고 청렴한 마음가짐을 뜻한다. 리더가 자기 자신을 다스리려면 우선 마음부터 깨끗이 하는 습성을 가져야 한다. 리더의 마음이 청렴하지 않고 부정과 부패에 빠진 모습으로 비쳐지면 팔로어의 마음을 잡기 어렵다. 다산은 이 점에 대해 "청렴은 목민관의 본무요 모든 선의 원천이며, 모든 덕의 근본이다. 청렴하지 않고 유능한 목민관은 아직 없었다. 청렴은 큰 장사다."[106], "목민관이 청렴하지 않으면 백성들이 도둑으로 지목하여 마을을 지날 때에 더러운 욕설이 비등할 것이므로 이 또한 부끄러운 일이다."[107]라고 했다.

••••
104 『목민심서』「율기6조〔칙궁〕」: "公事有暇 必凝神靜慮 思量安民之策 至誠求善."
105 『목민심서』「율기6조〔칙궁〕」: "身爲民牧 則此身便爲射的矣 故一言一動 不可不愼."
106 『목민심서』「율기6조〔청심〕」: "廉者 牧之本務 萬善之源 諸德之根 不廉而能牧者 未之有也. 廉者天下之大賈也."
107 『목민심서』「율기6조〔청심〕」: "牧之不淸 民指爲盜 閭里所遇 醜罵以騰 亦足羞也."

(3) 제가齊家: 자기 집안을 단속함

　제가齊家는 '가지런히 하다', '다스리다'는 의미의 '齊제'자와 '집', '가족', '집안'을 의미하는 '家가'자가 결합된 글자이므로, 집안을 바르게 다스리는 일을 뜻한다. 우리는 옛날부터 "가정이 화목해야 만사가 이루어진다〔家和萬事成가화만사성〕."고 생각해 왔고, 리더가 가정을 온전하게 관리하지 못해 패가망신敗家亡身하는 경우도 보아왔다. 예컨대 재벌 총수의 자녀들 간에 재산상속문제로 송사訟事하는 모습, 또는 유명 정치인이나 저명인사의 자녀들이 마약에 손대거나 폭력 등으로 구설수에 오르는 경우 등이다. 다산은 이 점에 대해 "몸을 닦은 뒤에 정제하고 집을 정제한 뒤 나라를 다스린다는 것은 천하의 공통 이치이니 고을을 다스리려면 먼저 가정을 정제해야 한다."[108]고 이르고 있다.

(4) 병객屛客: 외부 청탁을 물리침

　병객屛客은 '물리치다', '감추다'의 '屛병'자와 '손님', '외부 사람'을 뜻하는 '客객'자가 결합된 글자이므로, 외부 청탁을 물리치는 일을 뜻한다. 조직을 책임지는 리더의 위치에서 업무를 하다 보면 거절하기 어려운 청탁이 올 때가 있다. 이런 때는 '공청병관公聽並觀'과 '유시시구唯是是求'를 기준으로 파악하고 판단해서 들어줄 수 없는 이유를 설명해야

----

108 『목민심서』「율기6조〔제가〕」: "修身而後齊家 齊家而後治國 天下之通義也 欲治其邑者先齊其家."

한다. 다산은 이 점에 대해 "무릇 조정의 권위 있는 사람이 글을 보내 간절하게 청탁하더라도 이를 들어주어서는 안 된다."[109]고 했다.

(5) 절용節用: 씀씀이를 절약함

절용節用은 '절약하다', '절제하다'는 의미의 '節절' 자와 '쓰다', '사용하다'는 '用용' 자가 결합된 글자이므로, 씀씀이를 절약하는 일을 뜻한다. 공직자는 국민의 세금을 아껴야 한다. 가정에서도 절약하는 일은 중요하다. 다산은 유배지에서 자식에게 보낸 편지에서 "근검은 논과 밭보다도 낫다.", "부지런함으로써 재물을 생산하고 검소함으로 가난을 구제한다〔勤以生賚근이생자 儉以救貧검이구빈〕."는 글귀를 통해 근면勤勉과 검소儉素를 당부했다. 그러면서 "사사로이 쓰임을 절약하는 것은 사람마다 능히 할 수 있으나 국고를 능히 절약하는 사람은 드물다. 공사 보기를 자기 일처럼 한다면 그는 곧 어진 목민관이다."[110]라고 이르고 있다.

(6) 낙시樂施: 백성에게 베풀기를 좋아함

낙시樂施는 '즐기다', '좋아하다'는 의미의 '樂락' 자와 '베풀다', '나누어주다'는 의미의 '施시' 자가 결합된 글자이므로, 베풀기를 좋아

●●●●●
109 『목민심서』, 「율기6조〔병객〕」: "凡朝貴私書 以關節相託者 不可聽施."
110 『목민심서』, 「율기6조〔절용〕」: "私用之節 夫人能之 公庫之節 民鮮能之 視公如私 斯賢牧也."

하는 일을 뜻한다. 다산은 "가문이 몰락한 친척이나 가난한 벗에게 주는 것은 재물을 오래 보존하는 길이다.", "재물을 자신을 위해 쓰는 사람은 형체로, 남에게 베푸는 사람은 정신으로 쓰는 것이므로 없어지지 않는다."고 「하피첩」에 기록했다. 또한 "절약만 하고 나눠주지 않으면 친척들이 배반한다. 베풀기를 즐겨하는 것은 덕을 심는 근본이다."[111]라고 했다.

3) 봉공6조奉公六條: 공직자로서 백성에게 봉사하는 일

봉공奉公은 '받들다', '섬기다'는 의미의 '奉봉' 자와 '공평하다', '함께 하다' 등의 의미인 '公공' 자가 결합된 글자이므로, 공직자로서 백성에게 봉사하는 일을 뜻한다. 여기에서는 '선화宣化'·'수법守法'·'예제禮際'·'문보文報'·'공납貢納'·'요역徭役' 등 6개 조항을 다루고 있다.

(1) 선화宣化: 국가시책을 알림〔정책홍보〕

선화宣化는 '널리 펼치다', '베풀다'는 의미의 '宣선' 자와 '되다', '교화하다' 등의 의미인 '化화' 자가 결합된 글자이므로, '국가시책을 국민에게 알리는 일'을 뜻한다. 공직자는 고위직일수록 생각이 바르고 건전

••••
111 『목민심서』「율기6조〔낙시〕」: "節用不散 親戚畔之 樂施者 樹德之本也."

해야 한다. 다산은 "교문이나 사문이 고을에 내려오면 요점을 따서 백성들에게 알려야 한다."[112]고 이르고 있다.

(2) 수법守法: 법을 지킴

수법守法은 '지키다', '다스리다'의 의미인 '守수'자와 '법', '본받다' 등의 의미인 '法법'자가 결합된 글자이므로, 본이 되도록 법을 지키는 일을 뜻한다. "리더십은 모범을 보이는 것이다. 지위가 높을수록 모범의 효과는 크게 나타난다[아이아코카]."고 했듯이 높은 지위에 있는 사람일수록 법의 정신을 솔선해서 지켜야 한다. 다산은 이 점에 대해 "이익에 유혹되지 아니하고 위세에 굽히지 않는 것이 법을 지키는 길이다. 비록 상사가 독촉하더라도 법에 어긋나면 받아들이지 않아야 한다."[113]고 했다.

(3) 예제禮際: 예의 있게 교제함

예제禮際는 '예절', '의식' 등을 의미하는 '禮예'자와 '만나다', '사귀다'는 등의 의미인 '際제'자가 결합된 글자이므로, 예의 있는 자세로 사람과 관계하는 일을 뜻한다. 사람이 살아가는데 있어서 관계가 중요하

●●●●
112 『목민심서』「봉공6조〔선화〕」: "敎文赦文到縣 亦宜撮其事實 宣諭下民 俾各知悉."
113 『목민심서』「봉공6조〔수법〕」: "不爲利誘 不爲危屈 守之道也 雖上司督之 有所不受."

고, 사람은 인간관계에서 예절과 품격이 있는 사람과 교제할 때 편안함을 느낀다. 그래서 교제는 예禮가 바탕이 되어야 하는데, 이 점에 대해 다산은 "예禮는 공손하게 하지 않을 수 없고 의義는 결백하게 하지 않을 수 없으니, 예와 의가 아울러 온전하여 온화한 태도로 도道에 맞을 때 이를 군자라 한다."[114]고 이르고 있다.

(4) 문보文報: 문서 작성 등의 업무

문보文報는 '글자', '문서'를 의미하는 '文문' 자와 '알리다', '판가름하다'의 의미인 '報보' 자가 결합된 글자이므로 공문서 작성과 알리는 일을 뜻한다. 리더는 청렴결백과 함께 업무추진 능력이 있어야 한다. 이 점에 대해 다산은 "공용문서의 문안은 마땅히 정밀하게 생각하여 자신이 직접 지을 것이며, 아전의 손에 맡겨서는 안 된다."[115], "무릇 위로 올리고 아래로 전하는 문첩들은 마땅히 기록하여 책으로 만들어서 후일의 고검考檢에 대비하되, 기한이 정해진 것은 따로 작은 책을 만들어야 한다."[116]고 했다.

● ● ● ●
114 『목민심서』 「봉공6조〔예제〕」: "禮不可不恭 義不可不潔 禮義兩全 雍容中道 斯之謂君子也."
115 『목민심서』 「봉공6조〔문보〕」: "公移文牒 宜精思自撰 不可委於吏手."
116 『목민심서』 「봉공6조〔문보〕」: "凡上下文牒 宜錄之爲册 以備考檢 其設期限者 別爲小册."

(5) 공납貢納: 세稅를 받아들일 때의 업무〔세금징수〕

공납貢納은 '바치다', '공물'을 의미하는 '貢공' 자와 '받다', '헌납하다' 등의 의미인 '納납' 자가 결합된 글자이므로, 해당 지역의 특산물을 중앙 정부에 바치는 일을 뜻한다. 중앙정부에서 지방관아에 부과하는 세금은 지방의 형편을 감안해야 한다. 그래야 아전들의 횡포를 줄일 수 있다. 다산이 살았던 시기는 아전들의 횡포가 심해서 삼정문란三政紊亂 등이 일어나던 시대이다. 이 점에 대해 다산은 "재물은 백성에게서 나오는 것이며, 이를 수납하는 자는 수령이다. 아전의 부정을 잘 살피기만 하면 비록 수령이 관대하게 하더라도 폐해가 없지만, 아전의 부정을 살피지 못하면 비록 엄하게 하더라도 백성에게는 이로움이 없다."[117]고 이르고 있다.

(6) 왕역往役: 차출 및 파견 업무

왕역往役은 '가다', '보내다' 등의 의미인 '往왕' 자와 '일을 시키다', '부역' 등의 의미인 '役역' 자가 결합된 글자이므로, 차출되어 가서 하는 일을 뜻한다. 공직에서 업무를 하다 보면 상황의 변화 등으로 '행사 참여', '위원회 참석' 등 파견근무를 해야 할 경우가 있는데, 이때는 맡겨진 임무를 충실히 수행해야 한다는 것이다. 이 점에 대해 다산은 "상사가 차견差遣〔사람을 시켜서 보냄〕하면 마땅히 승순承順〔윗어른의 명령에 따름〕

----

117 『목민심서』「봉공6조〔공납〕」: "財出於民 受而納之者牧也 察吏奸則雖寬無害 不察吏奸則雖急無益."

해야 한다. 일이 있다거나 병을 핑계해서 스스로 편한 것을 꾀하는 것은 군자로서 의로운 일이 아니다."[118]라고 했다.

4) 애민6조愛民六條: 어려운 입장의 백성을 사랑하는 일

애민愛民은 '사랑하다', '가엾게 여기다' 등을 뜻하는 '愛애' 자와 '백성', '사람' 등을 뜻하는 '民민' 자가 결합된 글자이므로, 어려운 입장에 있는 백성을 아끼고 돌보는 일을 뜻한다. 다산은 애민愛民을 '일반 백성' 보다는 '곤궁한 백성〔4궁〕' 에 관심 가질 것을 강조하고 있다. 여기서는 '양로養老' · '자유慈幼' · '진궁振窮' · '애상哀喪' · '관질寬疾' · '구재救災' 등 6개 조항을 다루고 있다.

(1) 양로養老: 노인을 봉양하는 일

양로養老는 '기르다', '봉양하다' 는 의미인 '養양' 자와 '늙다', '노련하다' 등의 의미인 '老노' 자가 결합된 글자이므로, 노인을 봉양하며 보살피는 일을 뜻한다. 우리는 옛날부터 '경로효친敬老孝親' 을 미풍양속으로 여겨 왔다. 따라서 리더는 구성원들로 하여금 노인을 공경하고 봉

----

118 『목민심서』 「봉공6조〔왕역〕」: "上司差遣 並宜承順 託故稱病 以圖自便 非君子之義也."

양하는 심성을 갖도록 가르쳐야 한다. 이 점에 대해 다산은 "양로의 예에는 반드시 말을 구하는 걸언乞言〔노인에게 가르침을 구함〕의 절차가 있으니, 백성의 폐해를 묻고 질병을 물어서 이 예에 맞도록 해야 한다."[119], "때때로 노인을 우대하는 혜택을 베풀면 백성들이 노인에게 공경할 줄을 알게 될 것이다."[120]라고 했다.

(2) 자유慈幼: 어린이를 보살피는 일

자유慈幼는 '사랑', '동정' 등을 의미하는 '慈자' 자와 '어리다', '작다' 는 의미인 '幼유' 자가 결합된 글자이므로, 어린아이를 사랑하고 보살피는 일을 뜻한다. 어린이들 중에는 부모형제의 보살핌 속에서 어려움 없이 살아가는 아이가 있는가 하면, 조실부모早失父母하고 형제도 없이 어렵게 살아가는 이이도 있다. 그래서 어려움에 처한 아이들은 보살펴주어야 하는데, 다산은 "흉년이 든 해에는 자식 버리기를 물건 버리듯 하니, 거두어 주고 길러 주어 백성의 부모가 되어야 한다."[121], "어린이를 사랑하는 것은 선왕들의 큰 정치이다. 역대 왕들이 이를 행하여 아름다운 법도를 세웠다."[122]고 이르고 있다.

••••
119 『목민심서』「애민6조〔양로〕」: "養老之禮 必有乞言詢瘼問疾 以當斯禮."
120 『목민심서』「애민6조〔양로〕」: "以時行優老之惠 斯民知敬老矣."
121 『목민심서』「애민6조〔진궁〕」: "歲値荒儉 棄兒如遺 收之養之 作民父母."
122 『목민심서』「애민6조〔자유〕」: "慈幼者 先王之大政也 歷代修之以 爲令典."

(3) 진궁振窮: 궁핍한 자를 구제하는 일〔사회적 약자 배려〕

진궁振窮은 '구원하다', '건지다' 등의 의미인 '振진' 자와 '궁하다', '가난하다' 등의 의미인 '窮궁' 자가 결합된 글자이므로, 궁핍한 사람을 돕는 일을 뜻한다. 다산은 환과고독鰥寡孤獨, 즉 홀아비〔鰥〕, 미망인 과부〔寡〕, 고아〔孤〕, 자식이 없는 노인〔獨〕에 대해 구휼할 것을 권면勸勉했다. "홀아비, 미망인, 고아, 독거노인을 4궁이라 하는데, 이들은 궁하여 스스로 일어서지 못하고 다른 사람의 힘을 빌려야만 일어설 수 있다."[123], "수령은 사궁四窮을 선정하는 데 세 가지 관찰할 것이 있으니 첫째는 나이요, 둘째는 친척이요, 셋째는 재산이다. 이 세 가지를 관찰하는 바가 다 극도에 달하여 참으로 의탁할 데가 없는 궁한 사람이라야 관에서 돌봐주는 것이다."[124]라고 했다.

(4) 애상哀喪: 상喪 당한 사람을 보살피는 일

애상哀喪은 '슬프다', '가련하다'는 의미의 '哀애' 자와 '잃다', '잃어버리다'는 의미인 '喪상' 자가 결합된 글자이므로, 상을 당하고 슬퍼하는 사람을 돕는 일을 뜻한다. 우리는 옛날부터 주변에 어려움, 특히 부모형제를 잃고 슬퍼하는 사람들을 돕는 일을 미덕으로 여겼다. 이 점에 대해

••••
123 『목민심서』「애민6조〔진궁〕」: "鰥寡孤獨 謂之四窮 窮不自振 待人以起 振者擧也."
124 『목민심서』「애민6조〔진궁〕」: "牧選四窮 厥有三觀 一曰齡 二曰親 三曰財 三觀皆極 眞爲窮人之無所歸者 於是乎官養之."

다산은 "상을 당한 사람에게는 요역을 면해주는 것이 옛날의 도이다. 스스로 전결할 수 있는 것은 모두 면제해 주어도 좋다."[125], "기근과 유행병으로 사망자가 속출하면 거두어 매장하는 정사를 진휼賑恤[흉년에 곤궁한 백성을 도와줌]과 함께 시행하여야 한다."[126]고 이르고 있다.

(5) 관질寬疾: 병자를 너그럽게 돌보는 일

관질寬疾은 '너그럽다', '관대하다'는 의미의 '寬관' 자와 '질병', '괴로움' 등의 의미인 '疾질' 자가 결합된 글자이므로, 환자를 너그럽게 돌보는 일을 뜻한다. 우리는 주변에 질병에 걸려 앓고 있는 사람이 있으면 돌보아주는 것을 미덕으로 여겨 왔다. 이점에 대해 다산은 "장애가 있거나 불치병자들 중 자력으로 생활할 수 없는 자에게는 의지할 곳과 살아갈 길을 터 주어야 한다."[127], "온역溫疫이 유행하면 어리석은 풍속으로 인해 꺼리는 것이 많다. 어루만지고 치료해주어서 두려워하지 않도록 해야 한다. 천재天災가 유행할 때에는 마땅히 관에서 구제하고 도와야 한다."[128]고 했다.

----

125 『목민심서』「애민6조〔애상〕」: "有喪蠲徭 古之道也 其可自壇者 皆可蠲也."

126 『목민심서』「애민6조〔애상〕」: "其或饑饉癘疫 死亡相續 收瘞之政 與賑恤偕作."

127 『목민심서』「애민6조〔관질〕」: "罷癃殘疾 力不能自食者 有寄有養."

128 『목민심서』「애민6조〔관질〕」: "溫疫流行 蚩俗多忌 撫之療之 俾無畏也. 天災流行 宜自官救助."

(6) 구재救災: 재난 당한 사람을 도와주는 일

구재救災는 '구원하다', '돕다'는 의미의 '救구' 자와 '재앙', '화재' 등을 의미인 '災재' 자의 합자이므로, 재난당한 사람을 돕는 일을 뜻한다. 다산은 이 점에 대해 "무릇 재해와 액운이 있으면 불탄 것을 구하고 빠진 것을 건져내기를, 마치 내가 불에 타고 물에 빠진 듯 서둘러야 할 것이요, 늦추어서는 안 된다."[129], "환난이 있을 것을 생각하고 미리 방비하는 것은 이미 재앙을 당하여 은혜를 베푸는 것보다 나은 것이다."[130]라고 이르고 있다.

5) 이전6조吏典六條: 아전과 관속을 통해 조직을 관리하는 일

이전吏典은 '벼슬아치', '아전' 등을 의미하는 '吏이' 자와 '법전', '맡다' 등을 의미하는 '典전' 자가 결합된 글자이므로, 아전과 관속을 관리하는 일을 뜻한다. 여기서는 '속리束吏'·'어중馭衆'·'용인用人'·'거현擧賢'·'찰물察物'·'고공考功' 등 6개 조항을 다루고 있다.

----

129 『목민심서』「애민6조〔구재〕」: "凡有災厄 其救焚拯溺 宜如自焚自溺 不可緩也."
130 『목민심서』「애민6조〔구재〕」: "思患而預防 又愈於旣災而施恩.."

(1) 속리束吏: 아전을 단속하는 일

속리束吏는 '묶다', '단속하다'는 의미의 '束속' 자와 '벼슬아치', '아전' 등을 의미하는 '吏이' 자가 결합된 글자이므로, 아전을 단속하고 고과하는 일을 뜻한다. 조선시대의 지방행정은 아전들이 백성을 괴롭히고 관리를 현혹시켜 정무를 바르게 하지 못하는 경우가 많았다. 특히 수령은 중앙에서 봉급이 나오고, 대체로 임기가 2년으로 정해져 있지만, 아전은 무보수로 근무하면서 지방 유지 행세를 하는 것이 대대로 세습되는 노련老鍊한 사람들이라서 수령으로서 아전을 단속하는 일이 중요했다. 이 점에 대해 다산은 "아전을 단속하는 근본은 자기 몸을 다스리는데 있다. 그 몸이 바르면 비록 명령하지 않아도 행하여질 것이고, 그 몸이 바르지 못하면 비록 명령하여도 행하여지지 않을 것이다. 예로써 정제하고 은혜로써 대접한 뒤에 법으로써 단속해야 한다."[131], "타일러도 깨닫지 못하고 가르쳐도 고치지 않으며, 끝내 허물을 뉘우칠 줄도 모르고 사기만을 일삼는 아주 간악한 자는 형벌로써 다스려야 한다."[132], "수령이 좋아하는 것이면 아전들은 영합하지 않는 것이 없다. 이쪽이 재물을 좋아하는 줄 알면 반드시 이利로 유인할 것이니 한번 꾐을 받으면 그때는 그들과 함께 죄에 빠지게 될 것이다."[133]라고 이르고 있다.

●●●●

131 『목민심서』「이전6조〔속리〕」: "束吏之本 在於律己 其身正 不令而行 其身不正 雖令不行. 齋之以禮 接之有恩 然後 束之以法."

132 『목민심서』「이전6조〔속리〕」: "誘之不牖 教之不悛 怙終欺詐 爲元惡大奸者 刑以臨之."

133 『목민심서』「이전6조〔속리〕」: "牧之所好 吏無不迎合 知我好財 必誘之以利 一爲所

(2) 어중馭衆: 아랫사람을 관리하는 일

어중馭衆은 '말부리다', '말을 몰다'의 의미인 '馭어'자와 '무리', '대중' 등을 의미하는 '衆중'자가 결합된 글자이므로, 관속을 통해 관내 백성을 통솔하는 일을 뜻한다. 관속에는 '이졸吏卒', '군교軍校', '문졸門卒', '관노官奴', '급비汲婢', '시동侍童' 등이 있다. 다산은 "부하를 통솔하는 방법은 위엄과 신의 뿐이다. 위엄은 청렴에서 생기고 신의는 충성에서 나오는 것이니, 충성되고 청렴할 수 있다면 이에 부하를 복종시킬 수 있을 것이다."[134], "대체로 정치를 잘하는 수령은 아전의 원망을 사게 마련이나, 만일 삼반三班〔향리鄕吏, 군졸軍卒, 관노官奴〕이 다 원망한다면 괴로운 일이 아니겠는가? 강한 자에게는 원망을 사고 약한 자에게는 은혜를 베풀면 어질지 않다고 할 수가 없다."[135]라고 했다.

(3) 용인用人: 인재를 활용하는 일

용인用人은 '사람을 쓰다', '부리다'의 의미인 '用용'자와 '사람'을 의미하는 '人인'자가 결합된 글자이므로, 사람을 적재적소에 활용하는 일을 뜻한다. 다산은 평소 노론이든 남인이든 오직 나라와 백성을 위해

••••

誘 則與之同陷矣 每見官長初到 其發號施令 多有可觀 旣到數月 爲吏所誘 則反舌無聲 而腐鼠其嚇矣."

134 『목민심서』 「이전6조〔어중〕」: "馭衆之道 威信而已 威生於廉 信生於忠而能廉 斯可以服衆矣."

135 『목민심서』 「이전6조〔어중〕」: "凡牧之善治者 必有吏怨 若三班皆怨 不亦苦乎 强處任怨 弱處垂恩."

옳고 옳은 것을 추구하는 '유시시구唯是是求' 정신을 강조했다. '용인用人'의 중요성에 대해 다산은 "나라를 다스리는 것은 사람을 쓰는데 있다. 군현은 비록 작으나 그 사람을 쓰는 것은 〔나라와〕 다를 것이 없다."[136], "아첨을 잘하는 자는 충성하지 못하고, 간쟁諫諍을 좋아하는 자는 배반하지 않는다. 이 점을 살피면 실수하는 일이 적을 것이다."[137]라고 했다.

(4) 거현擧賢: 인재를 추천하는 일

거현擧賢은 '추천하다', '제시하다' 등의 의미인 '擧거' 자와 '어질다, 현명하다' 등의 의미인 '賢현' 자가 결합된 글자이므로, 어진 사람을 뽑아 천거하는 일을 뜻한다. 조직을 관리함에 있어서 "人事인사는 萬事만사다."라는 말처럼 사람을 추천하는 일은 중요하다. 이점에 대해 다산은 "훌륭한 인재를 천거하는 것은 수령의 직분이다. 비록 고금의 제도가 다르다 해도 현인 천거를 잊어선 안 된다."[138], "무릇 천하와 국가를 다스리는 데에 큰 원칙 네 가지가 있으니, 첫째 친족을 친애하는 것이며, 둘째 어른을 어른으로 대접하는 것이며, 셋째 귀한 자를 귀하게 여기는 것이며, 넷째 어진 이를 어진 이로 대우하는 것이다."[139]라고 하여 인재 천거 기준을 제시하고 있다.

••••
136 『목민심서』 「이전6조〔용인〕」: "爲邦在於用人 郡縣雖小 其用人 無以異也."
137 『목민심서』 「이전6조〔용인〕」: "善諛者 不忠 好諫者 不偝 察乎此則鮮有失矣."
138 『목민심서』 「이전6조〔거현〕」: "擧賢者 守令之職 雖古今殊 制而擧賢不可忘也."
139 『목민심서』 「이전6조〔거현〕」: "凡爲天下國家 其大經有四 一曰親親 二曰長長 三曰貴貴 四曰賢賢."

(5) 찰물察物: 물정을 살피는 일

찰물察物은 '살피다', '조사하다'는 의미인 '察찰' 자와 '사물', '물정' 등을 의미하는 '物물' 자가 결합된 글자이므로, 관내 물정을 살피는 일을 뜻한다. 다산은 이 점에 대해 "수령은 외로이 있으니 자신이 앉은 자리 밖은 모두 속이는 자들뿐이다. 눈을 사방에 밝히고 귀를 사방에 통하게 하는 일은 제왕帝王만이 그래야 하는 것은 아니다."[140]라면서 "무릇 미세한 허물과 작은 흠은 마땅히 용인하여 덮어둘 것이니 샅샅이 밝혀내는 것은 현명한 일이 아니다. 좌우 가까이에 있는 사람들의 말을 그대로 믿어서는 안 된다."[141]고 이르고 있다.

(6) 고공考功: 업무를 평가하는 일

고공考功은 '생각하다', '관찰하다'는 의미인 '考고' 자와 '공적', '업적' 등을 의미하는 '功공' 자가 결합된 글자이므로, 공적을 정확하게 고과考課하는 일을 뜻한다. 조선후기 당시에는 암행어사가 지방 수령들을 감찰해서 중앙에 보고를 해도 유명무실하게 처리되는 경우가 많았다. 다산은 이 점에 대해 "관리가 한 일은 반드시 그 공적을 따져야 한다. 그 공적을 따지지 않는다면 백성이 힘써 일하지 않는다. 국법에 없는 것을 혼자서 행할 수는 없으나, 그 공과를 기록하였다가 연말에 공적을 따져서

----

140 『목민심서』「이전6조〔찰물〕」: "牧孑然孤立 一榻之外 皆欺我者也 明四目 達四聰 不唯帝王然也."

141 『목민심서』「이전6조〔찰물〕」: "凡細過小疵 宜含雖藏疾 察察非明也. 左右近習之言 不可信聽 雖若閑話皆有私意."

상줄 것을 의논한다면 오히려 그만두는 것보다 나을 것이다."[142], "6년으로 수령의 임기를 정해야 한다. 수령이 우선 임기가 길어야 고공考功을 의논할 수가 있다. 그렇지 못하면 오직 신상필벌信賞必罰하여 백성들로 하여금 영송을 미덥게 할 뿐이다."[143]라고 했다.

6) 호전6조戶典六條: 권농에 힘쓰며 공평하게 거두는 일

호전戶典은 '집', '지키다' 등의 의미인 '戶호' 자와 '법전', '맡다' 등을 의미하는 '典전' 자가 결합된 글자이므로, 호주戶主·조세·곡물 등 호조戶曹에 관련된 사무를 규정하는 일을 뜻한다. 여기서는 '전정田政'·'세법稅法'·'곡부穀簿'·'호적戶籍'·'평부平賦'·'권농勸農' 등 6개 조항을 다루고 있다. 현대적 관점에서 보면 농사에 관한 정책과 세무稅務 관련 업무가 해당된다.

(1) 전정田政: 토지를 관리하는 일〔토지정책〕

전정田政은 '밭', '경작지' 등을 의미하는 '田전' 자와 '나라를 관리하

••••
142 『목민심서』「이전6조〔고공〕」: "吏事必考其功 不考其功 則民已勸矣. 國法所無不可
獨行 然書其功過 歲終考功 以議施賞 猶賢乎已也."
143 『목민심서』「이전6조〔고공〕」: "六期爲斷官 先久任而後 可議考功 如其不然 唯信賞
必罰 使民信令而已."

는 일', '법규' 등을 의미하는 '政정' 자가 결합된 글자이므로, 토지를 합리적으로 관리하는 일을 뜻한다. 당시는 재정의 주류를 이루던 '전정田政'·'군정軍政'·'환정還政' 등 삼정三政의 문란이 심했다. 실제 소유하지 않은 토지(空地공지)에 세금을 부과하여 징수하는 백지징세白地徵稅, 실제 세액의 몇 배를 징수하여 착복하는 도결都結과 방결防結, 각종 부당한 명목의 잡세 등이다. 이에 대해 다산은 "수령의 직분 54조 중에 전정田政이 가장 어렵다. 그것은 우리나라 전법田法이 본래 좋지 못하기 때문이다."[144]라면서 전정田政에 대해 투명한 관리의 필요성을 역설했다.

(2) 세법稅法: 세금을 거두는 일(조세정책)

세법稅法은 '세금', '거두다' 등의 의미인 '稅세' 자와 '법', '본받다' 등의 의미인 '法법' 자가 결합된 글자이므로, 조세租稅의 부과賦課 및 징수徵收에 관한 일을 뜻한다. 즉 농민들에게서 세금을 거둬들일 때는 법에 따르면서도 백성들의 어려움을 헤아려야 한다는 내용이다. 다산은 "전제田制가 이미 엉망이라 세법稅法도 따라서 문란하다. 조세의 등급을 매기는 일(年分연분)에서 손실을 보고 콩에서 손실을 보니 나라의 세입은 얼마 되지도 않는다."[145], "큰 가뭄이 있는 해에 아직도 이양하지 못한 논

• • • •
144 『목민심서』「호전6조(전정)」: "牧之職五十四條 田政最難 以吾東田法 本自未善也."
145 『목민심서』「호전6조(세법)」: "田制旣然 稅法隨紊 失之於年分 失之於黃豆 而國之 歲入無幾矣."

에 대해 실지實地를 답사〔踏驗답험〕할 때에는 마땅히 사람을 가려서 맡겨야 한다."[146]고 이르고 있다.

(3) 곡부穀簿: 환곡還穀 장부를 관리하는 일

곡부穀簿는 '곡식', '복록' 등의 의미인 '穀곡' 자와 '문서', '장부' 등의 의미인 '簿부' 자가 결합된 글자이므로, 환곡還穀을 합리적으로 관리하는 일을 뜻한다. 앞서 삼정문란의 폐단을 언급했듯이, 아전들이 환곡하는 과정에서 백성들에게 무리한 요구 등으로 괴롭히지 못하도록 곡식의 출납에 대해 정확한 기록을 장부에 남기고, 이것을 수령이 수시로 확인할 것을 강조하고 있다. 다산은 "환자還上〔곡식을 받아들이는 일〕에서 폐단이 발생하는 이유는 그 법의 근본이 어지럽기 때문이다. 근본이 이미 어지러운데 어떻게 말단이 다스려지겠는가?"[147]라면서 "수령이 농간을 부려서 남은 이익을 도둑질하니 아전들이 농간 부리는 것쯤은 거론할 것이 못 된다."[148], "상류가 흐리니 하류가 맑기 어렵다. 아전들이 농간 부리는 방법은 갖출 대로 갖추어져서 귀신같은 간계를 살필 길이 없다."[149]면서 철저한 관리를 주문하고 있다.

●●●●
146 『목민심서』 「호전6조〔세법〕」: "大旱之年 己未移秧踏驗者 宜擇人任之."
147 『목민심서』 「호전6조〔곡부〕」: "還上之所以弊 其法本亂也 本之旣亂 何以末治."
148 『목민심서』 「호전6조〔곡부〕」: "守臣翻弄 竊其羸羡之利 胥吏作奸 不足言也."
149 『목민심서』 「호전6조〔곡부〕」: "上流旣濁 下流難清 胥吏作奸 無法不具 神姦鬼猾 無以昭察."

(4) 호적戶籍: 호적제도에 관한 일

호적戶籍은 '집', '사람', '주관하다' 등의 의미인 '戶호' 자와 '문서', '등록부', '명부' 등의 의미인 '籍적' 자가 결합된 글자이므로, 호적 업무를 효율적으로 관리하는 일을 뜻한다. 삼정문란의 원인 중에는 호적관리에 부정이 개입된 경우가 많았다. 이 점에 대해 다산은 "호적이란 모든 부賦〔세금부과〕의 근원이요, 온갖 요徭〔노역〕의 근본이니, 호적이 균평한 뒤에야 부세와 요역徭役〔관에서 시키는 노동〕이 균평하게 될 것이다." [150], "호적이란 나라의 큰 정사인 것이니 지극히 엄정하게 하고 지극히 정밀하게 하여야만 백성들의 부세賦稅를 바로잡을 수 있을 것이나, 지금 여기서 논하는 바는 시속時俗〔그때의 풍속〕을 따른 것이다." [151], "나이를 늘리거나 줄인 자, 유학을 모칭한 자, 관작을 위재한 자, 홀아비를 가칭한 자, 속여서 관작을 만든 자는 아울러 조사해서 금하도록 한다." [152]고 했다.

(5) 평부平賦: 부역賦役의 공정성을 유지하는 일

평부平賦는 '평평하다', '고르게 하다' 등의 의미인 '平평' 자와 '부세賦稅', '군비軍費', '구실' 등의 의미인 '賦부' 자가 결합된 글자이므로,

●●●●
150 『목민심서』 「호전6조〔호적〕」: "戶籍者 諸賦之源 衆徭之本 戶籍均而後 賦役均."

151 『목민심서』 「호전6조〔호적〕」: "戶籍者 國之大政 至嚴至精 乃正民賦 今玆所論 以順俗也."

152 『목민심서』 「호전6조〔호적〕」: "增年者 減年者 冒稱幼學者 僞載官爵者 假稱鰥夫者 詐爲科籍者 並行査禁."

부역을 공정하게 하는 일을 뜻한다. 즉 부역賦役〔관에서 시키는 노역〕을 함에 있어서 공평하게 해야 한다는 점을 강조하면서 "전부田賦〔토지에 대한 조세〕 외에 가장 큰 것은 민고民庫〔임시 세금〕이다. 혹은 전부, 혹은 호부戶賦로 비용이 날로 많아지니 백성들이 살아날 길이 없다."[153], "부역을 지극히 공정하게 하려면 반드시 호포戶布〔무명, 모시 등을 물림〕, 구전口錢〔호구를 표준으로 세금을 매김〕의 법을 시행해야 하며, 그래야만 민생이 안정될 것이다."[154]라고 이르고 있다.

(6) 권농勸農: 농사를 권장하는 일

권농勸農은 '권하다', '인도하다' 등의 의미인 '勸권' 자와 '농사 짓다', '힘쓰다' 등의 의미인 '農농' 자가 결합된 글자이므로, 농사를 두루 장려하는 일을 뜻한다. 이 점에 대해 다산은 "농사를 권장하는 요체는 세금을 덜어주고 부역을 적게 해서 그 근본을 복돋아 주는 데 있으니, 그렇게 하면 토지가 개척될 것이다."[155]라고 했다.

● ● ● ●

153 『목민심서』「호전6조〔평부〕」: "田賦之外 其最大者民庫也 或以田賦或 以戶賦 費用日廣 民不聊生."
154 『목민심서』「호전6조〔평부〕」: "欲賦役之大均 必講行戶布 口錢之法 民生乃安."
155 『목민심서』「호전6조〔권농〕」: "勸農至要 又在乎蠲稅 薄征以培其根 地於是墾闢矣."

7) 예전6조禮典六條: 백성을 바르게 가르쳐서 예를 숭상하는 일

예전禮典은 '예절', '의식' 등을 의미하는 '禮예' 자와 '법', '맡다' 등을 의미하는 '典전' 자가 결합된 글자이므로, 백성을 바르게 가르쳐서 예를 숭상하게 하는 일을 뜻한다. 우리 민족은 예부터 법치法治보다 예치禮治를 소중히 여겨온 동방예의지국이다. 여기에서는 '제사祭祀'·'빈객賓客'·'교민敎民'·'흥학興學'·'변등辨等'·'과예課藝' 등 6개 조항을 다루고 있다.

(1) 제사祭祀: 각종 제사에 관한 일

제사祭祀는 '제를 지내다', '보답하다' 등을 의미하는 '祭제' 자와 '제사를 지내다' 등의 의미인 '祀사'가 결합된 글자이므로, 각종 제사에 관한 일을 뜻한다. 다산은 "문묘文廟의 제사는 목민관牧民官이 몸소 행하되 경건하고 정성스럽게 목욕재계하여 많은 선비들의 본보기가 되어야 한다."[156]고 했다.

(2) 빈객賓客: 손님을 접대하는 일

빈객賓客은 '손님', '대접하다' 등을 의미하는 '賓빈' 자와 '나그네', '여행旅行' 등의 의미인 '客객' 자가 결합된 글자이므로, 손님을 대접하

----

156 『목민심서』 「예전6조〔제사〕」: "文廟之祭 牧宜躬行 虔誠齊沐 爲多士倡."

는 일을 뜻한다. 다산은 "빈례賓禮란 오례의 하나이다. 그 접대하는 물품이 너무 후하면 재물을 낭비하게 되고, 너무 박하면 환심을 사지 못한다."[157]고 이르고 있다.

(3) 교민敎民: 백성을 가르쳐 교화하는 일

교민敎民은 '가르치다', '본받다' 등의 의미인 '敎교' 자와 '백성'을 의미하는 '民민' 자가 결합된 글자이므로, 백성을 가르쳐 교화하는 일을 뜻한다. 다산은 "목민관의 직분은 백성을 가르치는데 있을 따름이다. 부역을 바르게 하는 것도, 관직을 마련하고 목민관을 두는 것도 장차 가르치기 위함이다."[158], "죄를 밝히고 법을 신칙하는 것도 장차 가르치기 위함이다. 모든 정치가 제대로 행하여지지 않아서 교육을 일으킬 겨를이 없다면 백세에도 선치善治가 있을 수 없다."[159]고 했다.

(4) 흥학興學: 교육을 진흥시키는 일

흥학興學은 '일으키다', '흥겹다' 등의 의미인 '興흥' 자와 '배우다', '공부하다' 등의 의미인 '學학' 자가 결합된 글자이므로, 학교를 세우고

----

157 『목민심서』「예전6조〔빈객〕」: "賓者 五禮之一 餼牢諸品 已厚則傷財 已薄則失歡."

158 『목민심서』「예전6조〔교민〕」: "牧民之職 敎民而已平其賦役 將以敎也 設官置牧 將以敎也."

159 『목민심서』「예전6조〔교민〕」: "明罰飭法 將以敎也 諸政不修 未遑興敎 此百世之所以 無善治也."

교육을 진흥하는 일을 뜻한다. 다산은 "옛날의 학교에서는 예악禮樂을 익혔는데, 지금은 예악이 붕괴崩壞되어 학교에서 가르치는 것이라고는 독서讀書뿐이다."[160], "스승이 있은 후에 배움이 있으니 어진 덕을 쌓은 이를 초빙하며, 사장師長을 삼은 후에야 배움의 규칙을 의논할 수 있는 것이다. 늦가을에는 양로養老[노인을 위로함], 초겨울에는 향음鄕飮[향약을 읽고 잔치를 엶], 중춘에는 향고饗孤[외로운 사람을 대접함]를 가르쳐서 고아를 긍휼히 여김을 가르쳐야 한다."[161]고 이르고 있다.

(5) 변등辨等: 신분의 구별에 관한 일

변등辨等은 '분별하다', '구분하다' 등의 의미인 '辨변' 자와 '무리', '등급' 등을 의미하는 '等등' 자가 결합된 글자이므로, 직급과 신분에 맞게 구별하는 일을 뜻한다. 다산은 이 점에 대해서 "변등은 백성을 편안케 하고 뜻을 정하는 중요한 일이다. 등급이나 위엄이 밝지 못하다면 지위나 계급이 어지러워져서 백성이 흩어지고 기강이 무너지게 될 것이다."[162]라고 하면서 친족親族, 존존尊尊, 장장長長, 현현賢賢을 강조했다.

● ● ● ●

160 『목민심서』「예전6조〔흥학〕」: "古之所謂學校者 習禮焉 習樂焉 今禮壞樂崩 學校之 敎 讀書而已."

161 『목민심서』「예전6조〔흥학〕」: "學者 學於師也. 有師而後有學 招延宿德 使爲師長 然 後學規 乃可議也. 季秋 行養老之禮 敎以老老 孟冬 行鄕飮之禮 敎以長長 仲春 行鄕 孤之禮 敎以恤孤."

162 『목민심서』「예전6조〔辨等〕」: "辨等者 安民定志之要義也 等威不明 位級以亂則民 毊而無紀矣."

(6) 과예課藝: 과거시험을 합리적으로 관리하는 일

과예課藝는 '공부하다', '시험하다'는 의미의 '課과' 자와 '재주', '학문' 등의 의미인 '藝예' 자가 결합된 글자이므로, 과거科擧시험을 관리하는 일을 뜻한다. 이 점에 대해 다산은 "과거科擧의 학學이 사람의 심술心術을 파괴하는 것이다. 그러나 선거법選擧法을 고치지 않는 한, 과거 공부의 이습肄習[익히고 익힘]을 권면하지 않을 수 없으니, 이를 과예라 한다."[163], "과규科規[과거의 규범]가 서지 않으면 선비의 마음이 쏠리지 않게 된다. 과예課藝의 정책도 또한 독선적이어서는 안 된다."[164]고 이르고 있다.

8) 병전6조兵典六條: 병제兵制와 안보를 튼튼히 하는 일

병전兵典은 '병무', '무기' 등의 의미인 '兵병' 자와 '법전', '맡다' 등을 의미하는 '典전' 자가 결합된 글자이므로, 병제兵制와 안보를 튼튼히 하는 일을 뜻한다. 여기에는 '첨정簽丁'·'연졸練卒'·'수병修兵'·'권무勸武'·'응변應變'·'어구禦寇' 등 6개 조항이 포함된다. 현대적 관점에서 보면 병무兵務와 안보에 관한 내용이다.

• • • •

163 『목민심서』「예전6조[과예]」: "科擧之學 壞人心術 然選擧之法未改 不得不勸其肄習 此之謂課藝."

164 『목민심서』「예전6조[과예]」: "科規不立 則士心不勸 課藝之政 亦無以獨善也."

(1) 첨정簽丁: 장정 선발과 병적을 관리하는 일

첨정簽丁은 '제비뽑기', '쪽지' 등을 의미하는 '簽첨' 자와 '고무래', '장정' 등의 의미인 '丁정' 자가 결합된 글자이므로, 장정을 선발하고 군적에 등록하는 일을 뜻한다. 이 점에 대해서 다산은 "첨정으로부터 포를 거두는 일은 양연〔사람 이름〕에게서 시작되어 오늘에 이르고 있는데, 폐단이 커서 백성들의 뼈에 사무치는 병통이 되고 있다. 이 병을 고치지 않는다면 백성들은 모두 죽게 될 것이다."[165], "포목 거두는 날에는 목민관이 친히 받아야 한다. 하리下吏에게 맡기면 백성들의 비용이 갑절이나 늘게 된다."[166]라고 이르고 있다.

(2) 연졸練卒: 군사軍士를 훈련시키는 일

연졸練卒은 '익히다', '훈련하다' 등을 의미하는 '練연' 자와 '군사軍士', '병졸' 등의 의미인 '卒졸' 자가 결합된 글자이므로, 무예를 익히고 군사를 훈련하는 일을 뜻한다. 다산은 이 점에 대해서 "연졸은 무비武備의 중요한 일이다. 군사에게만 가르치려는 것이 아니라 아전이나 군교로 하여금 예규를 익히게 해야 한다."[167], "군중에서 금품을 거두는 것에 대

----

165 『목민심서』 「병전6조〔첨정〕」: "簽丁收布之法 始於梁淵 至于今日 流波浩漫 爲生民 切骨之病 此法不改 而民盡劉矣."

166 『목민심서』 「병전6조〔첨정〕」: "收布之日 牧宜親受 委之下吏 民費以倍."

167 『목민심서』 「병전6조〔연졸〕」: "練卒者 武備之要務也 非欲教卒 要使衛官列校 習於 規例."

해서는 군율이 지극히 엄중하다. 공사 간의 조련操鍊에서는 마땅히 이 폐단을 없애야 할 것이다."[168]라고 했다.

(3) 수병修兵: 병기를 수리하고 관리하는 일

수병修兵은 '닦다', '손질하다' 등을 의미하는 '修수' 자와 '병사', '무기' 등의 의미인 '兵병' 자가 결합된 글자이므로, 무기체계를 관리하고 수리하는 일을 뜻한다. 이 점에 대해 다산은 "병兵은 병기를 말한다. 병기는 백 년을 쓰지 않아도 좋으나 하루도 준비가 없을 수는 없는 것이다. 병기를 정비하는 일은 지방을 지키는 신하의 직분이다."[169]라고 이르고 있다.

(4) 권무勸武: 무예를 권장하고 무사를 선발하는 일

권무勸武는 '권장하다', '힘쓰다' 등을 의미하는 '勸권' 자와 '무예', '병사' 등의 의미인 '武무' 자가 결합된 글자이므로, 무예를 권장하고 무사를 선발하는 일을 뜻한다. 다산은 이 점에 대해서 "우리의 풍속은 유순하고 근신해서 무예를 좋아하지 않았다. 오직 활쏘기 정도만 익혔는데, 지금은 그것마저도 안하니 무를 익히는 것이 시급한 일이다."[170], "무릇 호령하고 기동하는 법과, 돌진하고 찌르는 자세 같은 것은 모름지기 안

---

168 『목민심서』「병전6조〔연졸〕」: "軍中收斂 軍律至嚴 私練公操 宜察是弊."
169 『목민심서』「병전6조〔수병〕」: "兵者 兵器也 兵可百年不用 不可一日無備 修兵者 士臣之職也."
170 『목민심서』「병전6조〔권무〕」: "東俗柔謹 不喜武技 所習惟射 今亦不習 勸武者 今

보가 걱정될 때라야 익히고 연습하게 된다."[171]면서 평상시 대비의 중요
성을 강조했다.

(5) 응변應變: 변란에 대비하는 일

응변應變은 '응하다', '당하다' 등을 의미하는 '應응' 자와 '변하다',
'고치다' 등의 의미인 '變변' 자가 결합된 글자이므로, 외부침략 등 변란
에 대비하는 일을 뜻한다. 이 점에 대해서 다산은 "수령은 곧 병부를 가
진 관인이다. 뜻밖에 일어나는 변이 많으니 응변하는 방법을 미리 강구
하지 않을 수 없다."[172], "유언비어는 근거가 없이 일어나기도 하고, 혹은
기미가 있어 일어나기도 한다. 목민관으로서의 처리 방법은 조용히 진압
하거나 말없이 살피는 도리 밖에 없다."[173]라고 이르고 있다.

(6) 어구禦寇: 외침에 대비하는 일

어구禦寇는 '막다', '방어하다' 등을 의미하는 '禦어' 자와 '도적', '외
적' 등의 의미인 '寇구' 자가 결합된 글자이므로, 외침을 방어하는 일을

••••
  日 之急務也."
 171 『목민심서』「병전6조〔권무〕」: "若夫號令 坐作之法 馳突擊刺之勢 須有隱憂 乃可肄
     習."
 172 『목민심서』「병전6조〔응변〕」: "守令 乃佩符之官 機事多不虞之變 應變之法不可不
     預講."
 173 『목민심서』「병전6조〔응변〕」: "訛言之作 或無根而自起 或有機而將發 牧之應之也
     或靜而鎭之 或默而察之."

뜻한다. 이 점에 대해 다산은 "도적의 난리를 만나게 되면 지방을 지키는 신하는 마땅히 그 지역을 지켜야 하니, 그 방어의 책임은 장신將臣〔도성을 지키는 영문 장수〕과 같은 것이다."[174], "병화가 미치지 않는 곳에서는 백성을 어루만져 편안케 하고, 인재를 기르고 농사를 권장해서 군비 조달을 넉넉히 하는 것 또한 지방을 지키는 목민관의 직분이다."[175]라 했다.

9) 형전6조刑典六條: 법을 집행함에 있어서 백성을 위하는 일

형전刑典은 '벌하다', '모범이 되다' 등을 의미하는 '刑형' 자와 '법전', '맡다' 등을 의미하는 '典전' 자가 결합된 글자이므로, 법을 집행함에 있어 백성을 위하는 일을 뜻한다. 여기서는 '청송聽訟'・'단옥斷獄'・'신형愼刑'・'휼수恤囚'・'금포禁暴'・'제해除害' 등 6개 조항을 다루고 있다. 현대적 관점에서 보면 법무法務에 관한 내용들이다.

(1) 청송聽訟: 송사를 심리하는 일

청송聽訟은 '듣다', '판결하다' 등을 의미하는 '聽청' 자와 '고소하다',

---

174 『목민심서』 「병전6조〔어구〕」: "値有寇難 守土之臣 宜守疆域 其防禦之責 與將臣同."
175 『목민심서』 「병전6조〔어구〕」: "兵所不及 撫綏百姓 務材訓農 以贍軍賦 亦守士之職也."

'다투다' 등을 의미하는 '訟송' 자가 결합된 글자이므로, 송사의 판결을 공명정대하게 하는 일을 뜻한다. 다산은 이 점에 대해서 "청송의 근본은 성의誠意에 있고, 성의의 근본은 신독愼獨에 있다. 그 다음은 먼저 내 몸을 바르게 하고서 백성을 경계하며 가르쳐서 굽은 것은 바르게 펴줌으로써 또한 송사하는 일이 없도록 해야 한다."[176], "다음으로는 자신이 본보기가 되는 것이니, 백성을 가르쳐서 잘못을 바로잡아 주는 것 또한 송사를 없게 하는 일이다."[177]라고 이르고 있다.

(2) 단옥斷獄: 사건을 판결하는 일

단옥斷獄은 '끊다', '단연하다'는 의미인 '斷단' 자와 '감옥', '판결' 등의 의미인 '獄옥' 자가 결합된 글자이므로, 형사사건의 판결을 명확하게 하는 일을 뜻한다. 이 점에 대해서 다산은 "옥사를 처리하는 요령은 밝히고 삼가는 것뿐이다. 사람의 죽고 삶이 내가 한 번 살피고 생각하는 데 달렸으니 어찌 밝히지 않을 수 있겠으며, 또 삼가지 않을 수 있겠는가."[178], "형벌은 백성을 바르게 하는 일에 있어서의 최후 수단이다. 자신을 단속하고 법을 받들어 엄정하게 임하면 백성이 죄를 범하지 않을 것

----

176 『목민심서』「형전6조〔청송〕」: "聽訟之本 在於誠意 誠意之本 在於愼獨 其次律身 戒之誨之 枉者伸之 亦可以無訟矣."

177 『목민심서』「형전6조〔청송〕」: "其次律身 戒之誨之 枉者伸之 亦可以無訟矣."

178 『목민심서』「형전6조〔단옥〕」: "斷獄之要 明愼而已 人之死生 係我一察 可不明乎 人之死生 係我一念 可不愼乎."

이니, 그렇다면 형벌은 쓰지 않아도 좋을 것이다."[179]라고 했다.

(3) 신형愼刑: 형벌을 신중하게 관리하는 일

신형愼刑은 '삼가다', '조심하다'를 의미하는 '愼신' 자와 '형벌', '모범이 되다' 등의 의미인 '刑형' 자가 결합된 글자이므로, 형벌을 신중하게 하는 일을 뜻한다. 다산은 이 점에 대해서 "장기 죄수가 오랫동안 집을 떠나 있어 자녀의 생산이 끊기게 되는 자는 그 정상과 소원을 참작하여 자애와 은혜를 베풀어줄 것이다."[180], "형벌로써 백성을 바르게 한다는 것은 최하의 수단이다. 자신을 단속하고 법을 받들어서 장엄하게 임한다면 백성이 법을 범하지 않을 것이니 형벌은 없애버려도 좋을 것이다."[181]라고 이르고 있다.

(4) 휼수恤囚: 죄수를 불쌍히 여기고 온정을 베푸는 일

'휼수恤囚'는 '불쌍하다', '친애하다' 등의 의미인 '恤휼' 자와 '가두다', '자유를 빼앗다' 등의 의미인 '囚수' 자가 결합된 글자이므로, 죄수를 불쌍히 여겨 온정을 베푸는 일을 뜻한다. 다산은 이 점에 대해서 "횡

● ● ● ●

179 『목민심서』, 「형전6조〔단옥〕」: "刑罰之於以正民 末也 律己奉法 臨之以莊 則民不犯 刑罰雖廢之可也."

180 『목민심서』, 「형전6조〔신형〕」: "久囚離家 生理遂絶者 體其情願 以施慈惠."

181 『목민심서』, 「형전6조〔신형〕」: "刑罰之於以正民 末也 律己奉法 臨之以莊 則民不犯 刑罰雖廢之可也."

포와 난동을 금지하는 것은 백성을 편안하게하기 위함이니, 호강豪强[세력이 뛰어나고 굳셈]을 쳐 물리치고 귀근貴近[임금의 측근 중 총애 받는 신하]을 꺼리지 않는 것 또한 목민관 된 자가 힘써야 할 일이다."[182]라고 했다.

(5) 금포禁暴: 백성들에게 폭력을 금하게 하는 일

'금포禁暴'는 '금하다', '억제하다' 등의 의미하는 '禁금' 자와 '사납다', '난폭하다' 등의 의미인 '暴포'가 결합된 글자이므로, 백성을 괴롭히는 폭력배를 단속하는 일을 의미한다. 다산은 이 점에 대해 "토호의 횡포는 소민小民들에게는 시랑豺狼과 호랑이다. 그 해독을 제거하고 양 같은 백성들을 보호하는 것이야말로 참된 목민관이라 하겠다."[183], "시장에서 술주정하며 상품을 빼앗거나, 거리에서 술주정하며 존장尊長에게 욕설하는 것을 금지한다."[184]고 이르고 있다.

(6) 제해除害: 도적의 피해를 제거하는 일

제해除害는 '없애다', '면제하다'의 의미인 '除제' 자와 '해하다', '제외하다' 등의 의미인 '害해' 자가 결합된 글자이므로, 백성들의 피해를 제거해주는 일을 뜻한다. 이 점에 대해 다산은 "도적이 생기는 것은 그 이

182 『목민심서』「형전6조[휼수]」: "禁暴止亂 所以安民 搏擊豪? 毋憚貴近 亦民牧之攸勉也."

183 『목민심서』「형전6조[금포]」: "土豪武斷 小民之豺虎也 去害存羊 斯謂之牧."

184 『목민심서』「형전6조[금포]」: "市場酗酒 掠取商貨 街巷酗酒 罵詈尊長者 禁之."

유가 세 가지가 있으니, 위에서 표상이 되지 못하고 중간에서 명령을 받들어 행하지 않고 아래에서 법을 무서워하지 않기 때문이다. 그러므로 비록 도적을 없애려 하여도 되지 않는 것이다."[185], "잘못한 평민을 잡아다가 고문하여 강제로 도둑을 만드는 예가 있는데, 능히 그 원통함을 살펴서 양민을 만들어주면 이를 어진 목민관이라 할 것이다."[186]라고 했다.

10) 공전6조工典六條: 기간산업을 육성하는 일

공전工典은 '공업', '공교工巧' 등을 의미하는 '工공' 자와 '법전', '맡다' 등을 의미하는 '典전' 자가 결합된 글자이므로, 기간산업을 육성하는 일을 뜻한다. 이 내용에 대해 '산림山林'·'천택川澤'·'선해繕廨'·'수성修城'·'도로道路'·'장작匠作' 등 6개 조항을 다루고 있다. 현대적 관점에서 보면 아름다운 산과 강 가꾸기와 홍수피해 등을 막기 위한 하천관리 등의 업무에 해당한다.

••••
185 『목민심서』 「형전6조〔제해〕」: "盜所以作 厥有三緣 上不端表 中不奉令 下不畏法 雖欲無盜 不可得也."
186 『목민심서』 「형전6조〔제해〕」: "枉執平民 鍛之爲盜 能察其冤 雪之爲良 斯之謂仁牧也."

(1) 산림山林: 산림을 보호하고 관리하는 일

산림山林은 산을 의미하는 '山산' 자와 '수풀' 등의 의미인 '林림' 자가 결합된 글자이므로, 산림을 관리하고 가꾸는 일을 뜻한다. 이 점에 대해 다산은 "산림은 나라의 공부貢賦〔나라에 바칠 물건〕가 되는 바이니, 산림에 관한 정사를 옛날의 어진 임금들은 소중히 여겼던 것이다."[187]라고 이르고 있다.

(2) 천택川澤: 수리사업에 관한 일

천택川澤은 '내', '들판' 등의 의미인 '川천' 자와 '못', '늪' 등의 의미인 '澤택' 자가 결합된 글자이므로, 저수지에 물 가두고 둑을 관리하는 일을 뜻한다. 이 점에 대해 다산은 "천택은 농리의 근본이 되는 것이니, 천택의 정치를 옛날의 어진 임금은 소중히 여겼다."[188], "못에서 생산되는 물고기, 연마름, 마른꼴, 부들 등에 속한 것은 엄중하게 지켜서 그 수입으로 백성들의 용역에 보충해야 하고, 수령이 스스로 취득하여 사적인 욕심을 채워서는 안 된다."[189]고 했다.

• • • •
187 『목민심서』 「공전6조〔산림〕」: "山林者 邦賦之所出 山林之政 聖王重之也."
188 『목민심서』 「공전6조〔천택〕」: "川澤者 農利之所本 川澤之政 聖王重焉."
189 『목민심서』 「공전6조〔천택〕」: "池澤所産 魚鼈蓮芡菱蒲之屬 爲之厲守 以補民役 不可自取以養己."

(3) 선해繕廨: 관아의 건물을 수리하고 보수하는 일

선해繕廨는 '고치다', '수선하다'는 의미의 '繕선'자와 '관아', '공관'의 의미인 '廨해'자가 결합된 글자이므로, 공공시설물을 수리하고 관리하는 일을 뜻한다. 이 점에 대해 다산은 "청사廳舍가 퇴락하여 비가 새고 바람이 들이쳐도 수선하지 아니하고 그냥 헐어지게 내버려두는 것은 역시 목민관의 큰 잘못이다."[190], "청사의 관리가 잘 된 뒤에는 꽃을 심고 나무를 심는 것도 또한 맑은 선비의 치적이 될 수 있다."[191]고 이르고 있다.

(4) 수성修城: 성을 수축하고 보수하는 일

'수성修城'은 '닦다', '정리하다'는 의미인 '修수'자와 '도읍', '도시' 등의 의미인 '城성'자가 결합된 글자이므로, 성城을 수축하고 보수하는 일을 뜻한다. 이에 다산은 "성을 수리하고 호를 파서 국방을 튼튼히 하고 백성을 보존하는 것은 또한 영토를 지키는 자의 직분이다."[192], "전쟁이 일어나고 적이 이르러서 급한 때를 당하여 성을 쌓으면 늦을 것이니, 마땅히 그 지세를 살피고 민정民情[백성의 사정과 형편]에 순응하

----

190 『목민심서』 「공전6조[선해]」: "廨宇頹圮 上雨旁風 莫之修繕 任其崩毁 亦民牧之大咎也."

191 『목민심서』 「공전6조[선해]」: "治廨旣善 栽花種樹 亦淸士之跡也."

192 『목민심서』 「공전6조[수성]」: "修城浚濠固國報民 亦守土者之之職分也."

도록 해야 한다."¹⁹³라고 했다.

(5) 도로道路: 도로를 관리하는 일

도로道路는 '길', '통하다' 등의 의미인 '道도' 자와 '길', '통행' 등을 의미하는 '路로' 자가 결합된 글자이므로, 도로를 만들고 관리하는 일을 뜻한다. 이 점에 대해 다산은 "도로를 닦고 수리해서 행려들로 하여금 그 길로 가기를 원하게 하는 것은 또한 어진 목민관의 정사政事[정치상의 업무]이다."¹⁹⁴라고 이르고 있다.

(6) 장작匠作: 기물을 제작하고 관리하는 일

장작匠作은 '장인匠人', '기술자' 등을 의미하는 '匠장' 자와 '짓다', '만들다' 등의 의미인 '作작' 자가 결합된 글자이므로, 공작물工作物의 제작 및 관리하는 일을 뜻한다. 이 점에 대해 다산은 "전거田車[농사일에 쓰는 수레]를 만들어 농사를 권장하고 병선兵船[소형 전투에 쓰는 배]을 만들어 전쟁에 대비하는 것은 목민관의 직분이다."¹⁹⁵라고 했다.

----

193 『목민심서』 「공전6조[수성]」: "兵興敵至 臨急築城者 宜度其地勢 順其民情."
194 『목민심서』 「공전6조[도로]」: "修治道路 使行旅 願生於其路 亦良牧之政也."
195 『목민심서』 「공전6조[장작]」: "作爲田車 以勸農務 作爲兵船 以設戎備 牧之職也."

11) 진황6조賑荒六條: 넉넉할 때와 부족할 때 해야 할 일

진황賑荒은 '구휼救恤하다', '넉넉하다' 등의 의미인 '賑진' 자와 '거칠다', '흉년 들다' 등의 의미인 '荒황' 자가 결합된 글자이므로, 넉넉할 때와 부족할 때 해야 할 일을 뜻한다. 여기서는 '비자備資'·'권분勸分'·'규모規模'·'설시設施'·'보력補力'·'준사竣事' 등 6개 조항을 다루고 있다. 현대적 관점에서 보면, 풍족할 때일수록 어려운 때를 생각해서 잘 관리해야 한다는 내용이다.

(1) 비자備資: 재난에 대비하여 구휼救恤 물자를 준비하는 일

비자備資는 '갖추다', '준비하다'의 '備비' 자와 '재물', '자본' 등을 의미하는 '資자' 자가 결합된 글자이므로, 흉년에 대비하여 구휼 물자를 준비하는 일을 뜻한다. 이 점에 대해 다산은 "황정荒政〔흉년에 백성을 구제하는 정치〕은 선왕이 마음을 다하던 바이니 목민관의 재능을 여기에서 볼 수 있다. 황정을 잘한다면 목민관의 큰일을 다했다고 할 수 있다."[196] 고 이르고 있다.

(2) 권분勸分: 나눔과 기부를 권유하는 일

권분勸分은 '권하다', '권장하다'는 의미의 '勸권' 자와 '나누다'는 의

---

196 『목민심서』 「진황6조〔비자〕」: "荒政先王之所盡心 牧民之才 於斯可見 荒政善 而牧民之能事 畢矣."

미인 '分분' 자가 결합된 글자이므로, 나누고 기부하기를 권장하는 일을 의미한다. 이 점에 대해 다산은 "권분이란, 스스로 나누어 주기를 권하는 것이니, 스스로 나누어 주면 관의 부담이 덜어질 것이다."[197], "권분하는 명령이 내리면 부유한 백성은 물고기처럼 놀라고 가난한 선비는 파리처럼 모여들 것이니, 중요한 정사에 신중을 기하지 않으면 남의 공적을 탐하여 자기 것으로 삼는 자가 있을 것이다."[198]라고 했다.

(3) 규모規模: 법에 맞게 세부계획을 세우는 일

규모規模는 '꾀', '바로잡다' 등의 의미인 '規규' 자와 '법도, 본보기' 등의 의미인 '模모' 자가 결합된 글자이므로, 구호에 관해 계획을 수립하는 일을 뜻한다. 이 점에 대해 다산은 "진황하는 데에는 두 가지 관점이 있으니, 첫째는 시기에 맞추는 것이고, 둘째는 규모있게 하는 것이다. 불에서 구하고 물에 빠진 사람 건지는데, 그 기회를 살필 수 있겠는가?, 대중을 이끌어 나가고 물품을 평등하게 나누는 데는 규모가 없을 수 있겠는가?"[199]라고 이르고 있다.

197 『목민심서』「진황6조〔권분〕」: "勸分也者 勸其自分也 勸其自分 而官之省力多矣."

198 『목민심서』「진황6조〔권분〕」: "勸分 令出 富民魚駭 貧士蠅營 樞機不愼 其有貪天 以爲己者矣."

199 『목민심서』「진황6조〔규모〕」: "賑有二觀 一曰及期 二曰有模 救焚拯溺 其可以玩機乎 馭衆平物 其可以無模乎."

(4) 설시設施: 구호救護를 준비하고 실행하는 일

설시設施는 '설립하다, 도와주다' 는 의미의 '設설' 자와 '베풀다, 실시하다' 의 의미인 '施시' 자가 결합된 글자이므로, 구호를 준비하고 실행하는 일을 뜻한다. 이 점에 대해 다산은 "걸식하며 다니는 자는 천하의 궁민窮民으로서 고할 데가 없는 자이니, 어진 목민관이라면 마음을 다해야 하며, 소홀히 해선 안된다."[200]고 했다.

(5) 보력補力: 백성을 돕는 일

보력補力은 '돕다', '개선하다' 는 의미인 '補보' 자와 '힘', '부지런히 일하다' 는 의미인 '力력' 자가 결합된 글자이므로, 민력民力을 보조하는 하는 일을 뜻한다. 이 점에 대해 다산은 "흉년에 도둑을 없애는 정책에 힘을 다해야 하며 소홀해서는 안 된다. 실정을 알고 보면 불쌍해서 죽일 수도 없을 것이다."[201] "노자老子가 말하기를, '백성을 다스리는 것은 조그마한 생선을 삶는 것과 같이 해야 한다.' 고 하였는데, 조금만 흔들어도 문드러지기 때문이다. 하물며 흉년에 백성을 더구나 흔들 수 있겠는가. 이채已債〔국가의 빚을 탕감함〕란 공채公債를 탕감하는 것이다. 공채도 오히려 그러한데 하물며 사채私債이겠는가. 저채邸債〔백성이 진 빚을 두 배로 횡취〕·

----

200 『목민심서』「진황6조〔설시〕」: "流乞者 天下之窮民而無告者也 仁牧之所盡心 不可忽也."

201 『목민심서』「진황6조〔보력〕」: "凶年除盗之政在所致力 不可忽也 得淸則哀不可殺也."

영채營債[지역에서 백성이 진 빚]는 논의할 것이 없다.”[202]라고 이르고 있다.

(6) 준사竣事: 진휼賑恤을 마무리하는 일

준사竣事는 ‘마치다’, ‘고치다’의 ‘竣준’ 자와 ‘일’, ‘사업’ 등을 의미하는 ‘事사’ 자가 결합된 글자이므로, 진휼賑恤[곤궁한 백성을 도와줌]하는 일을 마칠 때 해야 할 일을 뜻한다. 이 점에 대해 다산은 “진휼하는 일이 장차 끝날 때에는 시종을 점검하고 범한 죄과를 낱낱이 살펴야 한다.”[203]고 했다.

12) 해관6조解官六條: 직분을 마치고 떠날 때 해야 할 일

해관解官은 ‘풀다’, ‘벗다’는 의미의 ‘解해’ 자와 ‘벼슬’, ‘벼슬자리’를 의미하는 ‘官관’ 자가 결합된 글자이므로, 목민관이 직분을 마치고 떠날 때 해야 할 일을 뜻한다. 따라서 제12편은 ‘체대遞代’·‘귀장歸裝’·‘원류願留’·‘걸유乞宥’·‘은졸隱卒’·‘유애遺愛’ 등 6개 조항을 다루고 있다. 현대적 관점에서 보면, 임무를 마치고 떠나는 지방자치단체장이나

••••
202 『목민심서』 「진황6조[보력]」: “老子曰 治小民 如烹小鮮 爲其小撓之 則靡爛也. 凶年之民 尤可撓之乎 已責者 公債之蕩減也. 公債猶然 況於私債乎 邸債營債 不可論也.”
203 『목민심서』 「진황6조[준사]」: “賑事將畢 點檢始終 所犯罪過 一一省察.”

고위공직자에게 해당되는 내용이다.

(1) 체대遞代: 관직을 교체하는 일에 관하여

체대遞代는 '갈리다', '바뀌다'는 의미의 '遞체'자와 '대신하다', '교체하다'는 의미인 '代대'자가 결합된 글자이므로, 수령의 자리를 교체하는 일을 뜻한다. 이 점에 대해서 다산은 "평소에 문부文簿〔차후에 참고하거나 검토할 장부〕를 정리해 두어서 다음날 곧 떠나는 것은 맑은 선비의 기풍이요, 문부를 청렴하고 밝게 마감하여 뒷근심이 없게 하는 것은 지혜 있는 선비의 행동이다."[204], "부로父老들이 교외郊外에서 연회를 베풀어 전송하며 어린아이가 어머니를 잃은 것 같이 정이 인사에 보이는 것은, 역시 인간 세상의 지극한 영광이다."[205]라고 이르고 있다.

(2) 귀장歸裝: 임무를 마치고 퇴임하는 일에 관하여

귀장歸裝은 '돌아가다', '맡기다' 등의 의미인 '歸귀'자와 '꾸미다', '묶다' 등의 의미인 '裝장'가 결합된 글자이므로, 임무를 종료하고 떠날 짐을 꾸리는 일을 뜻한다. 이 점에 대해서 다산은 "돌아온 후에도 새로운 물건이 없고 청빈한 것이 옛날과 같은 것은 최상이요, 방편을 베풀어서

----

204 『목민심서』 「해관6조〔체대〕」: "治簿有素 明日遂行 淸士之風也 勘簿廉明 俾無後患 智士之行也."

205 『목민심서』 「해관6조〔체대〕」: "父老相送 飮餞于郊 如嬰失母 情見于辭 亦人世之至 榮也."

종족을 넉넉하게 하는 것은 그 다음이다."[206], "불의의 재물을 많이 얻어서 원한의 빚을 자손에게 물려주어서 갚게 하는 것은 복이 아니다. 사당을 세우고 종족을 도와주고 빈궁한 친척을 구제하는 것은 참으로 아름다운 일이기는 하나, 빨리 하고 더할 수 없이 하려는 마음이 있으면 부정하게 들어옴이 반드시 심할 것이니, 덕을 쌓고 상서〔祥瑞: 경사롭고 길한 징조〕를 모아 벼슬이 오래가면 저절로 넉넉해져서 멀리 펼치게 하는 것과 어떠한가."[207]라고 했다.

(3) 원류顯留: 유임을 청원하는 일에 관하여

원류顯留는 '원하다', '기원하다'는 의미의 '願원' 자와 '머무르다', '만류하다'는 의미인 '留류' 자가 결합된 글자이므로, 수령의 유임留任을 상부에 건의하는 일을 뜻한다. 이 점에 대해 다산은 "떠나가는 것을 애석하게 여김이 간절하여 길을 막고 머무르기를 원하여, 빛나는 업무수행 결과를 사책史冊〔역사 기록 문서〕에 남겨 후세에 전하게 하는 것은 말과 형식으로만 되는 것이 아니다."[208], "명성이 드러나서 이웃 고을에서 얻기

••••

206 『목민심서』, 「해관6조〔귀장〕」: "歸而無物 淸素如昔 上也, 設爲方便 以贍宗族 次也."

207 『목민심서』, 「해관6조〔귀장〕」: "又曰 多得不義之財 留冤債與子孫 償非福也 至於立廟祀贍宗族 救窮親 固是美事 然有欲速盡美之心 則悖入必甚 何如積德凝祥 官久自富 之爲綿遠哉."

208 『목민심서』, 「해관6조〔원류〕」: "惜去之切 遮道願留 流輝史冊 以照後世 非聲貌之所能爲也."

를 청하거나, 두 고을이 서로 얻기를 다투면 이것은 어진 수령의 좋은 평가이다."[209]라고 이르고 있다.

(4) 걸유乞宥: 수령을 용서해 달라는 청원에 관하여

걸유乞宥는 '빌다', '청구하다'는 의미인 '乞걸' 자와 '너그럽다', '용서하다'는 의미인 '宥유' 자가 결합된 글자이므로, 법에 저촉된 수령에 대해 용서를 구하는 일을 뜻한다. 다산은 이 점에 대해서 "법률에 저촉된 자의 죄를 용서해주기를 임금께 호소하는 것은 아름다운 풍속이다."[210]라고 했다.

(5) 은졸隱卒: 수령이 재임 중에 사망했을 때의 일에 관하여

은졸隱卒은 '숨다', '가엾어 하다'는 의미인 '隱은' 자와 '마치다', '죽다'는 의미인 '卒졸' 자가 결합된 글자이므로, 임지에서 수령이 생을 마감했을 때 해야 할 일을 뜻한다. 이 점에 대해서 다산은 "임소任所에 있을 적에 죽어서 맑은 덕행이 더욱 빛나, 아전과 백성이 슬퍼하여 상여喪輿를 붙잡고 부르짖어 울고, 오래되어도 잊지 못하는 것은 어진 수령의

• • • •
209『목민심서』「해관6조〔원류〕」: "聲名所達 或鄰郡乞借 或二邑相爭 此賢牧之光價也."
210『목민심서』「해관6조〔걸유〕」: "文法所坐 黎民哀之 相率籲天 冀宥其罪者 前古之善俗也."

유종의 미이다.”[211], “〔목민관이〕 오랜 병으로 누워있게 되면 마땅히 곧 거처를 옮겨야 하며, 정당에서 운명하여 다른 사람이 싫어하는 바가 되어서는 안 된다.”[212]고 이르고 있다.

(6) 유애遺愛: 수령에게 사모의 뜻을 남기는 일에 관하여

유애遺愛는 ‘남기다’, ‘버리다’ 는 의미인 ‘遺유’ 자와 ‘가엾게 여기다’, ‘그리워하다’ 는 의미인 ‘愛애’ 자가 결합된 글자이므로, 수령을 사모하여 공적비를 세우는 일을 뜻한다. 이 점에 대해서 다산은 “죽은 뒤에 생각하여 사당을 세워 제사를 지낸다면 그가 남긴 사랑은 짐작할 수 있는 것이다. 덕을 칭송하여 돌에 새겨 영원히 본보기가 되게 하는 것을 이른바 선정비라 한다.”[213], “어진 사람이 가는 곳에 따르는 자가 시장과 같고, 돌아와도 따름이 있는 것은 덕을 베푼 것에 대한 증거이다.”[214]라고 했다.

••••
211 『목민심서』 「해관6조〔은졸〕」: “在官身沒而淸芬益烈 吏民愛悼 攀輴號眺 旣久而不能 忘者 賢牧之有終也.”
212 『목민심서』 「해관6조〔은졸〕」: “寢疾旣病 宜卽遷居 不可考終于政堂以爲人厭惡.”
213 『목민심서』 「해관6조〔유애〕」: “旣沒而思 廟而思之 則其遺愛 可知矣. 刻石頌德 以示 悠遠 則所謂善政也.”
214 『목민심서』 「해관6조〔유애〕」: “仁人所適 從者如市 歸而有隨 德之驗也.”

| 4 |

『목민심서』에 기초한 목민리더십

　'목민리더십' 은, 내용은 '목민정신' 에 기반基盤하면서, 절차와 방법은 『목민심서』를 적용하는 리더십이다. 필자가 '목민리더십' 이라 명명하게 된 이유는 앞에서도 밝혔듯이 군 대대장 시절 사단장께서 생일선물로 주신 『목민심서』를 읽으면서 『목민심서』의 가치를 발견하게 되었고, 이 내용을 육군대학과 국방대학교에서 공직자 리더십을 강의할 때, 교재로 사용하면서 생각해 낸 리더십 용어가 '목민리더십' 이었다.

　『목민심서』의 12편 72개조의 각 항목은 하나하나가 리더십의 기법技法이자 가치價値로 적용되는 것들이고, 그중에서 「율기6조」의 〈칙궁飭躬〉조와 「이전6조」의 〈속리束吏〉조는 공공公共리더십의 핵심이다.

　리더십은 리더와 팔로어가 하고자 하는 마음을 하나로 하여 목표를 달성해가는 '상하동욕上下同欲' 의 과정〔process〕이다. 그러므로 리더는 팔로어를 이해하고 배려하여 상호의존관계를 유지하고, 또한 팔로어는 리더가 의도하는 바를 이해하고 조직의 목표달성에 참여하는 임파워먼트를 필요로 한다. 따라서 『목민심서』에 기초한, 목민리더십의 적용은 다산이 구분해 놓은 '3기紀', '6전典', '단원單元', '부임赴任과 해관解官'으로 나누어 살펴본다.

1) '3기紀'에 기초한 목민리더십

'3기紀'는 『목민심서』의 뼈대와 줄기가 되는 세 기둥이라는 뜻이다. '율기律己', '봉공奉公', '애민愛民' 등인데, 이를 '3기紀'로 이름한 것은, 이 3편篇이 『목민심서』의 벼리〔뼈대가 되는 줄기〕이기 때문이다.

(1) 「율기律己6조」와 목민리더십

'율기律己'는 '리더로서 자기 자신을 관리하는 일'이다. 리더가 팔로어를 이끌어가기 위해서는 리더로서 '자기관리'가 전제되지 않으면 안된다. 리더에게는 많은 권한이 주어지기 때문에 공公과 사私를 구분하는 일은 물론, 철저한 자기관리를 필요로 한다. 이 점에 대해 다산은 "재물에 청렴하고 이성에 청렴하고 직위에 청렴해야 한다. 그랬을 때 투명함을 유지할 수 있고 위엄을 유지할 수 있으며 강직함을 견지할 수 있다."고 하여, 이를 '육렴六廉'이라 했다.

그리고 리더는 도덕적 역량을 갖추어야 하는데, 여기에는 '시비是非'

와 '이해利害'의 기준 설정이 필요하다. 다산은 "사람이 일을 함에 있어서 '시비'와 '이해'를 적용하게 되는데, 여기에는 옳은 일을 하고 이로움을 얻는 최상의 등급〔是利시이〕, 옳은 일을 하고 손해를 보는 차상의 등급〔是害시해〕, 그른 일을 하고 이익을 보는 나쁜 등급〔非利비리〕, 그른 일을 하고 손해를 보는 최악의 등급〔非害비해〕이 있다."고 했다. 때문에 리더는 팔로어들의 모범이 되어야 하는 것은 물론이고, 사리事理를 분별하여 절제할 수 있어야 한다. 따라서 「율기6조」에 기초한 목민리더십은 다음과 같이 설명할 수 있다.

첫째,〔칙궁飭躬〕리더는 자기관리를 철저히 하라는 것이다. 다산은 이 점에 대하여 "공사公事에 틈이 있으면, 반드시 정신을 집중하여 고요히 생각하며, 백성을 편안히 할 방책을 헤아려내어 지성으로 잘 되기를 강구해야 한다."[215], "목민관은 말을 많이 하지도 말고 갑자기 성내지도 말아야 한다."[216], "몸이 목민관의 자리에 있으면 그 몸은 곧 과녁이 되므로 한 마디 말과 하나의 행동을 삼가지 않으면 안 된다. 한마디 말로 천지의 화평함을 상하게 할 수 있고, 한 가지 행동으로 평생의 복을 끊어버릴 수도 있으니 자기 몸을 살펴야 한다."[217], "너그러우면 많은 사람을 얻는다. 아랫사람을 너그럽게 대하면 순종하지 않는 백성이 없다."[218], "술을 즐

----

215 『목민심서』「율기6조〔칙궁〕」: "公事有暇 必凝神靜慮 思量安民之策 至誠求善."

216 『목민심서』「율기6조〔칙궁〕」: "毋多言 毋暴怒."

217 『목민심서』「율기6조〔칙궁〕」: "鄭瑄曰 "身爲民牧 則此身便爲射的矣 故一言一動 不可不愼, 有一言而傷天地之和 一事而折終身之福者 切須點檢."

218 『목민심서』「율기6조〔칙궁〕」: "寬則得衆 御下以寬 民罔不順."

기는 것은 모두 객기이다"[219]라는 점 등을 들어 자기관리의 필요성에 대해 이르고 있다.

둘째, 〔청심淸心〕리더의 몸에서는 청렴이 떠나선 안 된다는 점이다. 다산은 이 점에 대해 "청렴은 목민관의 본무요, 모든 선의 원천이며, 모든 덕의 근본이다. 청렴하지 않고 유능한 목민관은 아직 없었다. 청렴은 큰 장사다."[220], "목민관이 청렴하지 않으면 백성들이 도둑으로 지목하여 마을을 지날 때에 더러운 욕설이 비등할 것이므로 또한 부끄러운 일이다."[221]라고 했다. 그러면서 "목민관은 청렴하기만 해서는 안되고, 업무추진 능력이 있어야 한다."는 점도 강조했다.

셋째, 〔제가齊家〕가정과 가족을 건강하게 관리해야 한다는 점이다. 다산은 이 점에 대해 "몸을 닦은 뒤에 정제하고 집을 정제한 뒤 나라를 다스린다는 것은 천하의 공통이치이니, 고을을 다스리려면 먼저 가정을 정제해야 한다."[222], "어머니의 가르침이 있고, 처자가 그 훈계를 지키는 집안은 법도 있는 집안이니, 백성이 이를 본받을 것이다."[223]라고 이르고 있다.

넷째, 〔병객屛客〕청탁은 과감히 물리치라는 내용이다. 다산은 "무릇 조정의 권위 있는 사람이 글을 보내 간절하게 청탁하더라도 이를 들어주

----

219 『목민심서』「율기6조〔칙궁〕」: "嗜酒皆客氣也."

220 『목민심서』「율기6조〔청심〕」: "廉者 牧之本務 萬善之源 諸德之根 不廉而能牧者 未之有也. 廉者天下之大賈也."

221 『목민심서』「율기6조〔청심〕」: "牧之不淸 民指爲盜 閭里所遇 醜罵以騰 亦足羞也."

222 『목민심서』「율기6조〔제가〕」: "修身而後齊家 齊家而後治國 天下之通義也 欲治其邑者先齊其家."

223 『목민심서』「율기6조〔제가〕」: "母子有教 妻子守戒 斯之謂法家 而民法之矣."

어서는 안 된다."[224], "친척이나 친구가 관내管內에 많이 살면 단단히 약속하여 의심하거나 헐뜯는 일이 없게 하고 서로 좋은 정을 보존하도록 해야 한다."[225]고 이르면서, '사지四知'를 강조했다. 즉 청탁이나 뇌물을 거래하는 것은 "청탁을 하는 네가 알고 뇌물을 받는 내가 알며, 하늘이 알고 땅이 알게 되니 절대로 비밀이 지켜질 수 없다."고 했다.

다섯째, 〔절용節用〕 절용을 통해 애국심을 발휘해야 한다는 점이다. 다산은 "수령 노릇을 잘하려는 자는 반드시 자애로워야 하고, 자애로우려면 반드시 청렴해야 하며, 청렴하려면 반드시 절약해야 한다. 절용은 수령이 맨 먼저 힘써야 할 일이다."[226], "사사로이 쓰임을 절약하는 것은 사람마다 능히 할 수 있으나 국고를 능히 절약하는 사람은 드물다. 공공의 물건을 자기 것처럼 아껴 다룬다면, 그는 곧 어진 목민관이다."[227]라고 이르고 있다.

여섯째, 〔낙시樂施〕 절약과 함께 베푸는 일에 힘써야 한다. "절약만 하고 나눠주지 않으면 친척들이 배반한다. 베풀기를 즐겨하는 것은 덕을 심는 근본이다."[228], "관에서 받는 녹봉을 절약하여 그 지방 백성에게 돌아가게 하고 자기 농토의 수입으로 친척들을 돌보아 주면 원망이 없을 것이

• • • •
224 『목민심서』 「율기6조〔병객〕」: "凡朝貴私書 以關節相託者 不可聽施."
225 『목민심서』 「율기6조〔병객〕」: "親戚故舊 多居部內 宜申嚴約束 以絕疑謗 以保情好."
226 『목민심서』 「율기6조〔절용〕」: "善爲牧者必慈 欲慈者必廉 欲廉者必約 節用者 牧之首務也."
227 『목민심서』 「율기6조〔절용〕」: "私用之節 夫人能之 公庫之節 民鮮能之 視公如私 斯賢牧也."
228 『목민심서』 「율기6조〔낙시〕」: "節用不散 親戚畔之 樂施者 樹德之本也."

다."[229], "귀양살이하는 이가 객지에서 곤궁하면 불쌍히 여겨 도와주는 것도 어진 사람의 할 일이다."[230]라고 했다.

(2) 「봉공奉公6조」와 목민리더십

봉공奉公은 공직자로서 국민을 섬기며 봉사하는 자세를 뜻한다. 우리는 공직자를 공무원公務員이라 부르는데, 이는 국가 또는 지방 공공 단체의 사무를 맡아보는 사람으로 공의로운 일에 힘쓰는 사람이라는 뜻이다. 여기서 공의公義는 공정하면서도 의로움이라는 뜻이니, 국민을 위하는 일에 공의로워야 한다. 예를 들어 떳떳하지 않은 이익이 생겼을 때, 또는 어떤 어려움을 당한 주민을 보았을 때는 공의公義적 관점에서 일을 처리해야 한다. 안중근은 '견리사의見利思義'를 강조했다. 눈앞에 이익이 생겼을 때 먼저 의로운 일인가를 생각하고 처리하라는 것이다. 그러나 최근 공무원을 보는 국민들의 시각은 과거에 비해서 상대적으로 몸을 사리며 적극적이기보다는 소극적인 면이 많아 보인다는 것이 중론이다. 여기서의 공무원은 9급에서 1급에 이르는 공무원만을 뜻하는 것이 아니다. 장·차관, 국회의원 등 정치인과 고위직일수록 '오직 나라와 백성을 위하는 '유시시구唯是是求' 정신이 필요하다. 당리당략과 진영논리에 치우친 판단은 공직자로서의 자세가 아니다. 이와 관련하여 목민리더십에 적용할 「봉공6조」 내용을 살펴보면, 다음과 같은 내용을 목민리더십으로

••••
229 『목민심서』 「율기6조〔낙시〕」: "節其官俸 以還土民 散其家穡 以瞻親戚 則無怨矣."
230 『목민심서』 「율기6조〔낙시〕」: "謫徒之人 旅瑣困窮 憐而瞻之 亦仁人之務也."

승화해야 한다.

첫째, 〔선화宣化〕 나라의 일을 백성에게 알리고, 목민관의 일을 바르게 해야 한다. 다산은 "교문敎文〔수령이 내는 명령서〕이나 사문赦文〔대사를 내리는 법령 문서〕이 고을에 내려오면 요점을 따서 백성들에게 임금의 훈유訓諭〔가르쳐 타이름〕를 알게 해야 한다."[231], "내려온 조정의 법령을 백성들이 싫어하여 봉행할 수 없으면 병을 핑계하고 벼슬을 버려야 한다."[232]고 했다. 다산은 "조정이 잘못하고 있는데도 맹목적으로 따라 하는 것은 결코 나라와 백성을 위하는 일이 아니다."라고 「원원原怨」에서 밝히고 있다.

둘째, 〔수법守法〕 리더 자신부터 법 준수에 솔선해야 한다. 다산은 "목민관은 국법이 금하고 형법에 실려 있는 것은 마땅히 두려워해서 감히 범하는 일이 없도록 해야 한다."[233], "이로움에 유혹되지 아니하고 위세에 굽히지 않는 것이 법을 지키는 길이다. 비록 상사가 독촉하더라도 받아들이지 않아야 한다."[234]고 이르고 있다.

셋째, 〔예제禮際〕 법法 이전에 예禮를 실천하는 리더가 돼야 한다. 다산은 "목민관은 예의로 교제함은 군자가 신중히 여기는 바이니, 공손함이 예의에 알맞으면 치욕을 면할 것이다."[235], "엄숙하고 공경하고 겸손하고

••••
231 『목민심서』「봉공6조〔선화〕」: "敎文赦文到縣 亦宜撮其事實 宣諭下民 俾各知悉."
232 『목민심서』「봉공6조〔선화〕」: "朝令所降 民心弗悅 不可以奉行者 宜移疾去官."
233 『목민심서』「봉공6조〔수법〕」: "國法所禁 刑律所載 宜慄慄危懼 毋敢冒犯."
234 『목민심서』「봉공6조〔수법〕」: "不爲利誘 不爲危屈 守之道也 雖上司督之 有所不受."
235 『목민심서』「봉공6조〔예제〕」: "禮際者 君子之所愼也 恭近於禮 遠恥辱也."

온순하여 감히 예를 잃지 않으며 평화하고 통달하여 서로 막히는 일이 없어야 정과 뜻이 믿음으로 맺어지게 될 것이다." [236], "과실이 수령에게 있는데, 상사가 수령에게 부하를 치죄하라고 하면 마땅히 과실이 있는 자를 다른 고을로 이동시켜야 한다." [237], "상사의 명령이 공법에 어긋나고 민생을 해치는 것이라면 마땅히 꿋꿋하게 굴하지 말아야 하며 확연히 스스로 지켜야 한다." [238] "백성을 다스리는 것은 마치 병을 다스리는 것과 같다. 무릇 사람을 다스리는 데는, 이재吏材〔정치하는 재주〕의 유능 여부나 시설施設의 여하를 묻지 않고 다만 백성들이 편리하다고 일컫도록 일하는 사람이 선량한 관리官吏이다." [239]라고 했다.

넷째,〔문보文報〕공명정대하게 업무를 처리해야 한다. 다산은 "공용 문서의 문안은 마땅히 정밀하게 생각하여 자신이 지을 것이며, 아전의 손에 맡겨서는 안 된다." [240] "천하의 일은 한 사람이 해낼 수 없다." [241] 그러니 "천하에 호소할 곳이 없는 지극히 천한 자는 백성이요, 천하에서 태산처럼 높은 자도 백성이다. 요순堯舜 이래로 여러 성군이 서로 경계하여, 백성들을 보호해 주어야 함은 책에 실려 있어 모든 사람들의 이목에

••••

236 『목민심서』「봉공6조〔예제〕」: "嚴恭孫順 毋敢失禮 和平通達 毋胥芥澀 則庶乎其情 志交孚矣."

237 『목민심서』「봉공6조〔예제〕」: "所失在牧而上司 令牧自治其吏校者 宜請移囚."

238 『목민심서』「봉공6조〔예제〕」: "唯上司所令 違於公法 害於民生 當毅然不屈 確然自 守."

239 『목민심서』「봉공6조〔예제〕」: "治民如治病 凡治人 不問吏材能否設施何如 但民稱便 卽是良吏."

240 『목민심서』「봉공6조〔문보〕」: "公移文牒 宜精思自撰 不可委於吏手."

241 『목민심서』「봉공6조〔문보〕」: "天下 事非一人所可爲也."

젖어 있다. 그러므로 상사가 높다 하더라도 백성을 앞세워 다투면 굴하지 않는 이가 적다."[242]고 한 것이다. 또한 "이웃 고을로 보내는 문서[移文이문]는 그 말투를 좋게 하여, 왜곡되지 않도록 해야 한다."[243], "문첩文牒[관아에서 쓰는 서류]이 지체되면, 반드시 상사의 독촉과 문책을 당하게 될 것이니, 이는 봉공奉公의 도리가 아니다."[244]고 이르고 있다.

다섯째, 〔공납貢納〕 공정하게 공납貢納 업무를 해야 한다. 다산은 "재물은 백성에게서 나오는 것이며, 이를 수납하는 자는 수령이다. 아전의 부정不正을 잘 살피기만 하면 비록 수령이 관대하게 하더라도 폐해가 없겠지만, 아전의 부정을 살피지 못하고 급하기만 하면 비록 엄하게 하더라도 이익이 없다."[245], "위엄은 청렴한 데에서 생기고 정치는 부지런한 데에서 이루어진다. 백성 보기를 병든 사람처럼 대하라."[246], 또한 "고을 아전들은 부강富强한 집안과 평소에 서로 표리表裏가 되어, 부강한 집안은 해마다 관에 부세를 바치지 않게까지 하고, 다만 선량하고 가난한 백성들만 기한 전에 재촉하여 들볶아서 내게 한다."[247], "군전軍錢·군포軍布

•••

242 『목민심서』 「봉공6조〔문보〕」: "天下之至賤無告者 小民也 天下之隆重如山者 亦小民也 自堯舜以來 聖聖相戒 要保小民 載在方册 塗人耳目 故上司雖尊 戴民以爭 鮮不屈焉."

243 『목민심서』 「봉공6조〔문보〕」: "隣邑移文 宜善其辭令 無俾生釁."

244 『목민심서』 「봉공6조〔문보〕」: "文牒稽滯 必遭上司督責 非所以奉公之道也."

245 『목민심서』 「봉공6조〔공납〕」: "財出於民 受而納之者 牧也 察吏奸則雖寬無害 不察吏奸 則雖急無益."

246 『목민심서』 「봉공6조〔공납〕」: "威生於廉 政成於勤 視民如傷."

247 『목민심서』 「봉공6조〔공납〕」: "鄕胥與富强之家 素相表裏 至有每年 不曾輸官 止將善良下戶 先期催數 逼令輸納."

는 경영京營〔서울에 있는 훈련도감, 금위영〕에서 항상 독촉하는 것들이다. 거듭 징수하는가를 잘 살피고, 퇴하는 일이 없게 해야 백성의 원망이 없을 것이다."[248], "잡세雜稅〔잡종세〕나 잡물雜物〔온갖 물질〕은 가난한 백성들이 몹시 괴로워하는 것들이다. 쉽게 얻을 수 있는 것은 보내주고, 갖추기 어려운 것은 사절하여야 허물이 없게 된다."[249]라고 하여 세정稅政의 공정성을 강조했다. 그러면서 "상사가 이치에 맞지 않는 일을 강제로 군현에 배정한다면 수령은 마땅히 이해를 따져 봉행하지 않도록 해야 한다."[250]고 이르고 있다.

여섯째, 〔왕역往役〕 부가적인 업무에 대해서는 협력적으로 수행해야 한다. "〔문서를 서울에 제출, 주요 제사 행사에 참석, 제방 수리 감독 등〕 상사가 차견하면 마땅히 승순해야 한다. 일이 있다거나 병을 칭해서 스스로 편한 것을 꾀하는 것은 군자의 의가 아니다."[251], "상사의 공문서를 가지고 서울에 가는 인원으로 차출되었을 때는 사절해서는 안 된다."[252]라고 이르고 있다.

• • • •
248 『목민심서』「봉공6조〔공납〕」: "軍錢軍布 京營之所恒督也 察其疊徵 禁其斥退 斯可以無怨矣."

249 『목민심서』「봉공6조〔공납〕」: "雜稅雜物 下民之所甚苦也 輪其易獲 辭其難辦 斯可以无咎矣."

250 『목민심서』「봉공6조〔공납〕」: "上司以非理之事 强配郡縣 牧宜敷 陳利害 期不奉行."

251 『목민심서』「봉공6조〔왕역〕」: "上司差遣 並宜承順 託故稱病 以圖自便 非君子之義也."

252 『목민심서』「봉공6조〔왕역〕」: "上司封箋差員赴京 不可辭也."

(3) 「애민愛民6조」와 목민리더십

애민愛民은 백성을 사랑하는 마음이다. 어려운 입장의 백성(4궁)을 살펴고 어루만져주는, 자상한 리더십이다.

첫째, (양로養老) 리더는 노인을 존경하고 노인을 우대하는 일에 솔선해야 한다. 다산은 "양로의 예를 폐하면 백성이 효도할 줄 모르게 될 것이니, 목민관 된 자는 이 예를 거행하지 않으면 안 된다."²⁵³, "효도하고 우애하지 않는 자는 있어도 우애하는 자로서 효도하지 않는 자는 없다."²⁵⁴, "양로養老의 예에는 반드시 말을 구하는(乞言걸언) 절차가 있으니, 백성의 폐해를 묻고 질병을 물어서 이 예禮에 맞추도록 해야 한다."²⁵⁵, "때때로 노인을 우대하는 혜택을 베풀면 백성들이 노인에게 공경할 줄 알게된다."²⁵⁶고 이르고 있다.

둘째, (자유慈幼) 어린이를 사랑하는 일에 솔선하는 일이다. 다산은 "자유慈幼란 선왕先王의 큰 정사였다. 역대로 이를 닦아 행하여 법으로 삼았다."²⁵⁷, "천지天地의 화기和氣를 상하게 하고 인심의 슬픔을 극도에 이르게 하는 것이 어려서 부모를 잃은 것보다도 더 심함이 없으니, 자유의 정책을 어찌 소홀히 할 수 있겠는가."²⁵⁸, "백성들이 곤궁하게 되면 자

••••
253 『목민심서』,「애민6조(양로)」: "養老之禮廢 而民不興孝 爲民牧者 不可以不擧也."
254 『목민심서』,「애민6조(양로)」: "有孝而不悌者 未有悌而不孝者."
255 『목민심서』,「애민6조(양로)」: "養老之禮 必有乞言詢瘼問疾 以當斯禮."
256 『목민심서』,「애민6조(양로)」: "以時行優老之惠 斯民知敬老矣."
257 『목민심서』,「애민6조(자유)」: "慈幼者 先王之大政也 歷代修之 以爲令典."
258 『목민심서』,「애민6조(자유)」: "傷天地之和氣 極人心之哀惻者 未有甚於幼而失養者

식을 낳아도 거두지 못하니, 이들을 타이르고 길러서 내 자식처럼 보호해야 한다."[259]고 했다. 또한 "흉년 든 해에는 자식 버리기를 물건 버리듯 하니, 거두어 주고 길러 주어 백성의 부모가 되어야 한다."[260]는 점을 강조하면서 "만일 기근이 든 해가 아닌데도 유기遺棄하는 자가 있을 경우에는 민간에서 거두어, 기를 사람을 모집하되 관에서 그 식량을 지원해야 한다."[261]고 했다.

셋째, 〔진궁振窮〕 어려운 입장에 있는 4궁〔홀아비·과부·고아·독거노인〕을 돌보는 일이다. 다산은 "이들은 삶이 곽곽하여 다른 사람의 힘을 빌려야만 일어설 수 있다."[262]면서 "혼인을 장려하는 정책은 우리나라 역대 임금의 유법遺法이니, 수령으로서는 성심으로 준수해야 할 것이다."[263]라고 이르고 있다.

넷째, 〔애상哀喪〕 어려운 일을 당한 사람은 보살피는 일이다. 다산은 "지극히 궁하고 가난한 백성이 있어 죽어도 염斂하지 못하고 개천이나 구렁텅이에 내버릴 형편인 자에게는 관에서 돈을 내어 장사 지내도록 하게 해야 한다."[264], "기근과 유행병으로 사망자가 속출하면 거두어 매장

••••

也 慈幼之政而敢忽乎."

259 『목민심서』 「애민6조〔자유〕」: "民旣困窮 生子不擧 誘之育之 保我男女."
260 『목민심서』 「애민6조〔자유〕」: "歲値荒儉 棄兒以遺 收之養之 作民父母."
261 『목민심서』 「애민6조〔자유〕」: "若非饑歲而有遺棄者 募民收養 官助其糧."
262 『목민심서』 「애민6조〔진궁〕」: "鰥寡孤獨 謂之四窮 窮不自振 待人以起 振者擧也."
263 『목민심서』 「애민6조〔진궁〕」: "勸婚之政 是我列聖遺法 令長之所宜恪遵也."
264 『목민심서』 「애민6조〔애상〕」: "民有至窮極貧 死不能斂 委之溝壑者 官出錢葬之."

하는 성사를 진휼賑恤과 함께 시행하여야 한다."²⁶⁵고 했다.

다섯째, 〔관질寬疾〕 장애인을 돕는 일에 솔선하는 일이다. 다산은 "장애자나 불치병자들 중 자력으로 생활할 수 없는 자에게는 의지할 곳과 살아갈 길을 터 주어야 한다."²⁶⁶, "온역이 유행하면 어리석은 풍속에 꺼리는 것이 많다. 어루만지고 치료해주어서 두려워하지 않도록 하라. 천재가 유행할 때에는 마땅히 관에서 구제하고 도와야 한다."²⁶⁷고 이르고 있다.

여섯째, 〔구재救災〕 전염병 관련 환난 등 재난 발생시 구재에 앞장서야 한다. 다산은 "수재水災와 화재火災에 대해서는 나라에 휼전恤典〔조정에서 이재민을 구제하는 은전〕이 있으니 오직 정성스럽게 행할 것이요, 일정한 규정이 없는 것은 수령이 자량해서 구제해야 한다."²⁶⁸고 하면서 "환난이 있을 것을 생각하고 미리 방비하는 것은 이미 재앙을 당하여 은혜를 베푸는 것보다 나은 것이다."²⁶⁹라고 이르고 있다.

••••
265 『목민심서』 「애민6조〔애상〕」: "其或饑饉癘疫 死亡相續 收瘞之政 與賑恤偕作."

266 『목민심서』 「애민6조〔관질〕」: "罷癃殘疾 力不能自食者 有寄有養."

267 『목민심서』 「애민6조〔관질〕」: "溫疫流行 蚩俗多忌 撫之療之 俾無畏也. 天災流行 宜自官救助."

268 『목민심서』 「애민6조〔구재〕」: "水火之災 國有恤典 行之惟謹 宜於恒典之外 牧自恤之."

269 『목민심서』 「애민6조〔구재〕」: "思患而預防 又愈於旣災而施恩."

2) '6전六典'에 기초한 목민리더십

'6전典'은 리더가 '맡아서 해야 할 6가지' 업무영역을 뜻한다. 즉 『목민심서』에서 제시하는 '이전吏典'·'호전戶典'·'예전禮典'·'병전兵典'·'형전刑典'·'공전工典' 등의 업무이다. 원래 '전典' 자는 '매우 중요한'이라는 의미를 가진 글자이므로, 『목민심서』에서의 '6전典'은 목민관이 맡아서 해야 할 중요한 6가지 분야를 일컫는다.

(1) 「이전6조」와 목민리더십

'이전吏典'은 아전과 관리 등 행정조직을 잘 관리함으로써 조직을 활성화하는 영역이다. 적재적소 인재 운영의 리더십을 통해 조직을 이끌어가야 한다는 뜻이다. 이와 관련하여 목민리더십에 적용할 「이전6조」 내용은 다음과 같다.

첫째, 〔속리束吏〕 중급 및 초급 간부 계층을 잘 장악해야 한다. 이 점에 대해 다산은 "아전을 단속하는 근본은 자기 몸을 다스리는 데 있다. 그 몸이 바르면 비록 명령하지 않아도 행하여질 것이고, 그 몸이 바르지 못하면 비록 명령하여도 행하여지지 않을 것이다. 예로써 정제하고 은혜로써 대한 뒤에 법으로써 단속해야 한다."[270], "수령 노릇 하는 방법은 어렵기도 하고 쉽기도 하다. 자신이 올바르면 명령하지 않아도 잘 시행되기

----

270 『목민심서』「이전6조〔속리〕」: "束吏之本 在於律己 其身正 不令而行 其身不正 雖令不行. 齋之以禮 接之有恩 然後 束之以法."

때문에 쉽다고 하는 것이고, 자신이 올바르지 못하면 아무리 명령해도 따르지 않으므로 어렵다고 한 것이다."[271]라고 했다. 또한 "아전을 단속하지 않으면 아무리 선정善政을 베풀어도 잘 시행되지 않는다. 대개 해害를 제거한 뒤에야 이利를 일으킬 수 있는 것이다."[272], "타일러도 깨닫지 못하고 가르쳐도 고치지 않으며, 끝내 허물을 뉘우칠 줄도 모르고 속이는 일만을 일삼는 간악한 자는 형벌로써 다스려야 한다."[273], "수령이 좋아하는 것이면 아전들은 영합하지 않는 것이 없다. 이쪽이 재물을 좋아하는 줄 알면 반드시 이利로 유인할 것이니 한번 꾐을 받으면 그때는 그들과 함께 죄에 빠지게 된다."[274], "수령의 성품이 편벽되면 아전은 그 틈을 엿보아 이내 격동시켜서 제 간계를 쓰게 되니, 그 술책에 빠지게 될 것이다."[275], "모르는 것을 아는 체하면서 술술 응해 주게 되면 수령이 아전의 간계에 빠지게 되는 것이다."[276], "아전들이 구걸하면 백성들은 고통스러워한다. 그것을 금지하고 단속하여 함부로 악한 행동을 하지 못하도

271『목민심서』「이전6조〔속리〕」: "爲牧之道 亦難亦易 其身正 不令而行 故曰是易 其身不正 雖令不從 故曰是難 出唐書."

272『목민심서』「이전6조〔속리〕」: "唯以束吏恤民爲務 每言不束吏 雖善政不能行 蓋除害然後可以興利."

273『목민심서』「이전6조〔속리〕」: "誘之不牖 教之不悛 怙終欺詐 爲元惡大奸者 刑以臨之."

274『목민심서』「이전6조〔속리〕」: "牧之所好 吏無不迎合 知我好財 必誘之以利 一爲所誘 則與之同陷矣 每見官長初到 其發號施令 多有可觀 旣到數月 爲吏所誘 則反舌無聲 而腐鼠其嚇矣."

275『목민심서』「이전6조〔속리〕」: "性有偏辟 吏則窺之 因以激之 以濟其奸 於是乎墮陷矣."

276『목민심서』「이전6조〔속리〕」: "不知以爲知 酬應如流者 牧之所以墮放吏也."

록 해야 한다."²⁷⁷, 특히 당시에 아전에게는 복록을 지급하지 않는 탓에 아전의 부정행위는 일어날 수밖에 없는 구조적 문제점을 안고 있음에, 다산은 특별히 아전 단속을 강조하고 있는 것이다.

둘째, 〔어중馭衆〕 부하 통솔은 위엄과 신의, 청렴과 성실함으로 해야 한다. 다산은 "부하를 통솔하는 방법은 위엄과 신의뿐이다. 위엄은 청렴에서 생기고 신의는 충성에서 나오는 것이니, 충성하면서 청렴할 수 있다면 이에 부하를 복종시킬 수 있다."²⁷⁸, "마음에 털끝만큼이라도 치우친 경향이 있어서는 안 된다. 치우침이 있게 되면 필시 사람들이 눈치를 채게 된다. 내가 일찍이 한 관노가 민첩해서 부렸더니 다른 하인들이 그를 달리 여겼다. 나는 드디어 그를 내쫓고 말았다. 이것은 작은 일이지만 이것을 보고 관직에 있는 자는 마땅히 공명정대해야 하며 털끝만큼이라도 치우친 경향을 가져서는 안 된다는 것을 알았다."²⁷⁹ "대체로 말해서, 포도군관捕盜軍官은 중앙이나 지방이나를 막론하고 모두가 큰 도둑이다. 그는 도둑질하는 무리들과 결탁하여 그 장물臟物을 나누어 먹고, 마음대로 도둑질하게 하는 한편 따라서 도둑질 방법을 일러 준다. 그리고 수령이 도둑을 잡으려 하면 먼저 비밀을 누설하여 멀리 도망치게 하고, 수령이 도둑을 죽이려 하면 슬며시 옥졸獄卒을 시켜서 고의로 놓치게 한다.

••••
277 『목민심서』「이전6조〔속리〕」: "吏之求乞 民則病之 禁之束之 無俾縱惡."
278 『목민심서』「이전6조〔어중〕」: "馭衆之道 威信而已 威生於廉 信生於忠而能廉 斯可以服衆矣."
279 『목민심서』「이전6조〔어중〕」: "心不可有一毫之偏向 有則人必闚而知之 余嘗使一走卒 見其頗敏捷 使之稍勤 下人 卽有趣重之意 余遂逐去之 此雖小事 以此知當官者 當正大明白 不可有一毫之偏向."

그들의 갖은 죄악은 이루 다 기록할 수가 없다."[280], "가장 큰 문제는 시장감찰市場監察이 으레 이 사람에게 맡겨지는데, 이 사람은 도둑을 풀어 저자에 들여보내서 물건을 훔치게 한다. 상인들은 그것을 알아도 호랑이처럼 두려워하므로 쌀을 움켜 가고 솜을 훔쳐 가더라도 누구도 감히 따지지 못한다. 그래서 물품이 모여 들지 않고 무역의 길도 끊어지고 만다."[281]는 등의 구체적 사례를 들어 설명하고 있다. 따라서 "아전들을 엄중히 단속하는 방법은 조금도 소홀히 해서는 안 된다. 수령된 사람은 이런 폐단을 알아서 별도의 방법으로 염탐하여 범행한 자를 잡아 무서운 곤장으로 엄하게 징벌해서 혼을 내주어야 한다. 그렇게 하면 폐해가 다소 없어질 것이다."[282], "대체로 정치를 잘하는 수령은 아전의 원망을 사게 마련이나, 만일 삼반三班〔향리, 군졸, 관노〕이 다 원망한다면 괴로운 일이 아니겠는가? 강한 자에게는 원망을 사고 약한 자에게는 은혜를 베풀면 어질지 않다고 할 수가 없다."[283]고 이르고 있다.

셋째, 〔용인用人〕 관속官屬을 임용할 시에는 '유선시사唯善是師'에 기

••••
280 『목민심서』 「이전6조〔어중〕」: "凡捕盜軍官 毋論京外 皆大盜也 與盜締交 分其贓物 縱盜行賊 授以方略 官欲捕盜 先泄秘機 使之遠遁 官欲殺盜 陰嗾獄卒 使之故逸 千罪萬惡 不可殫述."

281 『목민심서』 「이전6조〔어중〕」: "最是市場監察 例委此人 於是縱盜入市 以竊貨賄 商賈知此 畏之如虎 攫米攘絮 莫敢誰何 以致物貨不集 貿遷路絕 其嚴束之方 不容小忽 爲牧者宜知此弊 別岐廉察 執其犯者 猛棍嚴懲 俾褫其魄 庶乎其害小熄也."

282 『목민심서』 「이전6조〔어중〕」: "其嚴束之方 不容小忽 爲牧者宜知此弊 別岐廉察 執其犯者 猛棍嚴懲 俾褫其魄 庶乎其害小熄也."

283 『목민심서』 「이전6조〔어중〕」: "凡牧之善治者 必有吏怨 若三班皆怨 不亦苦乎 强處任怨 弱處垂恩 不可曰不仁也."

준해야 한다. 다산은 "나라를 다스리는 것은 사람을 쓰는데 있다. 군현은 비록 작으나 그 사람을 쓰는 것은 다를 것이 없다."[284]면서 그 사례로 중국의 '선보單父' 마을을 다스렸던 '복자천宓子賤'과 '무마기巫馬期'라는 인물 사례를 인용하고 있다. 그러면서 다산은 "아첨을 잘하는 자는 충성하지 못하고, 간쟁諫諍을 좋아하는 자는 배반하지 않는다. 이 점을 살피면 실수하는 일이 적을 것이다."[285]라면서 "막비幕裨〔수행무사〕를 두는 수령은 신중하게 인재를 고르되 충성되고 진실함을 우선으로 하고 재주있고 슬기로움을 다음으로 해야 한다."[286]고 했다.

넷째, 〔거현擧賢〕 인재를 선발해서 중앙에 천거하는 일을 잘해야 한다. 다산은 "훌륭한 인재를 천거하는 것은 수령의 직분이다. 비록 고금古今의 제도가 다르다 해도 현인 천거를 잊어선 안 된다."[287], "경서에 밝고 행실이 탁월하며 행정 능력이 있는 사람을 천거하는 것은 나라의 정한 법이 있으니, 한 고을에서 드러난 선사善士도 덮어두어서는 안 된다."[288], "관내에 덕행을 독실히 닦는 선비가 있으면 수령은 마땅히 몸소 나아가 그를 방문하고 명절에 문안을 드려 예의를 다해야 한다."[289], "무릇 천하와 국가를 다스리는 데에 큰 원칙이 네 가지가 있으니, 하나는 친족을 친

••••
284 『목민심서』 「이전6조〔용인〕」: "爲邦在於用人 郡縣雖小 其用人 無以異也."
285 『목민심서』 「이전6조〔용인〕」: "善諛者 不忠 好諫者 不偕 察乎此則鮮有失矣."
286 『목민심서』 「이전6조〔용인〕」: "其有幕裨者 宜愼擇人材 忠信爲先 才諝次之."
287 『목민심서』 「이전6조〔거현〕」: "擧賢 守令之職 雖古今殊 制而擧賢不可忘也."
288 『목민심서』 「이전6조〔거현〕」: "經行吏才之薦 國有恒典 一鄕之善 不可蔽也."
289 『목민심서』 「이전6조〔거현〕」: "部內有經行篤修之士 宜躬駕以訪之 時節存問 以修禮意."

애하는 것이며, 둘은 어른을 어른으로 대접하는 것이며, 셋은 귀한 자를 귀하게 여기는 것이며, 넷은 어진 이를 어진 이로 대우하는 것이다."[290] 라고 이르고 있다.

다섯째, [찰물察物] 리더는 구성원들이 하는 업무에 대해 정확히 알고 있어야 한다. 다산은 이 점에 대해 "수령은 외로이 있으니 자신이 앉은 자리 밖은 모두 속이는 자들뿐이다. 눈을 사방에 밝히고 귀를 사방에 통하게 하는 일은 제왕帝王만이 그래야 하는 것은 아니다."[291]라고 했으며, "자제와 친한 빈객 중에 마음가짐이 단정 결백하고 아울러 실무에도 능한 자가 있거든 그를 시켜 민간의 일을 몰래 살피게 하는 것이 좋다."[292] 고 했다. 또한 "수리首吏의 실권이 막중해서 수령의 총명을 가려 백성의 실정이 상달되지 못하게 되니 별도의 염탐廉探을 그만두어서는 안 된다."[293], "무릇 미세한 허물과 작은 흠은 마땅히 용인하여 덮어둘 것이니 샅샅이 밝혀내는 것은 현명한 일이 아니다. 좌우에 가까이에 있는 사람들의 말을 그대로 믿어서도 안 된다."[294]고 했다.

여섯째, [고공考功] 리더는 팔로어의 공적을 정확히 파악하고 나서 정

----

290 『목민심서』 「이전6조〔거현〕」: "凡爲天下國家 其大經有四 一曰親親 二曰長長 三曰貴貴 四曰賢賢."

291 『목민심서』 「이전6조〔찰물〕」: "牧子然孤立 一榻之外 皆欺我者也 明四目 達四聰 不唯帝王然也."

292 『목민심서』 「이전6조〔찰물〕」: "子弟親賓 有立心端潔 兼能識務者 宜令微察民間."

293 『목민심서』 「이전6조〔찰물〕」: "首吏權重 壅蔽弗達 別岐廉問 不可已也."

294 『목민심서』 「이전6조〔찰물〕」: "凡細過小疵 宜含雖藏疾 察察非明也. 左右近習之言 不可信聽 雖若閑話皆有私意."

확히 고과考課해야 한다. 다산은 "관리가 한 일은 반드시 그 공적을 따져야한다. 그 공적을 따지지 않는 다면 백성이 힘써 일하지 않는다. 국법에 없는 것을 혼자서 행할 수는 없으나 그 공과를 기록하였다가 연말에 공적을 따져서 상줄 것을 의논한다면 오히려 그만 두는 것보다 나을 것이다."[295], "공자孔子는 문인의 물음에 답할 때, 병兵은 버려도 되고 식食은 버려도되지만 신信만은 버려서는 안 된다."고 했다. 영令의 믿음을 강화시키는것은 백성을 대하는 중요한 임무이다. 가령 영을 내리기를, "무슨 죄를범한 자는 무슨 벌을 받을 것이다." 하고선 그대로 시행하지 않고, 령을내리기를, "무슨 공을 세운 자는 무슨 상을 받을 것이다."라고 하고선 그대로 시행하지 않는다면, 무릇 명령을 내려서 시행하려 해도 백성들이 믿으려 하지 않을 것이다. 평소에는 큰 해가 없다 하더라도 만약 나라에 외환이 있을 경우 평소에 신의가 백성들에게 서 있지 않으면 어찌할 것인가? 명령을 미덥게 한다는 것은 수령의 급선무다."[296]라고 했다. 또한 『고적의考績議』에 이르기를, "국가의 안위는 인심의 향배에 달렸고, 인심의향배는 백성의 잘 살고 못 사는 데에 달렸으며, 백성이 잘 살고 못 사는 것은 수령이 잘하고 잘못하는 데에 달렸고, 수령의 잘하고 잘못하는 것은감사의 옳고 그름의 판결에 달려 있으니, 감사가 고과하는 법은 바로 천

• • • •

295 『목민심서』 「이전6조〔고공〕」: "吏事必考其功 不考其功 則民已勸矣. 國法所無不可獨行 然書其功過 歲終考功 以議施賞 猶賢乎已也."

296 『목민심서』 「이전6조〔고공〕」: "孔子答門人之問 去兵去食 而終不欲去信 信令者 臨民之首務也 令曰犯某罪者 受某罰 已而不然 令曰建某功者 受某賞 已而不然 則凡發號施令 民莫之信 平時猶無大害 若國有外憂 當此之時 信不素孚 將若之何 信令者 人牧之急先務也."

명天命과 인심人心이 향배하는 기틀이요, 나라의 안위를 판가름하는 바이다. 그 관계되는 바가 이처럼 중요한데, 그 법이 소루하고 부실함이 오늘날과 같은 때가 없으니 적지 않게 우려하는 바이다."[297]라고 이르고 있다.

※ 사례: "찰물察物과 격물치지格物致知를 간과한 군 리더십 교육현상"

리더십에서 '찰물察物'과 '격물치지格物致知'의 적용은 중요하다. 여기서 말하는 '찰물'은 사물을 살핀다는 뜻이고, '격물치지'는 실제 사물의 이치를 연구하여 지식을 완전하게 한다는 뜻이다. 이와 관련하여 필자가 군軍 리더십 교육현장에서 겪었던 경험을 중심으로 '실무경험지식'의 중요성과 관련된 사례를 제시하려고 한다.

필자는 33년간 직업군인으로 공직생활을 했다. 33년 중에는 리더십 강의 9년〔육군대학3, 국방대학교6〕, 리더십 실무부서 3년〔육군교육사 리더십 교육장교1, 국방대리더십센터장2〕, 지휘관 및 참모 7년〔연대장2. 참모5〕이 포함된다. 또한 전역한 후에는 일반대학에서 10여 년 동안 리더십을 강의했다. 그러는 동안 느낀 점은, 리더십 교육은 이론지식과 경험지식을 겸비했을 때 효과적으로 강의할 수 있다는 점이다. 그래서 리더십에서의 현장경험은 너무나도 중요하다. 만일 가정의 리더십을 교육함에 있어서, 결혼도 안하고 자녀를 키워보지도 않은 사람이 "자녀를 낳을 때는 이렇게, 양육할 때는 이렇게 해야한다."는 식의 강의를 한다면 신뢰하기가 어렵다. 마찬가지로 기업에서도 실무경험이 없는 사람을 오너의 혈육이라는 이유로, 낙하산 식으로 고위직에

<hr>

297 『목민심서』「이전6조〔고공〕」: "考績議云 國家安危 係乎人心之向背 人心向背 係乎生民之休戚 生民休戚 係乎守令之臧否 守令臧否 係乎監司之褒貶 則監司考課之法 乃天命人心向背之機 而國家安危之攸判也 其所關係 若是其重 而其法之疎漏不覈 莫今時若 臣竊憂之."

임명했을 때 리더십이 발휘되기 어렵고, 그러한 리더 밑에 있는 팔로어들의 임파워먼트를 이끌어낼 수도 없다. 그래서 미국의 44대 대통령 버락 오바마도 "리더십은 이력서에서 나오는 것이 아니고 경험에서 나온다."고 했고, 『명심보감』「성심편」에도 "한 분야의 일을 직접 경험하지 않으면, 그 일에 대한 지식이 늘지 않는다〔不經一事 不長一智불경일사 불경일지〕."고 했다.

군대에서는 특히 경험지식이 요구된다. 임무와 목숨을 바꾸어야 하는 군인의 특성상 리더의 성찰적 지식이 더욱 필요하기 때문이다. "아는 것만큼 참 모습을 볼 수 있다〔知則爲眞看지즉위진간〕"는 말이 있다. 여기서 '아는 것〔知〕'은 '형식지〔이론지식〕'와 '암묵지〔경험지식〕'가 포함된다. 이런 이유 때문에 야전 지휘 경험이나 정책부서 근무 경험이 없는 사람이 대대장, 연대장, 사단장 등을 대상으로 지휘관 부임 전 리더십 교육을 하는 것은 잘못된 정책이다.

그런데 필자가 육군대학에서 리더십 교관을 하고 있을 때〔1996년도, 중령〕, 육군의 대표적 리더십 교육기관〔육군사관학교, 육군3사관학교, 육군대학, 국방대학교〕에서 리더십 교육을 담당하는 교수들은 모두 중대장 경험이 없이 리더십 분야〔경영학 계통〕 위탁교육을 받은 'A·B·C·D 대령'이 맡고 있었다. 육사와 3사는 생도교육, 육군대학은 소령 계급, 국방대학교는 대령 및 장군 등이 입소하는 교육기관이다. 때문에 생도교육 기관은 그렇다 치더라도 대대장급 이상에 대한 리더십 교육은 경험지식이 있는 교육자가 가르쳐야 한다.

그 후 필자가 육군대학 교관임무를 마치고, 육군본부와 야전의 연대장 근무를 마치고 국방대학교 리더십 교수로 보직돼서〔2003년도, 대령〕보니 7년 전에 육사, 3사, 육군대학, 국방대학교에서 리더십 강의를 맡았던 'A·B·C·D 대령'이 그대로 그 자리에서 리더십 교육을 담당하고 있었다. 이들은 교수직능을 받은 사람들이어서 60세 정년을 보장받았기 때문에 30년 가까운 세월을 지휘관 및 정책부서 실무경험이 없는 채로, 군대리더십 교육을 하고 있는 것이다. 피교육생들은 장차 고급제대를 지휘할 직업군인이라는 점에서,

기업 경영학에서 다루는 리더십을 전공한 자가 군대 리더십을 교육하도록 하는 제도는 잘못된 정책이라 생각해왔다. 특히 대대장반과 연대장반을 교육하는 육군대학, 그리고 안보과정〔대령〕과 장군진급자반 사단장 반을 교육하는 국방대학교에서는 반드시 지휘관 경험과 정책부서 경험이 있는 교수〔교관〕가 리더십 강의를 담당하는 것이 맞다.

군인은 임무와 목숨을 바꾸어 국민의 생명과 재산을 보호해야 하는, 사명을 가진 사람들이다. 때문에 그에 맞는 리더십교육이 뒷받침되어야 한다. 다산이 강조한 '찰물察物' 지식은 이런 점에서 중요하다. 다산은 "공정한 마음으로 듣고 모두를 살펴서, 오직 옳고 옳은 것을 추구해야 한다.", "아전들이나 포도군관들은 수령을 속이려하기 때문에 목민관은 '바른 경험'을 바탕으로 직접 살펴서, 관내에서 일어나는 일은 빠짐없이 파악할 수 있어야 한다."고 했다.

국민교육도장으로 불리는 군대는 군대조직의 특성에 맞는 리더십을 필요로 한다. 그리고 2007년도에 제정된 「효행장려지원법」과 2015년도에 제정된 「인성교육진흥법」이 군대의 생활교육과 연계되어야 한다. 군대라는 특수 환경에서 생활하면서 "어떤 가치를 지향하며, 어떤 원칙을 준수하는 가운데, 어떻게 싸워서 승리할 것인가?"에 관한 명제는 리더십 교육으로 귀결되어야 하기 때문이다. 군의 간부는 국방을 위해 다양한 지식과 사명을 필요로 하는 직업군인이다. 이런 점에서 볼 때, 군의 리더십교육은 이론과 경험을 겸비한 교관 및 교수에 의해 이루어지는 것이 바람직하다. 전장에서 승리하는 군인을 육성해야 하고, 또한 국민의 귀한 자제를 교육하는 국민교육도장으로서의 역할을 수행해야 한다는 사명에서다.

(2) 「호전6조」와 목민리더십

'호전戶典'은 재정에 관한 내용으로 호구戶口 · 전제田制 · 조세제도 · 국폐國幣〔나라의 폐단〕 등에 관한 법을 규정한다. 목민관의 리더십 관점에서 보면, 각종 조세제도와 인구문제, 농토관리 등에 관한 것이다. 이와 관련하여 목민리더십에 적용할 「호전6조」의 내용은 다음과 같다.

첫째, 〔전정田政〕 '전정田政' 과 관련된 업무이다. 전정田政은 국가에서 백성들로부터 토지에 대한 조세를 받아들이는 일이다. 다산은 전정에 대해 "수령의 직분 54조 중에 전정田政이 가장 어렵다. 그것은 우리나라 전법田法이 본래 좋지 못하기 때문이다."[298]라고 하여 경세유표에서 밝힌 내용에 기초하여 토지관리를 잘 할 것을 주문하고 있다.

둘째, 〔세법稅法〕 '세법稅法' 을 공정하고 공평하게 적용하는 일이다. 이는 세금의 부과 및 징수에 관한 법규를 바로 세우고 시행해야 한다. 농민과 국가 사이에서의 협잡挾雜을 제거하는 방향으로 세제를 개혁할 것을 주문한 것이다. 당시는 전제田制가 온전치 못해 세법稅法도 따라서 문란했다. 그래서 다산은 "큰 가뭄이 있는 해에 아직도 이양하지 못한 논을 답험踏驗할 때에는 마땅히 사람을 가려서 맡겨야 한다."[299]고 했다.

셋째, 〔곡부穀簿〕 곡식 출납 장부를 정확하게 기록하고 관리하는 일이다. 이는 곡식의 출납을 기록하는 장부를 바르게 해서 백성의 피해를 막아야 한다는 것이다. 백성을 구제할 목적으로 마련된 환곡還穀의 관리와 관속의 관리를 통해 백성의 피해를 막아야 한다는 것인데, 다산은 "수령이 농간을 부려서 남은 이익을 도둑질하니 아전들이 농간 부리는 것쯤은 거론할 것이 못 된다."[300], "상류가 흐리니 하류가 맑기 어렵다. 아전들이

••••
298 『목민심서』 「호전6조〔전정〕」: "牧之職五十四條 田政最難 以吾東田法 本自未善也."
299 『목민심서』 「호전6조〔세법〕」: "大旱之年 己未移秧踏驗者 宜擇人任之."
300 『목민심서』 「호전6조〔곡부〕」: "守臣翻弄 竊其贏羨之利 胥吏作奸 不足言也."

농간 부리는 방법은 갖출 대로 갖추어져서 귀신같은 간계를 살필 길이 없다."[301], "폐단이 이 지경에 이르렀으니, 수령으로서 구제할 수 있는 것이 아니다. 오직 그 출납의 수량과 분류分留의 실수만이라도 수령 자신이 잘 파악하고 있으면 아전들의 횡포가 그리 심하지는 못할 것이다."[302], "흉년에 기한期限을 물리는 혜택은 마땅히 만백성에게 고루 펴야지, 관청의 물건을 사사롭게 쓰는 아전으로 하여금 단독으로 받게 해서는 안 된다."[303]고 이르고 있다.

넷째, 〔호적戶籍〕 '호적戶籍' 업무를 투명하게 하는 일이다. 이는 호戶수와 한 집안의 식구食口를 적은 문서를 말한다. 호적이 올바로 작성되어야 세금을 부여하는 일이 공평해질 수 있다는 점에서 "호적이란 나라의 큰 정사인 것이니 지극히 엄정하게 하고 지극히 정밀하게 하여야만 백성들의 부세賦稅를 바로잡을 수 있을 것이나 지금 여기서 논하는 바는 시속時俗을 따른 것이다."[304]라고 했다.

다섯째, 〔평부平賦〕 세금을 공정하게 부과하는 일이다. 이는 세금을 부과할 때 편중됨이 없이 고르게 하라는 것이다. '부역균賦役均', 즉 백성에게 부역을 고르게 시키는 일이 수령칠사守令七事 중에서 가장 중요한

••••
301 『목민심서』「호전6조〔곡부〕」: "上流旣濁 下流難淸 胥吏作奸 無法不具 神姦鬼猾 無以昭察."

302 『목민심서』「호전6조〔곡부〕」: "弊至如此 非牧之所能救也 惟其出納之數 分留之實 牧能認明 則吏橫未甚矣."

303 『목민심서』「호전6조〔곡부〕」: "凶年停退之澤 宜均布萬民 不可使逋吏專受也."

304 『목민심서』「호전6조〔호적〕」: "戶籍者 國之大政 至嚴至精 乃正民賦 今玆所論 以順俗也."

조항이라는 것이다. "부역을 지극히 공정하게 하려면 반드시 호포戶布, 구전의 법을 시행해야 하며, 그래야만 민생이 안정될 것이다."[305]라고 이르고 있다.

여섯째, 〔권농勸農〕 생업 환경이 좋아지도록 하는 일이다. 권농을 강조하는 것이 백성들의 생활을 실질적으로 돕는 수령의 책임이라는 것이다. "농사를 권장하는 요체는 세금을 덜어주고 부역을 적게 해서 그 근본을 복돋아주는데 있으니, 그렇게 하면 토지가 개척될 것이다."[306]라고 이르고 있다.

(3) 「예전6조」와 목민리더십

'예전禮典'은 제사祭祀·과거科擧·학교·외교·의례儀禮·문서 등을 다루는 분야이다. 목민관으로서는 각종 의례와 교육문제를 통해서 고을을 이끌어야 한다는 내용인데, 이와 관련하여 목민리더십에 적용할 「예전6조」 내용은 다음과 같다.

첫째, 〔제사祭祀〕 '제사祭祀'를 정성스럽게 모시는 일이다. 향교鄕校의 석전제釋奠祭〔공자에게 드리는 제사〕 등의 제사와 관련하여 설명하고 있다. "문묘文廟〔큰 선비를 모신 집〕의 제사는 목민관이 몸소 행하되 경건하고 정성스럽게 목욕재계하여 많은 선비들의 본보기가 되어야 한다."[307]고 이르고 있다.

••••
305 『목민심서』 「호전6조〔평부〕」: "欲賦役之大均, 必講行戶 布口錢之法 民生乃安."
306 『목민심서』 「호전6조〔근농〕」: "勸農至要 又在乎蠲稅 薄征以培其根 地於是墾闢矣."
307 『목민심서』 「예전6조〔제사〕」: "文廟之祭 牧宜躬行 虔誠齊沐 爲多士倡."

둘째, 〔빈객賓客〕 손님을 정성스럽게 대하는 일이다. 여기서는 공식적인 손님의 접대와 범위, 규모 등을 규정하고 있다. "빈례란, 오례의 하나이다. 그 접대하는 물품이 너무 후하면 재물을 낭비하게 되고, 너무 박하면 환심을 사지 못하니 적절히 해야 한다."[308]라고 했다.

셋째, 〔교민敎民〕 백성들을 교육하는 일에 힘쓰는 일이다. 교민이란 수령이 백성을 교화하는 일이다. 목민관의 중요한 역할 중 하나가 백성을 교화하는 일임을 강조하고 있다. "목민관의 직분은 백성을 가르치는데 있을 따름이다. 부역을 바르게 하는 것도, 관직을 마련하고 목민관을 두는 것도 장차 가르치기 위함이다."[309], "죄를 밝히고 법을 신칙하는 것도 장차 가르치기 위함이다. 모든 정치가 제대로 행하여지지 않아서 교육을 일으킬 겨를이 없다면 백세에도 선치가 있을 수 없다."[310] "가르치지 않고 형벌을 주는 것을 망민이라고 한다. 비록 극악한 사람이나 불효자라 할지라도 먼저 이를 가르치고, 그래도 고치지 않는다면 엄히 벌해야 한다."[311], "형제가 우애하지 않고 쟁송을 일삼으며 부끄러워하지 않는 자도 또한 이를 가르쳐야 하며 함부로 죽여서는 안된다."[312], "효자와 열녀,

••••
308 『목민심서』 「예전6조〔빈객〕」: "賓者 五禮之一 餼牢諸品 已厚則傷財 已薄則失歡."
309 『목민심서』 「예전6조〔교민〕」: "牧民之職 敎民而已平其賦役 將以敎也 設官置牧 將以敎也."
310 『목민심서』 「예전6조〔교민〕」: "明罰飭法 將以敎也 諸政不修 未遑興敎 此百世之所以 無善治也."
311 『목민심서』 「예전6조〔교민〕」: "不敎而刑 謂之罔民 雖大憝不孝 姑唯敎之不悛乃殺."
312 『목민심서』 「예전6조〔교민〕」: "兄弟不友鬪 訟無恥者 亦姑敎之 勿庸殺之."

충신절사를 발굴해 내서 그 숨은 행적을 세상에 나타나게 하고, 이를 정표하도록 힘쓰는 것도 또한 목민관의 직분이다."[313], "효도는 인륜의 지극한 것이다. 그러나 평소에 부드러운 용모와 유순한 낯빛으로 부모의 뜻을 미리 받들어 부모의 마음을 봉양하는 것은 온 향당鄕黨〔태어나서 살고 있는 마을〕에 드러내 보일만한 효도가 되기에는 부족하다. 손가락을 잘라 운명殞命하는 부모에게 피를 먹이고 허벅지의 살을 베어내어 부모를 봉양하는 따위의 참달慘怛〔참혹하고 슬픈 일〕한 행동을 하는 것은 대단한 효성孝誠이어서 그 탁월한 효행을 사람들이 따르지 못할 바이다. 그러나 손가락을 자르고 허벅지 살을 베어내는 일은 순舜이나 증삼曾參 같은 효자도 하지 않은 바이고, 주공周公과 공자孔子 같은 성인도 말하지 않은 바이며, 구경九經의 글에서도 상고할 수 없는 바이므로 군자君子는 이에 대하여 말하기 조심스럽고 어렵게 여기는 것이다."[314]라고 이르고 있다.

넷째, 〔흥학興學〕 교육의 질을 높이는 방책을 강구하는 일이다. 이는 백성을 교화하기 위한 학교 세우기와 덕망 있는 교사를 초빙하고 서적을 제공하는 일 등이 해당된다. "옛날의 학교에서는 예악禮樂을 익혔는데, 지금은 예악이 붕괴崩壞되어 학교에서 가르치는 것이라고는 독서뿐이다."[315],

••••
313 『목민심서』 「예전6조〔교민〕」: "孝子烈女忠臣節士 闡發幽光 以圓旌表 亦民牧之職也."

314 『목민심서』 「예전6조〔교민〕」: "孝者 人倫之至也 然其平日婉容柔色 先意承志 以養其父母之心者 不足以表見一鄕 而斷指刲股 能辦慘怛之節者多 雖其卓絶之行 非人所及 大抵斷指刲股 非大舜曾參之所行 非周公仲尼之所言 九經遺文 無所考焉 君子於此 誠兢兢然難言也."

315 『목민심서』 「예전6조〔흥학〕」: "古之所謂學校者 習禮焉 習樂焉 今禮壞樂崩 學校之教 讀書而已."

"스승이 있은 후에 배움이 있으니 어진 덕을 쌓은 이를 초빙하며, 사장師 長으로 삼은 후에야 배움의 규칙을 의논할 수 있는 것이다. 늦가을에는 양로養老, 초겨울 향음鄕飮, 중춘에는 향고饗昔를 가르쳐서 고아를 긍휼히 여김을 가르친다."[316], "계추季秋에 양로예養老禮를 행하여 노인 봉양하는 것을 가르치고, 맹동孟冬에 향음주례鄕飮酒禮를 행하여 어른 공경하는 것을 가르치고, 중춘仲春에 향고례饗孤禮〔고아를 돌보는 의례〕를 행하여 외로운 사람 구제하는 것을 가르칠 것이다."[317]라고 했다.

다섯째, 〔변등辨等〕 인사人事를 함에 있어서 적재적소適材適所에 맞게 하는 일이다. 이는 신분과 출신 학교, 지역 차별을 없애는 등의 업무에 관한 것이다. "변등이라는 것은 백성을 편안케 하고, 뜻을 정하는 중요한 일이다. 등급이나 위엄이 밝지 못하다면 지위나 계급이 어지러워져서 백성이 흩어지고 기강이 무너지게 될 것이다."[318], "등급을 분변하는 정사는 소민小民만을 징계할 것이 아니라 중中이 상上을 범하는 것도 미워해야 한다."[319]고 이르고 있다.

여섯째, 〔과예課藝〕 국가고시는 공정하고 공평하게 관리해야 한다. 과거科擧를 위해 공부하는 일, 과예를 겨루는 백일장白日場 등에 대해 설명

●●●●
316 『목민심서』「예전6조〔홍학〕」: "學者 學於師也. 有師而後有學 招延宿德 使爲師長 然後學規 乃可議也. 季秋 行養老之禮 敎以老老 孟冬 行鄕飮之禮 敎以長長 仲春 行鄕孤之禮 敎以恤孤."

317 『목민심서』「예전6조〔홍학〕」: "季秋行養老之禮 敎以老老 孟冬行鄕飮之禮 敎以長長 仲春行饗孤之禮 敎以恤孤."

318 『목민심서』「예전6조〔변등〕」: "辨等者 安民定志之要義也 等威不明 位級以亂則民 畝而無紀矣."

319 『목민심서』「예전6조〔변등〕」: "凡辨等之政 不唯小民是懲 中之犯上 亦可惡也."

하고 있다. "과거의 학學이 사람의 심술心術을 파괴하는 것이다. 그러나 선거법을 고치지 않는 한, 과거 공부의 이습肄習〔배우고 익힘〕을 권면하지 않을 수 없으니, 이를 과예라 한다."[320], "동몽童蒙 중에 총명하고 기억력이 좋은 자는 따로 뽑아 가르칠 것이다."[321], "과규科規가 서지 않으면 선비의 마음이 쏠리지 않게 된다. 과예의 정책도 또한 독선적이어서는 안 된다."[322]고 했다.

(4)「병전6조」와 목민리더십

'병전兵典'은 무반 관계官階〔관리의 등급〕를 비롯하여 군사조직을 포함한 인사법규 · 복무규정 · 병역관계에 이르기까지 국방과 군사행정 등의 규정에 관한 내용이다. 이와 관련하여 목민리더십에 적용한「병전6조」내용은 다음과 같다.

첫째,〔첨정簽丁〕투명한 '첨정簽丁'이 되어야 한다. 첨정은 입대할 젊은이를 선발하는 것이다. 따라서 장정을 선발하고 등록하는 과정에서의 부정을 막아 억울한 사람이 없도록 해야 하는 것이다. "첨정으로부터 포를 거두는 일은 양연〔사람 이름〕에게서 시작되어 오늘에 이르고 있는데, 폐단이 커서 백성들의 뼈에 사무치는 병통이 되고 있다. 이 병을 고치지

---

320 『목민심서』「예전6조〔과예〕」: "科擧之學 壞人心術 然選擧之法未改 不得不勸其肄習 此之謂課藝."

321 『목민심서』「예전6조〔과예〕」: "童蒙之聰明强記者 別行抄選 敎之誨之."

322 『목민심서』「예전6조〔과예〕」: "科規不立 則士心不勸 課藝之政 亦無以獨善也."

않는다면 백성들은 모두 죽게 될 것이다."[323], "포목 거두는 날에는 목민관이 친히 받아야 한다. 하리下吏에게 맡기면 백성들의 비용이 갑절이나 늘게 된다."[324], "족보族譜를 위조하고 직첩職牒을 몰래 사서 군첨軍簽을 면하려 하는 자는 징계하지 않을 수 없다."[325]고 이르고 있다.

둘째, 〔연졸練卒〕 훈련을 강화하는 일이다. 연졸은 무예를 조련하는 것이다. 지방의 이속吏屬과 관노官奴들의 무예를 익혀 유사시 지역을 지킬 수 있도록 조련해야 한다는 점을 강조하고 있다. "연졸은 무비의 중요한 일이다. 군사에게만 가르치려는 것이 아니라 아전이나 군교로 하여금 예규를 익히게 해야 한다."[326], "군중에서 금품을 거두는 것에 대해서는 군율이 지극히 엄중해야 한다. 공사 간의 조련에서는 마땅히 이 폐단을 살펴야 할 것이다."[327]라고 했다.

셋째, 〔수병修兵〕 전쟁물자 및 장비에 대해 대비하는 일이다. "병兵은 병기를 말한다. 병기는 백 년을 쓰지 않아도 좋으나 하루도 준비가 없을 수는 없는 것이다. 병기를 정비하는 일은 지방을 지키는 신하의 직분이다."[328], "만약 조정의 명령이 엄중하면 수시로 보수하는 일을 하지 않을 수 없을

● ● ● ●

323 『목민심서』 「병전6조〔첨정〕」: "簽丁收布之法 始於梁淵 至于今日 流波浩漫 爲生民切骨之病 此法不改 而民盡劉矣."

324 『목민심서』 「병전6조〔첨정〕」: "收布之日 牧宜親受 委之下吏 民費以倍."

325 『목민심서』 「병전6조〔첨정〕」: "僞造族譜 盜買職牒 圖免軍簽者 不可以不懲也."

326 『목민심서』 「병전6조〔연졸〕」: "練卒者 武備之要務也 非欲敎卒 要使衛官列校 習於規例."

327 『목민심서』 「병전6조〔연졸〕」: "軍中收斂 軍律至嚴 私練公操 宜察是弊."

328 『목민심서』 「병전6조〔수병〕」: "兵者 兵器也 兵可百年不用 不可一日無備 修兵者 士臣之職也."

것이다."[329]고 이르고 있다.

넷째, 〔권무勸武〕 국방업무와 안보의식을 강화하는 일이다. 권무는 무예를 권장하고 훌륭한 무사를 선발하여 보충하는 일에 대한 것이다. "우리의 풍속은 유순하고 근신해서 무예를 좋아하지 않았다. 오직 활쏘기 정도만 익혔는데, 지금은 그것마저도 안하니 무를 익히는 것이 시급한 일이다."[330]라고 이르고 있다.

다섯째, 〔응변應變〕 예측하지 못한 변란에 대응할 수 있도록 대비하는 일이다. 예측하지 못한 변란에 대비할 임기응변과 유언비어를 막는 일에 대하여 설명하고 있다. "수령은 곧 병부를 가진 관인이다. 뜻밖에 일어나는 변이 많으니 응변하는 방법을 미리 강구하지 않을 수 없다."[331], "유언비어는 근거가 없이 일어나기도 하고, 혹은 기미가 있어 일어나기도 한다. 목민관으로서의 처리 방법은 조용히 진압하거나 말없이 살피는 도리 밖에 없다."[332], "대개 변란이 있을 때 경동輕動하지 말고 조용히 그 귀추를 생각하여 처리해야 한다."[333], "토적土賊〔지방의 도적떼〕이 이미 평정되었는데도 민심이 흉흉하니, 성심을 다하고 신의를 보여 동요하는 민심

••••
329 『목민심서』 「병전6조〔수병〕」: "若朝令申嚴 以時修補 未可已也."
330 『목민심서』 「병전6조〔권무〕」: "東俗柔謹 不喜武技 所習惟射 今亦不習 勸武者 今日 之急務也."
331 『목민심서』 「병전6조〔응변〕」: "守令 乃佩符之官 機事多不虞之變 應變之法不可不 預講."
332 『목민심서』 「병전6조〔응변〕」: "訛言之作 或無根而自起 或有機而將發 牧之應之也 或靜而鎭之 或默而察之."
333 『목민심서』 「병전6조〔응변〕」: "凡有變亂 宜勿驚動 靜思歸趣 以應其變."

을 안정시켜야 할 것이다."[334] 라고 했다.

여섯째, 〔어구禦寇〕외부침입에 대한 대비태세를 강화하는 일이다. 어구禦寇는 도적을 막는다는 뜻이다. 외부침입을 방어하여 지역을 사수할 수 있는 역량을 갖춰서 백성들이 권농에 힘쓰도록 해야 한다는 것이다. "도적의 난리를 만나게 되면 지방을 지키는 신하는 마땅히 그 지역을 지켜야 하니, 그 방어의 책임은 장신將臣과 같은 것이다."[335], "병화病禍가 미치지 않는 곳에서는 백성을 어루만져 편안케 하고, 인재를 기르고 농사를 권장해서 군비조달을 넉넉히 하는 것도 또한 지방을 지키는 직분인 것이다."[336]라고 이르고 있다.

(5) 「형전6조」와 목민리더십

'형전刑典'은 사법제도 및 법전法典에 관하여 규정하는 내용이다. 목민관의 리더십 관점에서 보면, 법을 공정하게 집행함으로써 고을을 통섭統攝〔하나로 묶어 이끌고 나감〕해야 한다는 것이다. 이와 관련하여 목민리더십에 적용할 「형전6조」내용은 다음과 같다.

첫째, 〔청송聽訟〕송사訟事가 줄어들도록 심리하는 일이다. 모든 송사는 성실한 태도로 공명정대하고 신속하게 해야 한다는 점을 강조하고 있

••••
334 『목민심서』「병전6조〔응변〕」: "土賊旣平 人心疑懼 宜推誠示信 以安反側."
335 『목민심서』「병전6조〔어구〕」: "値有寇難 守土之臣 宜守疆域 其防禦之責 與將臣同."
336 『목민심서』「병전6조〔어구〕」: "兵所不及 撫綏百姓 務材訓農 以贍軍賦 亦守士之職也."

다. "청송의 근본은 성의에 있고, 성의의 근본은 신독에 있다. 그 다음은 먼저 내 몸을 바르게 하고서 백성을 경계하며 가르쳐서 굽은 것은 바르게 펴줌으로써 또한 송사하는 일이 없도록 해야 한다."[337], "다음으로는 자신이 본보기가 되는 것이니, 백성을 가르쳐서 잘못을 바로잡아 주는 것 또한 송사를 없애는 일이다."[338], "무릇 소송이 있을 경우 급히 달려와서 고하는 자를 그대로 믿어서는 안 되니, 이에 응하기를 여유 있게 하여 천천히 그 사실을 살펴야 한다."[339], "인륜에 관한 송사로써 윤리에 관계되는 것은 꼭 가려내 밝혀야 한다."[340], "골육骨肉 간에 서로 다투어 의리를 잊고 재물을 탐내는 자는 징계하기를 엄히 해야 한다."[341], "전지田地에 대한 송사는 백성의 산업에 관계되는 것이니, 한결 같이 공정하게 하여야 백성들이 따를 것이다."[342], "송사 판결하는 근본은 오로지 문서에 있는데, 그 숨겨진 비위 사실을 들추어 밝히는 것은 오직 밝은 사람이라야 할 수 있다."[343]고 이르고 있다.

둘째, 〔단옥斷獄〕 법정의 판결은 공정하게 해서 억울함이 없도록 하는

337『목민심서』「형전6조〔청송〕」: "聽訟之本 在於誠意 誠意之本 在於愼獨 其次律身 戒之誨之 枉者伸之 亦可以無訟矣."

338『목민심서』「형전6조〔청송〕」: "其次律身 戒之誨之 枉者伸之 亦可以無訟矣."

339『목민심서』「형전6조〔청송〕」: "凡有訴訟 其急疾奔告者 不可傾信 應之以緩 徐察其實."

340『목민심서』「형전6조〔청송〕」: "人倫之訟 係關天常者 辨之宜明."

341『목민심서』「형전6조〔청송〕」: "骨肉之爭 忘義殉財者 懲之宜嚴."

342『목민심서』「형전6조〔청송〕」: "田地之訟 民産所係 一循公正 民斯服矣."

343『목민심서』「형전6조〔청송〕」: "決訟之本 全在券契 發其幽奸 昭其隱慝 唯明者能之."

일이다. 옥사의 판결은 밝고 신중해야 하며, 취조할 때 남형濫刑〔법에 의
거하지 않고 함부로 하는 형벌〕은 삼가야 한다는 점을 기술하고 있다. "큰
옥사가 만연하게 되면 원통한 자가 열이면 아홉은 된다. 내 힘이 미치는
대로 남몰래 구해 준다면 덕을 심어서 복을 구하는 것이 이보다 큰 것은
없다."[344], "형벌은 백성을 바르게 하는 일에 있어서의 최후 수단이다. 자
신을 단속하고 법을 받들어 엄정하게 임하면 백성이 죄를 범하지 않을
것이니, 그렇다면 형벌은 쓰지 않더라도 좋을 것이다."[345], "옛날의 어진
목민관은 반드시 형벌을 완화하였다. 그러므로 그 사적이 사책에 실려
아름다운 이름이 길이 빛나는 것이다."[346], "늙은이와 어린이를 고문 취
조하지 못하는 것은 율문律文에 명시되어 있다."[347]고 했다.

셋째, 〔신형愼刑〕 형량을 신중하게 정하는 일이다. 이는 형벌보다는 덕
행을 쌓아 백성들의 본보기가 되어야 한다는 점을 기술하고 있다. "병들어
아픈 고통은 제 집에 편히 있을 때에도 오히려 견딜 수 없다고 하는데, 하물
며 옥중에 있어서랴."[348], "설 명절〔歲時〕에는 죄수들도 집에 돌아가는 것을
허락한다. 은혜와 신의로 서로 믿는다면 도망하는 자가 없을 것이다."[349],

• • • •
344 『목민심서』 「형전6조〔단옥〕」: "大獄蔓延 冤者什九 己力所及 陰爲救拔 種德徼福 未
有大於是者也."
345 『목민심서』 「형전6조〔단옥〕」: "刑罰之於以正民 末也 律己奉法 臨之以莊 則民不犯
刑罰雖廢之可也."
346 『목민심서』 「형전6조〔단옥〕」: "古之仁牧 必緩刑罰 載之史策 芳徽馥然."
347 『목민심서』 「형전6조〔단옥〕」: "老幼之不拷訊 載於律文."
348 『목민심서』 「형전6조〔단옥〕」: "疾痛之苦 雖安居燕寢 猶云不堪 況於犴陛之中乎."
349 『목민심서』 「형전6조〔단옥〕」: "歲時佳節 許其還家 恩信旣孚 其無逃矣."

"장기 죄수가 오랫동안 집을 떠나 있어 자녀의 생산이 끊기게 되는 자는 그 정상과 소원을 참작하여 자애와 은혜를 베풀어줄 것이다."[350], "유배 流配되어 온 죄인은 집을 떠나 멀리 귀양살이 하는 사람으로 그 정상이 슬프고 측은하니, 집과 양곡을 주어 편안히 거처하게 하는 것이 목민관의 책임이다."[351], "형벌로써 백성을 바르게 한다는 것은 최하의 수단이다. 자신을 단속하고 법을 받들어 장엄하게 임한다면 백성이 법을 범하지 않을 것이니 형벌은 없애버려도 좋을 것이다."[352]라고 이르고 있다.

넷째, 〔휼수恤囚〕 죄인의 가족을 가엽게 여기는 일이다. 죄수에게도 온정을 베푸는 일에 대하여 기술하고 있다. "횡포와 난동을 금지하는 것은 백성을 편안히 하기 위함이니, 호강豪强〔세력이 뛰어남〕을 쳐 물리치고 귀근貴近〔귀족이나 임금의 측근〕이라도 꺼리지 않는 것 또한 목민관 된 자가 힘써야 할 일이다."[353], "악소배惡少輩〔행패를 일삼는 무리배〕가 협기를 부리며 도둑질과 약탈로 포학을 자행하는 자는 빨리 금지하여야 한다. 금지하지 않으면 장차 난리를 일으킬 것이다."[354], "옥에 갇힌 죄수의 괴로움을 어진 사람은 마땅히 살펴주어야 한다. 집을 떠나 오래 옥에 갇혀 있어서 자녀의 생산이 끊기게 된 자는 그 정상과 소원을 잘 살펴서 인자한

····
350 『목민심서』 「형전6조〔단옥〕」: "久囚離家 生理遂絶者 體其情願 以施慈惠."

351 『목민심서』 「형전6조〔단옥〕」: "流配之人 離家遠謫 其情悲惻 館穀安揷 牧之責也."

352 『목민심서』 「형전6조〔신형〕」: "刑罰之於以正民 末也 律己奉法 臨之以莊 則民不犯 刑罰雖廢之可也."

353 『목민심서』 「형전6조〔휼수〕」: "禁暴止亂 所以安民 搏擊豪强 毋憚貴近 亦民牧之攸勉也."

354 『목민심서』 「형전6조〔휼수〕」: "惡少任俠 剽奪爲虐者 亟宜戢之 不戢將爲亂矣."

은혜를 베풀어야 한다."[355]고 했다.

다섯째, [금포禁暴] 폭력배를 단속해서 백성을 편안하게 하는 일이다. 하민下民을 괴롭히는 폭력배 단속에 대해 기술하고 있다. "횡포와 난동을 금지하는 것은 백성을 편안케 하는 것이요, 호족과 강성한 자를 단속하며 귀족이나 근시를 꺼리지 않는 것은 목민관으로서 마땅히 힘써야 할 일이다."[356], "금군禁軍[임금 호위 친위대]과 내관內官이 왕의 은총을 믿고 횡행橫行[제멋대로 행함] 방자放恣[조심하지 않고 무례함]하며 여러 가지의 구실로 백성을 괴롭히는데 모두 금지해야 한다."[357], "토호의 횡포는 소민小民들에게는 시랑豺狼[승냥이와 이리]과 호랑이다. 그 해독을 제거하고 양 같은 백성들을 보호하는 것이야말로 참된 목민관이다."[358], "간사하고 음탕하여 기생을 데리고 다니며 창가娼家[몸을 파는 기생집]에서 자는 것을 금한다."[359], "시장에서 술주정하며 상품을 빼앗거나, 거리에서 술주정하며 존장자에게 욕설하는 것을 금지한다."[360]고 이르고 있다.

여섯째, [제해除害] 백성들이 해를 당하지 않도록 대책을 강구하는 일이다. 백성들에게 독해가 되는 것을 제거하는 일에 대해 논하고 있다.

••••
355 『목민심서』「형전6조〔휼수〕」: "獄囚之苦 仁人지所宜察也. 久囚離家 生理遂絶者 體其情願 以施慈惠."

356 『목민심서』「형전6조〔금포〕」: "禁暴之亂 所以安民 搏擊豪强 毋憚貴近 亦民牧之攸勉也."

357 『목민심서』「형전6조〔금포〕」: "禁軍怙寵 內官橫恣 種種憑藉 皆可禁也."

358 『목민심서』「형전6조〔금포〕」: "土豪武斷 小民之豺虎也 去害存羊 斯謂之牧."

359 『목민심서』「형전6조〔금포〕」: "狹邪奸淫 携妓宿娼者禁之."

360 『목민심서』「형전6조〔금포〕」: "市場酗酒 掠取商貨 街巷酗酒 罵詈尊長者 禁之."

"백성을 위해 해害를 제거하는 것은 목민관으로서 마땅히 힘써야 한다. 첫째는 도적, 둘째는 귀신, 셋째는 호랑이다. 이 세 가지가 없어져야 백성이 근심을 덜 수 있다. 도적이 있는 이유는 위에서 행실이 단정치 않고 중간에서 명령을 어기고 아래에서는 법을 두려워하지 않기 때문이다."[361], "도적이 생기는 것은 그 이유가 세 가지가 있으니, 위에서 위의를 단정히 못하고 중간에서 명령을 받들어 행하지 않고 아래에서 법을 무서워하지 않기 때문이다. 그러므로 비록 도적을 없애려 하여도 되지 않는 것이다."[362] "임금이 덕의를 펴고 그 죄악을 용서하여 그들로 하여금 전의 악행을 버리고 스스로 새로와져 각각 본업으로 돌아가게 하는 것이 상책이다."[363] "자칫 평민을 잡아다가 고문하여 강제로 도둑을 만드는 예가 있는데, 능히 그 원통함을 살펴서 양민을 만들어 주면, 이를 어진 목민관이라 할 것이다."[364], "부민富民〔부유한 백성〕을 무고로 끌어들여 함부로 잔악한 형벌을 시행하는 것은, 도적을 위하여 원수를 갚아 주고 아전과 교졸을 위하여 돈을 벌어 주는 것이니, 이러한 것을 어리석은 목민관이라 한다."[365],

<hr />

361 『목민심서』「형전6조〔제해〕」:"爲民除害 牧所務也. 一 盜賊, 二 鬼魅, 三 虎狼. 三者息 而民患除矣. 盜所以作 上不端表, 中不奉命, 下不畏法."

362 『목민심서』「형전6조〔제해〕」:"盜所以作 厥有三繇 上不端表 中不奉令 下不畏法 雖欲無盜 不可得也."

363 『목민심서』「형전6조〔제해〕」:"宣上德意 赦其罪惡 棄舊自新 各還其業上也."

364 『목민심서』「형전6조〔제해〕」:"枉執平民 鍛之爲盜 能察其冤 雪之爲良 斯之謂仁牧也."

365 『목민심서』「형전6조〔제해〕」:"誣引富民 枉施虐刑 爲盜賊執仇 爲吏校征貨 是之謂昏牧也."

"귀신붙이가 변고를 일으키는 것은 무당이 인도하여 만드는 것이니, 그 무당을 목 베고 신당을 헐어야만 요귀가 의지할 곳이 없게 될 것이다."[366] 라고 했다.

(6) 「공전6조」와 목민리더십

'공전工典'은 왕실을 비롯한 공공건물을 관리하고, 도로·교량·시전 市廛[시장 거리의 가게]·도량형度量衡[저울]·공장工匠[수공업 종사자] 등 과 기타 상공업에 관한 내용을 규정하고 있다. 목민관의 리더십 관점에 서 보면, 백 년의 안목으로 국토, 시설들을 관리하여 안정된 환경을 바탕 으로 고을을 이끌어가야 한다는 것이다. 이와 관련하여 목민리더십에 적 용할 「공전6조」 내용은 다음과 같다.

첫째, [산림山林] '산림'을 보호하고 관리하는 일의 소중함이다. 산림 의 관리·수호, 나라에서 지정한 봉산금양封山禁養[나무 베는 것을 금함]에 대한 내용이다. "산림은 나라의 공부貢賦[나라에 바치는 세금과 물품]에서 나오는 바이니, 산림에 관한 정사를 옛날의 어진 임금들은 소중히 여겼 던 것이다."[367]라고 이르고 있다.

둘째, [천택川澤] 강과 하천을 관리하여 수해를 막는 일이다. 저수지를 만들어 물을 가두고, 큰 강이 넘치지 않도록 둑을 관리해야 한다는 것이

---

366 『목민심서』 「형전6조[제해]」: "鬼魅作變 巫導之也 誅其巫 毀其祠 妖無所憑也."
367 『목민심서』 「공전6조[산림]」: "山林者 邦賦之所出 山林之政 聖王重之也."

다. "천택은 농리의 근본이 되는 것이니, 천택의 정치를 옛날의 어진 임금은 소중히 여겼다."[368], "냇물이 흘러서 고을을 지나면 도랑을 파서 그 물을 끌어다가 전지田地〔경작지〕에 대고, 백성과 더불어 공전公田〔국가 소유의 논 밭〕을 경작하여 백성의 부담에 보충하는 것이 선정善政이다."[369], "못에서 생산되는 물고기, 연마름, 마른꼴, 부들〔여러해살이풀〕 등에 속하는 것들은 엄중하게 지켜서 그 수입으로 백성들의 용역에 보충해야 하고, 수령이 스스로 취득하여 사복私腹〔사리사욕〕을 채워서는 안 된다."[370] 고 했다.

셋째,〔선해繕廨〕 공공시설물에 대한 관리대책을 세우는 일이다. 공공시설물의 관리 및 보수, 환경을 정리하는 일에 대해서이다. "청사廳舍가 퇴락하여 비가 새고 바람이 들이쳐도 수선하지 아니하고 그냥 헐어지게 내버려두는 것은 역시 목민관의 큰 잘못이다."[371], "아전이나 군교나 노예의 무리도 마땅히 부역에 나가야 하며, 사찰의 중을 모아 일을 돕게 하는 것도 또한 한 가지 방법이다."[372], "청사의 관리가 잘 된 뒤에는 꽃을 심고 나무를 심는 것도 또한 맑은 선비의 사적이 될 수 있다."[373]고 이르

• • • •

368 『목민심서』「공전6조〔천택〕」: "川澤者 農利之所本 川澤之政 聖王重焉."

369 『목민심서』「공전6조〔천택〕」: "川流逕縣 鑿渠引水 以漑以灌 與作公田 以補民役 政之善也."

370 『목민심서』「공전6조〔천택〕」: "池澤所産 魚鼈蓮芡菱蒲之屬 爲之厲守 以補民役 不可自取以養己."

371 『목민심서』「공전6조〔선해〕」: "廨宇頹圮 上雨旁風 莫之修繕 任其崩毁 亦民牧之大咎也."

372 『목민심서』「공전6조〔선해〕」: "吏校奴隷之屬 宜令赴役 募僧助事 是亦一道."

373 『목민심서』「공전6조〔선해〕」: "治廨旣善 栽花種樹 亦淸士之跡也."

고 있다.

넷째, 〔수성修城〕 성을 보수하고 관리하는 '수성修城'의 중요성이다. 모든 성루城壘의 시설과 그에 대한 관리에 대하여 기술하고 있다. "성을 수리하고 호를 파서 국방을 튼튼히 하고 백성을 보존하는 것은 또한 영토를 지키는 자의 직분이다."[374], "전쟁이 일어나고 적이 이르러서 급한 때를 당하여 성을 쌓으면 늦을 것이니, 마땅히 그 지세를 살피고 민정에 순응하도록 해야 한다."[375]고 이르고 있다.

다섯째, 〔도로道路〕 '도로'를 잘 관리하는 일이다. 도로와 교량 등의 시설과 관리에 대하여 기술하고 있다. "도로를 닦고 수리해서 행려들로 하여금 그 길로 가기를 원하게 하는 것은, 또한 어진 목민관의 정사인 것이다."[376]라고 이르고 있다.

여섯째, 〔장작匠作〕 공작물 제작인과 기능인을 보호하고 육성하는 일이다. 모든 공작물工作物의 제작·활용·관리 등에 대해서 기술하고 있다. "전거를 만들어 농사를 권장하고 병선을 만들어 전쟁에 대비하는 것은 목민관의 직분이다."[377]라고 했다.

••••
374 『목민심서』 「공전6조〔수성〕」: "修城浚濠固國報民 亦守土者之之職分也."
375 『목민심서』 「공전6조〔수성〕」: "兵興敵至 臨急築城者 宜度其地勢 順其民情."
376 『목민심서』 「공전6조〔도로〕」: "修治道路 使行旅 願生於其路 亦良牧之政也."
377 『목민심서』 「공전6조〔장작〕」: "作爲田車 以勸農務 作爲兵船 以設戎備 牧之職也."

3) '단원單元: 「진황賑荒6조」'에 기초한 목민리더십

'단원單元'은 사전적으로 어떤 주제를 중심으로 하여 편의상 하나로 뭉뚱그린 학습의 단위를 일컫는다. 다산이 진황賑荒을 단원으로 이름한 것은 백성을 이끌어 가는데 있어서 어려울 때를 대비하는 일이 그만큼 중요하다는 점을 부각하려는데 있다.

진황賑荒은 넉넉할 때와 흉년이 들었을 때를 대비하여 행정行政하는 것이다. 이와 관련하여 목민리더십에 적용할 「진황6조」 내용은 다음과 같다.

첫째, 〔비자備資〕 자금에 여유가 있을 때 만일을 대비하는 일이다. 다산은 "황정〔흉년 등〕은 선왕이 마음을 다하던 바이니 목민관의 재능을 여기에서 볼 수 있다. 황정을 잘한다면 목민관이 큰일을 다했다고 할 수 있다."[378]고 했다.

둘째, 〔권분勸分〕 기부를 권장하고 기부문화를 진흥하는 일이다. 흉년에 부잣집에 전곡錢穀의 의연義捐이나 대여貸與를 권유하고 있다. "권분하는 명령이 내리면 부유한 백성은 물고기처럼 놀라고 가난한 선비는 파리처럼 모여들 것이니, 추기樞機〔몹시 중요한 사물〕를 신중히 하지 않는다면 그 은덕을 탐하여 자기 것으로 삼는 자가 있을 것이다."[379], "재물을 주린 입 속에서 도둑질하면 그 소리가 변방에까지 들리고 재앙이 자손에까지

----

378 『목민심서』「진황6조〔비자〕」: "荒政 先王之所盡心 牧民之才 於斯可見 荒政善 而牧民之能事 畢矣."

379 『목민심서』「진황6조〔권분〕」: "勸分 令出 富民魚駭 貧士蜗營樞機不愼 其有貪天 以爲己者矣."

미칠 것이니 도둑질 할 생각이 절대로 마음속에서 싹터선 안 된다."[380]고 이르고 있다.

셋째, 〔규모規模〕궁한 사람을 도울 계획을 수립하는 일이다. 기민飢民을 구호하는 일에 대하여 기술하고 있다. "진황하는 데에는 두 가지 관점이 있으니 하나는 시기에 맞추는 것이고, 둘은 규모規模〔물품사용의 계획성〕가 있는 것이다. 불에서 구하고 물에 빠진 사람 건지는데, 그 기회를 살필 수 있겠는가?, 대중을 이끌어 나가고 물건을 평등하게 하는 데는 규모가 있어야 한다."[381]고 했다.

넷째, 〔설시設施〕수립해 놓은 계획을 실행하는 일이다. 기민 구호의 계획을 실행하는 것에 대하여 설명하고 있다. "걸식하며 다니는 자는 천하의 궁민으로서 고할 데가 없는 자이니, 어진 목민관이라면 마음을 다해야 하며, 소홀히 할 순 없다."[382] "버린 갓난아이는 길러서 자녀로 삼고, 떠돌아다니는 어린이는 길러서 노비奴婢로 삼되, 모두 마땅히 국법을 거듭 밝혀서 상호上戶〔지도자〕에게 효유曉喩〔깨닫도록 타이름〕해야 한다."[383]고 이르고 있다.

••••

380 『목민심서』「진황6조〔권분〕」: "竊貨於飢吻之中 聲達邊徼 殃流苗裔 必不可萌於心也."

381 『목민심서』「진황6조〔규모〕」: "賑有二觀 一曰及期 二曰有模 救焚拯溺 其可以玩機平 馭衆平物 其可以無模乎."

382 『목민심서』「진황6조〔설시〕」: "流乞者 天下之窮民而無告者也 仁牧之所盡心 不可忽也."

383 『목민심서』「진황6조〔설시〕」: "嬰孩遺棄者 養之爲子女 童穉流離者 養之爲奴婢 並宜申明國法 曉諭上戶."

다섯째, 〔보력補力〕흉년에 백성에게 힘을 복돋아 주는 일이다. 흉년에 민력民力을 보조함에 대한 것이다. "흉년에 도둑을 없애는 정책에 힘을 다해야 하며 소홀히 해서는 안 된다. 실정을 알고 보면 불쌍해서 죽일 수도 없을 것이다."[384]라고 했다.

여섯째, 〔준사竣事〕구호활동의 과정을 살펴 부정이 없도록 하는 일이다. 진휼賑恤〔어려운 사람을 도와줌〕하는 일을 완료할 때 준수해야 할 일에 대하여 기술하고 있다. "진휼하는 일이 장차 끝날 때에는 시종을 점검하고 범한 죄과를 낱낱이 살펴야 한다."[385]고 이르고 있다.

4) 시작과 마무리에서의 목민리더십

공직자가 리더십을 발휘함에 있어서는 시작할 때와 끝을 낼 때의 처신이 중요하다. 좋은 리더로 인식되기 위해서는 첫 만남에서 선입견이 좋아야 하고, 직책을 끝맺을 때도 '뒷모습'이 좋아야 명성이 유지될 수 있기 때문이다. 따라서 『목민심서』에 나타난 '부임6조'와 '해관6조' 내용을 목민리더십과 연계하여 살펴본다.

....
384 『목민심서』 「진황6조〔보력〕」: "凶年除盜之政在所致力 不可忽也 得淸則哀不可殺也."
385 『목민심서』 「진황6조〔준사〕」: "賑事將畢 點檢始終 所犯罪過 一一省察."

(1) 「부임6조」와 목민리더십

'부임赴任6조'에는 목민관이 발령을 받을 때서부터 취임하고 업무를 시작하기까지 과정의 리더십이다. 이와 관련하여 목민리더십에 적용할 「부임6조」 내용은 다음과 같다.

첫째, 〔제배除拜〕 목민관으로서의 마음 자세를 분명히 하고, 준비를 철저히 하는 일이다. 공직자는 아무나 해서는 안 되며, 투철한 사명감과 국민을 위하는 마음을 가진 사람이 해야 할 직분이다. 그래서 다산은 "다른 벼슬은 구해도 좋으나 목민관만은 구할 것이 못된다."[386], "공직자로 임명을 받았을 때부터 재물을 함부로 쓰지 않겠다는 마음을 가져야 한다."[387]고 했다.

둘째, 〔치장治裝〕 국민의 세금으로 마련된 국가예산은 절약해서 사용하는 일이다. 다산은 "백성을 사랑하는 근본은 예산을 아껴 쓰는데 있고, 아껴 씀의 근본은 검소한 삶에 있다. 검소함 이후에 청렴할 수 있고, 청렴한 이후에 백성을 사랑할 수 있다. 검소함은 목민관의 가장 큰 책무이다."[388]라고 이르고 있다.

셋째, 〔상관上官〕 부임하면 관속들의 참알을 통해 업무를 세밀하게 파악하는 일이다. "부임하면 관속들의 참알을 받아야 한다. 시의에 알맞도록 하고 스스로 이를 굳게 지켜 나가야 한다."[389], "동트기 전에 일어나

---

386 『목민심서』「부임6조〔제배〕」: "他官可求 牧民之官 不可濫也."
387 『목민심서』「부임6조〔제배〕」: "除拜之初 財不可濫施也."
388 『목민심서』「부임6조〔치장〕」: "愛民之本 在於節用 節用之本 在於儉. 儉而後 能廉 廉而後能慈 儉者 牧民之首務也."
389 『목민심서』「부임6조〔상관〕」: "受官屬參謁. 唯適時宜 確然以自守."

횃불을 들고 향교에 가서 초를 켜고 배례를 행한다."[390]고 했다.

넷째, 〔이사莅事〕 수령이 부임하면 실무를 파악해서 업무에 임해야 한다. 다산은 "부임한 날 선비와 백성들에게 령을 내려서 병폐에 대한 것을 묻고 여론을 조사하도록 한다."[391]고 이르고 있다.

※ 사례: "곡산부사 부임 과정에 나타난 다산의 목민리더십"

다산이 곡산부사로 부임한 시기는 36세〔1797년, 정조21〕 때 윤 6월 2일이다. 곡산부사로 부임하게 된 배경은 23세에서 30세 때까지 햇수로 8년 동안 천주교를 믿은 일과 연관돼 있다. 다산이 곡산부사로 부임하는 과정을 '부임 6조'와 연계해서 살펴본다.

다산은 23세 때 4월 15일 큰 형수 4주기 제삿날 이벽李檗으로부터 천주교에 대한 설명과 관련 서적을 받아본 이후로 천주교를 믿어오다가 30세〔1791년, 정조15〕 때 10월 23일 신해옥사辛亥獄事, 즉 진산사건을 계기로 천주교와 절의絶義했다고 기록했다. 천주교인들이 신앙을 이유로 부모의 위패位牌를 태우고 제사거부 등 불효不孝행위에 동의할 수 없었기 때문이다. 그러함에도 노론 측에서는 다산을 천주天主교도라는 명분을 걸어 사사건건 공격했다. 그러던 중 34세〔1795년, 정조19〕 때 3월 3일 정조가 다산을 의궤청儀軌廳 찬집문신으로 임명하면서 수원성의 규모 및 제도를 적은 『화정통리고』 찬술 임무를 부여했고, 3월 20일에 정조는 채제공蔡濟恭을 좌의정으로, 이가환李家煥을 공조판서로, 정약용丁若鏞을 우부승지로 삼으면서 노론을 견제하고자 했다. 하지만 우부승지右副承旨 임무수행 중이던 7월 26일 주문모 신부의 입국 사건이 발생하면서 소동이 일어나고 말았다. 이때는 다산이 천주교를 절의한

----

390 『목민심서』 「부임6조〔상관〕」: "是日未明而起 炬而行 執燭以行禮."

391 『목민심서』 「부임6조〔이사〕」: "是日 發令於士民 詢瘼求言."

후였다.

　주문모는 당시 42세의 나이로, 전년도 12월 23일 지황地璜과 윤유일尹有一의 안내를 받아 압록강을 넘어와서 윤유일이 마련해준 집에 묵고 있었다. 그후 5개월 여가 지난 시점에 한때 천주교 신자였던 한영익韓永益이 이벽李檗의 형인 이석李晳에게 주문모의 입국사실을 알렸다. 이석은 가뜩이나 천주교 문제로 동생〔이벽〕을 잃은 터라 천주교를 못마땅하게 여기고 있던 참이었다. 이석은 즉시 조정에 보고했고, 포도대장 조규진趙圭鎭에게 체포명령이 내려 졌는데, 이때 주문모는 역관인 최인길崔仁吉에 의해 강완숙姜完淑의 집에 숨어 지내고 있던 상태였다. 이런 과정이 들통나면서 5월 12일에 최인길, 지황, 윤유일 등이 장살杖殺을 당하고 노론의 거센 반발 등으로 7월 26일에 이가환은 충주 목사로, 정약용은 금정찰방으로 좌천되었다. 이때 다산에게는 금정 지역의 천주교인들을 교화시키라는 지침이 부여된 상태였고, 다산의 매형인 이승훈도 예산으로 유배를 와 있는 상태였다. 다산은 이로 인해 정3품 당상 관 우부승지에서 종6품 금정도찰방으로 강등된 것이다. 다산은 금정찰방 임무를 수행하면서 기호지방의 천주교 중심인물인 이존창李存昌을 체포하는 등의 공을 세우고 5개월만인 12월 23일 서울로 올라와 용양위龍驤衛 부사직 副司直에 제수除授되었다.

　이후 35세〔1796년, 정조20〕 10월에 규영부 교서가 되어 「규영부교서기」를 지었고, 12월 1일에는 병조참의兵曹參議에 제수되고, 3일에 우부승지右副承 旨, 다음날 좌부승지左副承旨에 올랐다가 부호군副護軍으로 옮겨졌다. 부호 군은 종4품 무관직으로 녹봉을 주기 위한 허직虛職이었으므로 집에서 쉬게 되었다. 다음 해 6월 22일 정조는 다산을 동부승지同副承旨로 임명해서 중용 重用하려 했다. 그러나 다산은 "이 기회에 노론벽파들과 만천하에 나의 입장 과 천주교에 대한 생각을 밝힘으로써 비방을 피하고자 사직辭職하겠습니 다."라는 '변방사동부승지소辨謗辭同副承旨疏'를 올렸고, 정조가 이를 받아 들여서 다음 달 윤6월 2일, 황해도 곡산부사로 부임하게 되었다.

곡산부사로 명을 받은 다산은 자신이 여겨왔던, 목민관이 부임할 때는 '사조辭朝'와 '계행啓行'의 절차를 밟아야 하므로, 조정에 있던 채제공蔡濟恭을 비롯한 정승 김이소金履素 등을 두루 찾아보며 참고가 될 내용을 파악하던 중 대부분의 관료들로부터 "곡산에서 일어난 이계심李啓心 사건은 주동자를 잡아 죽여야 한다."는 말을 듣게 되었다. 그리고 나서 다산은 곡산谷山으로 이동했고, 곡산지역에 다다를 즈음 '상관上官' 하기 앞서 이계심이라는 자가 나타나 신임 사또인 다산에게 탄원서를 내밀었다. 그 탄원서에는 백성들이 겪고 있는 어려움을 12조목으로 적은 내용이 상세하고 분명하게 적혀 있었다. 이 글을 읽고 난 다산은 "이계심을 내 뒤에 따르게 하라."고 형방에게 지시하여 관아로 들어오게 했다.

관아에 도착한 다산은 이계심에게 몇 가지를 더 묻고 확인한 후 "관장官長이 실정파악에 밝지 못한 이유는 백성이 자기 몸을 위하는 데만 급급해져서 잘못된 것을 목격하고서도 관장에게 항의하지 않기 때문이다. 너 같은 사람은 관에서 마땅히 천 냥의 돈을 주고서라도 사야 할 사람이다."[392]라고 칭송하면서 무죄로 풀어줄 것을 형방에게 지시했다.

이는 다산이 『목민심서』 「부임6조」에 명시한 "①제배除拜〔임명을 받음〕 ②치장治裝〔부임 행장 꾸리기〕 ③사조辭朝〔조정에 하직 인사〕 ④계행啓行〔발령을 받아 임지로 떠남〕 ⑤상관上官〔자리에 오름〕 ⑥이사莅事〔업무를 시작함〕" 등의 업무를 절차와 원칙에 맞게 이행한 사례라 할 수 있다.

(2) 「해관6조」와 목민리더십

해관解官은 목민관이 부여 받은 직분을 마치고 근무했던 곳을 떠나는

----

392 정약용, 「자찬묘지명」: "官所以不明者 民工於護身 不以瘼犯官也 如汝者 官當以千金買之也."

일을 말한다. 리더는 부임할 때와 복무 중일 때, 그리고 임무를 마치고 떠날 때의 모습이 좋아야 한다. 그래야 좋은 리더로 오래 기억될 수 있다. 이와 관련하여 목민리더십에 적용할 「해관6조」 내용은 다음과 같다.

첫째, 〔체대遞代〕 공직자로서 임무를 마치면 미련 없이 떠나는 일이다. "벼슬을 헌신짝처럼 버리는 것은 옛사람의 의리이니, 체임되고서 슬퍼하면 또한 부끄러운 일이다."[393], "부로父老들이 교외郊外에서 연회를 베풀어 전송하며 어린아이가 어머니를 잃은 것 같이 정이 보이는 것은, 역시 인간 세상의 지극한 영광이다."[394], "돌아오는 길에 완악한 백성을 만나 꾸짖음과 욕을 당하여, 나쁜 소문이 멀리 전파되는 것은 인간 세상의 지극한 욕이다."[395]라고 이르고 있다.

둘째, 〔귀장歸裝〕 임무를 마치고 떠날 때는 청렴한 모습으로 떠나야 한다는 점이다. "불의不義의 재물을 많이 얻어서 원한의 빚을 자손에게 물려주어서 갚게 하는 것은 복이 아니다. 사당을 세우고 종족을 도와주고 빈궁한 친척을 구제하는 것은 참으로 아름다운 일이기는 하나, 빨리 하고 더할 수 없이 하려는 마음이 있으면 부정하게 들어옴이 반드시 심할 것이니, 덕을 쌓고 상서祥瑞〔복되고 길한 일〕를 모아 벼슬이 오래면 저절로 부요하여져서 멀리 뻗어 가게 하는 것과 어떠한가."[396], "아전과 더불어

393 『목민심서』 「해관6조〔체대〕」: "棄官如蹝 古之義也 旣遞而悲 不亦羞乎."

394 『목민심서』 「해관6조〔체대〕」: "父老相送 飮餞于郊 如嬰失母 情見于辭 亦人世之至榮也."

395 『목민심서』 「해관6조〔체대〕」: "歸路遘頑 受其叱罵 惡聲遠播 此人世之至辱也."

396 『목민심서』 「해관6조〔귀장〕」: "又曰 多得不義之財 留冤債與子孫 償非福也 至於立

꾀하여 간사한 백성을 유혹하고 움직여서 대궐에 이르러 유임을 빌게 하는 자는 임금을 속이고 윗사람을 속이는 것이니, 그 죄가 심히 큰 것이다."[397]고 했다.

특정한 사람을 시켜 임금을 속이게 하는 일을 해선 안 된다는 점이다.

셋째, 〔유애遺愛〕가식적으로 공적비 등을 세우도록 하면 안 된다는 점이다. "돌에 새겨 덕을 칭송하여 영원토록 보여주는 것이 이른바 선정비善政碑인데, 마음으로 반성하여 부끄럽지 않기가 어려운 것이다."[398], "많은 사람들의 칭송이 오래도록 그치지 않으면 그가 정치를 잘한 것을 알 수 있다."[399]고 이르고 있다.

••••
廟祀贍宗族 救窮親 固是美事 然有欲速盡美之心 則悖入必甚 何如積德凝祥 官久自富之爲綿遠哉."

397 『목민심서』「해관6조〔귀장〕」: "陰與吏謨 誘動奸民 使之詣闕而乞留者 欺君罔上 闕罪甚大."

398 『목민심서』「해관6조〔유애〕」: "刻石頌德 以示悠遠 卽所謂善政碑也 內省不愧 斯爲難矣."

399 『목민심서』「해관6조〔유애〕」: "輿人之誦 久而不已 其爲政可知已."

5 장 목민리더십과 인성교육의 관계

리더십은 '이끄는 사람〔리더〕'과 '따르는 사람〔팔로어〕', 그리고 '상황〔상황요인〕' 등이 역동적 관계를 통해서 목표를 달성하는 과정〔process〕이다. 그리고 그 목표 중에 하나는 올바른 '리더'와 '팔로어'를 양성하는 것이다. 그러나 리더십은 그 범위가 워낙 넓어서 한마디로 정의하기가 쉽지 않고, 영향요인 또한 워낙 다양해서 한마디로 표현하기가 어렵다. 하지만 영향요인을 포괄할 수 있는 용어가 '문화文化'이고 '목민牧民'이다. 이런 이유에서 한국의 리더십은 한국문화에 기초해야 하며, 그러한 리더십을 목민리더십이라 명명命名하였다.

인성교육은 '교육'이라는 수단을 통해 '인성'을 함양시키는 일련의 과정이다. 그리고 교육에는 정과교육과 생활교육, 계기교육과 기회교육 등 제반 교육활동이 포함된다. 따라서 인성교육은 태아교육으로 시작되는 가정교육, 그리고 학교교육과 사회교육이 통합적으로 이루어지는 전생애 교육이다. 이는 "인성교육은 덕德을 기초로 인성을 함양시키려는 의도적인 노력이다〔토마스 리코나〕.", "효孝는 덕의 근본이며, 모든 가르침이 그로 말미암아 생겨난다〔공자〕."는 표현에서 보듯이 인성교육은 덕에 기초하고, 덕은 효에 기초하여 함양된다. 이런 점에서 가족사랑이자 가정윤리로 시작해서 이웃과 사회, 나라와 자연 사랑으로 확대되는 효〔HYO: Harmony of Young & Old의 약자〕는 인성교육의 기본으로 작용한다.

인성교육과 리더십의 관계는, 인성교육은 인성함양을 목표로 하고, 리더십은 목표를 달성해가는 과정이라는 점에서, '인성함양'이라는 목표를 달성하는데 있어 '리더십'은 인성교육의 수단이 된다. 그래서 이 둘의 관계를

'수어지교水魚之交' 에 비유하기도 한다. 부모의 일거수일투족이 자녀의 인성함양에 반영되는 가정교육과 교사의 일거수일투족이 제자의 인성함양에 반영되는 학교교육 등은 부모와 교사의 리더십이 '자녀' 와 '제자' 의 인성함양에 영향을 줄 수밖에 없다는 점에서다. 가정에서 부모, 학교에서 교사는 마치 어항 속의 금붕어와 같아서, 부모와 교사의 도덕적 자질은 중요하다. 실제로 우리가 누군가를 존경하게 되는 이유는 그 사람이 가진 실력보다 인품이 훌륭해서인 경우가 많은데, 학창시절의 은사님을 떠올릴 때도 그렇고, 어떤 위인이 세상을 떠나가게 될 때, 우리가 그와 작별을 아쉬워하는 이유는 그가 가진 권력이나 재력이 아니라 인품 때문이라는 점에서도 그렇다.

다산은 "학문은 인간에게 이로움을 주는데 목적이 있다."고 했다. 이는 17~19세기 당시 학문을 하는 사림士林들이 사색당파로 나뉘어 당리당략으로 당쟁에 몰두하고 있는 것에 대한 지적이기도 했다. 이런 가운데 '실용지학實用之學', '실사구시지학實事求是之學' 의 줄임말인 실학實學이 등장했다. 그리고 다산을 실학의 집대성자로 부른다. 이런 점에서 실학정신에 기초한 다산의 철학을 목민리더십과 인성교육으로 연계하는 일은 실학정신을 현양하는 일이기도 하다.

따라서 본장에서는 인성교육과 목민리더십의 관계를 살펴보고, 이를 바탕으로 인성교육의 수단이 되는 리더십과 연관시켜 살펴본다. 그리고 다산의 가치 지향적 삶과 각종 저술 내용, 유배지에서 보낸 편지 내용 등을 인성교육 및 목민리더십과 연계함으로써 실학을 계승하고 진흥하는 방안에 을도모圖謀해 보고자 한다.

| 1 |

목민리더십과 연계한 인성교육

1) 인성교육의 기본원리

인성교육의 기본원리란, 인성교육을 함에 있어서 기본적으로 적용되는 이치이다. 본디 원리原理란 사전적으로 '근본이 되는 이치', 또는 '기초가 되는 근거' 등의 뜻이다. 그러므로 인성교육의 기본원리는 교육이라는 수단을 통해 인성을 함양하는 근본이 되는 이치라 할 수 있다. 사람의 성품을 함양하는 일은 '1+1=2'로 설명되는 지식교육과는 다르다. 교육자의 '보여줌[show]'과 피교육자의 '봄[see]'의 과정[process]에서 자연스럽게 받아들여져 체화體化되어야 하기 때문이다. 그래서 인성교육에서의 '앎[知]'은 들려주어서 알게 하는 앎[聽知청지]이 아닌 보여주어서 알게 하는 앎[示知시지]이어야 한다.

인성人性은 잉태孕胎에서 무덤에 이르는 동안까지 전생애全生涯 과정을 통해 형성되기 때문에 인성교육은 가정과 학교, 사회교육이 함께하는 통합교육으로 이루어진다. 그리고 가정의 부모와 학교의 교사, 사회의 어른과 국가 지도층 인사 등의 언행은 교육환경으로 작용한다는 점이 간과되어서는 안 된다.

필자는 서당에서 "인의예지는 인성의 벼리다〔仁義禮智 人性之綱인의예지 인성지강〕."라고 배웠다. 여기서 '인의예지'를 '사덕四德'이라 하는데, 인仁은 '남을 사랑하여 측은히 여기는 마음〔惻隱之心측은지심〕'이고, 의義는 '불의를 미워하고 부끄러움을 아는 마음〔羞惡之心수오지심〕'이며, 예禮는 '타인을 존중하고 배려하는 마음〔辭讓之心사양지심〕'이고, 지智는 '옳고 그름을 분별하는 마음〔是非之心시비지심〕'이다. 이 네 가지를 '사덕四德'의 단서가 되는 것이라 하여 '사단四端'이라고 한다. 이것들은 가정의 부모, 학교의 교사, 사회의 어른 등 교육자 위치에 있는 사람들이 '보여줌〔show〕'과 피교육자의 '봄〔see〕'이 조화를 이룸으로써 인성으로 함양되어지는 것이다. 이런 점에서 인성교육은 '4덕'과 '4단'이 '벼리〔紀기〕'가 되고, 다음의 세 요소가 작용되는 과정을 통해서 이루어지게 된다.

첫째, '거울신경〔mirror neuron〕'의 작용이다. 인간의 뇌腦에는 이마 뒤편에 거울신경이 위치하고 있어서 누군가를 본받으려는 속성이 있다. 이런 관계로 갓 태어난 아이는 엄마를 바라보면서 본받게 되고, 엄마와 아빠의 모습을 본받으며 성장해 간다. 즉 '본받아 따라 하기 → 흉내내기 → 습관화 → 학습효과 → 인성함양'으로 이어지는 것이 '거울신경'의 작용이다. 이런 이유로 "자녀는 부모의 등을 보고 배운다.", "가정에서 최고의 교육은 부부가 서로 사랑하는 모습을 자녀에게 보여주는 것이다."라는 표현은 설득력을 가진다.

둘째, '링거링 효과〔lingering effect〕'로 이어지도록 하는 노력이다. '링거링 효과'라는 말은 정신의학에서 사용되는 용어이다. 좋은 기억이 오래도록 기억되게 해서 환자의 마음을 회복시키는 치료법에서 나왔다. 인성교육에서도 부모나 교사의 좋은 모습이 마치 종소리가 은은하게 울려 퍼지듯이 오래오래 효과로 이어지도록 해야 한다. 아이가 어렸을 때, 아이에게 위인전偉人傳을 읽도록 권장하는 이유는, 기억력이 좋은 어린 시절에 위인들의 삶을 통해서 자신의 모델을 발견하고 불멸의 가치를 찾아내도록 하며 비전을 설계하도록 해서, 그 효과가 오래오래 미치도록 하기 위해서다. 어린 나이이지만 무의식적으로 "나도 크면 저 사람처럼 되고 싶다."라는 생각이 들도록 하는 것이다. 우리는 흔히 주변에서 "군대 가더니 사람 됐네. 휴가 나온 아들이 어쩌면 저렇게 달라졌을까, 청소도 스스로 하고, 인사도 잘하고…"라며 군대의 교육기능을 높이 평가하지만, 막상 그 아들이 제대하고 나서 집에서 생활하다 보면 그 효과는 오래가지 못한 채 원위치되고 만다. 군 생활에서 스스로 느껴 변화된 모습들이 링거링 효과로 이어지지 못하는 것이다. 때문에 링거링 효과로 이어지기 위해서는 부모와 가족이 함께 노력해야 한다.

셋째, '핵심가치〔core value〕'의 작용이다. 여기서 말하는 핵심가치는 시간이 경과하고 여건〔환경〕이 변해도 중심重心을 잡아줘서 흔들리지 않는 '그 무엇'으로 작용하는 것을 말한다. 인간을 일컬어 '가치 지향적 동물', '욕구의 동물'이라고 하듯이, 인간은 가치에 따라 판단하고 뭔가를 하고자 하는 방향으로 행동하는 습성을 가진 존재이다. 그래서 어떤 가치를 지향하며 성장하게 하느냐가 중요하며, 가정에서 가훈家訓, 학교에서 교훈校訓을 지어서 액자에 넣어 삶의 지표로 삼도록 하는 것도 이 때문이다. 이런 이유에서 「인성교육진흥법」에서도 '8대 핵심가치〔예, 효, 정직, 책임, 존중, 배려, 협동, 소통〕'를 선정해 놓고 있다.

인간이 교육을 통해서 변화되는 과정은 '知지〔앎〕 → 情정〔느낌〕 → 意의〔다짐〕 → 行행〔실천〕'에 의해 이루어진다. 여기서 '지정의知情意'를 마음의 구성요소라고 하고, '지정의행知情意行'을 가치의 구성요소[400]라고 함에서 알 수 있듯이, 인성교육에서의 '앎〔知지〕'은 '聽知청지〔들어서 아는 것〕'가 아닌 '示知시지〔보아서 아는 것〕'로 이해해야 한다. 그랬을 때 '앎〔知〕'이 '느낌〔情〕'으로 이어지고, '다짐〔意〕'으로 이어져서 비로소 '실천〔行〕'으로 이어지는 '지행병진知行竝進'의 효과를 기대할 수 있다. "효자 집안에서 효자 나오고 충신 집안에서 충신난다."는 말은 부모의 '효충孝忠' 모습을 본 자식이 '앎〔知〕'으로 받아들여지고, 이것이 '느낌〔情정〕'과 '다짐〔意의〕'으로 연결되어 '행함〔示知시지〕'으로 이어진 결과다. 이런 이유에서 인성교육은 철저한 '본보기'를 바탕으로 가치 지향적 삶으로 연결되도록 하는 체화교육體化敎育임을 알아야 한다. 인성교육은 마음을 교육하는 것이고 가치 지향적 삶을 유도하는 과정이기 때문이다. 『성경』에 "네가 대접받고자 하는 대로 남을 대접하라〔마7:12〕.", 『논어』에 "내가 원치 않는 것을 남에게 베풀자 말라〔己所不欲勿施於人기소불욕물시어인〕.", 『맹자』에 "자식에게 원하는 바로 부모를 섬겨라〔所求乎子以事父소구호자이사부〕."는 표현에서 본보기와 가치의 중요성을 알 수 있다.

••••
400 남궁달화, 『인성교육』, 문음사, 1999. 8쪽.

2) 다산이 본 인성人性: 성기호性嗜好

　다산은 기본적으로 맹자의 성선설性善說 입장을 따르면서도 '인성함양'에 대해서는 '기호嗜好'와 연계하였다. 맹자는 "인간은 선천적으로 선한 성품으로 태어나며, 덕德을 높일 수 있는 기본 성품으로 인仁·의義·예禮·지智의 '4덕'과 이것의 근원을 이루는 측은지심惻隱之心·수오지심羞惡之心·사양지심辭讓之心·시비지심是非之心의 '4단四端'이 있다."고 했다. 그리고 주자朱子는 "사람의 성품은 하늘에서 정해지는 것이다."라고 하여 '성즉리性卽理〔天命之謂性천명지위성〕' 개념의 성리학性理學을 내세웠다.

　그러나 다산은, 사람은 악을 싫어하고 선을 좋아하는 착한 성품을 가지고 태어나긴 하지만, 성품은 자신이 좋아하는 방향으로 형성되어진다는 '성기호설性嗜好說'를 주장했다. 『심경밀험』에서 "성性이라는 글자는 마땅히 꿩의 본성, 사슴의 본성, 풀의 본성, 나무의 본성 등과 같은 것으로 봐서 기호嗜好로 이름을 지은 것이다. 기호에는 두 가지가 있는데, 하나는 당장에 즐기는 기호, 즉 꿩의 본성은 산을 좋아하고 사슴의 본성은 들을 좋아하는 것과 같다. 또 하나는 평생을 즐기는 기호, 즉 벼의 본성은 물을 좋아하고 기장의 본성은 건조한 것을 좋아하며, 파와 마늘의 본성은 닭똥을 좋아하는 것과 같다."라고 하면서 "사람은 선을 즐거워하고 악을 부끄러워하므로 한 가지 선을 행하면 그 마음은 뿌듯하게 기쁘고, 한 가지 악을 행하면 그 마음은 위축되어 풀이 죽는다. 내가 선을 행하지 않았는데도 남이 선하다고 칭찬하면 기분이 좋고, 내가 악한 일을 했는데도 남이 악하다고 비방하면 기분이 나쁘다. 그래서 남의 선을 보면 좋아서 좋게 여기고, 남의 악을 보고는 좋아서 미워하게 되는 것이다."라고 했다.

사람의 성품에 대해서는 여러 설이 존재한다. 태어날 때 선한 상태의 성품을 가지고 태어난다는 맹자孟子의 '성선설性善說', 악한 성품으로 태어난다는 순자荀子의 '성악설性惡說', 인간의 본성에는 선과 악의 구분이 없으며, 악하지도 선하지도 않은 백지와 같은 상태로 태어난다는 고자告子의 '성무선악설性無善惡說:白紙說', 선한 성품과 악한 성품이 혼재한다는 양웅揚雄의 '선악혼재설善惡混在說', 성품을 등급화한 순열荀悅과 한유韓愈의 '성삼품설性三品說' 등이다. 그런데 다산은 성性을 기호嗜好로 보아서 '성기호설性嗜好說'을 주장했다.

다산의 이런 주장은 『논어고금주』와 『맹자요의』에 제시되어 있다. "공자가 말하기를, 사람의 성품은 서로 비슷하나 습성에 의해 서로 멀어진다. 때문에 가장 슬기로운 사람과 가장 어리석은 사람은 변하지 않는다."[401]는 주장에 대해 다산은 "상지上智와 하우下愚란 성품의 명칭이 아니다. 선善을 지키는 사람은 비록 악한 사람과 서로 가까이 지내도 습관이 변하지 않으므로 상지上智라 이름한 것이고, 악惡을 편안히 여기는 사람은 비록 선한 사람과 서로 가까이 지내도 습관이 변하지 않으므로 하우下愚라고 이름한 것이다. 만약 사람의 성性이 원래 변하지 않는 품등品等이 있다고 한다면, 주공周公이 '성인聖人이라도 생각이 없으면 광인狂人이 되고, 광인이라도 생각을 잘하면 성인이 된다.'고 했겠는가, 이는

<hr>

401 『논어고금주』「양화편陽貨篇」: "子曰 性相近也 習相遠也. 子曰 唯上智與下愚不移. 子曰 唯上智與下愚 不移."

성性을 모르고 한 말이다."[402]라는 데서 알 수 있다. 이렇게 밝힌 이유는 성性은 태어날 때부터 정해져 있는 것이 아니라 그가 좋아하는 성향에 따라 그 방향으로 형성되어진다고 본 것으로 맹자의 '성선설'과 궤를 같이한다. 만물의 본성本性은 '무엇을 좋아하느냐'는 기호嗜好에 달린 것이며, 인간의 본성 또한 인간은 선을 좋아하고 악을 싫어하는 존재이므로 주자朱子의 주장은 맞지 않다고 본 것이다.

다산은 "정자가 말하기를, '성性은 곧 이理다.' 천하의 이치는 그 근본을 추구해보면 선하지 않은 것이 없다. 희로애락喜怒哀樂이 아직 발현되지 않은 상태에서 어찌 불선不善이 있겠는가? 그러므로 무릇 선악을 말함에 선을 앞에, 악을 뒤에 말하게 된다."[403]고 하면서, "그래서 하늘이 사람에게 주체적인 권능을 주었다. 가령 선을 행하고 싶으면 선을 행하고, 악을 행하고 싶으면 악을 행할 수 있어 향방이 유동적이고 정해지지 않아 그 권능이 자신에게 있으며, 금수禽獸가 일정한 마음을 갖고 있는 것과는 같지 않다."[404]라고 함으로써 인간은 금수와 달리 자기 자신에 대해 선택의 주체로 보았다. 스스로 결정할 수 있는 유동적인 선악善惡, 그러한 자주적인 결정권이 인간에게 없다면 인간은 짐승과 차이가 없다고 본 것이다.

••••
402 『논어고금주』「양화편陽貨篇」: "上智下愚 非性品之名. 守善者 雖與惡相狎 習不爲所移 故名曰上智. 安惡者 雖與善相狎 習不爲所移 故名曰下愚. 若云: 人性原有不移之品 則 周公曰: "唯聖罔念作狂 唯狂克念作聖. 爲不知性者也."

403 『맹자요의』「등문공滕文公 상」: "程子曰 '性卽理也. 天下之理, 原其所自, 未有不善. 喜怒哀樂未發, 何嘗不善? 故凡言善惡 皆先善而後惡'."

404 『맹자요의』「등문공滕文公 상」: "故天之於人 予之以自主之權 使其欲善則爲善 欲惡則爲惡 游移不定 其權在己 不似禽獸之有定心."

결론적으로 다산이 보는 인성은 하늘에서 정해 준 대로 성품이 형성되는 것이 아니라, 본인이 처한 환경과 문화의 영향을 받으면서 자신이 좋아하는 쪽으로 형성되어진다는 것이다. 그러므로 '맹모삼천지교孟母三遷之敎'가 말해주듯이, 가정과 학교 등 리더의 위치에 있는 부모와 교사가 본이 되고, 환경과 여건이 긍정적으로 작용되도록 해서 좋은 인성이 함양되도록 해야 하는 것이다.

3) 인성교육의 의미와 목민리더십

(1) 인성의 의미

인성人性은 사람이 기본적으로 갖춰야 할 성품이고, 성품性品은 '성격性格'과 '품격品格'이 합쳐진 말이다. 그리고 성격은 정신적인 바탕, 혹은 본디부터 지니고 있는 개인의 독특한 바탕을 의미하고, 품격은 인간됨의 좋고 나쁨의 정도를 뜻한다. 이러한 인성의 의미는 글자〔漢字〕를 통해서도 알 수 있다. 인성을 '인간성人間性'의 줄임말이라는 점에서 보면 '사람〔人〕과의 관계〔間〕에서 상대방의 마음〔↑〕을 살아나게〔生〕하는 성품〔人+間+↑+生〕'이다. 그리고 상대방의 마음을 살아나게 하려면 나 자신의 내면을 바르게 하고 상대를 존중하며 배려해야 한다. 또한 이런 심성은 가정에서 부모와의 관계, 형제자매와의 관계, 학교에서 교우와의 관계 등 효제자孝弟慈에 기초한 인간관계에서 비롯된다는 것이

다산의 견해다. 일반적으로 인성의 의미는 다음과 같은 정의定義를 통해서 이해할 수 있다.

〈표 13〉: 인성의 의미

1. 인성은 사실로서의 인간의 심리적 특성을 일컫는 것이 아니라 인간의 마음이 구현해야 할 가치나 규범이다. – 장성모, 1996 –

2. 인성이란 글자 그대로 사람의 성품性品이다. 인성이란 곧 한 사람의 마음의 바탕과 사람됨의 바탕을 가리키는 말이다. – 남궁달화, 1999 –

3. 인성이란 '인간이 태어날 때 이미 갖추고 있는 성질' 이 아니라 '인간이 본래 갖추어야 할 성질' 이다. – 이흥우, 2005 –

4. 인성이란 사람이 지니고 있는 독특한 바탕으로 선천적 특성이 강하면서도 후천적 환경과 교육에 의해 변화하면서 형성되어진다. – 박의수, 2008 –

5. 인성은 인격과 구별된다. 인격은 사람으로서 도달할 수 있는 최고의 도덕적 이상인 반면, 인성은 최소한의 기초를 확립하기 위한 초보적인 인격이다. – 신차균, 2008 –

6. 인성이라는 용어는 인간 본성, 성격, 인격, 품성, 인간성 등의 용어와 서로 복잡하게 얽혀 있다. 그래서 사람들은 그 의미를 다르게 이해할 수 있다. – 고미숙, 2008 –

7. 인성은 인간이 개인적으로 갖추어야 할 바람직한 심성과 사회적으로 갖추어야 할 가치 있는 인격 및 행동 특성이다. – 박성미 외, 2014 –

8. 인성이란 개인의 인품과 사회적 · 환경적 요구 간의 복합적인 상태에서 개발되어 굳어진 습성을 나타내며, 개인과 환경 간의 역동적 상호작용 상태에서 나타나는 태도를 포함한다. – 김인숙, 2014 –

9. 인성의 개념은 타고난 기질적 특성이 아니라 후천적으로 획득 가능한 특성, 즉 의도적인 학습이나 반복 연습 및 피드백을 통해 습득시킬 수 있는 바람직한 성품이다. – 조난심, 2014 –

10. 인성이란 자신의 내면을 바르고 건전하게 가꾸고, 타인 · 공동체 · 자연과 더불어 살아가는데 필요한 인간다운 성품과 역량을 말한다.
   – 인성교육진흥법〔2015〕–

(2) 인성교육의 의미

인성교육은 '인성을 교육한다.'는 뜻이다. '인성교육'이라는 용어에 대해서 적합성 논란은 있을 수 있지만, 이미 '인성교육진흥법'이 제정될 정도로 보통명사화 되었다는 점에서 인성교육은 의미, 그 자체로 받아들여지고 있다. 그러나 윤리학·철학·교육학에서 보는 인성의 의미와 심리학에서 보는 인성의 의미가 달라서 모호성이 있는 것도 사실이다. 그러니 인성교육의 내용과 교육 방법에 대해서도 견해가 다양할 수밖에 없다. 그리고 기독교, 불교, 유교에서 인성을 보는 관점도 다르다. 이렇듯 인성교육은 다학문·다종교·통합교육·전 생애교육 등 다양성을 내포하고 있으며, 문화적 산물로 나타난다는 특성이 있다. 인성교육은 다음과 같은 정의를 통해서 이해할 수 있다.

〈표14〉: 인성교육의 의미

1. 인성교육이란 마음의 바탕인 지知·정情·의意를 교육하고 가치를 추구하고 실현하는 인간됨을 교육하는 것이다. - 남궁달화(1997) -
2. 인성교육은 덕을 가르침으로써 인격을 형성하려는 의도적인 노력이다. - 토마스 리코나(1998) -
3. 인성교육이란 인간으로서 바람직한 품성을 길러주기 위한 다양한 교육이다. - 조난심(2013) -
4. 인성교육이란 인격교육을 중심으로 민주시민교육, 합리적 의사결정 능력 및 창의적 문제해결능력 교육, 리더십을 포함한 진취적 태도 함양 등에 대한 교육이다. - 안범희(2005) -
5. 인성교육은 인성에 대한 변화의 가능성을 전제로 인간의 전면적 조화적 발전을 추구하며 초교과적, 통합교과적 접근을 요하는 교육이다. - 박의수(2008) -

6. 인성교육은 인간다운 품성인 인격을 함양하는 교육이며, 인간이 갖추어야 할 인간 본연의 모습을 성취하는 교육과정이다. - 고미숙〔2008〕 -

7. 인성교육에서 좋은 인성의 개발은 가정에 있지만, 체계적인 계획하에서 이루어지는 것은 학교의 몫이다. 부모교육이나 사회교육도 따지고 보면 학교교육의 산물이다. 따라서 인성개발의 중심은 학교이다. - 이상철〔2013〕 -

8. 인성교육은 태어나면서 지니고 있는 본성 위에 학습자〔부모 · 교사 · 종교지도자 · 기타 지인〕로 하여금 건강한 민주시민으로 성장할 수 있도록 교육하는 것이다. - 한국교육정책 연구소〔2013〕 -

9. 인성교육이란 자신의 내면을 바르고 건전하게 가꾸고 타인 · 공동체 · 자연과 더불어 살아가는 데 필요한 인간다운 성품과 역량을 기르는 것을 목적으로 하는 교육이다. - 인성교육진흥법 제2조〔2014. 12. 29〕 -

10. 인성교육은 '3율'의 역량을 가지도록 가르치는 일이다. '3율'은 개인 차원에서 자기를 조율하는 '자기조율', 관계 속에서 다른 사람과 조율해가는 '관계조율', 공공의 이익을 위해 조율하는 '공익조율'을 말한다. - 조벽〔2016〕 -

(3) 목민리더십에서 본 인성교육

목민리더십은 목민정신에 바탕을 두면서 『목민심서』 내용을 절차와 방법으로 적용하는 리더십이다. 그리고 여기서 목민정신은 '목牧〔리더〕'과 '민民〔팔로어〕'이 함께 목표와 방향을 추구하는 '상하동욕上下同欲'의 정신이다. 마치 목동이 양떼를 이끌고 안내하며 보호하는 모습을 연상할 수 있다. 이러한 정신이 형성되는 데는 어떤 부모, 어떤 교사에게 교육을 받았고, 어떤 책을 얼마나 읽었느냐에 따라 영향을 받는다. 특히 다산은, 인간의 성품은 자신이 좋아하는 쪽으로 형성되어 진다고 하여 '성기호설'을 주장했는데, 이는 '3호 정신'과 연관된다. "리더십의 출발점은 사람의 마음을 움직이는 데 있다〔몽고메리〕.”고 했듯이 사람의 마음을 움직이는 데는 상황, 즉 문화의 영향을 받는 가운데 좋아하는 쪽으로 진행된다. 이런 점에서 목민리더십은 한국인 리더와 한국인 팔로어, 한국적인 문화〔상황요인〕를 기반으로 이루어지며, 이는 인성교육의 수단으로 작용하게 된다. “자식은 부모의 등을 보고 배운다.”, “선생님이 좋아야 과목이 재미있다.”, “교육의 질은 교사의 질을 넘어설 수 없다.”는 등의 표현은 이를 뒷받침한다. 가정에서는 부모, 학교에서는 교사의 리더십이 뒷받침되지 않으면 ‘거울신경〔mirror neuron〕’ 작용과 ‘링거링 효과’로 이어지기 어렵고, 또한 효과를 기대할 수도 없다. 부모는 부모답고 스승은 스승다워서 본보기로 이어져야 하는데, 그렇게 되기 위해서는 리더십이 뒷받침되지 않고서는 어렵다는 점이다.

이런 점에서 목민리더십과 인성교육의 관계는, 리더십은 목표달성을 향해 조직을 이끌어가는 과정〔process〕이고, 인성교육은 교육자〔리더〕가 피교육자〔팔로어〕의 인성 함양을 목표로 이루어지는 제반교육 과정이라는 점에서, 상보적 관계인 것이다.

다산의 삶에서 목민리더십과 연관되는 인성교육은 다산이 평소 좋아했던 세 가지, 즉 ‘3호好’ 정신과 관계된다. 사람은 본디 뭔가 관심이 가는 분야에서 뭔가를 알려고 하고, 알게 되면 그것을 좋아하게 되며, 좋아하게 되면 즐기려는 마음을 갖게 된다. 그래서 인성교육 또한 ‘지호락知好樂’ 405과 연계시켜서 좋아지는 쪽으로 발전되도록 해야 하는데, 다산은 자

●●●●
405 『논어』 「옹야」: “知之者 不如好之者 好之者 不如樂之者.”
  * 아는 자는 좋아하는 자만 같지 못하고, 좋아하는 자는 즐거워하는 자만 같지 못하다.

녀와 제자들의 인성을 함양시킴에 있어서 다음과 같은 방식을 적용했다.

첫째, 유배지에서 편지를 이용해서 자녀의 인성을 함양시킨 내용이다. 다산은 유배된 몸이라 자녀교육은 오로지 편지와 가계家誡에 의존하는 수밖에 없었다. 그러다 보니 편지에 "독서를 많이 해서 폐족에서 벗어날 수 있는 방도를 찾아야 한다.", "어머니와 숙모, 숙부에게 효도하고 친척들과 잘 지내라.", "정직하게 살아야 한다.", "농사를 짓더라도 선비답게 과학적으로 지어라.", "친구를 사귈 때에는 효제자孝弟慈를 기준으로 분별해서 사귀어야 한다."는 등의 내용으로 교육하고 있음을 볼 수 있다.

둘째, 『목민심서』에서 체화교육의 중요성을 강조했다는 점이다. 『목민심서』의 전체적인 내용은, 목민관의 올바른 직무수행은, 곧 백성에 대한 교육으로 이어진다는 점을 강조하고 있다. 즉 "목민관의 직분은 백성을 가르치는데 있을 따름이다. 부역賦役을 바르게 하는 것도, 관직官職을 마련하고 목민관을 두는 것도 장차 가르치기 위함이다."[406], "죄를 밝히고 법을 신칙申飭하는 것도 장차 가르치기 위함이다. 모든 정치가 제대로 행하여지지 않아서 교육을 일으킬 겨를이 없다면 백 년의 세월이 흘러도 좋은 정치가 있을 수 없는 것이다."[407]라는 내용에서 인성교육은 리더십과 연계된 절로 되는 체화교육임을 알 수 있다.

셋째, 다산이 제시한 '가치 지향적 삶'을 통해 인성을 함양시키기 위한

••••

406 『목민심서』, 「예전6조〔교민〕」: "牧民之職 教民而已平其賦役 將以教也 設官置牧 將以教也."

407 『목민심서』, 「예전6조〔교민〕」: "明罰飭法 將以教也 諸政不修 未遑興教 此百世之所以 無善治也."

노력이다. 인간은 본디 가치에 따라 판단하고 행동 방향을 선택하는 속성이 있다. 이런 관계로 리더의 위치에 있는 사람이 어떤 가치를 지향하면서, 팔로어에게 어떤 삶의 모습을 보이느냐 하는 것은 인성교육에 큰 영향을 준다.

다산이 걸어온 길은 가치 지향적 삶, 그 자체였음을 알 수 있다. 이러한 삶은 그가 지은 '아호雅號'와 '당호堂號'에 잘 나타나 있다. 다산이 『목민심서』와 『흠흠신서』, 『악서고존』 등 서문에 "열수 정약용이 쓰다."라고 기록했고, 「자찬묘지명」에서는 "이 묘는 열수 정약용의 묘요, 아호는 '사암'이고, 당호는 '여유당'이다."라고 기록했다. 여기에서 '열수洌水', '사암俟菴'과 '여유당與猶堂', 그리고 강진 유배생활에서 당호로 지은 '사의재四宜齋' 등은 다산이 자신의 삶을 추스리기 위해 '가치'로 삼았던 것들이다. 이를테면 '열수'는 8대 옥당을 이룬 조상님들의 업적을 기리고, 그에 맞는 후손으로 살아가겠다는 의미에서 자신이 태어난 곳을 관향처럼 사용한 것이고, '사암'은 "백 년 후에 요순이나 정조와 같은 성인이 나타나 자신의 삶을 평가한다 해도 미혹함이 없는 삶을 살았다."고 평가받겠다는 의지를 담은 아호이다. 다시 말하면 "지금 세상에서는 사헌부의 탄핵문과 재판 기록으로 나를 평가하겠지만, 다음 세상에서는 '사암俟菴'으로 평가받겠다."는 각오를 담아 지은 아호이다. 이처럼 '아호'와 '당호'에는, 자신을 지키고자 하는 심오한 의지가 담겨있음을 알 수 있었는데, 이런 내용은 제3절〔다산의 가치 지향적 삶으로 본 인성교육〕에서 자세히 다루기도 한다.

인성교육 수단으로서의 목민리더십

1) 리더십과 연계한 인성교육과 그의 필요성

인성교육을 리더십과 연계해야 하는 이유는, 인성교육은 '교육자〔리더〕가 피교육자〔팔로어〕를 대상으로 상황을 고려하여 인성을 함양시키는 과정'이기 때문이다. 여기서 리더〔교육자〕는 가정에서는 부모이고, 학교에서는 교사이다. 그리고 팔로어〔피교육자〕는 자녀와 학생이 된다. 또한 리더십을, 조직〔집단〕의 리더와 팔로어가 기꺼이 목표를 달성해가는 과정이라는 면에서 보면, 인성교육 또한 리더와 팔로어가 함께 뜻을 모아 기꺼이 인성함양이라는 목표를 달성해가는 과정이다. 이런 면에서 인성함양은 리더십의 목표가 되고, 리더십은 인성교육의 수단이 된다. 이는 리더가 가진 리더십 역량 여하에 따라 '거울신경〔mirror neuron〕'의 작용이 '링거링 효과〔lingering effect〕'로 이어진다는 점에서다.[408] 즉 리

••••
408 김종두, 『인성교육의 이해와 실제』, 명문당, 2018. 45쪽.

더의 본보기를 바탕으로 체화교육이 이루어져야 한다는 것이다. 따라서 인성교육은 리더의 본보기[modeling]에 기초한 리더십을 통해서 이루어 진다는 점에서 상호 연계성이 있다.

인성교육과 리더십의 관계는 '교육教育'이라는 글자[漢字한자]를 통해서도 알 수 있다. 교육教育은 '가르칠 교教' 자와 '기를 육育' 자가 결합된 글자이므로 '가르쳐서 기른다.'는 의미이다. 『설문해자』에 따르면, 교教자는 '위에서는 베풀고 아랫사람은 그것을 본받는다[上所施下所效상소시하소효].'는 뜻이고, 육育자는 '자녀를 길러서 선을 실천하도록 한다[養子使作善也양자사작선야].'는 뜻이다. '教育교육'을 파자해보면 '교教' 자는 '인도할 교爻' 자와 회초리로 '칠 복攵' 자가 결합된 글자[爻+攵]이니, 회초리를 들어서라도 올바른 길로 인도한다는 뜻이다. 그리고 '육育' 자는 '아이 돌아 나올 돌㐬' 자와 '몸 육月' 자가 결합된 글자[㐬+月]이니, 어머니의 뱃속에서 아이가 돌아 나올 때 어머니가 아이를 위해 고통을 감내堪耐했던 것처럼 아이를 지극히 사랑하는 모습을 타나내고 있다. 이렇게 볼 때 '교육'의 의미에는 리더십의 과정[process]이 포함되어 있는 것이다. 본디 '리더십[leadership]'은 전통적으로 '선장[leader]'이 '배[ship]'를 목표지점으로 이동시키는 과정[leader+ship]으로 이해되어 왔는데, 배[ship] 안에는 리더가 이끌어야 할 대상들, 이를테면 부모 입장에서는 자녀, 교사 입장에서는 제자, 기업 오너의 입장에서는 직원이 있다는 것이다. 때문에 교육자가 피교육자를 이끌어가는 과정 그 자체는 교육이지만, 리더십의 과정[process]으로 진행되어진다는 점이다. 이런 점에서 인성교육은 리더십과 연계되어야 한다.

2) '리더십의 역할 및 기능〔4roles model〕'에서 본 인성교육의 수단

'리더십의 역할 및 기능'과 인성교육은 스티븐 코비가 제시한 '리더십의 4가지 역할〔4roles model〕'과 연계해 볼 수 있다. 여기서 말하는 '리더십의 4가지 역할'은 ①목표 및 방향제시〔pathfinding〕 ②조직의 한 방향 정렬〔aligning〕 ③개인의 내적 동기부여〔empowering〕 ④본보기〔modeling〕 등이다.

(1) 목표와 방향제시〔pathfinding〕

인성교육에서 리더가 팔로어에게 '목표와 방향〔pathfinding〕'을 제시하는 일은 중요하다. 가정의 리더〔부모〕가 자녀에게, 학교의 리더〔교사〕가 제자에게 "어떤 삶을 어떻게 살아갈 것인가?"에 대하여 방향을 설정하도록 안내해 주어야 하고, 또한 그들 스스로가 결정할 수 있도록 도와주어야 한다. 그리고 도움을 주는 방법은 그들 스스로가 '사명使命〔mission〕'과 '비전〔vision〕', '가치價値〔value〕'와 '전략戰略〔strategy〕' 등 네 가지 요소를 연계시킬 수 있어야 한다. 이런 과정을 통해서 "나는 왜, 존재하는가〔mission〕?", "나는 어떤 가치를 기준으로 살아갈 것인가〔value〕?", "내가 이루고자 하는 목표는 무엇인가〔vision〕?", "나는 미션과 가치, 비전을 어떻게 조화시켜 목표로 연결할 것인가〔strategy〕?" 등을 스스로 구상할 수 있어야 하는 것이다.

다산은 삶의 목표 및 방향을 아버지의 모범적인 삶을 통해서 설정할 수 있었음을 알 수 있다. 즉 사명使命〔mission〕은 조상님들이 이뤄놓은 8

대 옥당 가문의 명예를 지켜 나가는 데 있었고, 비전〔vision〕은 조상님이 이뤄놓은 8대 옥당을 9대 옥당으로 맥을 이어가는 것이었다. 그리고 가치價値〔value〕는 '술지述志'와 '공렴公廉' 등을 통해 벼슬에 올랐다는 점이고, 천주교 문제로 궁지에 몰렸을 때는 '여유與猶'와 '사의四宜', '사암俟菴' 등의 당호堂號와 아호雅號 등을 가치화價値化함으로써 극복했음을 볼 수 있다. 그리고 전략戰略〔strategy〕은 열심히 노력해서 정조 임금에게 신망 받는 신하가 됨으로써 뜻을 펼치고자 했다. 그러나 격화된 당쟁과 모함 등으로 세로世路가 험난함을 느끼고 고향 마재로 돌아와 '여유당與猶堂' 편액을 달고 생활하던 중 갑작스럽게 정조가 붕어崩御하면서 시련으로 연결되었다. 이때 다산은 '사명'과 '비전', '가치'와 '전략' 등을 기반으로 목표 및 방향을 설정〔pathfinding〕했음을 알 수 있다. 그것이 오늘날 조선 최고의 실학자이자 사상가로, 철학자로, 세계기념인물로 우뚝 설 수 있게 된 것이다.

(2) 조직의 한 방향 정렬〔aligning〕

'조직의 한 방향 정렬〔aligning〕'은 부분과 전체의 관계 속에서 리더와 구성원의 사고思考를 정렬시킴으로써 목표 지향적으로 건전한 삶을 이어가는 것이다. "사공이 많으면 배가 산으로 간다."는 속담이 있듯이, 리더와 팔로어의 생각이 정렬되지 않으면 목표 지향적 사고와 행동에 혼선이 일어날 수 있다. 다산이 유배생활을 하면서 끊임없이 두 아들에게 편지를 하고 가계家誡를 보낸 것도 자신의 생각과 두 아들의 생각을 정렬시키기 위함이었다. 폐족을 당해 낙심하고 있을 두 아들에 대해서, 아버지로서 미안한 마음이 있었지만, 그럴수록 독서 등을 통해 폐족에서 면할 수 있는 방안을 주문했고, 사고思考의 정렬을 통해서 마침내 큰아들은 선공감역의 벼슬에 올라 폐족을 면했고, 작은아들은 『농가월령가』를 저술하는 등 큰 학자로서 성장할 수 있었다.

(3) 개인의 내적 동기유발〔empowering〕

'내적 동기유발〔empowering〕'은 정해진 목표에 대하여 구성원 스스로가 자발적이면서 기꺼이 참여하고 싶은 마음이 샘솟는 상태이다. 그런데 이는 리더십의 여건과 리더십 스타일에 따라 다르게 작용될 수 있다는 점이다. 리더십의 여건은 리더가 팔로어를 상대로 리더십을 발휘하는데 미치는 상황요인이다. 그리고 리더십 스타일은 리더가 구성원의 수준에 따라 적용하는 리더십의 방식을 말한다. 즉 팔로어 수준과 능력에 맞춰 지도방식을 선택하여 적용하는 것이다.

다산은 사람의 성향은 자신이 좋아하는 쪽으로 발전해 간다고 하여 성性을 기호嗜好로 보았다. 그러므로 리더는 팔로어의 성향을 파악하고, 그에 맞는 리더십 스타일을 선택하는, 일종의 상황적 리더십을 적용하는 것이 바람직하다. 다산은 곡산부사 시절 곡산 군민의 동기를 유발시키기 위해 이계심 사건을 원칙에 따라 처리한 바 있고, 유배생활 중에도 고향에 있는 두 아들이 공부하는 일에 내적 동기가 유발되도록 끊임없이 노력했음을 볼 수 있다.

(4) 본보기〔modeling〕

리더의 본보기는 팔로어들이 리더의 모습을 본받고 싶어지도록 '본이 되는 것'이다. 사람에게는 '거울신경〔mirror neuron〕'이 있어서 누군가를 본받으려는 속성이 있고, 그것을 흉내 내다보면 습관으로 연결되어 학습효과로 이어진다. 그리고 그런 학습이 오래오래 영향을 미치는 '링거링 효과〔lingering effect〕'로 이어지다 보면 자연스럽게 인성이 함양되어진다. 그래서 리더의 본보기는 리더십에서 시작과 끝이라고 해도 과언이 아니다. 이런 이유에서 리더는 팔로어들로 하여금 본받고 싶은 마음이 일어나도록 하고, 또한 이것이 오래오래 영향을 미치게 하는 '링거링 효과'와 연결되도록 해야 한다. 다산은 친가에 '8대 옥당'이라는 자랑거리가 있었고, 외가 쪽은 고산孤山과 공재恭齋로 대표되는 선비 집안이라는 자긍심이 있어서 조상을 본받고자 했다. 그리고 다산 스스로 자식들의 본보기가 되기 위해 노력했음을 볼 수 있다.

3) '리더십 구성요소의 역동성'으로 본 인성교육의 수단

리더십은 '리더'·'구성원'·'상황요인'이라는 세 요소가 역동적으로 조화를 이룸으로써 목표를 효과적으로 달성해 가는 과정〔process〕이다. 이는 "리더십은 리더와 팔로어가 상황요인을 고려하여 목표를 달성해가는 과정이다.", "리더십은 리더가 상황요인을 고려하여 목표를 달성하도록 팔로어에게 영향력을 행사하는 과정이다."등의 리더십 정의를 통해 알 수 있다. 그러나 "리더십 정의는 리더십을 정의하려는 사람의 수만큼이나 많다〔스톡딜〕."는 표현처럼 리더십의 정의가 1,000여 개에 이를 정도로 많은데, 이는 리더십의 구성요소 중에, 초점을 어디에 두고 정의하느냐에 따라 정의가 달라지기 때문이다. 즉 '리더'에 초점을 두느냐, '팔로어'에 초점을 두느냐, '상황요인'에 초점을 두느냐에 따라 리더십의 정의는 달라지는 것이다. 따라서 리더십 구성요소가 어떻게 역동적 관계로 이어지고, 이것들이 인성교육의 수단으로 이어지는 것에 대하여 살펴본다.

(1) 〔리더〕: 리더의 역할과 인성교육

리더는 조직에서 리더십을 구사하는 책임자이며 주체자이다. 그래서 리더에게는 많은 권한과 책임이 부여된다. 때문에 리더는 자기에게 부여된 권한과 책임을 상황에 부합되게 구사하고 영향력을 행사해서 구성원의 인성이 함양되도록 해야 한다. 특히 인성은 "이렇게 해라, 저렇게 해라."지시한다고 해서 함양되는 것이 아니라 일상을 통해서 체화된다는 점이다. "자녀는 부모의 등을 보고 배운다."는 말에서 가정의 리더〔부모〕 역할, "교육의 질은 교사의 질을 넘어설 수 없다."는 표현에서 학교의 리더〔교사〕의 역할, 그리고 "리더는 어항 속의 금붕어다."라는 등의 표현은, 리더의 본보기적 역할이 중요성을 말해주는 것이다.

인성교육은 교화敎化의 과정이 중요하다. 즉 리더는 '知〔앎〕→情〔느낌〕→意〔다짐〕→行〔행동〕'의 과정, 다시 말하면 바르게 알려주고〔知〕, 느끼도록 하며〔情〕, 스스로 다짐하게 함으로써〔意〕 실천에 이르도록〔行〕 해야 하는 것이다. 인성교육에서 '알려주는 것〔知〕'은 '청지聽知'가 아니라 '시지示知'에 의해 알도록 해야 하고, '앎'이 '느낌'과 '다짐'으로 이어지도록 해야 한다. 왜냐하면 인성교육을 '인성을 가르쳐서〔敎〕 변화〔化〕되도록 하는 과정'이라고 할 때, 인간다움이 무엇인지를 '알게〔知〕' 하고 '느낌〔情〕'을 받게 해야 한다. 그래야 스스로 '답게 살기'를 '다짐〔意〕' 하고 '실행〔行〕'에 옮기게 되기 때문이다. 그래서 다산은 "타고난 착한 마음을 행동으로 옮길 때〔行吾之直心행오지직심〕 비로소 덕德이 된다."고 하였다. 따라서 '인성교육'은 다음에서 보듯이, '가치의 구성요소〔知情意行지정의행〕'와 연계함으로써 효과를 높일 수 있다.

첫째, '知지'의 영역이다. 이는 "인성을 어떻게 이해하게 할 것인가?"에 관한 것이다. '앎〔智, 知〕'에 대해서 맹자孟子는 '시비지심是非之心'이라 했고, 다산은 '흑백지심黑白之心'이라고 했다. 즉 아는 것은 기본에서부터 출발해야 함을 강조한 것이다. 다산이 '오교五敎〔孝弟慈〕'를 교육의 기본으로 삼은 것도 같은 이유라고 하겠다. 따라서 리더〔부모, 교사 등〕가 기본을 중시하는 가운데, 인간의 기본관계부터 알도록 하는 것이 중요하다.

둘째, '情정'의 영역이다. 이는 "무엇으로, 어떻게 느낌을 받게 할 것인가?"에 관한 것이다. 인성교육에서 '무엇을, 어떻게 가르침으로써 '느낌〔情〕'을 받게 할 것인가? 하는 것은 "아! 나는 저런 사람이 되어야 하고, 저런 삶을 살아야 하겠구나."를 느끼게 하는 것이다. 여기서는 무엇보다도 본보기를 통해 느낌을 받게 하는 것이 중요하다. 왜냐하면 사람에게는 '거울신경[mirror neuron]' 이 있어서 뭔가를 본받고 따라하게 되는 속성이 있고, 좋은 모습을 오래오래 기억하고자 하는 '링거링 효과[lingering effect]' [409]로 이어지도록 해야 하기 때문이다.

셋째, '意의' 의 영역이다. 이는 "어떤 내용을 어떻게 다짐을 하게 할 것인가?" 에 관한 내용이다. '다짐' 이란 이미 한 일이나 앞으로 해야 할 일에 대해 단단히 스스로 마음을 굳게 먹는 것이다. 따라서 '무엇을, 어떻게 가르침으로써 다짐[意]하게 할 것인가?' , 즉 인성을 '다짐[意]' 한다는 의미는, 올바른 성품으로 바르게 행하기로 마음이나 뜻을 굳게 가다듬어 결심한다는 뜻이다. 그런데 여기서 '올바른 성품' , '바른 행동' 을 해야겠다고 마음을 굳게 먹는 단계가 오기까지는 무엇보다도 리더[부모]의 본보기만큼 확실한 왕도는 없다. "효자 집안에서 효자 난다."는 격언은 부모의 행동을 본 자식이 '느낌' 과 '다짐' 으로 연결된 결과인 것이다.

넷째, '行행' 의 영역이다. 이는 "무엇을, 어떻게 행하게 할 것인가?" 에 관한 것이다. '무엇을, 어떻게 가르침으로써 바른 생각을 행동[行]으로 옮기도록 할 것인가? 하는 것인데, 올바른 성품으로 바르게 행동하는 것은 오로지 당사자[팔로어]의 몫이다. 그렇기 때문에 "올바른 성품으로 바르게 살아라." 면서 다그치는 것보다는, 피교육자[자식, 제자] 입장에서 스스로가 기대에 부응하는 삶을 살아가도록 함으로써 팔로어 스스로

- - - - -

409 김종두,『인성교육의 이해와 실제』, 명문당, 2018. 8쪽, 225쪽.
* 링거링 효과: 훌륭한 인물의 삶을 보게 되면 마치 종소리처럼 오래오래 기억되어 영향을 미치는 효과가 있다는 것으로, 정신의학 치료에서 적용되는 용어임[이시형]

'행함'으로 연결하도록 해야 한다. 인성교육은 '절로 되는 교육', 즉 본보기에 의해 이루어지는 '체화교육'으로 이루어진다는 점에서다. 그래서 다산은 어려서부터 "물을 뿌린 후에 마당을 쓸고 어른을 만나면 인사하며, 본인이 나서야 할 부분과 물러나야 할 부분을 아는 것이 예절이다〔灑掃應對進退之節쇄소응대진퇴지절〕."라는 『소학』의 내용을 강조했다. 그런데 이러한 내용은 팔로어에게만 해당되는 것이 아니라 리더가 먼저 행하는 모습을 보이는 것이 중요하다. 그럴 때 '체화교육'으로 자연스럽게 연결되기 때문이다.

(2)〔팔로어〕: 팔로어의 참여의식과 인성교육

리더십은 집단 및 조직에 속한 구성원 상호 간에 영향력을 행사함으로써 목표를 달성해 가는 과정이다. 현대리더십의 흐름에서 '서번트' 리더십을 비롯한 '가치', '원칙', '슈퍼', '감성', '윤리', '임파워먼트', '오센틱', '가버넌스' 등 다양한 용어가 출현한 것은 리더의 역할뿐 아니라 팔로어의 역할이 중요해졌다는 점이다. "인성교육은 자기의 조율調律〔harmony〕을 바탕으로 '타인'·'공동체'·'자연'과 조율할 수 있는 바람직한 성품과 역량을 기르는 교육이다."라는 정의로 볼 때, 집단과 조직에서 팔로어들의 '조율' 역량은 '인성함양'이라는 '리더십 목표'를 달성하는 과정에서 대단히 중요하다. '조율'은 자신의 내면에 대한 조율을 기초로 타인과의 조율 역량을 갖추는 것이다. 그래서 조율은 'attunement〔조율〕'보다는 'harmony〔조화〕'의 의미로 이해해야 한다. 상대방의 감정을 이해하려는 노력과 함께 존중과 배려로 다가가는 마음으로 자신을 조율해야 하는 것이다.

목민리더십에서는 리더와 팔로어의 관계에서 '리더〔牧〕'보다 '팔로어〔民〕'에 초점이 있다. 다산은 "민民은 한없이 약한 존재이지만, 또한 한없이 강한 존재이기도 하다."면서 목牧을 '배〔舟〕'에, 민民을 '물'에 비유하여 '군주민수君舟民水'로 표현하였다. 바다가 화를 내면 배는 큰 파도로 인해 순항할 수 없게 된다. 이런 이유에서 리더는 팔로어를 의식하고, 그들의 의견을 경청할 필요가 있다. 그래서 다산은 상관이 부정한 지시를 하거나 경우에 맞지 않는 일을 할 때는, 리더로 하여금 올바르게 판단하고 행동하도록 팔로어가 간諫해야 한다고 했다. 다산은 「원원原怨」에서 "자식이나 신하는 부모나 임금이 잘못하는 일이 있으면, 간諫해서 바르게 하도록 해야 한다."[410]고 했는데, 그 이유는 부모가 잘못하는 것을 보고도 그냥 놔두었을 때, 그 부모는 '덕이 없고 악한 사람'이라는 평가를 받게 되고, 부모가 그런 평가를 받으면 자식 또한 같은 부류의 사람으로 평가되어 집안 전체가 나쁘게 평가되기 때문이다. 마찬가지로 모든 리더가 '잘못함'이 있으면, 모든 팔로어는 '간함'이 있어야 하는 것이다. 그래서 팔로어는 '유시시구唯是是求'에 기준한 간쟁諫諍을 해야 한다. 그런 가운데 인성이 바르게 형성되고 함양된다는 점에서다.

••••
410 자식이 효도를 다하고 있는데도 부모가 자식을 사랑하지 않으면 부모를 원망함이 옳고, 신하로서 충성을 다했는데도 임금이 돌보지 않는다면 임금을 원망함이 옳다는 것으로, 부모의 허물이 지나친데도 자식이 원망하지 않는다면 그것은 지나치게 간격을 둔 것이라는 점을, 맹자의 말을 인용하여 표현한 것임.

(3) 〔상황요인〕: 문화적 요인의 작용과 인성교육

'문화文化'는 리더십을 통한 인성교육이라는 목표달성 과정에서 리더와 팔로어 모두에게 영향을 미치는 상황요인으로 작용한다. 때문에 인성교육을 함에 있어서도 상황요인으로 작용하는 문화는 중요할 수밖에 없다. 이는 "인성교육은 수직적인 관계를 중심으로 하여 점차적으로 수평적인 관계로 넓혀가는 것이 중요하다. 부자父子·사제師弟·장유長幼 등기본적·수직적인 관계를 중심으로 다양한 방법과 프로그램을 경험하는데서 이루어진다〔한국교육정책 연구소, 2013〕.", "인성교육의 궁극적인 목적은 사람을 행복하게 하는데 있다. 사람이 행복하기 위해서는 마음과 몸, 인간 내적인 부분과 환경의 외적인 부분이 함께 뒷받침되어야한다. 행복한 사회 환경을 의미하는 복지사회는 내적 힘을 키우는 역량강화〔empowerment〕와 외적 환경으로 작용하는 옹호〔advocacy〕가 병행되어야 한다〔초록우산, 2013〕."는 표현은 인성교육에서 상황요인의 중요성을 나타내주고 있다.

다산은 인간의 성품은 자신이 좋아하는 쪽으로 함양된다고 해서 '성기호설'을 주장했는데, 이 또한 상황요인과 관계가 깊다. 배추의 성질은 오줌을 좋아하고, 마늘의 성질은 닭똥을 좋아하며, 벼의 성질은 물을 좋아하고 기장의 성질은 마른 것을 좋아하는 것처럼, 사람은 선을 좋아하고 악을 싫어하는 본성이 있는데, 여기에도 상황요인〔문화요인〕의 영향을 받게 된다는 점이다.

| 3 |

다산의 가치 지향적 삶으로 본 인성교육

1) 인성과 가치價値의 관계

혹자는 인성교육을 가치價値교육으로 표현하기도 한다. 그만큼 인성함양과 가치는 밀접한 관계가 있기 때문인데, 이는 '인간은 가치 지향적 존재' 라는 표현에 잘 나타나 있다. 그리고 "인성교육은 마음의 바탕인 지知 · 정情 · 의意를 교육하고 가치를 추구하며 실현하는 인간됨을 교육하는 것이다〔남궁달화〕.", "인성교육은 덕德을 가르침으로써 인격을 형성하려는 의도적인 노력이다〔토마스 리코나〕."라는 표현에서도 알 수 있다.

인성은 지향하는 가치를 통해서 함양된다고 보는 것이 일반적인 견해다. 본디 가치는 인간의 정신적 목표가 되는 '그 무엇' 으로 작용하기 때문에 행동방향을 선택함에 있어서 방향키〔key〕로 작용한다. 그래서 사람이 어떤 가치를 지향하는 삶이냐에 따라 인성함양에 영향을 받게 된다. 예컨대 어려서부터 '정직' 이라는 가치를 지향하는 사람과 그렇지 않은 사람은 자기 조율과 관계 조율 등에서 심리적 갈등을 겪는 정도가 다르다. 정직한 사람은 거짓이 없기 때문에 인간관계에서 떳떳하지만, 정직하지 못한 사람은 타인에게 신뢰받기 어려울뿐 아니라 양심의 갈등 속에서 관계를 이어나가야 하기 때문이다.

인간에 대한 또 다른 표현은 '욕구의 동물'이다. 욕구欲求는 '하고자 할 욕欲'자와 '구할 구求'자가 결합된 글자이니 '뭔가를 하고자 하는 마음으로 구하려는 상태'이다. 그리고 '욕欲'은 '곤궁할 곡谷'자와 '모자랄 흠欠'자가 결합된 글자이니 '곤궁하고 모자란 상태'를 뜻한다. 그래서 '욕구'는 어떤 마음의 상태에서, 어떤 방법으로 채워지기를 원하는 상태이다. 이 점에 대해 인본주의 심리학자인 에이브러햄 메슬로우는 '인간욕구 5단계'에서 '자아실현'을 최종 단계에 놓았다. 그리고 남궁달화는 '자아실현을 위한 인성교육'에서 "자아실현은 곧 가치교육이며, 가치는 우리에게 삶을 안내하고 제시, 또는 지지해 주며 우리의 삶을 이끌어주는 기능을 한다."[411]고 했다.

리더십에서도 마찬가지다. '가치 중심의 리더십'을 제안한 쿠즈마스키는 "가치는 조직의 공통된 목표·신념·이상이다. 가치는 조직 구성원들의 내적인 신념을 나타낸다. 그러나 조직에서 이러한 가치를 유지하기 위해서는 구성원들의 행동·태도·활동을 만들고 영향을 줄 규범이 확립돼야 한다. 가치에 중심을 둔 리더십은 집단에서 만든 가치와 규범이 개인의 행동지침을 안내해 준다. 조직의 규범과 가치가 없으면 개인들은

••••
[411] 남궁달화, 『인성교육론』, 문음사. 1999. 107쪽.

자기 나름의 것을 만들도록 강요된다."[412]고 함으로써, 집단이나 조직에서 구성원들이 행동방향을 선택해야 할 때 나침반 역할을 하는 가치가 필요하다고 했다. 이렇듯 가치는 인간이 개인과 집단, 조직과 공동체 등에서의 생활에 영향을 미치는 것임을 알 수 있다.

이런 점에서, 팔로어들에게 어떤 가치를 기준으로 살아가도록 안내하느냐의 문제는 인성함양과 직결됨을 알 수 있다.

2) 숫자로 본 다산의 가치 지향적 삶과 인성교육

다산이 남긴 여러 저술著述과 시詩에 나타나 있는 다산의 삶은 가치 지향적이었음을 알게 된다. 오직 나라와 백성을 위하고 가족을 위하는 삶에서 '유시시구唯是是求'와 '유선시사唯善是師'에 기준한 가치 지향적 삶이었다는 점에서다. 폐족의 아픔을 당한 가족을 남겨둔 채 천리타향에서 유배생활을 해야 하는 가장으로서 미안함과 책임감으로 일종의 부채의식을 가진 상태에서, 언제 사약賜藥이 내려질지 모르는 처지였지만 저술활동과 제자 교육에 전념했던 삶은 가치 지향적 삶, 그 자체였다.

다산은 계속되는 저술활동으로 과골삼천踝骨三穿과 어깨가 무너져 내

----

412 홍기원 역, 수잔 쿠즈마스키·토마스 쿠즈마스키 공저. 『가치 중심의 리더십』, 학지사. 1999. 43쪽.

리는 신체적 고통, 그리고 중풍中風으로 안면 마비 증세와 침 흘리는 증세 등 견디기 힘든 상황에서도, 이를 극복할 수 있었던 원동력은 바로 '가치 지향적 삶'에 있었다. 이런 점에서 다산이 지향했던 가치들을 '숫자 1~8'에 맞춰 정리해서, 인성교육과 연계하는 방안을 살펴본다.

(1) 숫자 1: 효孝

① 효는 다산학의 '첫 번째 근본〔一本일본〕' 이다.

다산의 가치 지향적 삶에서 '효'를 '첫 번째 근본〔一本〕'으로 삼은 이유는 다산이 효를 다산학의 근간으로 삼았다는 점에서다.

다산은 사람이 학문을 하는 이유는 인간에게 이로움을 주기 위함이고, 공부는 부모에게 효도하고 형제간 우애하는 것이 시작이라고 했다. 그리고 가르침의 근본을 밝힌 「원교」에서 "교敎는 '오교五敎'를 말하는 것이고, '오교'는 곧 '효'다."라고 했다. 또한 "부모를 사랑하여 봉양하는 것을 효라 하고, 형제간에 우애하는 것을 제弟라 하며 자식을 사랑하는 것을 자慈라 하니, 이것을 오교五敎라 한다."[413]고 하면서 "효제자孝弟慈를 줄이면 효제孝弟이고, 효제를 줄이면 효孝이다. 효제자에서 자慈를 줄여도 되는 이유는 새나 짐승들도 그렇듯이 자식사랑〔慈〕은 가르치지 않아도 절로 되기 때문이고, 효제에서 제弟를 줄여도 되는 이유는 효를 하는 사람은 형제간 우애〔弟〕는 저절로 하기 때문이다. 증자

••••
413 정약용, 「원교」: "愛養父母謂之孝 友於兄弟謂之弟 敎育其子謂之慈 此之謂五敎也."

가 『효경』을 지으면서 '효제경'이라고 하지 않고 『효경』이라고 한 것도 이 때문이다."[414]라는 표현에서, 효를 '오교'로 보고 있음을 알 수 있다.

특히 다산은 '오교'를 '부모형제자'에 관계되는 다섯 가지의 가르침이자 관계의 기본으로 보았다. 즉 『서경』을 주석한 『상서고훈』에서 "아버지[父]는 의롭고[義], 어머니[母]는 자애로우며[慈], 형兄은 우애롭고[友], 동생[弟]은 공손하며[恭], 자식[子]은 효성스러워야[孝] 한다."[415]는 내용이다. 그러면서 아버지는 너무 의롭기만 해선 안 되고 자애롭기도 해야 하며, 어머니 또한 너무 자애롭기만 해선 안 되고 의롭기도 해야 한다고 했다.

본디 효는 '가족사랑'과 '가정윤리'로 작용하는 보편적 가치로 작용한다. 다산은 "효도하게 되면 반드시 충성스럽게 되고 공경을 하면 반드시 공손하게 되며, 힘쓰지 않아도 부부는 화합하게 되고 친구들 사이에 신의를 지킬 수 있게 된다."[416]고 했다. 그래서 효가 이웃으로 향하면 이웃사랑으로, 나라로 향하면 나라사랑으로, 자연으로 향하면 자연사랑으로 확대되는 것이다. 이런 이유에서 효는 '친친애인親親愛人'[417], 또는

----

414 박석무 편역, 정약용 지음, 『유배지에서 보낸 편지』, 창비, 2019, 122~123쪽.

415 김남기, 『정약용 선생의 선물』, 저녁바람, 2018, 31쪽.

416 박석무 편역, 정약용 지음, 『유배지에서 보낸 편지』, 창비, 2019, 122쪽.

417 『맹자』 「진심상편」: "親親而仁民 仁民而愛物.", 『논어집주』 「학이편」: "所謂 親親而仁民也. 故爲仁以孝弟爲本."
　　* 가까이에 있는 사람과 잘 지내는 사람이 타인과 이웃, 사회와 국가, 자연과도 잘 지낸다."는 의미임.

'동심원同心圓의 원리'[418]로 작용한다. 그러나 우리는 효에 대한 인식에 있어서 '인류질서의 근본', '백행지원' 등으로 표현하면서도 '효[HYO]' 를 '효도[Filial Piety]'와 같은 의미로 인식한 면이 있다. 그러다보니 "효 는 고루古壘하다.", "조선시대 충효 이데올로기의 산물이다."라는 등의 이유를 들어 교육에서 소홀하는 현상이 일어나고 있다. 이렇게 되기까지 는 '향득사지向得舍知'[419], '손순매아孫順埋兒'[420], '심청전' 등의 효 사례 를 '실천'보다 '감성'의 영역으로 이해되도록 가르쳐온 탓이다. 한 마디 로 "우리[어른 세대]는 할 수 없지만 너희[청소년 세대]는 할 수 있고, 해야 한다."는 식으로 교육해 온 것이다.

이런 이유로 필자는 앞서 밝힌 것처럼 '효孝'와 '효도孝道'는 의미상 으로 구별되어야 한다고 본다. '효[HYO]'는 상호적이면서 쌍방향적이

• • • •

418 버제스[Burgess]가 제시한 이론. 도시에는 각각 특징적인 성격을 갖는 동심원적인 5 개의 지대에 따라 방사선적으로 도시의 지역구조가 형성된다는 이론임. 이는 호수 가운데에 돌을 던지면 물결파문이 동심원적으로 확산하는데, 효의 원리도 이와 같 은 이치에 따라 확산되어진다는 의미임.

419 『삼국사기』「향득사지할고공친」에 나오는 사례로, 이 사례는 『효경』의 '신체발부 수지부모…'와도 맞지 않음. 당나라의 문인 한퇴지韓退之는 "부모의 병에 약을 달여 드림은 효도이겠으나, 자기의 팔·다리를 훼손해서 드리는 것이 효라는 말은 듣지 못했다. 이런 일을 하다가 불행히도 죽기라도 한다면, 몸을 훼손하고 후손을 잇지 못 하는 죄를 짓는 것이 된다. 어찌 이런 일에 국가가 그 가문을 표창해서 나타내게 할 수 있으리오."라고 지적했음.

420 『삼국유사』「5권[효선편]」에 나오는 사례로, 손순孫順은 신라 흥덕왕 때 인물임. 이 사례는 중국의 '곽거郭巨' 사례와 비슷한데, 곽거는 후한시대[25~220] 사람으로 '중국 24효' 가운데 한 사람임. 곽거 사례에서는 '솥이 나왔다'는 것이고, 손순 사례 에서는 '석종이 나왔다'는 것이 다를 뿐임. 땅속에 종鐘이 숨겨져 있었다는 것도 기 이한 일이지만, 땅속에 금솥이 있었다는 것도 믿기 어려운 내용임.

지만, '효도〔filial piety〕'는 수직적면서 일방향적 의미이기 때문이다. 다산도 『맹자요의』에서 "자식에게 바라는 대로 부모를 섬겨야 한다〔所求乎子以事父소구호자이사부〕."면서 효를 상호적 관계로 보았다. 그리고 『논어고금주』에서도 "효孝와 제弟가 인仁이다. 인은 총괄하는 명칭이고, 효제는 세부 조목으로, 인은 효제를 실천하는 데에서 시작된다. 고로 효제는 인을 행하는 근본이다."[421]라고 했다. 또한 유배지에서 보낸 편지에서도 "인仁은 두 사람〔부모와 자식〕이 각자의 도리를 다하는 것을 의미한다."[422]고 했다. 이처럼 효는 가족 구성원이 각자의 도리를 다하는 것으로 이해해야 한다. 그리고 다산의 표현들, 예컨대 "덕은 효제가 아니고는 성립될 수 없다."[423], "인仁을 행하는 근본은 효제孝弟에 있다.", "인仁은 두 사람 사이에서 각자의 도리를 다하는 것이며, 인仁은 효제孝弟에 기반基盤한다." 등의 표현에서 보듯이, 효는 일방향적 의미라기보다 쌍무호혜적, 상호작용의 영역으로 보아야 하는 것이다. 그리고 효는 현실적이면서도 실천 가능해야 한다. 다산은 「곡산향교권효문」에서 "호랑이가 등에 타라고 땅을 긁는 일, 얼음 속에서 잉어가 튀어나오고 겨울에 죽순이 솟아나는 일, 허벅지 살을 베어서 부모에게 요리해드리는 일, 부모의 똥 맛을 보아 약을 지어드린 일 등은 실제적 일로 볼 수 없다."고 했다. 특히 "병들어 죽은 남편을 따라 죽은 아내를 '열녀'라 칭하고 '정려문旌閭門'

----

421 『논어고금주』「학이」: "孝弟則仁 仁者總名也 孝弟者分目也. 仁自孝弟始 故曰爲仁之本也."

422 『논어고금주』「학이」: "仁也. 人與人之盡其道."

423 정약용, 「원덕」: "孝弟之外 德之名 無所立也."

을 세운 일 등은 옳지 않은 것이다.”라고 비판했다.

그리고 「원덕原德」에서도 “인의예지를 사덕四德이라 하는데, 유자有子는 ‘孝효와 우애〔弟〕는 인仁의 근본이 된다.’라고 했으니, 인仁이 사덕四德을 다 아우르는 본체本體로 보았다. 그런데 맹자는 사덕의 실제를 효제孝弟에 돌렸으니, 그렇다면 효와 제를 빼놓고는 덕이라는 이름이 설 곳이 없다.”[424]고 했다. 그리고 『효경』에 “효는 덕의 근본이요, 모든 가르침이 그로 말미암아 생겨난다.”[425], 『논어』에 “효제孝弟는 인仁을 행하는 근본이다.”[426]라고 표현한 내용에서도, 효를 모든 가르침의 근본으로 보고 있음을 알 수 있다. 다산은 「원원原怨」에서 “부모도 잘못하는 일이 있으면 강력히 말려야 하고, 자식은 부모를 원망怨望할 수 있어야 한다.”고 함으로써, 부모에게 무조건 순종하는 것보다는 부모가 잘못하고 있을 때는 자식이 간언諫言해서 부모가 과오를 범하지 않게 해야 한다고 했다. 그러면서 “선대先代의 유자儒者들이 효제가 명덕明德임을 알면서도 과거시험에서 이 뜻을 취하지 않았기 때문에 후세의 유자들이 말하지 않았을 뿐이다.”[427]라고 하여 유학儒學에서 ‘효제孝弟’를 소홀히 한 것에 대해 지적했다. 지금도 지식인들 중에는 “효는 인성교육에서 배제해야 한다.”고 주장하는 사람들이 있는데, 실제로 20대 국회에서 한 대학교수 출신의 국회의원이 이런 내용으로 ‘인성교육진흥법 법률개정안’을 발의하기도

••••
424 정약용, 「원덕」: “仁義禮智謂之四德然 有子曰 孝弟也者其爲仁之本 仁謂四德之統然 孟子又以四德之實歸之孝弟則是孝弟之外德之名無所立也.”

425 『효경』 「개종명의장」: “孝德之本也 敎之所由生也.”

426 『논어』 「학이」: “孝弟也者其爲仁之本與.”

427 『대학공의』, 사암. 2016, 63쪽.

했고, 모 대학의 군 출신 교수는 같은 시기에 "군대 인성교육에서 '효'와 '예'는 배제해야 한다."는 논문을 발표하기도 했는데, 참으로 소가 웃을 일이다.

② 다산의 가문에 나타난 효제孝弟 정신

다산의 가문에서 볼 수 있는 '효제孝弟' 정신은 아버지 정재원丁載遠과 입향조인 5대 정시윤丁時潤 공의 삶에서 찾아볼 수 있다. 그리고 다산은 조상의 효제 정신에서 영향을 받은 것으로 보인다.

아버지 재원 공의 효심은 진사시험 과정에서 영조 임금의 질문에 답하는 과정에서, 답변 내용에 드러난다. 진사시험 문제는 『예기』「제의편」에 나오는 '제사祭祀'에 관한 질문으로, '의義에 대해 기술하라'는 것이었다. 재원 공은 '의는 숙연肅然과 용성容聲'이라고 답했는데, 이것이 영조英祖에게 깊은 감명을 주게 되었던 것이다.

내용은 이렇다. 재원 공이 작성한 진사시험 답안 내용을 살펴본 영조가 재원 공에게 "제사祭祀에서 의義는 무얼 의미하는가?"라고 물었고, "제사에서는 숙연肅然을 유지함으로써 피운 향香의 연기에서 조상님의 용안容顏을 뵐 수 있고, 음성音聲도 들을 수 있다는 의미입니다."라고 답했는데, 영조는 마침 아버지 숙종肅宗의 기일을 얼마 앞두고 있었던 터라 "그렇다면 아무나 조상의 용안을 뵐 수 있고, 음성을 들을 수 있는가?"라고 물었고 "어찌 아무나 그리할 수 있겠습니까? 오직 효자라야만 그리될 수 있사옵니다."라고 답하자, 영조는 "옳도다. 훌륭한 답변이다. 기다리는 선비의 마음에 급함이 있겠다. 너는 물러가거라."고 한 내용이다. 재원 공의 이러한 답변은 깊은 효심에서 나온 것이다. 재원 공은 이를 계기로 영조에게서 인정받게 되어서 벼슬길에 들어서게 되었고, 음직으로 진주목사에까지 이르게 되었다.

시윤 공은 1695년 마재〔馬峴마현〕에 입향하여 임청정臨淸亭〔斗湖精舍두호정사〕을 세운 입향조入鄕祖이다. 『압해정씨가승』에 따르면 "시윤 공은 7살에 부친을 여의고 어머니마저도 하종下從한 탓에 여염집에서 길러졌다. 공은 형도 없었던 터라 외롭고 가난하게 성장해야 했는데, 마침내 스스로 분발하여 가문의 정신을 계승했다. 태어나게 해주신 부모를 봉양하지 못함을 일생동안 심한 고통으로 여긴 나머지 '유회有懷'라는 두 글자를 대접에 써서 벽에 걸어두고 바라보면서 부모를 그리워했다."고 기록했다. 다산이 「유곡산향교권효문」에서 "하종한 여인에 대해 조정에서 정려문旌閭門을 세워주고, 열녀烈女라 칭하는 것은 잘못이다."라고 지적한 것은 시윤 공이 어린 시절에 어머니의 하종 때문에 겪어야 했던 고통을 교훈으로 받아들였기 때문으로 보여진다.

다산의 효 정신이 가장 잘 나타난 문헌은 「곡산향교권효문」과 「원원原怨」이다. 「곡산향교권효문」에서 다산은 비윤리적이고 비도덕적인, 비현실적인 효에 대해서 지적하고 있다.[428] "손가락을 잘라 피를 내거나 어버이의 똥을 맛보아 병세를 살피는 일을 효자로 묘사하고, 얼음 속에서 잉어가 튀어나오고 눈 속에서 죽순이 솟아나오며, 꿩이 던져지고 호랑이가 타라고 땅을 긁는 것과 같은 특이한 신령神靈스런 일은 믿기 어려운 일이다. 또한 그 아버지가 병들어 죽었는데 아들이 따라 죽은 경우를 효자로, 남편

• • • •
428 김종두, 『효패러다임의 현대적 해석』, 명문당. 2013, 104쪽.

이 편안히 천수天壽를 누리고 안방 아랫목에서 조용히 운명하였는데도 뒤따라 죽은 아내를 열부烈婦라고 하는 것은 무슨 까닭인가? 세상의 일 가운데 목숨을 끊는 것보다 더한 것이 없고, 그 목숨을 끊으려면 그것이 의義에 합당해야 하는데, 이런 경우는 함부로 목숨을 끊는 사람에 불과하다.”고 했다. 효행 사례는 인륜질서에 맞아야 하고 본받아 실천이 가능해야 하며, 시대에 부합할 수 있는 내용이어야 한다는 점이다.

「원원」에서는 “부모도 잘못하는 일이 있으면 강력히 말려야 하고, 자식은 부모를 원망怨望할 수 있어야 한다.”고 했다. 그 이유는 부모가 잘못하고 있는 점을 묵과하게 되면 부모가 덕德이 없고 악惡한 사람이라는 소문이 나게 되어, 결과적으로 부모뿐 아니라 온 가족이 나쁘게 인식되어지게 된다는 점에서다. 이런 이유에서 부모가 잘못하고 있는데도 자식이 간언諫言하지 않고 방관하는 것은 불효라는 것이다. 이는 부모에게 무조건 순종하는 것이 효라는 인식과는 배치된다.

다산은 당시 교육에 인용하던 효 사례에 대해 비판적으로 보았다. 효 사례는 효행에 대해 실제로 있었던 일이기 때문에 절차의 합리성과 도덕적 정당성이 뒷받침되어야 하기 때문이다. 이런 관점에서 기존의 효 교육 사례들, 이를테면 ‘나무꾼과 선녀’, ‘심청전’, ‘향득사지向得舍知’, ‘손순매아孫順埋兒’ 등을 분석해보면 현실적으로나 도덕적으로 이치에 맞지 않은 것들이다. 그리고 이것들은 지나치게 감성적이며 실사구시적이지 못하다는 점이다. 다산은 자식으로서 부모에게 도리를 다했을 뿐 아니라, 아버지로서 자식들에게도 도리를 다했다는 점에서 쌍방향의 효를 실천했다고 할 수 있다.

③ 관련 사례: 한국의 코로나19 성공적 방역은 '노인 존경 문화 덕분'

효는 서양보다는 동양이, 동양에서도 중국이나 일본보다는 한국이 중시하는 것으로 알려져 있다. 혹자는 중국인을 상징하는 덕목으로 의義를, 일본인을 상징하는 덕목으로 충忠을, 한국인을 상징하는 덕목으로 효孝를 지목하기도 한다. 이런 중에 코로나19 전염병 극복과 관련하여, 외국인의 시각에서 효와 연관 지어 쓴 글이 있어서 소개한다.

사례의 주인공은 미국인 신분으로 한국여자프로배구 GS칼텍스에서 활약했으며, 2020~2021 한국여자프로배구 경기대회에서 통합우승을 이끌어 이소영 선수와 함께 공동 MVP로 선정된 '메레타 러츠〔26, 미국. Merete Suzanne Gertsch Lutz〕'이다. 그녀는 "한국이 코로나19에 잘 대처한 이유는 노인을 존경하는 문화이기 때문이다."는 칼럼[429]을 '내가 한국에서 본 것〔What I Saw in South Korea〕'이라는 제목으로 미국 언론사인 '더플레이어스 트리뷰'에 게재했다. 러츠는 미국의 명문 스탠퍼드대학교에서 생물학을 전공해서 질병역학 논문으로 석사학위를 받았으며, 현재는 프로배구 선수로 활약하고 있지만 언젠가는 질병역학자가 되길 꿈꾸고 있다. 그래서 2020년 1월 한국에서 코로나19 첫 확진자가 나온 이후 3월 25일 미국으로 돌아갈 때까지 한국이 코로나19에 대처하는 방식을 유심히 지켜보고 나서 미국의 대응 방식과 비교하면서 솔직하게 적은 글이다. 박소영 기자의 글을 옮기는 형태로 제시한다.

••••
429 박소영 기자, 중앙일보, 2020. 7. 7.

〈표15〉: 메레타 러츠가 본 한국의 경로효친 문화

러츠는 2020년 2월 '코로나19' 확산세가 빨라지면서 이렇게 느꼈다. "걱정하기 시작했다. 우리는 열광적인 응원을 하는 팬들로 꽉 찬 체육관에서 경기를 하고 있었다. 누구나 감염될 수 있는 극도로 빽빽한 도시에 살고 있었는데, 모두 같은 배구공을 만지고 있었다. 조치가 취해지지 않는다면, 곧 중국이 겪은 일을 경험하게 될 것이다."라는 생각이었다. 그러나 러츠의 걱정은 빠르게 사라졌다.

그는 "한국에서 바이러스가 유행하기 시작했을 때, 정부와 시민들의 반응이 매우 뛰어나다고 생각했다. 사람들은 즉시 마스크를 쓰고 서로 거리를 두기 시작했다. 도시 곳곳에는 사람들에게 손을 씻고, 마스크를 쓰라는 포스터와 표지판, 경고문이 붙었다."고 했다.

무엇보다도 러츠는 한국이 '코로나19'에 잘 대처한 이유로 '노인 존경 문화'를 꼽았다. 그는 "한국에서는 노인들을 정말 존경한다. 내가 가본 어느 나라보다 훨씬 그렇다. 나보다 나이가 많은 사람은 전혀 다른 방식으로 말을 걸어야 한다. 설명하기 어렵지만, 한국에는 매우 중요한 존경 제도가 마련되어 있다."면서 "연장자에 대한 존경이 권위에 대한 존경으로 확장됐다. 사람들은 정부, 전문가 등의 말에 귀를 기울였다. 과학자들과 역학자들이 '코로나19'에 대한 경고와 정보를 주자, 모든 사람들이 잘 들었다."고 평가했다. 또 의료보험 시스템도 칭찬했다. 그는 "한국은 대중이 신뢰하고 정교한 보편적 의료 시스템을 갖추고 있다. '코로나19' 사태에서 한국의 가장 큰 강점을 공익을 위해 단결한 것"이라고 했다.

미국은 어땠을까. 러츠는 "미국에서는 한국처럼 통제가 잘 되지 않고, 사람들은 목숨을 잃고 있다."고 전했다. 그리고 지난 3월 가족이 있는 미국 텍사스주 휴스턴으로 돌아갈 당시의 일화를 들려줬다.

당시 인천공항에서 애틀랜타를 거쳐서 휴스턴으로 갔는데, 애틀랜타 공항에서 '코로나19'에 대한 검사를 제대로 안하는 모습에 충격을 받았다. 그는 "애틀랜타는 미국 질병통제예방센터〔CDC〕가 있는 곳인데, '코로나19' 확산이 심했던 나라 중 하나인 한국에서 왔는데도 그 어떤 검사도 없었다. 인천공항에서는 체온을 재고 검사를 했지만 미국에서는 아무것도 없었다."고 전했다. 그는 휴스턴 행行 비행기에 탄 후, 좌석과 팔걸이를 물티슈로 닦았다. 그런데 옆에 있는 남자가 "뭐하는 거죠? 말도 안 됩니다."라고 소리쳤다고 했다. 러츠의 행동을 이해 못하겠다는 반응이었다. 러츠는 휴스턴에 돌아와서도 이 남자와 같은 반응을 보이는 사람을 많이 만났다고 한다. 그래서 러츠는 기고문을 쓰게 됐다. 그는 "우리가 '코로나19'에 관해 한국으로부터 교훈을 얻었으면

한다. 코로나바이러스는 매우 심각하고 모든 사람에게 영향을 미치고 있다. 모두 힘을 합쳐야 한다. 그래야 이겨낼 수 있다."고 강조했다.

(2) 숫자 2: 수기修己 · 안인安人 · 술지述志 · 공렴公廉 · 근검勤儉 · 기기起記 · 충서忠恕

'숫자 2'는 다산의 삶에서 발견할 수 있는 가치들 중에서 '두 글자'로 된 것을 모아본 것이다. 다산이 지향한 두 글자로 된 가치는 '수기修己' · '치인治人〔安人〕' · '술지述志' · '공렴公廉' · '근검勤儉' · '기기起記' · '충서忠恕' 등을 들 수 있다. 다산은 이러한 가치들을 자식과 제자들에게 가르쳤고, 또한 자신을 이끌어줄 가치로 삼았음을 볼 수 있다.

첫째, '수기修己'이다. 이는 '자신의 몸과 마음을 닦는다.'는 뜻이다. 다산은 500여 권이 넘는 저술을 남겼는데, 수기修己 분야의 '위기지학爲己之學'에 해당되는 경서가 해당되는데, 다산은 「자찬묘지명」에서 경서經書가 499권 중 232권이라고 했다. 이는 "사람은 먼저 자신의 몸과 마음을 다스리고 나서 집안을 가지런히 해야 하는데, 그래야 나라를 다스리고 천하를 평정할 수 있다."는 '수신제가치국평천하修身齊家治國平天下'에서 '수신'에 해당한다.

둘째, '안인安人', 또는 '치인治人'이다. 이는 '백성을 편안하게 한다.', '사람을 잘 다스리다.'는 의미이다. 이는 다산의 저술 중에서 치인治人 · 안인安人 분야의 '위인지학爲人之學'에 해당되는 경세서經世書에 들어있는데, 「자찬묘지명」에서 도합 499권 중 267권으로 집계했다. 그리고 대표적인 저서가 '1표2서', 즉 『경세유표』, 『목민심서』, 『흠흠신서』로, 목민관이 백성을 잘 이끌어 편안하게 해야 한다는 내용을 담고 있다.

셋째, '술지述志'이다. '술지'는 다산이 21세 때 지은 "내 뜻을 밝히다."라는 시詩의 제목이다. 21세 약관의 나이에 중형 약전 형과 함께 과거시험 준비를 하면서 포부를 시에 담은 것이다. 내용에는 "…지닌 뜻 확고하지 않다면 / 가는 이 길 그 어찌 순탄하리오 / 중도에 가는 길 바뀌어 버려 / 길이 뭇사람의 비웃음 받을까 걱정이네 〈중략〉 슬프다 우리나라 사람들 / 주머니 속에 갇혀 사는 듯430… 〈중략〉"의 내용인데, 열린 사고 思考의 학문적 자세를 볼 수 있다. 자신의 뜻을 펼치겠다는 의지와 목표를 향하는 강한 정신을 담고 있다.

넷째, '공렴公廉'이다. 공렴은 공정公正과 청렴淸廉의 줄임말로, 제 1권 2절〔공렴정신〕에 자세히 기술하였다.

다섯째, '근검勤儉'이다. 이는 자신의 실천 철학을 바탕으로 두 아들에게 당부한 내용으로, 제 1권 2절〔근검정신〕에 자세히 기술하였다.

여섯째, '기기起記'이다. 이는 아들과 제자들에게 가르친 내용이다. 다산은 학문하는 두 아들과 제자들에게 "동트기 전에 일어나라〔起〕", "기록하기를 좋아하라〔記〕"는 습관을 갖도록 강조했다. 서양 격언의 "일찍 일어나는 새가 벌레를 많이 잡는다."는 말이 있듯이, 아침 일찍 일어나야 맑은 정신으로 공부할 때 많은 깨침을 얻을 수 있다는 뜻이다. 그리고 기록하기를 좋아하라는 의미는, 책을 읽으면서 좋은 내용이 나오거나 스승에게 가르침을 받은 내용은 초서抄書해서 기록하라는 뜻이다. 이

••••
430 정약용, 「술지2수〔述志二首〕」: "嗟哉我邦人辟如處囊中."

러한 내용은 『목민심서』와 제자〔정수칠〕에게 보낸 편지에 나와 있다.

일곱째, '충서忠恕' 이다. '충서' 는 『논어』에 나온다. 공자가 "우리의 도는 하나로 관통한다〔吾道一以貫之오도일이관지〕." 라고 한 것을 증자가 "하나란 충서이다." 라고 풀이한 것이다. 훗날 주자는 '충' 을 '온 마음을 바치는 것〔盡己진기〕' 으로, '서' 를 '자기 몸에 지닌 것을 미루어 문제를 해결하는 것〔推己추기〕' 으로 해석했지만, 다산은 '충' 과 '서' 를 구분하지 않고 "충서란 진실한 마음으로 서를 행하는 것에 지나지 않는다〔忠恕者충여자 不過曰實불과왈실 心以行恕耳심이행여이〕." 라고 해석했다. 즉 '충' 이 '서' 를 뒷받침하는 것으로 본 것인데, 「자찬묘지명」에서도 "경집 232권과 문집 267권을 지었는데, 경집 232권은 모두 인仁과 서恕, 두 글자를 위해 썼다." 고 했을 정도로 서恕를 중요시했다. 그러면서 '충忠' 은 마음의 중심을 잃지 않고 스스로의 사명에 최선을 다한다〔盡己之心진기지심〕는 것이고, 서恕는 인仁을 이루는 인술仁術로 "내가 하기 싫은 일을 남에게 시키지 않는다." [431]는 뜻으로 해석했다. 그리고 『대학공의』에서는 "서恕에는 두 가지 뜻이 있는데, 하나는 '미루어 안다.' 는 '추서推恕' 이고, 또 하나는 '상대가 잘못한 일에 대하여 꾸짖거나 벌하지 아니하고 덮어 준다.' 는 의미의 '용서容恕' 이다. 옛 경서에서는 '추서推恕' 를 중요하게 보았는데, 후세 유학자들이 '용서' 에 무게를 두고 해석한 것은 잘못된 것이다." 라고 지적했다. 또한 『심경밀험』에서도 "지금 사람들은 충서忠恕를 '충으로써 자신을 닦고, 서로써 남을 다스리라고 하는데, 이는 잘못된

....
431 『논어고금주』 「위령공」: "己所不欲 勿施於人."

것이다. 서로써 자신을 닦는 것이니 오직 진실한 마음으로 서를 행하는 것을 충서忠恕라고 한다."라고 함으로써 서恕를 중시했음을 볼 수 있다.

(3) 숫자 3: 3호三好·3근계三勤戒·3사제三斯齊·3사잠三斯箴·위학3요爲學三要

'숫자 3'은 다산이 추구했던 가치 지향적 삶 중에서 '3'의 숫자와 관련되는 용어들이다.

첫째, '3호好'이다. 이는 다산이 좋아했던 세 가지로 「자찬묘지명」을 비롯한 여러 문헌에 나오는 내용인데, 제1권의 2장 2절〔3호정신〕에 자세히 기술하였다.

둘째, '3근계三勤戒'이다. 이는 황상黃裳에게 준 '부지런하며 조심해야 할 세 가지 계율'을 말한다. 강진 유배생활 초기인 1802년 10월 10일, 당시 15살의 황상이 찾아와 가르침을 청하며 말하기를 "저에게는 세 가지 병폐가 있습니다. 첫 번째는 둔하고, 두 번째는 막혀 있고, 세 번째는 답답합니다. 이러한 제가 선생님께 가르침을 받을 수 있을런지요?"라며 가르침을 청했다. 그러자 다산은 기특하게 여기면서 사랑스런 마음으로 바라보면서 황상에게 세 가지 계율을 말해주었다. "사람은 대체로 세 가지 폐단을 가지고 있다. 첫 번째는 기억력이 뛰어나다고 공부를 소홀히 하는 폐단〔敏於記誦忽민어기송홀〕, 두 번째는 글 짓는 재주가 좋다고 믿고 허황한데 흐르는 폐단〔銳於述作浮예어술작부〕, 세 번째는 이해력이 빠르다고 믿고 거칠게 흐르는 폐단〔倢於悟解荒첩어오해황〕이다. 그런데 너에게는 그런 점이 보이지 않는구나."라면서 제자 입문을 허락한 내용이다. 다산은 강진 유배 초기에 주모酒母의 주선으로 아전衙前들의 자제를 가르치기 시작했는데, 이때 모인 제자가 황상黃裳·손병조孫秉藻·황취黃聚·황지초黃之楚·이청李晴·김재정金載靖 등 여섯 명이다.

셋째, '3사재三斯齋', 즉 '3습三習'이다. 이는 두 아들에게 당부한 '세 가지 습관'을 당부한 것으로, 강진에서 유배생활을 한 지 1년쯤 지난 1803년 정월 초하루 두 아들에게 보낸 편지에 강조한 내용이다. "첫 번째는 몸을 움직일 때 비스듬히 눕지 않는다〔動容貌동용모〕. 두 번째는 말을 할 때는 상소리를 내뱉지 않는다〔出辭氣출사기〕. 세 번째는 얼굴빛을 항상 바르게 해야 한다〔正顔色정안색〕."고 이른 내용이다.

넷째, '3사잠三斯箴'이다. '3사잠'은 1803년 정월 초하루 두 아들에게 보낸 편지에 강조한 세 가지의 잠언이다. 잠언箴言은 '바늘 잠', '경계할 잠' 자와 '말씀 언' 자가 결합된 글자이니 '바늘이 찌르듯 경계 삼을 말'을 뜻한다. 가장家長이 없는 집에서 어머니와 함께 살아가는 두 아들에게 "폐족도 성인이나 문장가가 될 수 있다."는 등 용기를 부여하면서 경계 삼도록 당부한 말이다. 첫 번째는 난폭하고 거만함을 멀리하라〔斯遠暴漫사원폭만〕. 두 번째는 어긋남을 멀리하라〔斯遠鄙倍사원비패〕. 세 번째는 미더움을 가까이하라〔斯近信사근신〕는 내용이다.

다섯째, '위학3요爲學三要'이다. 이는 '배움에는 세 가지의 긴요한 것이 있다.'는 의미로, 48세〔1809년, 순조9〕봄에 혜장惠藏이 초의草衣를 데리고 다산초당으로 찾아왔을 때, 초의에게 해준 말이다. 첫 번째, 배우는 사람은 반드시 지혜로워야 한다〔慧혜〕. 두 번째, 배우는 사람은 반드시 부지런해야 한다〔勤근〕. 세 번째, 배우는 사람은 반드시 고요해야 학문을 이루어 낼 수 있다〔寂〕는 내용이다. 초의는 둘째 아들 학유와 동 갑이며 아들과 서로 친구로 지냈다. 다산은 초의를 보는 순간 첫눈에 재 목감이라 여겼으며 만년晚年까지 교유했던 애제자愛弟子이다.

(4) 숫자 4: 4의재四宜齋 · 4외畏 · 4가지 가치기준價値基準 · 거가4본 居家四本 · 4지知 · 4형刑

'숫자 4'는 다산이 추구했던 가치 지향적 삶에서 숫자 '4'와 관계된 용어이다.

첫째, '사의四宜'이다. 이는 강진에서 주모의 도움으로 유배생활을 시 작한 집에 편액으로 걸었던 당호堂號 이름이다. 다산은 유배 초기 강진현 감 이안묵李安默을 비롯한 노론 세력들의 감시를 받을 때, 자신을 보호하 고 지켜내기 위해 '마땅히 지켜야 할 네 가지'라는 의미로 지은 것이다. 다산이 강진 유배지에 도착한 날은 1801년 11월 23일〔음력〕이다. 엄동 설한嚴冬雪寒으로 매서운 추위가 몰아치던 때였음에도 강진 읍내 사람들 은 사립문을 걸어 잠그고 거처를 내주려 하지 않았다. 심지어 담장을 허 물고 도망가는 사람도 있었다. 이런 현상은 신유옥사辛酉獄事 국청에서 문사랑問事郞〔재판기록관〕직에 있으면서 노론의 행동대장이던 이안묵이 4개월 전에 강진현감으로 와 있었던 것과 무관치 않다. 강진현감 이안묵 은 다산을 '천주학쟁이', '대역죄인' 등으로 누명을 씌워 감시하도록 주 민에게 지시하면서 다산에게 호의를 베푸는 사람은 처벌받게 된다는 소 문을 낸 터였다. 이러한 처지가 되자 다산은 강진 읍내를 나와 동문 밖

매반가賣飯家에서 거처를 구할 수밖에 없었는데, 매반가의 어느 주모酒母의 도움으로 거처를 얻어 생활할 수 있게 되었다. 다산은 그곳의 이름을 '사의재四宜齋'라고 당호를 지었는데, '4의宜'는 마땅히 지켜야 할 네 가지, 즉 ①생각은 담백하고 맑게 한다〔思사〕. ②외모는 장엄하고 단정하게 한다〔貌모〕. ③말은 과묵하면서도 적게 한다〔言언〕. ④행동은 중후하면서도 천천히 한다〔動동〕는 내용이다. 당시 다산은 누구에게서 편지가 와도 반가운 느낌보다 두려운 느낌이었고, 모함과 상소가 이어지던 때라 오직 조심스럽게 처신하는 것만이 살 길이라는 마음에서 지은 당호堂號이다.

둘째, '4외畏'이다. 이는 공직자〔목민관〕가 가져야 할 네 가지의 두려움을 말한다. 유배생활 중이던 53세〔1814년〕 때 문산 이재의李載毅가 찾아와 아들인 부령도호부사富寧都護府使 이종영李鍾英에게 줄 글을 써달라는 부탁을 받고 '벼슬살이에서 두렵게 여겨야 할 4가지'에 대해서 써 준 글이다. 그 내용은 ①의義를 두려워하라. ②법法을 두려워하라. ③상관上官을 두려워하라. ④백성의 뜻〔民意〕을 두려워하라는 내용이다. 다산은 "이 네 개의 두려움을 간직하면 혹시라도 방자하게 되지 않을 것이니, 이로써 허물을 적게 할 수 있다."고 적었다. 다산은 또 '목민관이 두려워해야 할 네 가지〔四畏사외〕'를 제시했는데, ①아래로는 백성을 두려워하고, ②위로는 대간臺諫〔사헌부 및 사간원 벼슬〕을 두려워하며, ③더 위로는 조정朝廷을 두려워하고, ④또 더 위로는 하늘을 두려워해야 한다고 했다. 이는 『서경』에 "백성이 하고자 하면 하늘도 반드시 따른다〔民心之欲天必從之민심지욕 천필종지〕."는 내용에서 따온 것이다. "민심은 바다와 같아 배를 띄울 수도 있으며 뒤집을 수도 있다."는 『정관정요貞觀政要』의

「제왕학帝王學」'군주민수君舟民水'에 근거한 내용이다.

셋째, '4가지 가치기준價値基準'이다. 이는 다산이 55세[1816년, 순조 16], 즉 유배 16년차 5월 3일, 강진초당에서 제자를 가르치던 중 큰 아들[학연]의 편지를 받고 답한 내용이다. 큰아들이 "홍의호洪義浩·이기경李基慶·강준흠姜浚欽 등에게 해배를 도와달라고 부탁해보면 어떻겠습니까?"라는 편지를 보내왔다. 아들로서 아버지의 해배를 위해 백방으로 노력했지만 노론세력의 방해로 진전이 없자, 어머니와 의논한 끝에 노론의 주동자들에게 편지를 보내서 부탁해보려는 뜻에서 아버지의 의사를 묻는 편지였다. 편지를 받은 다산은 아들에게 4가지의 가치기준을 일러주면서 말렸다. "내 해배를 위해 너희가 권력자에게 아부하는 일은 최악의 등급이니 절대로 해서는 안 된다."면서 4가지의 가치기준을 알려준 것이다. 즉 ①옳은 일을 하고 이로움을 얻는 최상의 등급[是利사이], ②옳은 일을 하고 손해를 보는 차상의 등급[是害시해], ③그른 일을 하고 이익을 보는 나쁜 등급[非利비리], ④그른 일을 하고 손해를 보는 최악의 등급[非害비해]이라는 내용이다. 그러면서 "너희들이 내 해배를 위해 누군가에게 부탁하려는 마음을 이해하지만, 그러한 일은 '그른 일을 하고 손해를 보는 최악의 등급'이니 해선 안 된다."고 타일렀다.

넷째, '거가4본居家四本'이다. 이는 다산이 유배지에서 '두 아들에게 부친다[寄兩兒기양아]'는 편지에 '가정에서 지켜야 할 네 가지 근본'으로 제시한 내용이다. 즉 ①가족의 화합[和順화순], ②집안의 가지런함과 질서유지[齊家제가], ③근검으로 집안을 다스리는 일[治家치가], ④독서와 삶의 원리를 준수[保家보가]하라는 내용이다.

다섯째, '알아야 할 네 가지〔4知〕'이다. 이는『목민심서』「율기편」에 나오는 내용이다. 창읍昌邑의 수령 왕밀王密이라는 사람이 수령을 제수받고 나서 밤중에 금金 10근을 가지고 형주자사荊州刺史 양진楊震을 찾아가서 뇌물을 내놓으면서 "어두운 밤이니 아무도 모릅니다. 받아주십시오."라고 말하자, 양진은 "당신이 나에게 뇌물을 주는 것은 ①그대가 알고, ②내가 알며, ③하늘이 알고, ④땅이 아는데, 어찌 아무도 모른다고 하시오?"라면서 왕밀을 나무라자 부끄럽게 여기고 물러갔다는『후한서』에 나오는 내용이다.

여섯째, '형벌의 4가지 등급〔4刑〕'이다. 4가지 등급은 '민사民事', '공사公事', '관사官事', '사사私事'를 말한다. ①민사民事는 아전과 향리鄕吏가 백성을 수탈하거나 해치는 일을 했을 때 가장 무겁게 벌하는 벌로 상형上刑이다. ②공사公事는 공납을 바치는 기한을 어기거나 조정과 상사의 명령을 어겼을 때 그 다음 형률이 되는 중형重刑이다. ③관사官事는 관속官屬 가운데 수령을 돕고 받드는 자가 일상적인 업무를 태만히 하면 내리는 형률로 하형下刑이다. ④사사私事는 수령이 제사를 지내고 손님을 맞이하거나 부모와 처자를 양육하는 사사로운 일과 관련해서는 아전과 노예를 벌하면 안 되므로 무형無刑으로 다스린다는 내용이다.

(5) 숫자 5: 오교五敎·오학론五學論·다섯 가지 공부 방법

'숫자 5'는 다산이 추구했던 가치 지향적 삶에서 숫자 '5'와 관계된 용어들이다. 이는『여유당전서』「문집」 '원原'에 제시된 「원교原敎」의

'오교五敎'와 '론論'에 제시된 「오학론五學論」에 나오는 내용이다.

첫째, '오교五敎'이다. '오교'는 '부·모·형·제·자'에게 삶의 근본이 되는 덕목德目에 대한 가르침으로 제1권 2장〔오교정신〕에 자세히 기술하였다.

둘째, '5학론五學論'이다. 이는 '성리학性理學'·'훈고학訓詁學'·'문장학文章學'·'과거학科擧學'·'술수학術數學' 등 다섯 가지 학學에 대하여 비판한 내용이다. 「자찬묘지명」의 내용을 요약하면 ①성리학性理學에 대해서는 "성리학을 하는 사람들과는 같이 손잡고 요순堯舜과 주공周公, 공자孔子의 문하로 들어갈 수 없는 것이 지금의 성리학이다."라면서 변질된 성리학을 비판했다. ②훈고학訓詁學에 대해서는 "지금의 훈고학은 한漢나라와 송宋나라의 것을 절충한다는 명분을 내세우고 있지만 실상은 한나라의 것만을 받들고 있다. 이른바 훈고학을 한다는 이런 사람들과는 끝내 같이 손잡고 요순堯舜과 주공周公, 공자孔子의 문하로 들어갈 수 없는 것이 훈고학이다."라는 내용이다. ③문장학文章學에 대해서는 "문장학은 유학의 큰 해독이다. 문장학은 외적싸的인데서 구할 수 없는 것이므로『역경』,『시경』,『서경』,『예기』,『주례』,『논어』,『맹자』,『노자』,『춘추좌씨전』등에서 문장을 구해야 한다."면서 잘못된 문장을 사용하는 것에 대해 비판한 내용이다. ④과거학科擧學에 대해서는 "이 세상을 주관하면서 온 천하를 광대가 연극하는 것과 같은 기교로 통솔하는 것이 과거학이다."면서 과거학을 변경, 보완해야 한다고 비판했다. ⑤술수학術數學에 대해서는 "술수학은 학문이 아니라 혹술惑術이다."면서 선량한 백성을 현혹함에 대해 비판했다. 그러면서 "이처럼 이 다섯 분야 학문이 번창하게 되면 주공周公과 공자孔子의 도가 어지러워지고 거칠게 되며, 앞으로 이를 귀일시킬 사람이 누군가가 있어야 할 것이다."라고 비판한 내용이다.

셋째, '다섯 가지 공부 방법'이다. 이는 한漢나라의 훈고학에 대해 비판하면서 학문하는 자세에 대해 이른 말이다. ①널리 배운다〔博學박학〕. ②자세히 묻는다〔審問심문〕. ③신중히 생각한다〔愼思신사〕. ④명백하게 분변한다〔明辨명변〕. ⑤독실하게 실행한다〔篤行독행〕는 내용이다. 그러면서 다산은 "지금의 학자들은 '널리 배운다.'는 이 한 가지에만 집착할 뿐 '자세히 묻는다.' 그 이하는 염두에도 두지 않고 있다〈중략〉. 오직 자신이 널리 듣고 많이 기억하는 것과 시문詩文 잘 짓고 변론辯論 잘하는 것만 자랑하면서 한 세상을 고루하다고 깔볼 뿐이다."라고 지적했다.

(6) 숫자 6: 6렴六廉

'숫자 6'은 다산이 추구했던 가치 지향적 삶에서 '6'의 숫자와 관계된 용어이다. 여기에는 청렴을 여섯 가지로 설명한 '6렴'이 해당된다. 이는 다산이 강진초당에서 제자를 가르치고 있을 때인 53세〔1814년, 순조14〕 3월 4일에 찾아온 문산 이재의李載毅〔1772~1839〕와의 만남에서 있었던 내용이다.

이재의는 영암군수로 있던 아들을 따라 영암에 내려와 있던 중에 다산과 교유交遊가 이루어졌다. 문산은 다산보다 10살 연하이며 노론 가문의 선비였고, 다산은 유배형에 처해 있는 남인 가문의 선비였다. 그런데 문산文山이 강진으로 다산을 찾아왔고, 그 시기에 다산은 주자학에 대한 철저한 반성과 더불어 『맹자요의』저술을 마칠 무렵이었다. 그런 시점에 두 사람은 인성론人性論에 관한 논의를 하게 되었고, 그러던 중에 문산이 아들인 영암군수 이종영李鍾英에게 줄 '목민관으로서 새겨야 할 글'을 써달라는 부탁을 받고, 써준 글이 '6렴'이다.

이는 「위영암군수이종영증언爲靈巖郡守李鍾英贈言」에 기록되어 있는데, 이 '여섯 글자의 염廉'의 내용은 『목민심서』의 압축판으로 평가받을 정도의 내용이다. 그 내용은 ① 재물에 청렴하라〔其一施於財기일시어재〕. 즉 일체의 뇌물을 받지 않는 청백리가 되어야 한다는 것이다. ② 이성에 청렴하라〔其一施於色기일시어색〕. 즉 자기 부인과 자기 남편이 아니고는 거들떠보지 않아야 한다는 것이다. ③ 직위에 청렴하라〔其一施於職位기일시어직위〕. 즉 자기가 맡은 직책이나 권한의 범위에서만 공무를 집행해야 한다는 것이다. ④ 청렴으로 투명하게 임하라〔廉生明 物無遁情렴생명물무둔정〕. 즉 '염'은 밝음을 낳으니 사물이 정情을 숨길 수 없는 것이다. ⑤ 청렴으로 위엄을 유지하라〔廉生威民莫不從令렴생위민막부종령〕. 즉 청렴은 위엄을 낳으니 백성들이 따르지 않을 수 없는 것이다. ⑥ 청렴으로 강직함을 유지하라〔廉則剛上官不敢傷렴즉강상관불감상〕. 즉 청렴은 강직함이니 상관도 얕잡아 볼 수 없는 것이다.

이렇게 여섯 글자의 '염'을 지키면 누구든지 훌륭한 목민관이 될 수 있고, 큰 업적을 남기는 공직자가 될 수 있다는 내용이다. 이재의는 비록 노론신분이었지만 다산의 사후, 1938년 부인 홍씨가 별세했을 때, 만사輓詞를 직접 써줄 정도로 교분이 두터웠던 인물이다.

(7) 숫자 7: 여유與猶 7덕목七德目

다산이 추구했던 가치 지향적 삶에서 숫자 '7'과 관계된 용어는 '여유與猶 7덕목七德目' 이다. 다산은 38세〔1799년, 정조 23〕 6월 21일, 정조 임금에게 「사형조참의소辭刑曹參議疏」를 올리고 7월 26일에 체직遞職을 허락받아 벼슬에서 물러났다.

노론측에서는 그 해에 채제공蔡濟恭이 세상을 떠나자 신헌조申獻朝, 민명혁閔命爀 등을 앞세워 남인을 거세게 공격해왔다. 이때 다산은 임금에게 자신의 입장을 밝히고 체직을 허락받아 서울에서 죽란시사竹欄詩社 모임 등으로 소일하고 있었는데, 세로世路가 점점 더 위험해지고 있다고 판단한 다산은 39세〔1800년, 정조 24〕되던 해 봄에 고향인 마재로 돌아와 독서에 치중하며 생활하고 있었다.

그러던 차에 6월 28일 정조가 갑자기 붕어崩御하면서 정국이 걷잡을 수 없이 혼돈에 빠지고 있었다. 다산은 겨울에 졸곡卒哭을 지낸 뒤 마재에서 약현, 약전, 약용 삼형제가 모여서 날마다 경전을 논하며 '여유당與猶堂' 이라는 당호 현판을 걸었다.

여기서 '여유당與猶堂' 은 『도덕경』 「15장」에 나오는 '도인7덕목道人七德目' 에서 따온 말이다. 내용은 "①겨울의 냇가를 건너듯이 머뭇거린다〔與여〔豫예〕:若冬涉川약동섭천〕, ②망설이기를 사방을 두려운 마음으로 살피듯이 경계한다〔猶유: 若畏四隣약외사린〕, ③엄숙하고 의젓하여 마치 손님처럼 한다〔儼엄: 若客약객〕, ④산뜻하여 얼음이 장차 흩어지는 것 같이 소탈하게 한다〔渙환: 若氷將釋약빙장석〕, ⑤돈독하기를 막 찍어낸 통나무처럼 꾸밈이 없이 순수하게 한다〔敦돈: 若樸약박〕, ⑥넓기가 골짜기와 같도록 텅 빈 모습으로 살아간다〔曠광: 若谷약곡〕, ⑦혼연하여 혼탁한 물과 같이 세속과 어울리며 살아간다〔渾혼: 若濁약탁〕.”는 내용이다. 이 중 7개의 덕목 중에서 ‘여與’와 ‘유猶’를 따서 ‘여유당’으로 지은 것이다. 시류와는 타협하고 싶지 않지만, 그러나 조심하고 경계하면서 살아가겠다는 마음을 담아 지은 당호堂號이다.

(8) 숫자 8: 8대 옥당玉堂

다산이 추구했던 가치 지향적 삶에서 숫자 ‘8’과 관계된 용어는 ‘8대 옥당’이다. 이는 다산이 어려서부터 명문 가문의 정신을 이어서 ‘8대 옥당’ 반열에 오른 조상님의 정신을 계승하면서 자신도 옥당 반열에 오르겠다고 다짐했던, 목표지향적 삶에 동기를 부여한 내용이다. 다산의 직계 선대는 12대조에서 5대조에 이르기까지 8대 선대 모두가 연속해서 문과에 급제하여 옥당玉堂에 오른 명문 가문이다.

이는 다산에 대해서 공부하다 보면 이른바 ‘뿌리의식’이 강하다는 점을 발견하게 되는데, 이는 다산이 저술한 『압해정씨가승』에 잘 나타나 있다. 다산은 압해정씨라는 ‘가문의식’과 선대를 추적하여 자취를 기록한 ‘족보의식’, 고향 마재〔馬峴마현〕에 대한 ‘고향의식’ 등이 강했다. 이런 것들이 응축하여 나타난 것이, 명문 집안을 내세우기 좋은 ‘8대 옥당’이고 이는 자부심과 긍지로 이어졌다. 그리고 자신이 태어난 곳을 자랑으로 여기며 기록한 또 하나의 이름이 ‘열수洌水’이다. 정약용이라는 이름 앞에 ‘열수’를 놓는 것은 아호가 아니라 관향처럼 사용한 것이다. 「자찬묘지명」에 "이 무덤은 열수洌水 정약용丁若鏞의 묘墓요, 호는 사암俟菴이고 당호는 여유당與猶堂이다."라고 밝힌 기록에서 알 수 있듯이, '사암'이라는 아호와 '열수'를 함께 기록해 놓고 있다. 그리고 '열수'는 아들 학연學淵과 학유學遊도 이름 앞에 쓰고 있음을 볼 수 있다.

다산의 관향은 압해押海이다. 압해는 전라남도 신안군 압해면을 말하는데, 다산이 회갑을 맞아 자서전으로 작성한 「자찬묘지명」에 선조들이 8대에 걸쳐 옥당玉堂 벼슬을 한 명문 가문임을 자랑으로 여기고, 자신도 옥당 반열에 오르기 위해서 노력했음을 곳곳에 밝히고 있다. 여기서 말하는 옥당玉堂은 조선시대 홍문관弘文館을 달리 이르는 말로, 궁중의 경서와 사적史籍 관리, 문한文翰 처리 및 왕의 자문에 응하는 일을 맡아보던 관청으로 사헌부司憲府·사간원司諫院과 더불어 학문적·문화적으로 주도적인 구실을 하던 기관이다. 조선시대의 정승·판서 등 고위 관리들은 거의 예외 없이 이 직職을 거쳐야 했다.

『압해정씨가승』에 기록된 '8대 옥당'에 오른 선대先代는 ①홍문관 교리 정자급丁子伋〔1423~1487, 12대조〕②부제학 정수강丁壽崗〔1454~1527, 11대조〕③병조판서 정옥형丁玉亨〔1486~1549, 10대조〕④좌찬성 정응두丁應斗〔1508~1572, 9대조〕⑤대사헌 정윤복丁胤福〔1544~1592, 8대조〕⑥관찰사 정호선丁好善〔1571~1633, 7대조〕⑦홍문관 교리 정언벽丁彦璧〔1612~1652, 6대조〕⑧병조참의 정시윤丁時潤〔1646~1713, 5대조〕등 8대이다.

하지만 이후 4대조 정도태丁道泰〔1664~1713〕, 3대조 정항신丁恒愼〔1691~1733〕, 2대조 정지해丁志諧〔1712년~1756년〕등 3대에 이르러서는 벼슬길에 오르지 못했다. 이는 숙종 이후 극심해진 당쟁의 소용돌이와 무관치 않다고 할 수 있다. 이후에 아버지 정재원丁載遠〔1730~1792〕 공이 진사시험에 합격하면서 관직에 나가 음직蔭職으로 연천현감, 화순현감, 울산부사, 진주목사 등을 역임했다. 결과적으로 정시윤의 5대 후손인 정약용이 100년 후에 문과에 급제함으로써 '8대 옥당' 의 전통을 계승하였고, '9대 옥당' 을 이룬 것이다.

| 4 |

다산의 '저술'과 '편지' 내용으로 본
인성교육

다산이 저술한 책은 앞서 살펴본 바와 같이 500여 권을 상회한다. 그리고 이는 대부분 유배생활 중에 이루어졌다는 점에서 의의意義를 찾을 수 있다. 다산은 61세 때 저술한 「자찬묘지명」에서 "육경사서六經四書로 자기 몸을 닦게 하고, '1표2서一表二書'로 천하 국가를 다스릴 수 있게 하고자 함이었으니 본本과 말末이 구비되었다고 하겠다. 육경사서를 읽고 독실하게 실천방법을 찾아보니 오직 『심경』과 『소학』이 여러 경전들 가운데 특출하게 빼어났다. 『심경』으로 그 내면을 다스리고 『소학』으로 외면을 다스린다면 거의 현인이 되는 길을 얻게 될 것이다. 『심경밀험心經密驗』은 몸에서 체험하여 스스로 경계하여 기술한 것이고, 『소학지언小學枝言』은 옛 주석을 보충한 것이다."라고 기록했다.

이를 통해 볼 때 다산이 저술한 500여 권의 책 가운데 수기修己에 해당하는 경서經書로는 54세에 지은 『심경밀험』과 『소학지언』을, 치인治人〔安人〕에 해당하는 경세서經世書 중에는 56~60세에 저술한 『경세유표』,

『목민심서』, 『흠흠신서』 등 '1표2서'에 심혈을 기울였음을 알 수 있다. 다산은 40대와 50대 대부분을 유배지에서 보내면서도 학문하는 자세를 흐트러뜨리지 않았고 인간적인 면모도 잃지 않았다. 이는 당시 가족들과 지인들에게 보낸 편지에 잘 나타나 있다. 특히 천리타향에서 유배생활을 하고 있는 가장家長으로서 가족에 대한 미안함과 책임감은, 모함과 누명으로 폐족이된 억울함 속에서도 집필에 매달리게 했고, 그런 마음을 편지와 가계家誡에 담아 자녀를 교육했다.

따라서 여러 저술 중에서 인성함양과 연관이 깊은 『심경밀험』과 『소학지언』, 그리고 『유배지에서 보낸 편지』 내용을 중심으로 인성교육과 연계하는 방안에 대해서 알아본다.

1) 『심경밀험』에서 본 '내면의 마음공부'

(1) 『심경밀험心經密驗』 개관

『심경밀험』은 다산이 『심경』을 주석한 책이다. 『심경』은 송나라 학자 진덕수陳德秀(1178~1235)가 마음공부에 관한 37개의 격언을 『맹자』와 『주역』 등의 경전에서 뽑아 편찬한 수양서이다. 이후 명나라의 정민정程敏政(1445~1499)이 주석을 달은 『심경부주心經附註』를 펴내면서 "사람이 사람 된 것은 본심本心을 잃지 않는 것일 뿐이며 성학聖學의 시작과 끝을 이루는 요령은 경敬에 있다."고 하여 '심心'과 '경敬'을 『심경』의 핵심 내용으로 제시했다.

조선에서는 『심경부주』를 근거로 퇴계 이황李滉이 1566년에 『심경후론心經後論』을 펴낸 이후 여러 주석서들이 나왔다. 이는 중국이 『심경부주』 편찬 이후 양명학陽明學의 영향으로 『심경』에 대한 주석서가 거의 나오지 않은 것과는 대조적이라고 할 수 있다. 조선의 성리학은 퇴계학파와 율곡학파, 양명학파, 실학파 등으로 분화하면서 다양하게 발전했는데, 특히 퇴계학파는 '경敬'을 핵심으로 하는 도덕실천과 수양을 강조했고, 율곡학파는 외적인 실천규범과 질서를 중시했는데, 두 학파는 『심경』을 어떻게 이해하느냐에 따른 학문 방법론을 달리하면서 갈라졌다.

두 학파의 대표적 주석서로 퇴계 이황〔1501~1570〕과 천산재 이함형李咸亨〔1550~1586〕의 『심경강록』, 우암 송시열宋時烈〔1607~1689〕의 『심경석의』, 성호 이익李瀷〔1681~1763〕의 『심경질서』, 다산 정약용의 『심경밀험』 등의 주석서가 전해지고 있다.

다산은 『심경밀험』에서 "성性이라는 글자는 마땅히 꿩의 본성, 사슴의 본성, 풀의 본성, 나무의 본성과 같은 의미로 보아야 하므로, 본래 기호嗜好로 이름을 지은 것이다."라고 하면서 "기호에는 두 가지가 있는데, 하나는 당장에 즐기는 기호, 즉 꿩의 본성은 산을 좋아하고, 사슴의 본성은 들을 좋아하는 것과 같은 것이다. 다음에 하나는 평생을 지속하여 즐기는 기호, 즉 벼의 본성은 물을 좋아하고 기장의 본성은 건조한 것을 좋아하며, 파와 마늘의 본성은 닭똥을 좋아하는 것을 말한다."고 하여 성을 기호로 설명했다. 그리고 "사람은 선善을 즐거워하고 악惡을 부끄러워하지 않음이 없다. 그러므로 한 가지 선을 행하면 그 마음이 뿌듯하여 기쁘게 여기고, 한 가지 악을 행하면 그 마음은 위축되어 풀이 죽는다. 내가 선을 행하지 않았는데도 남이 나를 선하다고 칭찬하면 기쁘지만, 내가 악한 일을 했는데도 남이 나를 악하다고 비방하면 기분 나쁘게 여긴다. 그래서 남의 선을 보면 좋아서 좋게 여기고, 남의 악을 보고는 미워하는 것이다. 그러나 이익으로 유혹하면 개돼지가 끌려다니듯 하고, 위세로 두렵게 하면 여우나 토끼가 굴복하듯이 하며, 초췌하고 마르고 시들어서 쓸쓸히 죽음에 이른다. 이것은 그 본성을 어기고 거스르고 막아서 제대로 자라나지 못하게 함이 있기 때문에 그 병폐가 이와 같은 것이다."라고 했다. 인간은 선善을 좋아하고 악惡을 싫어하므로, 선을 기호로 여긴다는 것이다.

(2)『심경밀험』의 내용으로 본 인성교육

『심경』의 37편은 『맹자』에서 12편을 뽑아낸 것을 비롯하여, 『주역』에서 5편, 『주자』에서 4편, 『논어』·『예기』에서 각 3편, 『시경』·『중용』·『대학』에서 각 2편, 『서경』·『통서』·『정자』·『심잠』에서 각 1편을 뽑아 구성한 책이다. 이는 대부분 마음을 공부하는 내용으로 되어 있는데, 이 중 인성교육과 연관이 깊다고 여겨지는 내용을 간추려 살펴본다.

① '인심人心'과 '도심道心' 관리를 통한 인성함양

『심경밀험』을 읽어 본 사람들 중에는 책에 나와 있는 내용이 '어려워서 잘 이해되지 않는다.'고 얘기하는 사람이 있다. 필자도 마찬가지였다. 그래서 『심경』에 대한 강의를 여러 번 찾아듣고, 또한 『심경주해총람』, 『다산의 마지막 공부』, 『아버지 정약용의 인생 강의』 등을 『심경밀험』 · 『심경』과 함께 보면서 이해하는데 도움이 되었다.

『심경』과 인성함양을 연계하는 첫 번째 내용은 "사람〔人〕의 마음은 늘 위태롭고 도道의 마음은 잘 드러나지 않는다. 오직 정밀하게 살피고 한결같이 지켜 그 중심을 붙잡아야 한다."[432]는 내용이다. 즉 자신의 마음 가운데에 있는 '인심'과 '도심'을 조율함으로써 인성을 함양해야 한다는 것이다. 이는 『서경』 「우서虞書」 장에 나오는 내용으로, '마음공부를 위한 원문 16글자〔人心有危 道心有微 惟精惟一 允執厥中 인심유위 도심유미 유정유일 윤집궐중〕'로 불리는 내용이다.

여기서 '인심人心'은 글자 그대로 '사람의 마음'이고, '도심道心'은 '사람이 추구해야 할 이상적인 상태의 마음'이다. 일반적으로 인심은 본심과 함께 사람의 감정과 욕망, 즉 『예기』 「예운편」에서 '7정七情'으로 일컫는 '희로애구애오욕喜怒哀懼愛惡欲'에 해당된다. 그리고 도심은 맹자가 밝힌 '4덕四德'과 '4단四端'으로 일컫는 '인의예지仁義禮智'와 동중서董仲舒가 밝힌 '5상五常', 즉 '인의예지신仁義禮智信'의 마음이다. 사람은 '인의예지'의 본성을 가지고 태어나 '7정'과 함께 살아간다. 따라서 바른 사람의 모습으로 세상을 살아가기 위해서는 자신의 감정과 욕망을 조율하고 관리하는 삶, 즉 '5상'을 기본으로 '7정'을 관리하며 조율하는 삶을 통해 마음의 중심을 붙잡는 삶이어야 한다. 이런 과정을 통해 인성이 함

●●●●
432 『심경』 「제1장」: "人心有危 道心有微 惟精惟一 允執厥中."

양되어지는 것이다.

예컨대, 가정에서 부모가 어린 아들 형제에게 사과 하나를 주면서 서로 나눠먹으라고 했을 때 '인심'과 '도심'이 작용하게 되어 사이좋게 나누어 먹게 된다. 그러나 형제가 성장해서 결혼하고 분가해서 살 때에 재산을 상속받을 경우에는 '인심'과 '도심'이 다르게 발현하기 마련이다. 어린 시절에는 혼자 결정해서 마음가는 대로 사과를 나누면 되지만 성장해서 결혼하고 분가한 이후 부터는 아내와 가족이 있기 때문에 혼자서 결정할 수 없게 된다. 이런 상황에서 '어떤 결정을 할 것이냐'는 '인심'의 상태냐, '도심'의 상태냐에 따라 다르게 작용하는 것이다. 이런 결정의 선택은, 사람은 누구나 부모의 부모이고 자식의 자식이기 마련이므로, 여러 행위들이 후손에게 '보여줌〔show〕'과 '봄〔see〕'으로 연계되어 인성함양에 영향을 미치게 된다는 점을 유념해야 한다. 그리고 '보여줌〔show〕'과 '봄〔see〕'은 학교에서 사제師弟 간에도 작용된다. 예컨대 초·중·고교 선생님의 가르침 내용과 행위 하나하나가 제자의 인성함양에 영향을 주고, 대학에서의 학사관리와 상담 등은 제자의 인성함양에 영향을 준다. 그리고 교육자 자신도 인성함양에 영향을 받게 된다. 또한 회사에서 사주社主와 사원社員 사이도 마찬가지다. 사주가 어려움에 처했을 때 팔을 걷어붙이고 회사를 살리겠다고 나서는 사원이 있다면, 그 사원과 사주 모두 인성함양에 긍정적으로 작용하게 된다. 그러나 사주가 자산을 유용流用하거나 거액의 재산을 상속받으면서도 형제끼리 재산을 놓고 송사訟事를 벌이는 경우, 그리고 여성 직원에 대해 산후 휴가 조차도 인색하게 처리하는 경우는 사원과 사주 모두의 인성함양에 부정적으로 작용한다. 이런 것은 모두 인심人心과 도심道心의 작용과 관계되므로 인성함양을 위해서는 리더와 팔로어 모두 '도심'의 상태를 유지하려는 노력이 필요하다.

② '경직敬直' 과 '의방義方' 을 통한 인성함양

『심경』과 인성함양을 연계하는 두 번째 내용은 "군자는 삼가 함으로써 안을 곧게 하고 의로써 밖을 방정方正하게 한다. 삼감과 의로움이 반듯하게 서면 덕은 외롭지 않다. '곧고 반듯하고 위대해서 익히지 않아도 이롭지 않음이 없다.'는 것은, 곧 그 행하는 바를 의심하지 않는다는 것이다."[433] 라는 『주역』「문언전文言傳」 편에 나오는 구절이다. 여기에 나오는 경직敬直은 '삼감으로써 안으로 곧게 한다.', 의방義方은 '의로움으로써 밖을 방정하게 한다.'는 뜻으로「하피첩」에 있는 내용이기도 하다.

먼저 '삼가 함으로써 안을 곧게 한다〔敬直경직〕.'는 의미는 의식적으로 마음을 곧게 하는 것이 아니라 공경하는 마음으로 상대를 대하다 보면 자연스럽게 내면이 곧게 된다는 뜻이다. 내면이 곧아지는 것은 내적으로 올바르게 하려는 마음이 자리를 잡고 있는 상태이다. 예컨대 마당을 쓸 땐 먼저 물을 뿌려서 먼지가 나지 않게 하는, 상대방을 배려하는 마음을 갖다 보면 절로 안에 있는 마음이 바르게 된다는 뜻이다.

'의로써 밖을 방정하게 한다〔義方의방〕'는 것은, 의義로써 겉을 반듯하게 하면 내면에 있는 '수오羞惡'의 마음이 발현되어 자연스럽게 의로움으로 나타나게 된다는 뜻이다. 다산은 의로움〔義〕에 대해 "나에게 좋게 하

433 『심경』「제1장」: "君子敬以直內 義以方外 敬義立而德不孤. '直方大不習無不利' 則不疑其所行也."

는 것[義者 善我也의자 선아야]", "선을 행하고 악을 버리는 것[爲善去惡
曰義위선거악왈의]", "나에게 잘하는 것[善我曰義선아왈의]" 등으로 설명
해서 '나에게 좋게 작용하는 것'으로 보아 선善과 연관시켰다. 그래서 효
자는 부모의 잘못을 보면 간쟁을 통해 의로움을 추구해야 하고, 선의 결과
가 나오도록 해야 한다고 이르고 있다. 부모가 잘못하면 그 잘못으로 부
모님도 의롭지 못하게 되고, 그 피해가 자식에게도 오기 때문에 부모의 잘
못을 미리 막아야 한다는 것이다.

경직敬直과 의방義方은 다산이 「하피첩」에 적어 자녀를 교육시킨 내용
이기도 하다. 이 내용을 보면 다산이 자식의 인성교육에 어느 정도로 심혈
을 기울였는지 알 수 있다. 「하피첩」이 만들어진 배경과 내용은 이렇다.
다산이 강진으로 유배 온 지 7년째 되던 해[47세, 1807년. 순조7] 봄에 찾
아온 둘째 아들 학유를 통해 부인이 보내준 내용물을 받은 것으로 보인다.
부인이 시집올 때 가져와서 집안 장롱 밑바닥에 고이 보관했던 빛바랜 치
마였는데, 다산은 이를 '노을빛 붉은 치마[하피霞帔]'로 이름 지었다. 결
혼하고 30년을 넘긴 시점에서 결혼 예물을 남편에게 보낸 것은, 부인 입장
에서 만날 날을 기약하기 어렵다고 판단하고 그 마음을 시詩로 적어 보낸
것으로 보인다. 그 당시 다산의 마음은 편치않은 시간이었다. 정순왕후의
지시로 해배 기회[42세, 1803년]가 있었지만 서용보徐龍輔의 방해로 무산
되었기 때문이다. 이런 마음으로 지내던 다산은 부인으로부터 편지와 함
께 치마를 받은 것이다. 다산은 치마를 여러 조각으로 재단하고 글을 써서
자식들에게 보냈다. 아들에게는 1810년에 「하피첩霞帔帖」으로, 딸에게는
1813년에 '매화병제도梅花屛題圖'로 준 것이다. 귀양살이 중이라 딸의 혼

례에도 참석하지 못한 아버지로서 그 미안한 마음을 담아 시를 짓고 그림을 그려서 보낸 것인데, 이런 것들은 모두 인성교육의 일환이었다.

다산이 남긴 「하피첩」은 모두 네 첩이지만, 현재는 세 첩만 전해진다. 1첩과 2첩은 표지가 미색, 3첩은 박쥐·구름무늬가 있는 푸른색 종이다. 각 첩은 「하피첩」을 만든 경위를 적은 서문으로 시작되며, 30쪽 내외 분량이다. 1첩은 모두 치마폭인 비단이지만, 2첩과 3첩은 종이가 섞여있다. 일부 비단면에는 지금도 바느질한 흔적이 남아 있을 정도로 선명하고 섬세하다. 「하피첩」을 통해 자식들이 어떤 마음가짐과 자세로 살아야 하는지를 가르치고 있음을 볼 수 있다.

제1첩은 효제孝弟에 관한 내용이다. "부모에게 효도하고 형제간 우애는 인을 실천하는 근본이다〔孝弟爲行仁之本효제위행인지본〕."라는 구절로 시작된다. 효도를 뜻하는 '孝효' 자와 우애를 뜻하는 '弟제' 자 옆에는 붉은색 동그라미까지 표시했다. 효제를 바탕으로 집안의 화목을 강조한 것이다. 당시는 비록 폐족이지만 아들과 손자 세대에 이르면 과거에 뜻을 둘 수 있으니 공부의 욕심을 잃지 않아야 한다는 점을 당부하고 있다.

제2첩은 자아확립을 통해 몸과 마음을 닦으며 근검勤儉으로 살아가는 내용이다. 1첩에 적힌 서문의 내용을 서시序詩로 바꾸어 전서篆書로 적었다. '쓰러진 나무에 싹이 나고〔顚木有蘗전목유얼〕'라는 사언시를 통해, 집안은 비록 풍비박산이 났지만 실망하지 말고 몸과 마음을 닦으라는 내용이다. 삶의 실천 방향에 대해서는 '경직의방敬直義方'이라는 경구를 통해 정진할 것을 당부하고 있다. 또한 "벼슬이 없으니 재산을 물려주지 못한다. 대신 두 글자의 신령한 부적을 남긴다."는 의미로 '근勤' 자와 '검儉'

자를 적었다. "근면과 검소는 좋은 논밭보다 나으니 한평생을 쓰고도 남는다."면서 근면과 검소를 뜻하는 '勤근' 자와 '儉검' 자를 써놓고 옆에는 붉은색 동그라미로 표시했다. 그러면서 근면勤勉은 "오늘 할 일을 내일로 미루지 않고, 아침에 할 일을 오후로 미루지 않는 것", "집안에 놀고먹는 식구가 한 명도 없고 한순간도 무료한 시간이 없는 것"으로 적었다. 또한 검소儉素에 대해서는 옷과 음식을 예로 들어 설명하면서 "의복은 그저 몸을 가리면 되는 것인데, 고운 베로 만든 옷은 해지면 처량한 티가 나지만 거친 베로 만든 옷은 해져도 별 상관이 없다.", "음식은 생명을 연장하는 것으로, 산해진미라도 입안에 들어가면 더러운 것이 되므로 정성과 지혜를 다해 화장실에 충성할 필요가 없다."는 말과 함께 "부지런함으로써 재물을 생산하고 검소함으로써 가난을 구제한다〔勤以生貲근이생자 儉以救貧검이구빈〕."고 결론지었다. 그러면서 "쓰러진 나무에 싹이 나고〔顚木有蘗전목유얼〕, 마지막 남은 석과는 먹히지 않으니〔碩果不食석과불식〕…"라며 용기를 북돋아주고 있다. 석과碩果는 『주역』에 나오는 말로 나무에 마지막으로 남은 과실을 말한다. 씨로 쓸만한 과실, 즉 세상을 구할 만한 인재를 상징하는 말이다. 다산이 아버지로서 아들에 대해 기대하는 마음, 즉 어엿하고 당당한 사대부士大夫로 성장하기를 바랐던 것이다.

제3첩은 학문과 처세술을 익혀 훗날에 대비하라는 것으로, 아버지가 쓴 글을 읽어야 한다는 점을 강조하는 내용이다. 2첩과 동일하게 해서楷書로 적었다. 주로 학문과 처세술에 관한 내용인데, 온 마음을 기울여 자신의 글을 읽어서 통달하기를 당부했다. 학문뿐 아니라 재산을 관리하고 달관達觀하는 등의 처세술에 대해서도 다음과 같이 당부했다. "재물은 잡으려 할수록 더 미끄럽게 빠져나가니 메기와 같다.", "재물을 자신을 위해 쓰는 사람은 형체로 쓰는 것이고, 남에게 베푸는 사람은 정신으로 쓰는 것이다. 형체로 누리는 것은 해지거나 허물어지지만 정신으로 누리는 것은 변하거나 없어지지 않는다."고 가르쳤다.

결론적으로 '경직敬直'을 통해 내적으로 경건함을 유지하고 '의방義方'을 통해 외적으로 의로움을 유지하면 덕德은 자연스럽게 몸에 배이니 "덕은 외롭지 않고 반드시 이웃이 있게 된다〔德不孤必有隣덕불고필유린〕."면서 용기를 복돋아주고 있다. 그러면서 쓰러진 나무에 싹이 나는 법이라면서 포기하지 말라고 당부하고 있는데, 이는 '곧고 반듯하고 위대해서 익히지 않아도 이롭지 않음이 없다〔直方大不習無不利직방대불습무불리〕.' 는 본문의 표현처럼 하늘은 스스로 돕는 자를 돕는 법이니, 용기를 잃지 말고 정진하라는 내용을 가계家誡로 보낸 것인데, 이는 자녀에 대한 인성함양의 수단이었음을 알 수 있다.

③ 순리順理를 따르는 삶을 통한 인성함양

『심경』과 인성함양을 연계하는 세 번째 내용은 순리順理를 따르는 삶이다. 순리는 자연의 질서에 따라 진행되어가는 이치를 뜻한다. 다산은 "공자는 네 가지를 절대로 하지 않았다. 사사로운 뜻을 품지 않았고, 반드시 해야 할 일이 없으며, 고집을 버렸고 아집을 버렸다."[434]는 『논어』「자한」편에 나오는 내용을 들어 설명하고 있다.

••••
434 『심경』「제9장」: "子絶四 毋意 毋必 毋固 毋我."

첫 번째는 무의毋意의 습성習性이다. 무의毋意는 '말다, 아니하다' 의 '무毋' 자와 '사사로운 마음', '뜻' 을 의미하는 '의意' 자가 결합된 글자이니, '사사로운 마음을 품지 말라.' 는 뜻이다. 사람은 어떤 일을 할 때 사적私的이거나 그릇됨이 없이 아주 정당하고 떳떳해야 한다는 뜻이다. 다시 말해서 개인적인 편견이나 억측에 사로잡히지 않고 이해관계를 초월하는 '공명정대함' 으로 임해야 한다는 것이다. 사람은 사물을 대할 때 소유하고 싶고, 성취하고 싶은 욕심이 있기 마련이지만, 이런 때일수록 공명정대해야 한다. 특히 공직자일수록 공의로운 자세를 유지해야 하는데, 이 점에 대해 다산은 직위職位에 청렴하고 이성異性에 청렴하며 재물財物에 청렴해야 한다는 점을 강조했다. 유시시구唯是是求에 바탕을 둔 공렴公廉의 삶을 강조한 것이다.

두 번째는 무필毋必함의 습성이다. '무필' 은 '말 무毋' 자와 '반드시' 를 의미하는 '필必' 자가 결합된 글자이니, '반드시 내가 해야 한다' 는 생각하지 말라는 것이다. 리더의 위치에 있는 사람 중에는 '나 아니면 안 된다' 는 생각을 해서 일을 그르치는 경우가 있는데, 조직의 관점에서는 조직이 처한 상황을 봐야 하고, 개인의 입장에서는 상대방의 입장을 생각하는 '역지사지易地思之' 의 생각과 배려가 필요하다. 이 점에 대해 다산은 찰물察物과 충서忠恕를 강조했다. 찰물은 조직이 처한 상황을 정확히 파악하는 것이고, 충서는 '내가 하기 싫은 일을 남에게 시키지 않는 것〔己所不欲 勿施於人기소불욕 물시어인〕.' 을 의미한다.

세 번째는 무고毋固함의 습성이다. '무고' 는 '말 무毋' 자와 '우기다', '단단하다' 의 고固자가 결합된 글자이니, '우기지 말라', 즉 '고집固執을 버리라' 는 뜻이다. 이는 원칙에 충실하면서 유연성을 가지고 처신하라는 것이다. 그리고 유연성柔軟性은 상황을 고려하면서도 상대방의 입장을 감안해야 한다는 것이다.

네 번째는 무아毋我함의 습성이다. 무아毋我는 '말 무毋' 자와 '나 아我' 자가 결합된 글자이니, '아집을 부리지 말라' 는 뜻이다. 아집은 어떤 사안에 대하여 좁은 소견으로 자기 생각을 중심으로 결정하는 것을 말한다. 따라서 주변 분위기를 참작하면서 대중적 의견을 참고해서, 자신의 의견보다 전체의 의견에 따르는 자세를 견지하라는 것이다.

④ 근본根本을 잃지 않는 삶을 통한 인성함양

『심경』과 인성함양을 연계하는 네 번째는 근본에 충실한 삶을 통한 인성함양이다. 다산은 "하늘이 명한 것을 성性이라 하고, 성을 따르는 것을 도道라고 하며, 도를 닦는 것을 가르침〔敎〕이라고 한다. 도道라고 하는 것은 잠시라도 떠날 수 없는 것이니, 떠날 수 있으면 도道가 아니다. 이런 까닭으로 군자는 보지 않는 것에도 경계하여 삼가며, 그 듣지 않는 것에도 무서워하고 또 두려워한다. 숨어있는 것만큼 잘 드러나는 것이 없으며, 미미한 것만큼 잘 나타나는 것이 없다. 그러므로 군자는 홀로 있을 때 삼간다. 희로애락이 발하지 않은 것을 중中이라 하고, 그것들이 발해 모두 절도에 맞는 것을 화和라고 하니, 중中이란 천하의 근본이고 화和란 천하의 이루어야 할 도리다. 중中과 화和에 이른다는 것은 하늘과 땅이 제 자리를 지키고 만물이 잘 길러지는 것과 같다."[435]는『중용』「1장」을 인용해

••••
435『심경』「12장」: "天命之謂性 率性之謂道 修道之謂敎 道也者 不可須臾離也 可離 非
道也 是故 君子 戒愼乎其所不睹 恐懼乎其所不聞 莫見乎隱 莫見乎微 故君子愼其獨

서 설명한 내용이다.

근본根本은 사전적으로 '사물의 본질이나 본바탕' 을 뜻한다. 뿌리 근根 자와 나무 목本자의 합자로 이루어진 근본은 '나무' 와 관련이 있다. 나무 가 제대로 성장하려면 뿌리가 튼튼해야 한다. 사람도 큰 인물이 되기 위 해서는 근본이 되어야 하고, 근본을 통해 사람 됨됨이가 갖춰지며, 근본과 핵심을 파악해야 각각의 사물事物과 사정事情을 정확히 인식하게 되어 문 제를 해결할 수 있다. 사물의 근본을 꿰뚫어 본 뒤라야 일의 실체를 파악 할 수 있음을 이르는 것이다.

따라서 『중용』「1장」의 내용을 인성함양과 연계하는 방안에 대해서 살 펴보면 첫째, "도를 닦는 것을 가르침이라고 한다〔修道之謂敎수도지위교〕." 에서 다산은 '가르침〔敎〕' 을 '오교五敎' , 즉 '효제자孝弟慈' 로 보았다. 그리 고 '효제자' 를 줄이면 '효孝' 이므로 '도를 닦는 가르침' 은 곧 '효' 에서 비 롯된다고 본 것이다. 『효경』에 "효는 덕의 근본이요, 모든 가르침이 그로 말미암아 생겨난다." [436]고 했고, 『논어』에 "사람됨이 효성스럽고 공손하면 서 윗사람에게 대들기를 좋아하는 경우는 드물다. 윗사람 범하기를 좋아하 지 않으면서 혼란을 일으키기를 좋아하는 자는 있어본 적이 없었다. 군자 는 근본에 힘쓰고 근본이 서면 길과 방법이 절로 생긴다. 효제〔효성과 우 애〕는 인仁을 행하는 근본이다." [437]라는 내용은 이를 뒷받침한다. 효를 근

••••
也. 喜怒哀樂之未發 謂之中 發而皆中節 謂之和 中也者 天下之大本也 和也者 天下之 達道也. 致中和 天地位焉 萬物育焉."

436 『효경』「개종명의장」: "孝德之本也 敎之所由生也."

437 『논어』「학이」: "其爲人也孝弟 而好犯上者 鮮矣; 不好犯上 而好作亂者 未之有也. 君 子務本 本立而道生. 孝弟也者 其爲仁之本與."

본으로 보고 있는 것이다. 효를 이렇게 보는 이유는 가정에서 '부모형제자父母兄弟子'의 관계, 즉 모든 관계가 '오교五教'에서 비롯된다는 점에서다.

둘째 "군자는 홀로 있을 때 삼간다〔君子愼其獨也군자신기독야〕."는 표현에서 '신독愼獨'의 삶을 통해 인성이 함양된다는 점이다. '신독'은 홀로 있을 때에도 도리에 어그러짐이 없도록 몸가짐을 바로 하고 언행을 조심한다는 뜻이다. 『심경』에서 '신독'은 여러 곳에서 강조되고 있는데, 12장에 "군자는 보이지 않는 데서도 경계하고 삼가며, 그 듣지 않는 것에 대해서도 무서워하고 두려워해야 한다. 그러므로 군자는 홀로 있을 때 삼간다."[438], 14장에 "그 뜻을 성실히 한다는 것은 스스로를 속이지 않는 것이다. 군자는 반드시 홀로 있을 때 신실해야 한다."[439] 36장에 "은미隱微할 때 자신을 지키고 홀로 있을 때 조심하는 것이 마음을 지키는 법도다. 절실하게 묻고 가까이 생각함으로써 그 마음을 서로 도와 지켜야 한다."[440]는 내용이다. 다산은 '신독'을 상제천上帝天 개념과 연관시켜 설명하고 있다. 상제천 개념은 '천天'을 막연하게 '하늘'로 보기보다는 인간의 '도덕적 주재자主宰者'로 보아 초월적 존재로 보는 것이다. 이는 성리학性理學에서 주장하는 '천리天理' 개념과는 다른 것으로, 공맹의 원시유교元始儒教 근본정신 회복의 관점에서, 선진유학先秦儒學의 '천天'과 서학西學에서 가져온 마테오리치의 '천주사상天主思想'을 합친 개념이다. 그래서

••••
438 『심경』「12장」: "君子 戒愼乎其所不睹 恐懼乎其所不聞 莫見乎隱 莫見乎微 故君子愼其獨也."

439 『심경』「14장」: "誠其意者毋自欺也 如惡如臭 如好好色 此之謂自謙 故君子必愼其獨也."

440 『심경』「36장」: "防微謹獨玆守之常 切問近思曰惟以相."

"군자가 어두운 방 가운데 있을 때도 두려워하여 감히 악惡을 행하지 못하는 것은 상제님께서 임하여 계심을 알기 때문이다."[441]라고 했다. 이처럼 남이 보지 않는 곳에서 바르게 생각하고 행동하다 보면 인성이 함양된다는 것인데, 이 또한 근본 확립과 연관된다.

셋째 "중中이란 하늘 아래의 큰 근본이고, 화和란 하늘 아래서 달성해야 할 도리다〔中也者 天下之大本也 和也者 天下之達道也중야자 천하지대본야 화야자 천하지달도야〕."라는 표현에서 '중화中和'의 삶을 통한 인성함양에 관해서이다. 중화의 삶은 '중도中道'와 '중용中庸'의 길을 가는 것이다. 이는 정의를 추구하면서도 조금은 부족한 듯 삶을 살아야 한다는 의미이다. 그리고 의義에는 화和가 함께했을 때 과過하지 않게 되고, 화和에는 의義가 함께 했을 때 무기력하지 않게 된다. 그래서 '중中'이 필요하며 '종교·이념·정치·지역적'으로도 편협하지 않는 '중도中道의 길'을 가는 것이 바람직하다. 인간은 타인과의 관계 속에서 살아가기 마련이고, 관계는 '중中'의 입장을 유지할 때 오래간다. 다산은 『심경밀험』에서 "희로애락喜怒哀樂이 발하지 않았을 때의 마음가짐이 지극히 평온하고, 덕德의 지킴이 지극히 굳건해서 중정中正의 본체를 잃지 않은 다음에야 기뻐할 만한 일, 화낼 만한 일, 슬퍼할 만한 일, 즐거워할 만한 일들이 예기치 않게 맞딱뜨리더라도 절도에 맞게 응대할 수 있는 것이다. 그러므로 중中이라고 하는 것, 화和라고 하는 것이 모두 천지가 제자리에 있게 될 때 만물을 기르는 큰 덕이 될 수 있다."[442]고 했다.

----

441 『중용자잠中庸自箴』권1, "君子處暗室之中 戰戰栗栗 不敢爲惡 知其有上帝臨女也."

442 『심경밀험』: "必其未發之時 秉心至平 執德至固 不失中正之禮 然後猝遇可喜可哀可樂之事 其所以應之者 能發而中節. 故曰中曰和 皆得爲位天地. 育萬物之大德."

⑤ 욕심欲心의 관리와 조율을 통한 인성함양

『심경』과 인성함양을 연계하는 다섯 번째는 '욕심을 관리하는 삶'이다. 이는 『심경』 제 30장에 나오는 "마음을 수양함에 욕심을 줄이는 것보다 좋은 것은 없다. 그 사람됨이 욕심이 적다면 설사 그 본래의 마음을 보존하지 못하더라도 잃는 정도가 적다. 그 사람됨이 욕심이 많다면 본래의 마음을 보존하더라도 보존됨이 적다."[443]는 『맹자』「진심장구 하」편에 나오는 말을 인용해서 설명하고 있다.

사람은 누구나 욕심이 있기 마련이다. '욕欲'은 '곤궁할 곡谷'자와 '모자랄 흠欠'자가 결합된 글자이니, '곤궁하고 부족한 상태'로, 뭔가 부족한 것을 채우고 싶어하는 마음을 의미한다. 그래서 사람의 욕심은 '나쁘다'기보다는, '적절한 관리'의 대상으로 인식하는 지혜가 필요하다. 본디 인간에게는 '색色 · 성聲 · 향香 · 미味 · 촉觸', 즉 '오욕五欲'이 작용하기 마련이므로 인간은 이성 간 성性에 대한 욕구, 좋은 음악소리를 듣고 싶은 욕구, 좋은 냄새를 맡고 싶은 욕구, 맛있는 음식을 먹고 싶은 욕구, 좋아하는 것을 만지고 싶은 욕구 등이 있다는 점에서다.

다산은 『심경밀험』에서 "인간의 마음 안에는 본래 욕구의 단서가 있다. 만약 이 욕구의 마음이 없다면 세상만사에서 의욕을 가질 수 없게 된다. 이익에 밝은 자는 욕심이 녹봉의 이로움을 관통하며, 의리에 밝은 사람은 욕심이 도의道義를 추구해 간다. 욕구가 지극하면 두 가지 모두 몸을 죽이더라도 후회하지 않으나, 이른바 탐욕스런 사람은 재물을 위해 죽고 열사

----

443 『심경』「30장」: "養心莫善於寡欲 其爲人也寡欲 雖有不存焉者 寡矣 其爲人也多欲 雖有存焉者 寡矣."

烈士는 명예를 위하여 죽는다는 것이 이것이다."[444]라고 했다. 그리고 이종영에게 보낸 편지에서 "재물에 청렴하고, 이성에 청렴하며, 직위에 청렴해야 한다."[445]라고 이른 것 또한 욕심을 관리하라는 것이다. 이렇듯 사람은 자기의 욕심을 잘 관리하면, 이를 통해서 인성이 함양되는 것이다.

2) 『소학지언』에서 본 '외면의 다스림'

(1) 『소학지언』 개관

『소학지언小學枝言』은 다산이 『소학』의 난해한 부분에 대하여 설명을 붙이고 자신의 견해를 밝힌 책이다. 다산은 "『소학』은 크게 세 가지 의미로 쓰인다. 첫째는 중국의 고대국가 교육제도를 뜻하는 말로 '소학小學'이란 의미, 둘째는 자서字書와 운서韻書로서 한자의 뜻과 음을 풀이하는 '서책류書册類'의 의미, 셋째는 주자朱子와 유자징劉子澄이 아동교재로 편찬한 '유학입문서'를 가리킨다."[446]고 했다. 『소학』은 내편內篇과 외편外篇으로 구성되어 있으며, 내편은 '입교立敎'·'명륜明倫'·'경신敬身'·

••••
444 『심경밀험』: "吾人靈體之內 本有願欲一端. 若無此欲心 卽天下萬事 都無可做. 唯其喩於利者 欲心從利祿上穿去 其喩於義者 欲心從道義上穿去. 欲之至極 二者皆能殺身而無悔 所謂貪夫殉財 烈士殉名也."
445 「위영암군수 이종영 증언」: "子以其一施於財 以其一施於色 又以其一施於職位."
446 김경선, 「다산 정약용의 어문교육 연구」, 선문대학교 박사학위 논문. 2020. 132쪽.

'계고稽古' 등 4장, 외편은 '가언嘉言'·'선행善行' 등 2장으로, 총 6개의 장章으로 구성돼 있다.

주자는 "『소학』은 집을 지을 때 터를 닦고 재목을 준비하는 것이며, 『대학』은 그 터에 재목으로 집을 짓는 것이 된다."고 설명하면서 『소학』은 인간교육의 바탕이 되는 책이라고 했다. 이 책은 유교의 도덕적이고 실천적인 배움의 내용을 강조하는 수신서修身書이기 때문에 성리학에 뜻을 둔 유생儒生뿐만이 아니라 일반인들에게까지 널리 읽혀져 조선시대 전반에 걸쳐 유교의 윤리관을 심는데 크게 기여했다.

조선에서 『소학』이 중시된 것은 성종成宗〔재위 1469~1494〕 대代에 김굉필金宏弼〔1454~1504〕과 중종中宗〔재위 1506년~1544〕 대 김안국金安國〔1478~1543〕에 의해서다. 김굉필은 『소학』은 모든 학문의 기초 입문서인 동시에 인간교육의 절대적인 원리가 되는 중요한 책이라고 주장하였다. 그 자신은 일생 동안 『소학』을 손에서 놓지 않았다 하여 '소학동자小學童子'라는 별호도 생겼다. 김안국은 경상도관찰사로 재임할 때 『소학』을 한글로 번역한 『소학언해』를 발간하여 민간에 널리 보급했으며, 16세기 후반에 율곡은 당시 조선에서 유통되던 『소학』의 주석서에 오류가 있다고 지적하고, 이를 보완하여 『소학집주』를 편찬했다.

다산은 『소학』을 『소학보전小學補箋』, 『소학주관小學珠串』, 『소학지언』 등의 이름으로 편찬했다. 『소학보전』은 40세 때 신유년辛酉年〔1801년〕 정월 두 아들에게 『소학』을 가르치면서 옛 주석을 보완한 것이나 신유옥사辛酉獄事로 인하여 완성시키지 못했다. 『소학주관』은 50세 때〔1811년〕 어린아이들이 공부하는데 반드시 알아야 할 내용 중에서 300조목을 골

라 뽑아 엮은 것이고, 『소학지언』은 54세〔1815〕 때 다산초당에서 저술한
『소학』의 주석서이다.

다산은 유배지에서 두 아들에게 보낸 편지에서 "너희들은 나의 뜻을
잘 알아서 날마다 『소학』 외편에 있는 「가언」과 「선행」을 착실히 본받고
부지런히 지켜서 잠시라도 잊지 말아야 한다. 그렇게 끈기 있게 오래 하
다 보면 모두 감동하고 기뻐하여 저절로 화목해질 것이다."[447]라고 이르
고 있다.

조선 말기인 고종 때에는 박재형朴在馨이 『소학』 가운데 필요한 부분
을 발췌하고 거기에 우리나라 유현儒賢의 '도학道學'·'가언'·'선행' 및
'충신'·'효자'·'열부'의 고사古事를 첨가하여 『해동소학』을 간행하기
도 하였다.

(2) 『소학지언』의 내용으로 본 인성교육

다산은 『소학지언』 머리말에서 '경군敬君'·'경친敬親'·'경신敬身'의
'경敬'을 가르치는 것이 『소학』의 참뜻이라고 밝혔다. 다산은 어린 시절
의 공부가 중요하다는 판단에 따라 『소학지언』을 인성함양의 기본서로,
그리고 『아학편훈의』를 글공부 및 인성함양에 대한 방법을 제시한 책으
로 내놓았다.

『아학편훈의』는 『천자문』과 편성체계를 달리한 책으로, 우리 실정에
맞게 편집되었다. 이를테면 『천자문』은 중국에서 작성된 것을 수입해서

....
447 박석무 편역, 정약용 지음, 『유배지에서 보낸 편지』, 창비, 2019. 172쪽.

그대로 사용하던 책인 반면 『아학편훈의』는 만물의 이치와 인륜의 질서를 사리에 맞게 글자를 나열했을 뿐 아니라 자수字數도 2,000자로 확대하였다. 예컨대 『천자문』은 "하늘은 검고 땅은 누르다."는 '천지현황天地玄黃'과 "우주는 넓고 거칠다."는 '우주홍황宇宙洪荒'으로 시작한다. 그러다 보니 학동들로서는 파란 하늘을 왜 검다고 하는지, 우주를 왜 거칠다고 하는지 등에 대해 의문을 가지게 된다. 하지만 『아학편훈의』는 "하늘이 있고 땅이 있어서 아버지와 어머니가 나를 낳으셨다."는 '천지부모天地父母'와 "임금과 신하는 의리가 있으며 남편과 아내는 유별하다."는 '군신부부君臣夫婦'로 시작된다. 천지天地는 물리物理의 이치를, 부모는 인륜질서의 이치를 떠올리게 하면서 군신과 부부의 본분을 알게 하는 내용이다. 그리고 하나의 글자를 배우면 다른 글자까지 연상시켜서 알 수 있도록 했는데, 이를테면 '이목구비耳目口鼻', '일월성신日月星辰', '풍운우로風雲雨露', '수화토석水火土石', '산천해륙山川海陸', '금은동철金銀銅鐵', '초목화곡草木禾穀', '궁실전궐宮室殿闕', '인의예지仁義禮智', '효제충신孝弟忠信', '시비선악是非善惡', '춘하추동春夏秋冬', '동서남북東西南北', '상하중간上下中間', '언어문답言語問答', '학습기록學習記錄', '인물성정人物性情', '고금사리古今事理', '생사화복生死禍福', '존비귀천尊卑貴賤', '노소장유老小長幼', '청탁고저淸濁高低' 등에서 보듯이 뜻이 서로 통하고 연결되도록 편집했다는 점이다. 다산은 『아학편훈의』 집필을 마친 후 흑산도에 있는 중형〔약전〕에게 편지를 보내 교정을 의뢰하면서 "2천 자를 다 읽고 나면 『시경』을 가르쳐 주어도 절로 통할 것입니다."라면서 자랑하고 있다.

다산이 자녀와 제자를 교육할 때 쓰는 교육방식은 주로 '문답 방식'이었다. 먼저 질문을 던져서 그들이 답변하는 내용을 보고, 그들의 생각과 수준을 파악했다. 또한 그들로 하여금 질문을 하도록 해서 각각의 생각과 수준을 파악하고 나서, 그에 맞는 내용으로 가르치는 맞춤식 교육방식을 적용했던 것이다. 요즘 방식으로 보면, 코칭기법을 적용한 교육방식인 셈이다. 이러한 내용은 「다산문답」, 「소학주관문답」, 「절요문답」, 「예의문답」, 「승암예문」 등에 나타나 있다. 따라서 『소학』의 내용 중에서 인성교육에 연계시켜야 할 내용을 간추려 살펴본다.

① 예절의 습성화와 인성함양

인성교육은 어린 시절부터 예절을 습성화는 것이 중요하다. 이는 『소학』 「서제」의 내용, 즉 "옛날 소학에서는 사람을 가르치되 물 뿌린 다음에 마당을 쓸고 어른을 만나면 인사해야 하며, 나아가고 물러설 때를 아는 것을 예절로 가르쳤다. 부모에게 효도하고 어른을 공경하며, 스승을 존경하고 벗과 친하게 지내는 내용에 관한 것들은 모두 몸을 닦고 집을 정제하며, 나라를 통솔하고 천하를 편안하게 하는 근본이 되는 까닭이다. 그러므로 반드시 그들로 하여금 어렸을 때에 배우고 익히게 하는 것은 그 습관이 지혜와 더불어 성장하고 교화教化가 마음과 더불어 이루어져서, 거슬려 감당하지 못하는 근심을 없게 하고자 함이다."[448]라는 내용이다. 이

----

448 『소학』 「서제」: "古者 小學 教人 以灑掃應待進退之節 愛親敬長隆師親友之道 皆所以 爲修身齊家治國平天下之本. 而必使其講 而習之於幼穉之時 欲其習與智長 化興心成 而無扞格不勝之患也."

런 내용과 방식은 우리의 문화에 잘 맞으며, 이 안에는 인성교육의 방향과 목적, 그리고 인성교육의 이유 등이 잘 설명되어 있다. 하나씩 좀 더 구체화하여 살펴본다.

첫째, 마당 쓸기 전의 물 뿌림 예절[灑掃應對進退之節쇄소응대진퇴지절] 등 기본 교육의 중요성이다. 마당을 쓸게 되면 먼지가 나기 마련이고, 바람이 부는 방향에 따라 상대방에게 피해를 주게 되므로, 먼저 마당에 물을 뿌려서 먼지가 나지 않게 준비된 상태에서 마당을 쓸어야 한다는 점을 가르치고 있다. 이러한 내용을 어려서부터 가르쳐야 하는 이유는, 어린 시절이 고운 마음을 갖고 있는 시기여서 어려서부터 상대방을 배려하는 마음을 키워주어야 하기 때문이다. 이를테면 어린아이가 조용히 있어야 할 도서관 열람실, 또는 열차 객실 등에서 소란을 피운다든지, 아파트에 살면서 아랫집을 의식하지 않고 쿵쿵거린다든지, 또 성인이 되어 윗집을 생각하지 않고 담배를 피우는 일 등은 어려서부터 예절의식이 부족해서 오는 것들이다. 그래서 어른에 대한 인사와 상대를 배려하는 마음은 어려서부터 가르쳐야 하는 것이다. 또한 '어른을 만나면 응하고 답하라'는 내용이 지켜진다면, 엘리베이터 안에서 인사를 나누게 될 것이고, 이웃 간 소통이 좀 더 원활해질 것이다. 상대에게 먼저 인사하는 습성은 소통을 원활하게 할 뿐 아니라 좋은 관계를 이어갈 수 있는 실마리를 제공한다는 점에서 중요하다. 대기업들이 신입사원 집체교육에서 맨 먼저 하는 교육이 '인사 잘하기'인데, 이렇게 하는 이유는 회사의 이미지를 좋게 하고 고객을 섬기는 마음으로 다가가기 위함이다. 그러므로 각자가 '나아가야 할 때와 물러나야 할 때'를 알도록 하는 것을 어려서부터 가르쳐서 습성화해야 한다는 점이다.

둘째, 부모에 대한 효도, 어른 공경, 스승 존경과 벗과의 우정 등에 관한 도리〔愛親敬長隆師親友之道애친경장융사친우지도〕를 가르치는 일이다. 이는 관계의 기본을 가르치는 일로, 이를 통하여 장차 세상을 살아가는데 기초가 되도록 해야 한다. 위 내용은 부모와 어른, 스승과 친구 등의 관계를 통해 수신제가修身齊家 내용이 치국평천하治國平天下로 이어지도록 하고 있다. 『소학』은 『대학』을 배우기 전의 입문서入門書이고, 「대학」은 곧 수신제가치국평천하修身齊家治國平天下의 학문이다. 즉 인간관계의 기본에서부터 출발해야 한다는 것이다. 이런 이유에서 부모에게 효도하고 어른을 공경하며, 스승을 존경하고 벗을 가까이 하는 도리에 대해서 가르쳐야 한다고 강조하고 있다.

셋째, 어렸을 때에 받는 교육의 중요성〔習之於幼穉之時습지어유치지시〕이다. 옛 속담에 "세 살 버릇 여든 간다."는 말이 있는 것은, 어린 시절에 배우고 익힌 것이 오래간다는 뜻이다. 필자도 어린 시절 서당에서 배운 이러한 내용의 기억이 아직도 남아 있다. 그중 대표적인 것이 소학을 배울 때 '쇄소응대진퇴지절灑掃應對進退之節'의 구절이다. 이는 짧은 문장의 표현이지만 성장하면서 세상을 살아갈 때 기본이 되고 기초가 되어준 내용이다. 이렇듯 어린 시절부터 예절을 습성화하는 것이 인성을 함양하는 길이며, 절로 되는 체화體化 교육의 지름길인 것이다.

② '양지養志의 효' 실천과 인성함양

'양지養志의 효'는 『소학』 「명륜편」에 나온다. "효자가 늙으신 부모를 봉양함에는 그 마음으로 즐겁게 하고 그 뜻을 어기지 아니하며, 그 귀와 눈을 즐겁게 하고 그 잠자고 거처하시는 곳을 편안히 하며, 그 음식으로 성심껏 봉양해야 한다. 그러므로 부모가 사랑하는 바를 또한 사랑하고, 부모가 공경하는 바를 또한 공경해야 하거니와, 개와 말에 이르러서도 다 그러하거늘, 하물며 사람에 서랴!"[449]라는 내용은, 자식이 부모를 섬기는 일에 있어서 알아야 할 지극히 기본적인 내용이다. 이는 증자曾子가 한 말인데, 증자는 공자의 제자 중에서 효孝 분야를 계승하고 발전시킨 수제자로 알려져 있다. 공자의 가르침은 증자曾子 → 자사子思 → 맹자孟子로 이어지는데, '양지養志의 효' 실천을 인성교육과 연계하는 방안은 다음과 같다.

첫째, "부모를 봉양함에는 그 마음을 즐겁게 하고, 그 뜻을 어기지 않아야 한다〔孝子養老 樂其心 不違其志효자양로 락기심 불위기지〕."는 내용이다. 효에는 '양지養志'의 효와 '양구체養口體'의 효가 있다. '양지'는 뜻을 거역하지 않는 '대효존친大孝尊親'의 효이고, '양구체'는 물질적으로 불편함이 없도록 봉양하는 효이다. 그런데 이 중에서 비중을 둘 것은 마음을 편케 해드리는 '양지의 효'이다. 물질적으로 불편함이 없도록 봉양해야 하는 이유도 마음을 편안하게 해드리기 위함이기 때문이다. 물질로 봉양하는 것도 마음이 편치 않은 상태에서는 오히려 마음을 상하게 하는 일이 될 수 있다. 이와 관련하여 필자의 경험 사례를 소개한다.

••••
449 『소학』 「명륜편」: "孝子之養老也 樂其心 不違其志 樂其耳目 安其寢處 以其飲食 忠養之. 是故 父母之所愛 亦愛之 父母之所敬 亦敬之 至於犬馬 盡然 而況魚仁乎."

※ 사례: '자식'을 보고 싶어 하는 '노모老母'의 마음

　　필자가 전방에서 연대장을 마치고 국방대학교 교수로 근무하게 되었을 때 어머니는 90세이셨다. 필자의 어머니는 12살에 민며느리로 시집오셔서 15살에 혼례를 올리시고 18살에 큰누님을 낳으신 후 11남매를 두셨다. 딸을 내리 낳으시다가 끝으로 아들 삼형제〔9, 10, 11 번째〕를 두셨는데, 필자는 10번째이자 둘째 아들로 어머니가 연세 40에 낳으셨다. 형과 필자는 서울에서 고등학교를 다녔고 타향他鄕생활로 이어졌기 때문에 막냇동생이 부모님을 모시고 농사를 짓게 되었다. 훗날 3형제가 결혼하고 나서 부모님이 모으신 전답田畓을 아들 3형제에게 나눠주셨다. 필자와 형은 상속받은 전답 모두를 막냇동생에게 등기 이전해 주었다. 그리고 3년 후 아버지께서는 갑자기 고혈압으로 돌아가셨기 때문에 어머니는 72세 때부터 경로당에서 보내는 시간이 많으셨다. 필자는 어머니의 적적함을 들어드리기 위해 하루 다섯 번씩 전화 통화하는 것을 목표로 하여 전화를 드렸다. 그 후 국방대학교〔서울〕에서 근무하게 된 필자는 주말이면 어머니를 찾아뵙고, 어머니 방에서 함께 잠을 자면서 어머니의 말씀을 들어 드리는 주말생활을 10년 쯤 했을 때 100세를 넘기시고 하늘나라로 가셨다.

　　그런데 어머니를 찾아뵙는 금요일〔또는 토요일〕은, 어머니가 경로당에서 여러 어르신들과 함께 계시기 때문에, 약간의 과일이나 주류酒類 등을 사다 드리고 어머니를 집으로 모셔오곤 했다. 그런데 어느 날 제수씨가 "서방님, 이제부터는 경로당에 아무것도 사다 드리지 마시고 어머니만 모시고 오세요. 노인분들이 안 좋아하세요."라고 말하는 것이었다. 제수씨의 이야기인즉 그 분들은 "내 아들들은 1년에 한번 만나 보기도 어려운데 저 집 아들은 매주 오면서 무엇을 사들고 오니, 아들에 대한 생각으로 마음이 편치 않다고 하세요."라는 것이었다. 필자로서는 어렸을 때부터 같은 마을에 사신 분들이라 당연한 도리라고 생각했는데, 뜻밖이었다. 그 후로 필자는 반갑게 인사만 드리고 어머니를 모시고 집으로 가곤 했다.

이런 경우처럼 남에게 받는 물질적 선물이 그렇게 반가운 것만은 아니고, 때로는 마음을 불편하게 할 수도 있다는 것이다. 이렇듯 어른들의 마음을 편하게 해드리는 것이 경로敬老의 기본이라는 사실을 알게 된 소중한 경험이다.

둘째, "부모님의 귀와 눈을 즐겁게 하고, 잠자리를 편안히 해드려야 한다〔樂其耳目 安其寢處락기이목 안기침처〕."는 내용이다. 연로하신 부모님들이 가장 걱정하시는 것은, 필자의 경험으로 볼 때 두 가지다. 하나는 노인요양원에 가시게 되는 일이고, 또 하나는 자식들로부터 소외당하는 일이다. 필자의 노모는 백세를 넘기신 해에 점심을 잡숫고 낮잠을 주무시던 중에 별세하셨다. 아무도 임종臨終을 못한 것이 자식으로서는 한恨이다. 10여 년 동안 주말마다 고향에 가서 노모와 대화를 나눴던 필자는, 어머니로부터 노인들이 원하시고 바라시는 것이 무엇인지를 알게 되었다. 어머니께서도 첫 번째로 원하시는 것이 요양원 안 가시고 집에서 돌아가시는 것이었다. 그리고 특별히 당부하신 내용이 "배운 자식답게 처신하라"는 말씀이셨다. 필자의 부모님은 아들 3형제 모두를 중학교에 진학시키셨는데, 아들 모두를 중학교에 진학시킨 집은 마을에서 우리 집뿐이었다. 또래 대부분은 초등학교 졸업과 동시에 석공수石工手로 취업했다. 그래서 어머니는 "너희 3형제는 배운 자식들인데, 혹시라도 나를 요양원에 보내면 동네 사람들이 '배운 자식도 별 수 없네!'라고 흉을 볼 것이다."라는 말씀을 자주 하셨다. 그러면 필자는 "알았어요. 어머니!, 그런데 어머니가 만일 치매에 걸리시면 동생 내외가 농사일 때문에 모시기가 어려워 요양원에 모실 수밖에 없어요. 그러니 어머니께서도 치매에 걸리지 않도록 노력하셔야 해요. 그러니 속상하신 일 있으시면 저에게 말씀해 주세요."하면서 소위 말하는 치매를 예방시켜 드리는 역할'을 필자가 맡았다. 어머니께서는 도시생활을 답답해 하셔서, 서울 아들 집에 오시면 한 달을 넘기지 못하시고 시골에 데려다 달라고 성화이셨다. 그래서 필자가 주말에 고향집으로 찾아뵙고, 평일에는 전화로 대화하는 방법을 택했다. 이러한 모습을 보는 필자의 아내와 세 딸이, 처음에는 "이제 후방으로 나오셨으니 가족과 함께 주말을 보내셔야지, 왜 할머니한테만 가세요?'라면서 다소 불만이었다. 그렇지만 아내와 딸들이 필자의 설명을 듣고 필자와 동행하여 어머니를 뵙는 일이 잦아지면서, 아내와 세 딸도 어머니를 기쁘게 해드리는 일에 동참하게 되었다. 결과적으로 어머니에 대한 효행과 세 딸에 대한 인성교육이 절로 되는 일석이조一石二鳥의 효과였다.

셋째, "부모가 사랑하는 바를 또한 사랑하고, 부모가 공경하는 바를 또한 공경해야 한다〔父母之所愛 亦愛之부모지소애 역애지, 父母之所敬 亦敬之부모지소경 역경지〕."는 내용이다. 앞서 설명했듯이 효도는 부모의 마음을 기쁘게 해드리는 것이 제일 중요하고, 기쁘게 해드리는 방법 중에는 부모님이 좋아하시는 것을 함께 좋아하고, 부모님이 공경하시는 것을 따라 공경해드리는 것이다. 부모님이 무얼 좋아하시는지, 어떻게 해드리면 좋아하시는지는 자식이면 누구나 알 수 있고, 관심만 가지면 얼마든지 기쁘게 해드릴 수 있다. 그러나 '공경하시는 것을 공경하는 것'은 종교적으로나 이념적으로 다소 차이가 있을 수 있다. 그중에 효의 관점에서 이해해야 할 것은 '종교적 효'에 관해서이다. 예컨대 부모님의 종교와 자식의 종교가 다를 경우, 부모님 기일이 되어 제사를 모실 때는 '공경하는 것을 공경해 드리는 관점'에서 보면, 부모님의 종교의식으로 제사를 모시는 것이 맞다. 일부 가정의 경우 형제 남매지간에 종교가 달라서 제삿날에 각각의 종교의식으로 할 것을 주장하다가 불화로 이어지는 경우도 있는데, '부모님이 공경하시던 것을 공경하는 자식의 도리'를 기준으로 결정하면 해결될 일이다. 이렇게 할 때 자식의 자식들이 의좋은 아버지 형제자매들의 모습을 보고 따라하게 되고, 의좋은 4촌·의좋은 6촌 관계를 유지할 수 있으며, 이러한 과정이 바로 인성교육인 것이다.

③ 스승에 대한 배움의 자세와 예절을 통한 인성함양

'배움의 자세와 예절'을 갖추는 일은 어린 시절에 받게 되는 교육일수록 효과가 크다. 이는 『소학』「입교편」에 "선생이 가르침을 베풀면 제자는 이를 본받아서 온화하고 공손하고 스스로 겸허하여 배움을 받는 바를 극진히 해야 한다. 착함을 보면 따르고 옳음을 들으면 행하며, 온화하고 유순하고 효도하고 공경하여 교만하게 힘을 믿지 말아야 한다. 뜻은 거짓되고 간사하지 말고, 행실은 반드시 바르고 곧아야 하며, 놀고 거함에 떳떳함을 두어 반드시 덕이 있는 가운데 나가야 한다."[450]고 했다. 이 내용은 『관자』「제자직」편에 나오는 내용으로, 중국 최고의 재상으로 꼽히는 관중管仲과 포숙아鮑叔牙의 관계를 표현하는 '관포지교管鮑之交'로 유명한 사례이다.

••••
450 『소학』「입교편」: "先生施敎 弟子是則 溫恭自虛 所愛視極. 見善從之 聞義則服 溫柔孝弟 母驕恃力. 志母虛邪 行必正直 遊居有常 必就有德."

관중의 가르침을 후대의 사람들이 썼다는 내용인데, 제자들이 지켜야 하는 법도에 대해 기술한 것이다. 여기에는 배움의 태도뿐 아니라 식사, 청소, 잠자리 돌보기 등이 상세하게 기록돼 있다. 이 책의 첫 부분에 나오는 내용이 "선생님이 가르침을 베풀 때 제자는 이를 본받아야 할 것인즉, 온화하고 공손한 태도로 겸허하게 배워 이를 극진히 실천해야 한다."고 한 것이다. 이 내용을 인성교육과 연계하면 다음과 같은 내용이다.

첫째, "선생님이 베푸는 가르침을 본받아야 한다〔先生施教 弟子是則선생시교 제자시칙〕."는 내용이다. 선생先生의 의미는 '세상에 먼저 태어나신 분'이다. 그렇기 때문에 연세도 많고 학식이 많으시다. 그러니 학생으로서는 배워야 할 것이 많을 수밖에 없다. 요즈음 "학원에 가서 공부하고 학교에 가서 잠잔다."는 말이 회자 될 정도로 학교교육에 대한 신뢰도가 떨어져 있는데, 이는 학교 당국과 교사의 문제이기 이전에 입시 위주의 교육풍토, 그리고 잘못된 가정교육과 연관돼 있다. 학교에 가서 스승의 가르침을 받는 기본자세가 갖춰지도록 부모의 교육이 뒷받침되어야 한다.

둘째, "온화하고 공손한 태도로 배워 극진히 수용해야 한다〔溫恭自虛 所受是極온공자허 소수시극〕."는 내용이다. '溫恭自虛온공자허'는 "겸허하게 스승의 가르침을 받으며 자기 의견을 고집하지 않는다."는 뜻이다. 서양 격언에 "부모로부터는 생명을 받았고 스승으로부터는 생명을 보람 있게 살아가는 것을 배웠다."는 말이 있다. 또한 맹자는 '역자교지易子敎之'라고 하여 "예절과 윤리 등에 대해서는 이웃끼리 자식을 서로 바꾸어서 가르쳐야 한다."고 했다. 부모를 대신하는 스승의 역할에 대한 표현이다.

배움에 있어서 스승의 가르침을 받아들이는 자세는 매우 중요하다. 가정의 부모는 몇 사람의 자녀를 가르치지만 학교의 스승은 수십 명의 제자를 가르친다. 그러면서 제자마다 개성을 감안하여 올바른 길로 인도한다. 그래서 '군사부일체君師父一體'라고 하고, '스승의 그림자는 밟지도 않는다〔雁行避影안행피영: 기러기처럼 그림자를 피해서 간다.〕'고 여겨왔다. 유치원생에서 대학생에 이르기까지 배우는 과정에서 개인별 차이는 있겠지만, 스승의 가르침을 따르는 예의와 자세는 같아야 한다. 특히 우리나라는 '스승의 날' 조차 지켜 나가기가 어려운데, 이러한 교육현장의 현실은 어른들의 잘못으로 초래된 것이다. 학부모와 학생이 스승을 받드는 풍토를 조성하는 것도 인성교육의 일환임을 알아야 한다.

셋째, "착함을 보면 따르고 옳음을 들으면 행하는 자세를 견지해야 한다〔見善從之 聞義則服견선종지 문의즉복〕."는 내용이다. '견선종지見善從之'에서 '선善'은 단순히 '착하다'는 뜻만이 아니라 '좋다', '훌륭하다', '잘하다', '옳게 여기다' 등 '착하고 정당하여 도덕적 기준에 맞는다.'는 의미를 지진 글자이다. 그리고 '의義'는 올바름을 상징하는 글자이니, 선善과 의義에는 '올바름'의 의미가 들어 있다. 다만 선善이 '개인적인 판단의 올바름'이라면, 의義는 '공의적인 관점의 올바름'이라는 차이가 있다. 『논어』에 "어진 이를 보면 그와 같이 되기를 생각하고, 어질지 못한 사람을 보면 나 자신을 살펴 반성한다."[451]고 했는데, '선善'과 '의義'를 통해 어진 사람을 본받는 정신을 가지는 것이 인성을 올바르게 함양하는 길이다.

----

451 『논어』「이인편」: "見賢思齊焉 見不賢而內自省也."

넷째, "뜻은 거짓되고 간사하지 말며, 행실은 반드시 바르고 곧아야 한다〔志毋虛邪 行必正直지무허사 행필정직〕."는 내용이다. 여기서 '지志'는 '뜻', '의향' 등을 의미하는 글자로 '마음이 가는 바'를 뜻하고, '사邪'자는 '간사하다', '바르지 못하다', '사악하다' 등을 뜻하는 글자이다. 즉 수업에 임하는 제자의 '마음가짐'에 관한 것이다. 그리고 '행行'은 '몸가짐'에 해당한다. 다산은 아들과 제자에게 '3사재·3습〔三斯齋·三習〕'을 강조했다. 첫 번째, "몸을 움직일 때 비스듬히 눕지 않는다〔動容貌동용모〕.", 두 번째, "말을 할 때 상소리를 내뱉지 않는다〔出辭氣출사기〕.", 세 번째는 "얼굴빛을 바르게 한다〔正顔色정안색〕."는 것으로, 배우는 사람으로서의 자세를 밝힌 것이다. 그러나 요즈음 세태는, 비록 일부이긴 하지만 스승에게 대하는 태도가 옛날 같지 않다. 학부모는 물론이고 심지어 제자들까지도 스승에 대해 폭력과 폭언까지 하는 일까지 일어난다. 이처럼 교권이 서지 않는 것은 제자들의 버릇이 나빠서이긴 하지만, 그러나 이는 가정에서 부모의 교육이 뒷받침되지 못한 것이 더 큰 이유라고 본다. 교권확립에 관심을 기울여야 할 때이다.

④ 친구의 소중함에 대한 인식과 인성함양

인성을 함양함에 있어서 '친구의 소중함'을 알게 하는 일은 중요하다. 이는 『소학』「명륜편」에 "벗에는 유익함을 주는 벗이 셋이 있고, 해로움을 주는 벗도 셋이 있다. 정직한 사람을 벗하고, 성실한 사람을 벗하고, 견문이 많은 사람을 벗하면 유익하다. 마음이 바르지 못한 사람을 벗하고, 행동이 성실하지 못한 사람을 벗하고, 말 잘하고 아는 것이 없는 사람을 벗하면 해롭다."[452]는 표현은 이를 말해주고 있다. 이렇듯 친구관계에 의해 이루어지는 인성교육도 중요하다.

옛날부터 우리는 "부모 팔아 친구 산다."는 말이 있을 정도로 친구 사귐을 중시했다. 그래서 어린 시절부터 좋은 친구를 사귈 것을 권한다. 그러나 어린 시절에는 어떤 친구가 유익함을 주고, 어떤 친구가 해로움을 주는지를 분간하기가 어렵다. 그런 가운데서도 분별해서 친구를 사귀어야 한다는 점을 강조하는 내용이다.

다산은 자식들에게 유배지에서 보내는 편지에서, 친구를 사귈 때 감안해야 할 내용을 가르쳤는데, 그 기준이 '오교五教'였다. 즉 '부·모·형·제·자'의 관계에서, 부모한테 잘못하는 사람, 형제끼리 우애롭지 못한 사람과 친구해서는 안 된다는 점을 강조한 것이다. 가까운 혈육끼리 우애하지 못하면서 친구에게 호의를 베푸는 사람은 언젠가는 나쁜 마음을 가질 수 있다는 점에서이다. 그래서 좋은 친구를 만나 교유交遊하는 것이 인성함양에 도움이 된다는 것이다.

⑤ 간쟁諫爭의 효를 통한 인성함양

'간쟁의 효'는 부모님에 대하여 정중한 태도로 간諫함으로써 바르게 처신하시도록 하는 과정을 통해 인성이 함양되도록 하는 것이다. 이는 『소학』「계고편」에 "부모에게 잘못이 있으면 자식은 세 번 간하여 듣지 아니하면 따르면서 울고, 신하가 임금에게 세 번 간하여도 듣지 아니하면

----

452 『소학』「명륜편」: "益者三友 損者三友 友直 友諒 友多聞 益矣, 友便辟 友善柔 友便佞 損矣."

그 의리를 버리고 떠날 수 있다."[453]고 했다. 간쟁의 효는『효경』을 비롯한 『논어』와 『예기』 등에도 나온다. '간쟁諫爭'은 부모나 어른, 임금 등에게 옳지 못하거나 잘못된 일이 있을 경우 고치도록 간절히 말하는 것을 말한다. 이를 부모에 대한 간쟁과 상관에 대한 간쟁으로 구분해서 살펴본다.

첫째, "부모의 잘못이 있을 때 간쟁을 해야 하고, 부모가 듣지 아니할 때는 따르면서 울어야 한다〔父有過子三諫而부유과자삼간이 不聽則隨而號之 불청즉수이호지〕."는 내용이다. 부모와 자식은 골육骨肉의 관계이므로 울면서 따르는 자식의 모습을 본 부모는 자식이 측은해서 자신의 잘못을 되돌아보게 되고, 결국 부모에게도 도심道心이 작용하게 돼서 결국에는 자신의 잘못을 고치게 된다는 것이다. 또한 '간쟁의 효'를 이해하기 위해서는 기존 효 교육에 대한 인식 전환이 필요하다. 우리가 배운 효는 대체적으로 '순종하는 것', '부모에게 말대꾸하면 안 되는 것'이었고, 그렇게 가르쳐 왔다. 이는 어디까지나 부모의 입장, 어른의 입장에서 '경로효친敬老孝親'을 교육해온 탓이다. 그러나 효는 '가족사랑', '가정윤리', '세대공감' 등의 표현에서 보듯이, 쌍방향적 입장의 '상호작용'이고 '관계의 실마리'로 보아야 한다. 다산은 '오교五教'에서 효를 '부·모·형·제·자父母兄弟子'의 관계로 보았다. 즉 "아버지〔父〕는 의로워야〔義〕 하고 어머니〔母〕는 자애로워야〔慈〕 하며, 형兄은 우애〔友〕롭고 동생〔弟〕은 공손해야〔恭〕 하며, 자식〔子〕은 효도〔孝〕해야 한다."는 것이다. 이를 요약하면 효제자孝弟慈이고 줄이면 효孝인데, 이는 가정윤리·가족사랑의 개념이고 인간관계

----

453 『소학』「계고편」: "父子 有骨肉 而臣主 以義屬故 父有過 子三諫而 不聽 則隨而號之. 人臣 三諫而不聽 則其義可以去矣 於是 遂行."

의 시작이므로 사회결속의 바탕이 되는 윤리이다. 그래서 다산은 모든 학문의 근본이 '오교'에 있고, 오교는 보편적 가치인 '효'를 바탕으로 한다고 했다.

다산이 밝힌 효는 퇴계와 율곡이 강조하던 효와는 다소 차이가 있다. 효와 관련된 공자의 가르침이 증자를 통해 자사로, 자사를 통해 맹자로, 맹자 다음에 주자 등으로 이어졌는데, 조선시대의 효는 주자의 효를 퇴계와 율곡을 통해서 전해오다가 조선 후기에 다산이「곡산향교권효문」,「효자론」,「원원原怨」 등을 통해서 실사구시實事求是적 효 개념을 제시했다. 퇴계나 율곡은 주자의 효를 그대로 계승하여 전파한 반면에 다산은 주자의 효 중에서 계승할 것은 계승하면서 잘못 인식되고 있는 효를 지적해서 바로잡은 것이다.

다산은「유곡산향교권효문」에서 "허벅지 살을 베어서 부모에게 요리해드린 일이나, 부모의 변便을 맛보아 약을 지어드린 일, 호랑이가 등에 타라고 땅을 긁는 일, 얼음 속에서 잉어가 튀어 나오고 겨울에 죽순이 솟아나는 일 등의 신령함으로 효를 표현한 것은 옳지 않은 것이다." 그리고 "남편이 아랫목에서 병들어 죽었는데, 부모 봉양과 자녀 부양을 하지 않고 뒤따라 죽은 아내를 '열녀烈女'로 칭하고, '정려문旌閭門'을 세우는 일은 잘못된 것이다."라면서 하종下從 제도에 대해서 비판함과 함께 인식 전환의 필요성을 제시했다. 또한 다산은「원원原怨」에서 "부모가 잘못하는 일이 있으면 부모를 원망해서 잘못을 막아야 한다. 부모가 실수를 해서 욕을 먹게 되면, 부모가 덕을 잃게 되고 자녀 또한 피해를 보게 되기 때문이다."라고 했다. 결과적으로는 부모에게 무조건 순종하는 것은 진정한 효가 아닌 것이다. 이밖에도 『논어고금주』, 『맹자요의』, 『중용자잠』, 『대학공의』, 『심경밀험』, 『목민심서』 등의 효를 종합해 보면 '진정한 효는 부모가 원하는 바를 따르는 것'에서 찾아야 한다. 그렇기 때문에 '자식을 사랑하고 형제끼리 우애로 지내는 것'이 진정한 효인 것이다.

사람은 누구나 누군가의 자식이면서 누군가의 부모이다. 때문에 자식이나 손주에게 소통이 잘 되는 부모와 조부모의 모습을 보여주는 것, 그 자체가 교육이다. 이런 점에서 부모에 대해 간쟁할 수 있어야 하며, '간쟁의 효'를 인성교육과 연계해야 한다. 그리고 이를 위해서는 '순종의 효' 개념에서 '하모니의 효' 개념으로의 인식 전환이 필요하다. 보편적 가치인 효가 가지는 '효의 기본원리'[454], '효의 본질적 의미'[455], '효의 개념적 의미'[456], '효의 실천적 의미'[457] 등에 기초한 효를 가르쳐야 하는 것이다.

둘째, "신하가 임금에게 세 번 간하여도 듣지 아니하면 그 의리를 버리고 떠날 수 있다〔人臣三諫而不聽인신삼간이불청 則其義可以去矣즉기의가이거의〕."는 내용이다. 임금과 신하는 의리로 이어져 있는 충忠의 관계이다. 그러므로 의義를 위한 간쟁을 받아들여주지 않으면 과감히 갈라서라는 것이다. 우리 민족은 예부터 '충효일신忠孝一身', '충효일본忠孝一本', "충과 효는 손의 양면과 같다.", "효자가문에서 충신난다〔求忠臣 必於孝子之門구충신 필어효자지문〕."고 여겨왔다. 그러나 충효忠孝를 사덕四德이나 오상五常

••••
454 김종두, 『효패러다임의 현대적 해석』, 명문당, 2016. 161~178쪽.
455 김종두, 『효패러다임의 현대적 해석』, 명문당, 2016. 190~193쪽.
456 김종두, 『효패러다임의 현대적 해석』, 명문당, 2016. 194~214쪽.
457 김종두, 『효패러다임의 현대적 해석』, 명문당, 2016. 215~260쪽.

등과 연계하면 효는 인仁과 예禮에 가깝고, 충은 의義와 신信에 가깝다.

본디 충은 '가운데 중中' 자와 '마음 심心' 자가 결합된 글자이니 '마음의 중심'을 상징하는 글자이다. 때문에 충忠은 참된 마음이라는 '진심眞心', 마음을 다한다는 '진심盡心', 정성을 다하는 '성심誠心', 속에 있는 마음을 다하는 '충심衷心' 등의 의미가 들어있다. 따라서 충을 임금과 신하의 관계, 군대에서 상급자와 하급자의 관계에서 요구되는 덕목이 아니라 개인과 조직〔국가〕의 관계로 보는 것이 옳다. 왜냐하면 충의 대상은 사람이 아니라 조직〔국가〕이기 때문이다. 때문에 군인을 비롯한 공직자들의 입장에서 충의 대상은 '상급자'가 아니라 '국가'와 '국민', 그리고 '영토'와 '직무'로 보아야 한다. '상급자'는 '국가'를 향하는 길목에 있는 존재일 뿐이다. 이런 의미에서 "세 번 간諫해서 듣지 아니하면 그 의리를 버리고 떠날 수 있다."고 한 것이다. 이런 마음의 자세로 세상을 살아가도록 하는 것이 인성교육이다.

3) 『유배지에서 보낸 편지』에서 본 인성교육

(1) 『유배지에서 보낸 편지』 개관

『유배지에서 보낸 편지』[458]는 다산이 경상도 장기長鬐와 전라도 강진

●●●●
458 박석무 편역, 정약용 지음, 『유배지에서 보낸 편지』, 창비, 2019.

康津에서 햇수로 18년 동안 유배생활을 하면서 고향에 있는 부인과 자녀, 흑산도에서 유배생활을 하던 중형〔약전〕, 그리고 제자 등 지인들에게 보낸 편지를 다산연구소 박석무 이사장이 편역編譯한 책이다.

다산이 썼던 편지는 『여유당 전서』 제1집 18권과 21권에 실려 있다. 이 내용을 1979년에 다산선생 연구가 박석무 이사장이 한글판으로 편역하고 조태일 시인이 운영하는 시인사詩人社에서 초판을 발행하면서 세상에 알려지게 되었다. 그리고 2020년 10월 30일 출간된 지 40여 년이 경과하면서 81쇄가 출판되는 등 베스트셀러로 읽혀지고 있는 책이기도 하다.

번역된 편지는 총 61편이다. 자식에게 보낸 편지 26편, 두 아들에게 준 가계家誡 9편, 흑산도의 중형仲兄과 서제庶弟 약횡若橫에게 보낸 편지 14〔13+1〕편, 제자에게 보낸 편지 12편 등인데, 자식에게 보낸 26편 중에는 장기長鬐에서 쓴 편지가 한 통 있다.

아들에게 보낸 편지〔26편〕는 '부칠 기寄' 자를 써서 "두 아들에게 부친다."는 '기이아寄二兒' 5편, "큰아들 학연에게 부친다."는 '기연아寄淵兒' 1편, "두 아들에게 부친다."는 '기양아寄兩兒' 11편, '보일 시示' 자를 써서 "두 아들 보아라."는 '시이아示二兒' 2편, "두 아들 보아라."는 '시양아示兩兒' 1편, "두 아들에게 답한다."는 '답이아答二兒' 2편, "두 아들에게 답한다."는 '답양아答兩兒' 3편, "학연에게 답한다."는 '답연아答淵兒' 1편 등이다.

아들에게 준 가계〔9편〕는 학연에게 주는 '시학연가계示學淵家誡' 1편, 두 아들에게 주는 가계 '시이자가계示二子家誡' 4편, 또 두 아들에게 주는 가계 '우시이자가계又示二子家誡' 1편, 두 아들에게 주는 가계 '시이아가계示二兒家誡' 1편, 학연에게 주는 가계 '신학연가계贐學淵家誡' 1편, 학연에게 주는 가계 '시학연가계示學淵家誡' 1편 등이다.

흑산도 형과 아우에게 보낸 편지〔14편〕는 형님께 올린다는 '상중씨上仲氏' 4편, 형님께 답한다는 '답중씨答仲氏' 9편, 아우 약횡에게 보낸다는 '우위서제횡증언又爲庶弟鐄贈言 1편' 등이다.

제자에게 보낸 편지〔12편〕는 윤종문尹鍾文에게 2편, 윤종억尹鍾億에게 1편, 다산茶山 학생에게 1편, 이종영李鍾英에게 2편, 정수칠丁修七에게 1편, 윤종심尹鍾心에게 1편, 초의草衣에게 1편, 이인영李仁榮에게 1편, 기어자홍騎漁慈弘〔혜장의 제자〕에게 1편, 변지의라는 청년에게 1편 등이 있는데, 여기에서는 자녀에게 쓴 편지 중에서 인성교육과 연관되는 내용을 중심으로 살펴본다.

(2) 『유배지에서 보낸 편지』 내용으로 본 인성교육

유배생활 기간 중에 보낸 편지는 아버지가 자식에게 전하는 진솔함과 간절함이 배어있는 내용이라는 점에서 교육적 가치가 크다. 아버지가 아들에게 쓴 편지이니 가장 소중한 마음을 담았을 것이다. 또한 언제 사약賜藥이 내려올지, 어떤 모함으로 붙잡혀 갈지 모르는 불안정한 처지에서 자녀에게 간절한 마음으로 쓴 편지라는 점에서, 애처롭기까지 하다. 오늘날 부모 세대들이 되새겨봐야 할 내용이다.

이 편지를 읽는 사람은 부모의 입장에서 생각해 볼 수 있고, 또 자식의 입장에서도 생각해볼 수 있다. 만일 내가 부모로서 다산과 같은 처지에 있었다면 '과연 나는 어떠했을까?', 또 자식의 입장에서 두 아들〔학연, 학유〕과 같은 처지에 있었다면 '나는 어떠했을까' 라는 점에서다.

편지글을 읽다 보면, 다산은 아들에게 글쓰기와 학문 연구를 끝까지 포기하지 말 것을 강권한다. 다산의 그러한 교육관은 지금 시대의 학부모들과 비슷하다고 할 수 있지만, 천 리 타향에 유배되어 있는 가장으로서, 폐족이 된 신분을 면하기 위해서는 오직 독서만이 폐족을 면할 수 있다면서, 학문을 꾸준히 하는 것만이 선비다운 일임을 간절한 마음으로 당부하고 있음을 발견하게 된다.

"내가 집에 함께 있으면서 너희들을 가르칠 수 있다면 난 이렇게 걱정하지 않을 것이다. 하지만 나는 지금, 멀리 귀양 와서 풍토병에 시달리면서 겨우 목숨을 부지한 채 외롭고 불쌍하게 지내고 있다. 나는 밤낮으로 너희들에게 희망을 걸고 마음속에 담긴 뜨거운 마음을 쏟아 편지를 보내고 있는데, 너희들은 이것을 한번 얼핏 읽어보고 고리짝 속에 처넣고는 다시는 마음에 두지 않아서야 되겠느냐?〈중략〉, 내가 지금까지 너희들 공부에 대해서 글과 편지로 수없이 권했는데도, 너희는 아직 경전經傳이나 예악禮樂에 관해 하나도 나에게 질문을 해오지 않고 역사책에 관한 논의도 하지 않고 있으니 어찌된 셈이냐?, 사람들이 천하게 여기고 세상에서 얕잡아보는 것도 서글픈 일일진대, 하물며 지금 너희들은 스스로를 천하게 여기고 얕잡아보고 있으니 스스로를 비참하게 만드는 일이다. 어찌 글공부에는 그 아비의 버릇을 이을 줄 모르고 주량만 아비를 훨씬 넘어서는 거냐? 이거야말로 좋지 못한 소식이구나."〔1803년 1월 1일, 기양아寄兩兒〕

두 아들에게 다그침과 설득을 반복하고 있음을 볼 수 있다. 다산의 편지를 읽다 보면 그가 가족을 얼마나 사랑하고 소중히 여겼는지를 알 수 있다. 그리고 두 아들은 아버지의 간절한 바람대로 '호독好讀'의 삶을 살았다. 그 결과 큰아들 학연學淵은 69세 되던 해〔1852년, 다산 사후 16년〕에 음직으로 '선공감 감역〔종9품〕'을 거쳐 '사옹원주부主簿〔종6품〕' 벼슬에 올라 폐족을 면했고, 막내 학유學遊는 학자로 성장해서 추사 김정희金正喜, 초의草衣 등과 어깨를 나란히 하며 『농가월령가農家月令歌』를 남겼다. 다산의 편지에서 인성교육과 관련된 내용을 간추려 본다.

① '효도〔孝〕'와 '우애〔弟〕'는 인성교육의 기본

다산이 자식에게 보낸 편지에서 가장 많은 비중을 차지한 내용은 '효제孝弟'이다. 부모님과 숙부님에 대한 효도와 형제의 돈독한 우애를 당부하고 있다. 다산은 자식들에게 강조했을 뿐 아니라 자신도 실천했다. 이는 다산이 40세〔1801년〕 2월 27일 약전 형과 함께 유배지로〔약전: 신지도, 약용: 장기〕 이동하던 중인 3월 2일 하담荷潭 선영에 도착해서 부모님께 하직 인사를 드린 내용에 나온다. 부모님이 묻혀 계신 선산에 성묘하면서 느낀 감정을 자식들에게 편지로 다음과 같이 적어 보냈다.

"나는 길 떠난 후 나날이 몸과 기운이 좋아지고 있다. 그믐날 죽산竹山에서 잠을 자고 초하룻날에는 가흥嘉興에서 묵었고, 이제 막 아버님 묘소에 도착해서 걷잡을 수 없는 눈물을 한바탕 뿌렸구나. 아버님 묘소가 있는 곳을 지나게 해주시니 어딘들 임금의 은혜가 미치지 않는 곳이 있겠느냐, 감사하고 감사할 뿐이다. 떠나올 때 보니 너희 어머니 얼굴이 몹시 안됐더라. 늘 잊지 말고 음식 대접과 약 시중을 잘 해드려라."

다산이 경북 장기에 도착해 마현리 군교軍校 성선봉成善封의 집에 거처를 마련하고 3월 9일에 쓴 편지다. 이후 10월 20일, 황사영 백서사건이 일어나 서울로 압송되기 전까지 성선봉의 집에 머물렀다. 다음 편지는 다음 해[1802년] 강진으로 전배되어 12월 22일에 쓴 '두 아들에게 부친다[寄二兒기이아]'는 편지 내용이다.

"어버이를 섬기는 일은 그 뜻을 거역하지 않는 것이 가장 중요하다. 여인들은 의복이나 음식, 거처에 관심이 많으므로 어머니를 섬기는 사람은 사소한 일에 유의해야만 효성으로 섬길 수 있을 것이다.", "두 아들이 효자가 되고 두 며느리가 효부가 된다면 나야 유배지에서 이대로 늙어 죽는다 해도 아무 유감이 없겠다. 힘쓸지어다. 그리고 큰아버지〔정약현〕에 대한 효도를 내게 하듯 해야 한다."

다산은 부모에 대한 효도만이 아니라 자식을 사랑하는 마음이 깊었음을 볼 수 있다. 그해 12월에 막내아들 농장農牂이 생후 35개월 만에 죽었다는 편지를 받고 나서 '두 아들에게 답한다〔答兩兒답양아〕'는 편지에 다음과 같은 내용이 나온다.

"우리 농아가 죽었다니 비참하구나. 가련한 아이…, 내가 이렇듯 먼

바닷가에 와 있어서 못 본 지가 무척 오래인데… 생사고락의 이치를 조금 깨달았다는 나의 애달픔이 이러할 진대, 하물며 아이를 품속에서 꺼내어 흙구덩이 속에 집어넣은 네 어머니의 슬픔이야 어찌 헤아리랴! 그 애가 살았을 때 어리광부리던 말 한 마디 한 마디, 귀엽기만 하던 하나하나가 기특하고 어여쁘게만 생각되어 귓가에 쟁쟁하고 눈앞에 삼삼할 것이다.〈중략〉아무쪼록 너희들은 마음과 뜻을 다 바쳐 어머니를 섬겨 오래 사시도록 하여라.”

다산은 “막내아들 무덤 앞에서 울면서 읽어주라.”고 큰아들 학연에게 보낸 「농아광지農兒壙誌」에 다음과 같이 기록했다.

“만약 내가 네 곁에 있었다 하더라도 꼭 너를 살릴 수는 없었을 것이다. 그렇지만 네 어머니 편지에 네가 ‘아버지 돌아오셔요. 제가 홍역에 걸렸어요. 아버지 돌아오셔요. 제가 천연두에 걸려 있어요.’ 라고 하였다는구나〈중략〉. 너의 소원을 이루지 못했으니, 정말 슬픈 일이구나. 신유년〔1801, 순조 1〕 겨울에 과천果川의 주막에서 네 어머니가 너를 안고 나를 전송할 적에, 네 어머니가 나를 가리키며 ‘저분이 너의 아버지이시란다.’ 라고 하자, 네가 따라서 나를 가리키며 ‘우리 아버지다.’ 라고 했으나, 너는 아버지가 아버지인 줄은 사실은 몰랐을 것이다.〈중략〉고향 쪽으로 가는 사람이 있기에 내가 소라 껍질 두 개를 너에게 주라고 보냈더니라. 네 어머니의 편지에 ‘애가 강진에서 사람이 올 때마다 소라 껍질을 찾다가 받지 못하면 풀이 죽곤 하였는데, 애가 죽어서야 소라 껍질이 도착했답니다.’ 라고 했으니, 참 슬픈 일이로다. 네 모습은 깎아 놓은 듯이 빼어났는데, 코 왼쪽에 조그마한 검은 점이 있고, 웃을 적에는 양쪽 송곳니가 드러났었지. 아아! 나는 오로지 네 모습이 생각나서 이러는 것이지 되는대로 너에게 이야기하는 것은 아니다."

다산은 또 1810년 초가을 '두 아들에게 주는 가훈의 글〔示二兒家誡시이아가계〕'에서 형제뿐 아니라 사촌 간에도 잘 지내야 한다는 점을 다음과 같이 당부하고 있다.

"효孝와 제弟는 인仁을 행하는 근본이다. 그러나 부모를 사랑하고 그 형제끼리 우애하는 사람쯤이야 세상에 많이 있으니 그것만으로는 치켜세울 만한 행실이라 할 수 없다. 큰아버지나 작은아버지가 형제의 아들을 자기 아들처럼 여기고, 형제의 아들들이 큰아버지나 작은아버지를 자기 아버지처럼 여기고, 사촌 형제끼리 서로 친형제처럼 사랑해서 집에 온 손님이 열흘 넘도록 묵으면서도 끝내 누가 누구의 아버지이고, 누가 누구의 아들인지를 알아차리지 못하도록 해야만 겨우 집안의 기상을 떨칠 수 있다."

'정수칠에게 당부한다〔爲盤山丁修七贈言위반산정수칠증언〕'는 1812년에 쓴 편지에서도, 인성의 바탕이 되는 효제孝弟의 개념과 실천의 중요성에 대해 다음과 같이 당부하고 있다.

"공자의 도는 효제孝弟일 뿐이다. 이것으로 덕德을 이루는 것을 일러 인仁이라고 하며, 헤아려 인을 구하는 것을 일러 서恕〔용서〕라고 한다. 공자의 도는 이와 같을 뿐이다. 효孝에 바탕을 두면 임금을 섬길 수 있고, 효에 미루어 나아가면 어린이에게 자애로울 수 있으며, 제弟에 바탕을 두면 어른을 섬길 수 있다. 공자의 도는 천하의 모든 사람 하나하나를 효성스럽고 공손하도록 만드는 것이다. 그러므로 '사람마다 친히 이를 친하게 대하고, 어른을 어른답게 대하면 천하가 다스려질 것'이라고 말한 것이다."라고 하면서 "부모에게 효도하고 형제간 우애하면 이것이 학문이다.", "무릇 사람은 경건한 마음이 일어날 때 저절로 무릎을 꿇게 되며, 꿇어앉은 자세를 풀면 속마음의 경건함 역시 해이해지는 것이다. 얼굴빛을 바르게 하고 말씨를 공손히 갖는 것은 꿇어앉지 않고는 이루어지지 않는다. 이 한 가지 일에 따라 자신의 뜻과 기운〔志氣〕이 드러나게 되니 꿇어앉지 않을 수 없는 것이다."

"인성교육은 수직적인 관계를 중심으로 하여 점차적으로 수평적인 관계로 넓혀가는 것이 중요하다. 즉 인성교육은 부자父子, 사제師弟, 장유長幼 등 기본적인 관계를 중심으로 다양한 방법과 프로그램을 경험하는데서 이루어진다〔한국교육정책 연구소, 2013〕.", "인성은 5세를 전후해서 결정되는데, 중요한 것은 5세쯤에 일어나며 이후의 삶은 생후 5년간의 것에 대한 재조직일 뿐이다. 어린 시절은 한 인간의 심리적 운명을 결정짓는다〔프로이트〕."는 표현에서 볼 수 있듯이, 인성교육은 가정에서 부모와 자식의 관계로부터 시작된다. 즉 효가 덕성德性으로 이어져서 인성으로 함양되어지는 것이다. 이런 점에서 다산이 강조한 '효제'는 인성교육의 핵심가치라 할 수 있다.

② '독서'를 통한 근본 확립과 인성함양

다산은 유배지[장기]에 도착한 1801년 3월 9일 '두 아들에게 부침[寄二兒기이아]'이라는 제목으로 다음과 같은 내용의 편지를 썼다.

"너희들은 도道가 이루어지고 덕德이 세워졌다고 여겨서 다시는 책을 읽지 않으려 하느냐, 금년 겨울에는 반드시 『서경』과 『예기』 중에서 아직 읽지 못한 부분을 다시 읽는 것이 좋겠다. 또한 사서四書와 『사기』도 반드시 능숙하게 읽어야 할 것이다. 역사책을 읽고 자신의 견해를 적는 '사론史論은 그동안 몇 편이나 지었느냐? 근본을 두텁게 배양하고 얄팍한 지식은 마음속 깊이 감춰두기를 간절히 바라고 바란다.", "내가 저술에 마음을 두고 있는 것은 당장의 근심을 잊기 위해서만이 아니다. 한 집안의 아버지나 형이 되어 귀양살이하는 지경에 이르러서 저술이라도 남겨 나의 허물을 벗고자 하는 것이니, 어찌 그 뜻이 깊다고 하지 않겠느냐? 예禮에 관한 학설에 유의하지 않을 수 없으니 중국의 상례에 관한 책 『독례통고讀禮通考』네 갑匣[작은 책상자]을 학손鶴孫 편에 보낸다."

당시 다산은, 유배형을 받기까지의 과정에서 있었던 일련의 사건들로 인한, 심리적 충격이 너무나 컸던 탓에 자식들에 대한 교육을 통해서나마 자신의 마음을 안정시키려고 했던 것 같다. 또한 자신이 죽고 나서라도 폐족에서 벗어나 가문의 명예를 회복하기 위해서는, 저술활동을 통해 자신의 잘못이 아니었음을 기록으로 남기고, 자식들은 독서를 통해 이해하기를 바라는 마음이 담겨있다. 불과 3년 전 38세[1799년], 채제공의 작고에 이어 39세〔1800년〕에 정조가 갑작스럽게 붕어하면서 일어난 신유옥사辛酉獄事는, 잘 나가던 집안을 졸지에 폐족으로 만들고, 경북 장기로 유배를 떠나야 했던 가장으로서 아내와 두 아들, 딸에게 미안한 마음은 있지만, 그러나 후일을 기약하기 위해서는 독서를 열심히 하는 길 밖에는 없다는 판단에서 두 아들에게 독촉한 것으로 보인다.

그러던 중에, 그 해 10월 20일에 황사영 백서사건이 일어났고, 그 일로 인해 두 형제는 서울로 압송되었다. 국청을 진행했지만 황사영과의 연관성이 나타나지 않자 약전은 신지도에서 흑산도로, 다산은 장기에서 강진으로 전배轉配되었다. 전배되고 난 후 '두 아들에게 부침〔寄二兒기이아〕'이라는 제목으로 다음과 같은 내용의 편지를 보냈다.

"이제 너희들은 폐족 집안의 자손이다. 그러므로 더욱 잘 처신하여 본래보다 훌륭하게 된다면, 이것이야말로 기특하고 좋은 일이 아니겠느냐? 폐족으로서 잘 처신하는 방법은 오직 독서밖에 없다.", "독서를 하려면 반드시 먼저 근본을 확립해야 한다. 근본이란 오직 효제孝弟가 그것이다. 반드시 먼저 효제를 힘써 실천함으로써 근본을 확립해야 하고, 근본이 확립되고 나면 학문은 자연스럽게 몸에 배어들고 넉넉해진다. 학문이 이미 몸에 배어들고 넉넉해지면 특별히 순서에 따른 독서의 단계를 강구하지 않아도 괜찮다."

독서를 하면서 근본을 잃지 않아야 한다는 점을 강조하고 있다. "사람은 책을 만들고 책은 사람을 만든다〔신용호〕."고 한다. 다산이 유배지에서 편지를 쓰면서 유독 독서를 강조한 것도, 독서를 통해 근본이 선 사람이 될 수 있다는 생각에서였다. 이런 이유에서 세계적인 위인들 중에는 독서에 의지해서 성공한 사람들이 많다. 독서는 '책을 읽다'의 뜻이지만, 다산은 독서를 '학문學問하는 것'과 같은 뜻으로 해석했다. 다산은 "책을 읽는다는 것은, 사람이 생명을 유지하기 위해 밥을 먹는 것처럼 인격배양을 위해 마음의 양식을 먹는 것이다."라고 하여 '마음의 양식'에 비유하였다. 때문에 다산은 하루라도 책 읽기를 거르는 날이면, 끼니를 챙기지 않은 것과 같은 것으로 여겼고, 책의 종류를 가리지 않는 것이 편식하지 않는 것으로 여겼다. 올바른 식습관이 영양분을 골고루 섭취하게 되어 건강을 유지할 수 있듯이, 어떤 종류의 책을 얼마나, 어떻게 읽느냐에 따라 인성을 함양할 수 있다고 본 것이다.

③ 정직함과 정성된 삶의 습관화를 통한 인성함양

다산은 유배지에서 보낸 '두 아들에게 부침[寄二兒기이아]'이라는 편지에서 성의誠意와 성신誠身에 충실한 공부를 강조하였다.

"성의誠意 공부는 모름지기 먼저 거짓말을 하지 않는 일부터 시작해야 한다. 한 마디의 거짓말을 세상에서 가장 큰 죄악으로 여겨야 하니, 이것이 성의 공부로 들어가는 첫 걸음임을 명심하라."

둘째 아들 '학유에게 보낸 가계[贐學遊家誡진학유가계]'에서는 자신에게 정직할 것을 강조하면서 다음과 같은 편지를 썼다.

"남이 알지 못하도록 하려면 그 일을 하지 않는 것보다 좋은 것이 없고, 남이 듣지 못하도록 하려면 그 말을 하지 않는 것보다 좋은 것이 없다. 이 두 마디 말을 평생 동안 외우고 실천한다면 크게는 하늘을 섬길 수 있고, 작게는 한 가정을 보전할 수 있을 것이다."

또한 큰아들 '학연에게 보낸 가계〔示學淵家誡시학연가계〕'에서는 경전연구를 통한, 의義에 기초한 삶에 대해서 다음과 같이 가르치고 있다.

"무릇 의롭지 못한 방법으로 얻은 재물은 오래 지킬 수 없다. 너는 포교捕校나 나졸羅卒의 부정한 재산이 일생 동안 보존되는 것을 보았느냐? 버는 대로 써버리고는 또 악착 같이 이익을 추구하니 비유하자면 굶주린 귀신이 혀끝의 한 방울 물로 불을 끄려는 격이어서 아무리 해도 갈증을 풀 길이 없을 터인데, 어찌 근본적인 해결책을 찾지 않느냐? 공손하고 성실하게 경전을 정밀히 연구하고, 근면하고 검소하게 정원과 터 밭을 힘껏 가꾸고, 분수에 맞게 도道를 지키며, 일거리를 줄이고 경비를 절약하면 아마도 집안을 보전하는 훌륭한 큰아들이 될 것이다."

다산은 '두 아들에게 부침〔寄兩兒기양아〕'이라는 편지에서 다음과 같이 세 가지 습관〔三斯齋삼사재·三習삼습〕을 강조하고 있다.

"지난번에 너희들에게서 옷깃을 여미고 무릎 꿇고 앉아 단정하며 장중하고, 엄숙한 얼굴빛을 가꾸려는 모습을 한 번도 보지 못했으니,

이는 내 습관이 너희에게 옮겨가서 너희들의 꼴이 된 것이리라. 이 점은 먼저 외모부터 단정히 해야만 마음을 안정시킬 수 있다는 성인의 가르침을 전혀 모르는 탓이다. 비스듬히 드러눕고 옆으로 삐딱하게 서서 아무렇게나 지껄이고 눈알을 이리저리 굴리면서 경건한 마음을 가질 수 있는 사람은 이 세상에 없다. 때문에 몸을 움직이는 것〔動容貌동용모〕, 말을 하는 것〔出辭氣출사기〕, 얼굴빛을 바르게 하는 것〔正顔色정안색〕, 이 세 가지〔三斯〕가 학문하는데 있어 가장 우선적으로 마음을 기울여야 할 일이다."라고 하면서 "나는 이 삼사三斯를 서재 이름으로 삼고 싶었다. 이제 너희 덕성德性의 발전을 위해 '삼사재三斯齋'라는 이름을 선물하니 당호로 삼고, '삼사재기三斯齋記'를 지어 다음에 오는 인편에 보내라. 그리고 너희들이 또 하나 할 일은 이 세 가지에 대한 잠언箴言을 짓되 '삼사잠三斯箴'이라 하면 될 것이다."

정직은 사전적으로 '마음에 거짓이나 꾸밈이 없이 바르고 곧은 삶'을 뜻한다. 인성교육에서 정직이 중요한 이유는 삶에서 '거짓'이나 '꾸밈'이 없어야 상대방의 신뢰를 얻을 수 있고 관계를 지속할 수 있기 때문이다. 이런 이유에서 인성교육진흥법[459]의 '8대 핵심 덕목'에도 '정직'이 포함되어 있다. 서양 격언에 "자녀를 정직하게 기르는 것이 교육의 시작이다."라고 한 것은 정직에서부터 인성함양이 시작되기 때문이다.

----

459 2014년 12월 29일 국회를 통과, 2015년 1월 20일 공포되고 7월 21일 시행된 법으로 '예', '효', '정직', '책임', '존중', '배려', '협동', '소통'을 8대 핵심가치 및 덕목으로 정해져 있음.

④ 용기를 잃지 않는 자세를 통한 인성함양

다산은 '둘째 아들 학유에게 보내는 가계〔贐學遊家誡진학유가계〕'에서 용기를 잃지 말 것을 당부하고 있다. 15살 나이에 집안이 폐족을 당하는 처참함을 겪은 학유에 대하여 아버지로서 "학유가 용기를 잃지 않아야 할 텐데…"라는 걱정을 아니할 수가 없었다. 다산의 그러한 마음은 다음의 편지에 잘 나타나 있다.

"용기勇氣는 삼덕三德의 하나다. 성인이 사물을 뜻대로 움직이고 천지를 다스리는 것은 모두 용기에 기인한 것이다. 공자의 제자 안연顏淵이 '나도 순임금처럼 될 수 있다.'라고 한 것은 용기 있는 것이다." 라면서 열여섯 살의 둘째 아들을 격려하고 있다. 그러면서 "너도 훌륭한 사람이 될 수 있다. 그러니 너도 누구누구처럼 되겠다는 강한 의지를 가지고 노력해야 한다."

용기勇氣는 '씩씩하고 굳센 기운', 또는 '사물을 겁내지 아니하는 기개'를 일컫는다. 다산은 유배생활을 하는 동안 두 아들로 하여금 용기를 잃지 않도록 하기 위해 많은 노력을 기울였다. 용기를 잃지 않아야 폐족에서 벗어나기 위한 노력을 할 것이라 여겼기 때문이다. 그래서 다산은 1803년 정월 초하루에 쓴 '두 아들에게 부침〔寄兩兒기양아〕'이라는 편지에서, 절박한 심정을 두 아들에게 다음과 같이 당부하고 있다.

"폐족에서 재주 있는 걸출한 선비가 많이 나오는 것은, 하늘이 재주 있는 사람을 폐족에서 태어나게 하여 그 집안에 보탬이 되게 하려는 것이 아니다. 부귀영화를 누리려는 마음보다 학문을 하려는 마음이 깊어, 책을 읽어 이치를 궁리하여 진면목과 바른 뼈대를 얻을 수 있기 때문이다. 평민으로서 배우지 않으면 못난 사람이 되고 말지만, 폐족으로서 배우지 않는다면 마침내는 도리에 어긋나 비천하고 더러운 신분으로 타락하게 된다. 아무도 가깝게 지내려 하지 않아 결국 세상의 버림을 받게 되고, 혼인길마저 막혀 천한 집안과 결혼하게 되며, 물고기의 입술이나 강아지의 몰골을 한 자식이 태어나면 그 집안은 영영 끝장나는 것이다.”

또한 '두 아들에게 부침〔寄兩兒기양아〕' 이라는 또 다른 편지에서, 용기를 잃지 말 것과 학문하는 사람으로서의 자세에 대해 다음과 같이 당부하고 있다.

“학문을 하는 것은 마치 배를 저어 상류로 올라가는 일과 같다. 물결이 평온한 곳에서는 그대로 가도 괜찮지만, 여울이 심한 급류를 만나면 사공은 잠시도 삿대를 느슨하게 잡아서는 안 된다. 또한 힘을 주어 그대로 저어 올라가야 하니 한 발짝도 늦추어서는 안 되고 조금이라도 물러나면 배는 올라가지 못한다.”

또한 1810년에 쓴 '두 아들에게 보낸 가계〔示二兒家誡시이아가계〕' 에서, 서울을 떠나지 말 것과 용기를 잃지 말 것, 포기하지 않는 삶을 살아갈 것을 다음과 같이 기술했다.

"진정으로 바라노니, 너희들은 항상 심기를 화평하게 하여 벼슬길에 있는 사람들과 다르게 생활하지 말거라. 아들이나 손자 세대에 이르러서는 과거에 응시할 수 있고, 나라를 경륜하고 세상을 구제하는 일에 뜻을 두도록 마음을 먹어야 한다. 천리天理는 돌고 도는 것이니, 한 번 넘어졌다고 결코 다시 일어나지 못하는 것은 아니다. 만약 하루 아침의 분노를 이기지 못하여 서둘러 먼 시골로 이사를 가버린다면 무식하고 천한 백성으로 일생을 끝마치고 말 뿐이다."

이렇듯 다산은 오직 용기를 잃지 말고 독서와 학문에 정진할 것을 강조하면서도, 아버지로서의 간절한 마음을 편지에 담아 전하고 있다. 인성교육은 인간이 가져야 할 본연의 모습을 성취하도록 유도하는 과정이다. 인간 본연의 모습에는 '용기를 잃지 않고 좌절하지 않는 인간의 모습'이 포함된다. 그래서 인성교육을 연구하는 학자들 중에는 "인성교육은 세 가지 영역을 필요로 한다. 첫 번째는 자아自我와 관련된 인격특성으로서 '책임'·'자제'·'용기'이고, 두 번째는 타자他者와 관련된 인격특성으로 '정직'·'존중'·'친절'·'감정이입'이며, 세 번째는 사회社會와 관련된 인격특성으로 '공정성'·'정의'·'시민의 덕'이다〔강성보 외 2008〕"라는 표현이다. 다산은 자식들이 자아自我를 잃지 않는 가운데, 자신이 바라는 모습으로 아들이 성장하기를 바랐으며, 그러한 마음을 편지에 담아 가르치고 있음을 볼 수 있다.

⑤ 근검勤儉과 베푸는 삶을 통한 인성함양

다산의 근검 정신은 「하피첩」을 비롯한 여러 저술著述에 나타나 있다. 그중 1810년 9월에 기록한 '또 두 아들에게 가계를 보낸다〔又示二子家誡우시이자가계〕'는 편지에 자식들의 공부, 그리고 재산 및 돈 관리에 대하여 다음과 같이 이르고 있다.

"나는 너희들에게 전원田園을 물려줄 수 있을 정도의 벼슬은 하지 못했으니, 오직 정신적인 부적 두 글자가 있어 삶을 넉넉하게 하고 가난을 구제할 수 있기에, 이제 너희들에게 물려줄 수 있겠다. 너희들은 하찮게 여기지 마라. 한 글자는 '부지런할 근勤' 자이고, 또 한 글자는 '검소할 검儉' 자이다. 이 두 글자는 좋은 밭이나 기름진 땅보다도 나은 것이니 일생동안 써도 다 쓰지 못할 것이다."

'근勤이란 무엇이냐?' 오늘 할 일을 내일로 미루지 말고, 아침에 할 일을 저녁까지 미루지 말고, 맑은 날에 해야 할 일을 비오는 날까지 끌지 말도록 하고, 비 오는 날 해야 할 일도 맑은 날까지 끌지 말아야 한다. 늙은이는 앉아서 감독할 바가 있고, 어린 사람들은 다니면서 어른들이 시키는 일을 행하고, 젊은이는 힘든 일을 하고, 병든 사람은 집을 지키고, 부인들은 길쌈을 하느라 한밤중〔四更사경〕이 되기 전에는 잠자리에 들지 않아야 한다. 요컨대 집안의 상하남녀가 한 사람도 놀고먹는 사람이 없게 하고, 또 잠깐이라도 한가한 시간이 없도록 하는 것을 '근勤'이라고 한다.

'검儉이란 무엇이냐?' 의복은 몸을 가리기 위한 것이다. 올이 가늘고 고운 옷은 조금이라도 해지면 세상에 볼품이 없어지지만, 올이 굵고 두툼한 옷은 약간 해진다 해도 볼품이 없어지지는 않는다. 옷 한 벌을 만들 때마다 앞으로 오래도록 계속 입을 수 있을지 없을지를 생각해야 하며, 곱고 아름답게만 만들어 빨리 해지게 해서는 안 된다. 이런 생각으로 옷을 만들게 되면 당연히 곱고 아름다운 옷감을 버리고, 투박하고 질긴 옷감을 택하지 않을 사람이 없게 된다.〈중략〉 그러한 생각은 당장의 어려운 처지를 극복하는 방편이 아니라 귀하고 부유하고 복이 많은 사람이나 선비일지라도 집안을 다스리고 몸을 바르게 하는 방법이 된다. 근勤과 검儉, 두 글자를 버리고는 손을 댈 곳이 없을 것이니 너희들은 반드시 마음에 깊이 새겨두도록 하여라.

근검 정신은 부지런하고 검소한 정신이다. 타인을 긍휼矜恤히 여기고 배려하는 측은지심惻隱之心은 검소함에서 싹트는 것이라고 하면서 "백성을 사랑하는 근본은 예산을 아껴 쓰는데 있고, 아껴 씀의 근본은 검소함에 있다. 검소한 이후에 청렴할 수 있고, 청렴한 이후에 백성을 사랑할 수 있다. 검소함은 목민관의 가장 큰 책무이다."[460]라고 이르고 있다.

• • • •
460 『목민심서』「부임6조〔치장〕」: "愛民之本 在於節用 節用之本 在於儉. 儉而後 能廉 廉而後能慈 儉者 牧民之首務也."

실학정신의 계승에서 본
인성교육과 목민리더십

1) 실학의 등장 배경과 의의意義

다산은 "학문을 하는 이유는 인간의 삶에 도움을 주기 위해서다."라고
했다. 그래서 학문에는 인간이 올바른 길을 가도록 하는데 필요한 제반 과
정〔process〕이 포함된다. 그리고 그중에 하나가 교육이고, 교육에는 사람
다운 성품, 즉 '인성人性'이 뒷받침되어야 한다. 이러한 취지에서 나온 학
문적 용어가 '실학實學'이다. 실학은 '실생활에 이용되는 학문'이라는 의
미의 '실용지학實用之學'과 '사실에 입각해서 옳은 것을 탐구하는 학문'
이라는 '실사구시지학實事求是之學'의 의미가 함축되어 생겨난 말이다.

실학은 '허학虛學'의 반대개념에서 나왔다. '허학'이란 '내용이 없이
텅 빈 학문'이라는 뜻이고, '실학'은 '내용이 알맹이로 꽉 찬 학문'으로
해석할 수 있다. 그러나 실학의 개념은 연구자의 견해와 시대에 따라 그
의미가 다르게 해석되고 있다. 이런 점에서 실학의 집대성자로 평가받고

있는 다산의 목민정신을 목민리더십과 연계하는 일은 교육을 실사구시적으로 살려나가는, 하나의 방책이라 할 수 있다.

본디 '실사구시實事求是'라는 말이 등장한 것은 중국 서한西漢 경제景帝〔B.C.188~ B.C.141〕의 아들인 헌왕獻王이 '수학호고 실사구시修學好古實事求是', 즉 "학문을 닦아 옛것을 좋아하며 실제의 일에서 옳은 것을 찾는다."는 말을 사용하면서부터이다. 비현실적인 학문〔허학〕을 배척하고 수신修身 · 제가齊家 · 치국治國 · 평천하平天下와 같은 현실적인 학문의 필요성을 제기하는 과정에서 나온 용어이다. 이러한 실학이 조선사회에 등장하게 된 배경과 의미는 두 가지로 생각해 볼 수 있다.

첫 번째는 불교와 도교를 비판하면서 등장한 '여말선초麗末鮮初'에 나온 실학이다. 고려가 망하고 태조 이성계가 조선왕조를 건국하면서 불교佛敎와 도교道敎는 '허학'이고, '유학儒學'이 '실학'이라고 주장하는 학자들이 등장했다. 고려인들이 신앙했던 불교와 도교는 공空과 허虛를 숭상하니, 이는 비현실적이라면서 유교를 명분으로 내세운 것이다. 이때 대표적 학자가 이제현李齊賢, 정도전鄭道傳, 권근權近 등인데, 이들은 불교와 도교는 허무虛無 · 적멸寂滅에서 진리를 찾는 공허한 학문인 반면, 유학은 현실적인 데서 진리를 탐구하는 실용지학實用之學의 학문이라는 주장을 편 것이다.

두 번째는 조선 후기에 등장한 '탈성리학脫性理學' 관점의 실학이다. 임진왜란壬辰倭亂과 병자호란丙子胡亂 등 양란을 겪은 이후 어려워진 17~19세기, 격화된 당쟁과 삼정문란三政紊亂 등으로 백성들의 삶이 갈수록 피폐해지고 있었다. 그러면서 당시 주류를 이루던 성리학性理學을 비판하는 입장의 학문이 실학이다. 조선 후기의 성리학은 명분을 중시하고 실생활과는 거리가 멀어 현실 사회의 어려움을 해결하는 데 한계가 있다는 비판이 일고 있었다. 게다가 유학자들은 여러 가지 논쟁으로 대립하느라 백성들의 실제 어려움을 돌보는 일에는 소홀했다. 그러자 조선 후기, 백성들을 잘 살게 해보자는 학문이 등장했는데, 이를 실학으로 보는 관점이다. 주요 학자들로는 중농주의重農主義 학파로 분류되는 유형원柳馨遠·이익李瀷·정약용丁若鏞 등이 경세치용經世致用을 내세웠고, 중상주의重商主義 학파로 분류되는 홍대용洪大容·박지원朴趾源·박제가朴齊家 등이 이용후생利用厚生을 내세웠다. 그 후 정약용이 중상주의 학풍을 수용함으로써 경세치용과 이용후생을 종합하여 실학을 집대성했다. 그리고 중국의 성리학性理學과 양명학陽明學을 비판적으로 수용하고 서양 학문을 섭렵涉獵하는 등 변화의 흐름을 받아들여 봉건주의 문제점 타파에 힘을 기울였다. 이후 김정희金正喜가 실사구시實事求是를 중시하는 학문을 강조하였고, 최한기崔漢綺는 사농공상士農工商의 실사實事와 실지實地적 탐구를 제안하였다. 이렇듯 조선 후기의 실학은 주자학朱子學 일변도의 학문을 지양하고 선진시대先秦時代의 원시유학元始儒學의 관점에서 백성을 편안하게 하고 나라의 안보를 튼튼히 하는 민본주의를 도모했다.

남양주 마재에 있는 정약용 유적지에 들어서면, 여유당 생가와 묘소를 출입하는 외삼문外三門이 있는데, 그 위에 '실학연수實學淵藪'라는 현판이 붙어 있다. 이는 "이곳에 잠들어 있는 다산이 실학의 연못과 늪을 형성하여 실학이 모여들게 하였다."라는 의미로 쓰여진 글씨이다.

따라서 21세기를 살아가는 우리들로서는, 여말선초와 조선시대 후기

학자들이 그랬듯이, 현대의 민주주의와 자본주의가 공산주의나 사회주의보다는 상대적으로 좋은 가치와 이념을 추구하고 있다고는 하지만, 다산이 밝혔듯이 "학문은 인간에게 이로움을 주는 것이어야 한다."는 대원칙의 관점에서 재고해야 한다. "왜, 학력이 점점 높아가고 경제력은 상승하는데, 세상의 인정이 메마르고 물질에 대한 집착이 많아지는가?"에 대한 해답을 찾아야 하는 것이다. 이것이 실학정신을 인성교육으로 계승해야 하고, 목민리더십을 통해 진흥해야 할 목표이자 이유이다.

2) 실학정신의 계승과 인성교육

실학은 현재도 진행형이다. 다산이 그토록 험난한 삶을 살면서도 희망의 끈을 놓지 않고 위국위민爲國爲民에 매달린 것은 백성이 잘 사는 나라로 만들어야 한다는 일념 때문이었다. 다시 말해서 폐족을 당하고 유배형에 처해진 처참함 속에서도 500여 권이 넘는 책을 저술할 수 있었던 것은 본인의 억울한 누명을 벗고 명예를 회복하겠다는 의지, 그리고 백성들의 삶을 개선시켜야 한다는 강한 사명감에서 나온 것이다.

그렇다면 '21세기를 살아가는 우리로서는 실학정신을 어떻게 계승'할 것인가 하는 입장에서, 실학의 관점에서 인성교육을 어떻게 바라보고, 이를 어떻게 접근해야 할 것인가를 생각해 보아야 한다. 그것은 인성교육을 실사구시實事求是와 실용지학實用之學 차원에서 접근해야 한다고 본다. 본디 교육은 올바른 사람을 키워서 올바른 일을 올바르게 할 수 있는 역량을 갖추도록 하는데 목적이 있고 교육의 핵심은, 가정교육은 자녀를 위하고, 학교교육은 제자를 위하는 교육이 되어야 한다는 점이다. 그렇기 때문에 '군사부일체君師父一體' 가 중요한 이유는 '백성·제자·자녀' 를 위하고 본보기가 되는, '군사부' 가 되었을 때 효용 가치가 있는 것이다. 이를 다산의 가르침과 연계하면 '오교五敎' 에 기초한 가정교육과 학교교육이 되어야 한다.

(1) '오교' 에 기초한 인성교육

다산은 '다산학' 의 기본을 '오교' 에 두었을 뿐 아니라 두 아들에게 "친구를 사귈 때는 '오교' 를 잣대로 삼아야 한다."고 당부했다. 즉 친구를 사귈 때는 부모님에 대한 효성과 형제간 우애하는 정도를 확인하고 친구로 삼아야 한다는 점을 강조한 것이다. 인륜지간에서 가장 가까운 관계인 부모와 자식, 형제간의 우애가 좋지 않은 사람은 인간관계에서 언제 배신하는 행동을 하게 될지 모른다는 점에서다.

오늘날 대한민국은 2007년도에 '효행장려 및 지원에 관한 법률' 이 제정되었고, 2015년도에는 '인성교육진흥법' 이 제정되는 등 인성교육에 대한 제도적 기반을 마련하였다. 그럼에도 법 제정의 이전과 이후가 별반 달라진 것이 없다. 두 법이 제정될 때는 모두 만장일치로 국회를 통과시킨 법이지만, 그러나 한편으로 효행과 인성교육이 법으로 강제한다고될 일인가에 대한 근본적인 질문은 남아 있다. 그러함에도 '효' 와 '인성교육' 을 법으로 제정할 수밖에 없었던 배경에는 '입시위주교육' 보다는

'사람 되는 교육' 환경을 만들어보자는 취지에서였을 것이다. 그러나 현재 이 두 법률이 있는 것조차 모르는 사람들이 많고, 여러 가지 이유로 법이 제대로 시행되지 않고 있는 것도 사실이다. 그 이유는 제정된 법의 내용이 '실용지학', '실사구시적' 이지 못한 점도 공감을 얻는데 지장을 주고 있는 것이 사실이다. 그러나 효 교육이든 인성교육이든 교육의 효과는 문화적 산물로 나타나기 마련이며, 여기에는 '친친애인親親愛人' 과 '동심원同心圓의 원리' 가 작용되어야 한다. 따라서 가정교육 · 학교교육 · 사회교육이라는 교육의 세 마당이 통합적으로 이루어져야 하는데, 여기에서 가장 중요한 교육이 가정교육이다. 그리고 '오교' 에 기초한 교육이 되어야 한다.

(2) 자녀 · 제자와 부모 · 스승이 하모니를 이루는 인성교육

가정교육을 뒷받침하는 덕목이자 핵심가치는 '효' 이다. 다산은 "부모에게 효도하고 형제간 우애하는 사람은 공부가 절로 된다."고 했다. 그러나 안타깝게도 인성교육 책자가 많음에도 효를 가르쳐야 한다고 강조하는 책은 보기 어렵다. 그러다보니 "많이 배운 사람이 적게 배운 사람에 비해 부모님에 대해 불효를 더 많이 하는 현상이 나타나고, 부모 재산을 많이 상속받은 부유한 집 자제들이 부모 재산을 적게 상속받은 가난한 집 자녀들에 비해 불효를 더 많이 한다."는 연구결과[461]가 나올 정도이다. 학

<hr>

461 김영범, "부모부양 책임감의 세대간 차이 연구", 「지역사회연구」 제3권 제1호, 2014. 259~283쪽.

문을 하는 이유는 인간의 삶에 이로움을 주는데 있기 때문에 많이 배운 사람일수록 바른 언행으로 타인의 모범이 되어야 한다. 그전에 부모형제와의 관계에서 기본이 서야 한다.

학교교육은 인간이 성장하는 과정에서 대부분 시간을 학교에서 보낸다는 점에서 학교의 몫이 커질 수밖에 없다. 3~4세쯤 어린이집을 시작으로 초·중·고·대학에 이르기까지 30여 년을 학교교육에 의존해야 하기 때문이다. 그리고 세상에는 변해서 될 것이 있고, 변해서는 안 될 것이 있다. 가정의 부모, 학교의 교사, 사회의 어른이 본을 보이고 질서를 지키는 것은 교육의 기본이므로 변해서는 안될 것들이다. 사람에게는 거울신경〔mirror neuron〕이 있어서 누군가를 본받으려는 속성이 있는 관계로, 어려서부터 부모를 따라 하게 되고, 이것이 습관화되면서 학습으로 이어져 인성함양으로 승화된다. 그리고 부모·교사·어른의 올바른 모습이 오래오래 좋은 기억으로 남아서 '본받음'으로 작용하는 링거링 효과〔lingering effect〕로 이어져야 한다. 또한 여기에는 시대와 문화가 변하더라도 기본으로 작용하는 핵심가치〔core value〕가 필요한데, 그 기본 가치가 '효제자'인 것이다. 그리고 '안다는 것〔智·知〕'은 옳은 것과 그른 것을 구별하는 '시비지심是非之心'과 검은 것과 흰 것을 구별하는 '흑백지심黑白之心'에서 출발한다. 세상이 아무리 변한다 해도 가족사랑과 가정윤리로 작용하는 보편적 가치인 '효'는 변할 수 없다는 점에서다. 이런 이유에서 인성교육은 가족사랑을 기초로 이웃과 사회, 국가와 자연 사랑으로 확대되는 논리로 추진되어야 하고, 이는 '친친애인親親愛人'과 '동심원同心圓의 원리'로 작용하는 '효'가 뒷받침되어야 하는 것이다.

이것이 인성교육에 대한 다산의 가르침이라고 본다.

(3) 기본과 개성을 중시하는 체화體化중심의 인성교육

인성교육은, '쇄소응대灑掃應對 진퇴지절進退之節'과 같은 기본 교육에 충실해서 절로 되는 '체화교육體化教育'이 바람직하다. 이것이 실사구시적인 인성교육이기 때문이다. 본디 교육은 부자父子 · 사제師弟 · 장유長幼 등 수직적 관계를 시작으로 점차 수평적 관계로 넓혀가야 한다. 그리고 "자식은 부모의 등을 보고 배운다.", "교육의 질은 교사의 질을 넘어설 수 없다."라는 표현이 말해주듯이, 윗물이 맑지 않고는 아랫물이 맑을 수는 없는 것이 불변의 이치이다. 또한 교육의 결과는 문화적 산물로 나타나게 된다는 점에서 외국의 이론이나 사례는 타산지석他山之石의 교훈이 될 수는 있으나, 교육의 주가 되어서는 안 된다. 우리의 환경과 여건에 맞는 내용과 방법을 찾아 교육에 적용해야 '상하동욕上下同欲〔alignment〕'이 될 수 있기 때문이다.

지금 우리는 지식 정보화시대, 문화의 시대, 4차산업혁명 시대를 살아가고 있다. 그만큼 다양해진 사회에서 개인의 특성이 존중받는 시대이다. 4차산업혁명은 '시간 · 공간 · 인간'을 데이터화 하여 현실과 가상세계를, 인간을 중심으로 융합함으로써 삶을 행복하게 하는데 목적이 있다.[462] 그러나 한편으로는 인공지능 · 사물인터넷 · 로봇 등의 출현은 기계류가 인간을 대신함으로써 많은 일자리가 사라질 것이라는 불안감이

----

462 이민화, 『대한민국의 4차 산업혁명』, 창조경제연구회, 2017. p.376.

있는 것도 사실이다. 그리고 이것들은 결국 사람에 의해서, 인간이 주도하게 돼 있다는 점에서, 인간의 도덕성과 윤리성에 기초한 인성교육은 앞으로가 더 중요할 수밖에 없는 것이다.

3) 실학정신의 진흥과 목민리더십

진흥振興은 사전적으로 침체沈滯된 상태狀態에 있던 것을 떨쳐 일으킨다는 뜻이다. 실학을 진흥한다는 의미는, 학문을 실용지학實用之學적이고도 실사구시實事求是적 가치를 높이는 일이다. 그렇다면 실학의 분야를 어떤 방법으로 가치를 높일 것이냐의 문제인데, 그 방안의 하나가 목민리더십과 연계하는 것이다. 왜냐하면 리더의 리더십이 뒷받침되지 않으면 교육뿐 아니라 진흥振興 자체가 어렵기 때문이다. 이런 점에서, 실학정신의 진흥을 다산 정신을 기반으로 한, 목민리더십과 연계하는 방안에 대해 생각해 본다.

(1) '공청병관公聽並觀'과 '유시시구唯是是求' 정신을 목민리더십에 적용

리더들은 공정한 마음으로 듣고 모두를 보는 공청병관公聽並觀, 그리고 오직 나라와 백성을 위해서 옳고 옳은 것을 추구하는 유시시구唯是是求 정신에 기초하는 리더십이 요구된다. 공정한 잣대로 구성원의 의견을 경청하고, 격물치지格物致知 자세로 살펴야 하는 것이다. 다산이 살았던 당시는 삼정문란으로 어려움을 겪고 있었고, 그 원인은 관리官吏들의 병病든 리더십에 있었다. 이는 다산이 흑산도에 있는 중형〔약전〕에게 보낸 편지에 "천하는 이미 썩어버린 지 오래입니다〔天下腐已久천하부이구〕." 라고 기록한 내용과 "대개 털끝만큼 작은 일이라도 병폐 아닌 것이 없으니, 오늘날에 고치지 않으면 반드시 나라가 망하고야 말 것이다〔盖一毛一髮 無非病耳 及今不改 其必亡國而後已개일모일발 무비병이 급령불개 기필망국이후이〕."라는『경세유표』「서문」의 내용이 뒷받침한다. 그리고 다산이 예언했던 것처럼 조선은 다산 서거 74년 후, 일본의 식민지로 전락하면서 망하고 말았다. 이렇게 된 것은 여러 가지 이유가 있겠지만, 앞서 실학자들이 주장했던 개혁을 외면한 탓이 크다. 그리고 임금의 리더십 결여와 조정 대신들의 당쟁 몰입 등이 원인이 크다. 이런 맥락에서 실학정신을 오늘에 맞게 재해석해서 적용하고, 또한 국민의 삶에 이로움을 주는 학문이 되도록 해야 한다.

리더십의 관점에서 보면, 오늘날 한국의 정치 지도자들의 모습은 조선시대 후기에 보였던 당리당략의 정쟁과 별반 다르지 않아 보인다. 특히 국회의원들의 경우 대부분 공부를 많이 한 박사, 교수, 판검사 출신들이 많음에도 자기 쪽의 당에서 낸 의견은 맞고, 다른 당에서 낸 의견은 틀리다는 식의 행태는 '공청병관', '유시시구' 정신과는 너무나 배치되는 것들이다. 따라서 국회의원뿐 아니라 기업인, 종교인, 군인, 교육자 등의 리더십은 다산이 밝힌 목민정신에 기초해야 한다고 본다.

(2) 대한민국의 단기적 현안과제 해결의 실마리와 목민리더십

현재 대한민국의 단기적 현안과제는 역병〔코로나19〕을 슬기롭게 극복하는 일이다. 다산은 역병으로 9남매 중 6남매를 잃고 2남 1녀만 성장시켰다. 실제로 다산이 곡산부사로 있을 당시〔1798년, 37세, 정조22〕 조선의 인구는 740만 명 정도였는데, 그해 겨울에 유행한 역병으로 12만 8천여 명이 목숨을 잃은 것으로 나타나 있다. 다산이 곡산부사 시절 『마과회통』을 저술하게 된 것도 자신이 자식을 잃고 겪은 아픔을 다른 부모들은 겪지 않게 하려는 위국애민의 정신에서였다. 따라서 지금의 코로나뿐만 아니라 지구 온난화 등으로 또 다른 역병이 창궐하게 될 때에도, 다산과 같은 리더십이 뒷받침되어야 한다는 점에서, 리더십 구성요소와 『목민심서』 내용을 연계하여 극복하는 방안에 대해서 살펴본다.

첫째, '리더〔지도계층〕'의 역할이다. 「율기6조」〔절용〕조항에 "국고의 효율적 운영 차원에서 예산을 효과적으로 집행해야 한다."고 했다. 이는 재난지원금을 지급하는 시기와 규모의 적절성, 국고의 효율적인 관리가 필요하다. 「봉공6조」〔수법〕조에 "전염병 대처와 관련된 법규를 잘 지키도록 국민을 계도해야 한다.", 「애민6조」〔진궁〕조에 "전염병으로 인해 발생한 궁핍한 국민을 보호해야 한다.", 「이전6조」〔어중〕조항에 "전염병 방역에 대해 국민을 대상으로 설득하고 이해시켜야 한다.", 「호전6조」〔세법〕조항에 "세금은 전염병 형국을 감안해서 징수해야 한다.", 「예전6조」〔빈객〕에 "전염병 형국을 감안해 외국여행 및 친지 방문을 자제하도록 권고해야 한다.", 「진황6조」〔권분〕조항에 "구휼물자를 잘 분배하고 기부문화를 권장해야 한다."는 내용을 유념할 필요가 있다.

둘째, '팔로어'의 역할이다. 리더십에서 팔로어는 "사소한 다수[80%]가 핵심 소수[20%]보다 뛰어난 가치를 창출한다."는 롱테일 법칙이 의미하듯이 리더 못지않게 팔로어의 역할도 중요하다. 「율기6조」〔절용〕조에 "전염병 경제를 감안하여 씀씀이를 조절해야 한다.", 「봉공6조」〔수법〕에 "전염병 방역에 관한 관련 법규와 규정을 철저히 따라야 한다.", 「애민6조」〔진궁〕조에 "전염병 형국에 있어 궁핍한 이웃에 대해 사랑을 나누어야 한다.", 「이전6조」〔어중〕조에 "행정관서의 방침을 이행하는 일에 적극적으로 동참해야 한다.", 「호전6조」〔세법〕조에 "전염병 형국이라도 납세의무를 준수해야 한다.", 「예전6조」〔빈객〕조에 "전염병 형국을 감안해서 여행 및 친지 방문을 자제해야 한다.", 「진황6조」〔권분〕조에 "마스크 등 방역물자를 각자 잘 준비하고 기부하는 운동에 참여해야 한다." 등이 해당된다.

셋째, 상황요인과 관련된 내용이다. 「율기6조」〔절용〕조에 "전염병 경제를 감안해서 상부상조의 절용 문화를 조성해야 한다.", 「봉공6조」〔수법〕조에 "행정관서에서는 역학조사와 방역체계에 만전을 기하고 국민은 전염병 관련 법규와 규정을 잘 지키며 협조하는 문화를 조성해야 한다.", 「애민6조」〔진궁〕조에 "전염병 상황으로 궁핍한 이웃을 돕는 분위기를 조성해야 한다.", 「이전6조」〔어중〕조에 "전염병 극복을 위해 당국의 방침에 협조 및 동참하는 분위기를 조성해야 한다.", 「호전6조」〔세법〕조에 "덜 어려운 계층에서 납세의무 참여하기 운동 및 분위기를 조성해야 한다.". 「예전6조」〔빈객〕조에 "전염병 형국을 감안해서 방문 및 왕래를 자제하는 분위기를 조성해야 한다.", 「진황6조」〔권분〕조에 "이웃과 구호품을 나누며 정보를 공유하고 기부에 동참하는 분위기를 조성해야 한다."는 내용이다.

(3) 대한민국의 장기적 현안과제 해결의 실마리와 목민리더십

대한민국의 장기적 현안과제로는 저출산과 고령화 문제를 들 수 있다. 저출산 문제는 아이를 적게 낳음에서 오는 문제이고, 고령화 문제는 기대수명이 높아지면서 증가하는 노인인구에 대한 문제이다. 특히 생산인력은 점점 줄어가고 있는데, 인간의 수명은 점점 깊어지면서 후세들에게 많은 부담을 예고하고 있다. 해결책은 생산인력을 늘리는 일이고, 그러자면 남녀가 혼인해서 아이를 낳아야 한다. 그런데 출산율은 점점 낮아지고 있다는 것이 문제다. 이런 현상의 주요 원인은 이 문제를 가치의 문제로 접근하지 않고 경제적, 물질적 문제를 풀어가다 보니 한계에 부딪치고 있다는 느낌이다. 본디 출산은 물질이 어느 정도는 필요하겠지만, 가치의 문제로 접근해야 한다. 제4차 저출산 · 고령화 계획에 의하면, 최근 5년〔2016~2020〕동안 150조원이라는 천문학적 예산을 투입하고도 출산율이 OECD 국가 중 최하위〔0.8명〕에 머물고 있고, 향후 5년〔2021~ 2026〕동안 196조원을 투입할 계획이라고 하지만 나아질 것 같지가 않다. 물질적 뒷받침이 반드시 필요하긴 하지만 가치의 문제로의 접근도 함께 가야 한다. 그리고 그 방안의 하나가 다산이 강조한 것처럼 '효제자'에서 답을 찾는 일이다. 이는 『불경』에 혈통을 잇는 것이 자식의 도리라고 했고, 『맹자』에는 후사後嗣를 잇는 것이 자식의 도리라고 한 것과도 맥을 같이한다.

저출산 문제는 90년대 후반에 산아제한 정책에서 출산 장려정책으로 급격하게 전환한 정책당국의 근시안적인 처방에서 보듯이 정책의 결여가 가장 큰 원인이라고 본다. 저출산의 원인으로 꼽고 있는 핵가족 선호성향, 여성의 사회참여 증가, 결혼연령의 상승 및 고령출산, 보육 시설 부족, 주택 마련 비용의 증가, 사교육비의 증가, 보육 및 육아의 어려움 등에서 보듯이 "아이를 낳아봐야 득이 없고 고생만 하고, 노후 불안으로까지 연결된다."는 인식이 깔려 있다. 그러나 문제를 들여다 보면 출산과 직접 관련되는 젊은 부부의 문제만이 아니라 부모 세대의 가치관 변화, 출산친화적인 기업문화 미정착, 오너의 리더십 결여 등 총체적 관점에서 가치의 문제와 연결된다는 점이다. 최근 발생하고 있는 현상들, 예컨대 힘들게 고생해서 키운 자식이 출산 장려는 고사하고 부모 재산을 빼앗다시피 해서 재산을 탕진하고 폭언과 폭행으로 부모를 대하는 자식을 고소·고발하는 현상이 늘고 있는데, 이는 결국 가정에서 인성교육을 소홀히 한 결과이다. 뿐만 아니라 보육 및 육아정책도 효의 관점에서 접근할 필요가 있다. 어린 자녀를 보육원에 보내는 가정에 상대적으로 많은 보육비를 지원하고, 부모가 직접 키우는 가정에는 보육비를 적게 지원하는 제도는 옳지 않다. 부모가 자식을 낳아 직접 키우기보다 남에게 맡겨서 키우는 것은 인성함양에 나쁜 영향을 주기 때문이다. 유럽이나 일본 등 선진국에서는 국가가 가정의 역할을 대신하는 것이 아니라 조부모를 활용해서 가정의 기능을 회복하는 쪽으로 정책을 추진하고 있다. 국가적 효 차원에서 정부가 나서서 부자자효父慈子孝와 부자유친父子有親의 환경을 만들어야 한다. 이를 리더십의 구성요소에 맞춰서 생각해 본다.

첫째, '리더〔부모〕'의 입장이다. 부모가 자식을 사랑할 수 있도록 하는 정책이 우선되어야 한다. 그러나 현실은 부모나 조부모가 키우기보다 보육시설에 맡겨 키우도록 권장하는 것이 정부의 정책으로 보인다. 유아 시절부터 보육시설에 맡겨진 아이는 부모의 사랑을 받지 못해서 인성발 달에 지장을 받게 되고, 정서장애로 이어질 수도 있다. 성장해가는 자녀들의 사춘기 등 정신적 갈등을 맞이하게 될 경우, 자신을 지지해주는 누군가가 있으면, 결코 탈선하지 않는다는 연구결과[463]도 있다. 그래서 아이 돌봄이에 의존하기보다는 조부모가 양육에 참여하도록 하는 정책이 필요하다. 돌봄이에 의한 보육시스템은 사회적 비용이 증가할 수밖에 없다. 그래서 아이를 낳은 산모는 최소 18개월 동안은 출근하지 않고 자녀 양육으로 사랑을 줄 수 있는 기회를 제공하고, 봉급은 국가가 부담하는 제도의 도입도 생각해 볼 일이다.

둘째, '팔로어〔자식〕'의 입장이다. 자식이 부모에게 효도를 하도록 하기 위해서는 가정과 학교에서 효를 가르쳐야 한다. 사람은 누구나 어려서는 부모님의 존재나 은혜를 느끼지만, 성장하면서 점점 잊혀져간다. 더구나 학력이 높고 고학력자일수록 효도에 인색하다는 말도 나온다. 그래서 효를 가르쳐야 하는 것이며, 부모로부터 고귀한 생명을 받았으면 나도 자녀를 낳아 사랑으로 키워야 한다는, 삶의 의미를 알도록 해야 한다. 『중용』에는 "무릇 효라는 것은 부모의 뜻을 잘 계승하며 조상의 일을 잘 펼쳐나가는 것이다.[464]라고 했다. 부모님의 기대에 부응하는 자식이

463 김주환, 『회복탄력성』, 위즈덤하우스, 2011. 41~57쪽.
464 "夫孝者 善繼人之志 善述人之事者也."

되도록 해야 하는 것이다.

셋째, '상황요인(정부정책)'의 관점이다. 가장 현실적인 방법은 아이를 낳아야 할 젊은 여성들이 원하는 것을 파악하고, 그것들을 해결해 주는 것이다. 아이를 낳고 키우는데 불편함을 줄여줄 수 있는 실사구시적인 정책을 시행해야 하는 것이다. 현재까지 알려진 한국 사회의 다둥이 가정은 경북 구미의 김석태 · 엄계숙 씨 부부와 서울 영등포의 남상돈 · 이영미 씨 부부의 13자녀[465], 경남 통영의 이철락 · 김남숙 씨의 11자녀 등이다. 그런데 이분들이 다둥이 가족이 된 동기가 물질에 있는 것이 아니라 정신적 가치에 있었다는 점이다. 이런 점에서 출산장려 정책은 목민정신과 연계해야 할 필요가 있다.

다음 고령화 문제를 목민리더십과 연계하는 일이다. 고령자의 최대 적敵은 외로움과 소외감이다. 그러나 백세시대에 가정의 힘만으로 자녀가 부모를 부양하기는 어렵고 맞벌이 등을 감안하면 더욱 그렇다. 부모가 백세이면 자식은 70세다. 때문에 가정과 사회, 국가가 함께하는 쪽에서 제도가 만들어져야 한다. 고령화의 문제는 기대수명이 높아지면서 생산인력은 점점 줄어들고 있는데, 인간의 수명은 점점 길어지면서 많은 부담을 초래하고 있다.

고령화의 원인은 여러 요소가 있지만, 의학기술의 발달과 생활수준의 향상으로 생명이 연장되는데서 오는 필연의 결과이다. 우리나라의 고령화 추세는 1951년도에 평균 연령이 60세였는데, 2020년도에 83.3세에

----

465 김종두, 『효의 패러다임과 현대적 개념』, 명문당, 2014. pp.324~327[사례 #29]

이르렀다. 현재 고령화 현상의 문제는 노인인구비율이 도시보다 농촌에, 남성보다 여성이 더 많다는 점이고, 늘어나는 고령세대의 비중에 비해 노인 일자리, 실버산업 등이 뒷받침되지 못하고 있어 노인의 '삶의 질' 이 점점 나빠지고 있다. 그러다 보니 노인 자살율이 세계 1위라는 불명예를 안고 있다. 특히 저출산 현상의 심화와 경로효친의 분위기가 저하되면서 노인계층의 소외현상이 점점 더 크게 부각되고 있다. 따라서 고령화의 문제는, 사람은 누구나 늙기 마련이고 몸이 늙으면 마음도 함께 늙고 쇠약해져서 혼자의 힘으로는 생활이 곤란하므로 노인들은 가족과 함께 생활하기를 원하게 된다. 그러나 자식세대들이 부모세대 부양을 꺼리게 된다면 인간으로서의 궁극적인 행복도 멀어지는 것이다. 노인복지 국가로 일컬어지고 있는 유럽 나라에서 노인들이 데모하는 내용 중에 "우리는 정부의 잘못된 노인 정책 때문에 자식을 잃었다, 노인 정책을 수정하라"는 피켓을 들고 시위하는 장면이 나온다. 65세 이상 된 노인을 자신의 의지에 관계없이 정부에서 관리하다 보니, 결국 자식들의 부모 봉양 책임의식을 저하시키는 결과를 낳았다는 것이 그곳 노인들의 주장이다. 노인요양소에서 생활하는 고령자 대부분은 가족들이 노인요양소에 찾아오도록 하거나 함께 생활할 수 있기를 원한다는 점이다. 그러나 한편으로 오늘날 노인들은 자식들과 함께 지내기를 꺼리는 추세라는 점도 고려되어야 한다. 가정마다 사정이 다르긴 하지만, 결국은 사회적 정서와 관련되고 가족사랑과 가정윤리가 뒷받침된 교육의 결여가 지속되다 보니 나타나고 있는 현상으로 보여진다. 어떤 부모인들 자식과 가까이 지내고 싶지 않은 경우는 없는 것이다. 속썩이는 자식이 아니라면…

이렇듯 고령화의 문제는 효교육과 연계하여 경로효친사상을 고양하는 노력을 병행할 필요가 있다. 가정윤리 측면에서 부모의 은혜를 갚아야 함은 물론이고 이타적 가치의 실천적 측면에서도 효에 기초한 인성교육이 필요한 것이다. 『성경』에 "너는 센 머리 앞에 일어서고 노인의 얼굴을 공경하라.〔레19:32〕", 『맹자』에도 "자기 집 노인을 공경하여서 그 마음이 다른 집 노인을 공경하는 데까지 미치게 하고, 자기 집 어린이를 사랑하여서 그 마음이 다른 집 어린이를 사랑하는 데까지 미치게 한다. 이렇게 마음을 쓴다면 천하를 쉽게 이끌 수 있다.〔양혜왕 상편〕"[466]라고 했다. 특히 지금의 노인세대들은 일제시대와 8.15광복, 6.25 사변, 보릿고개를 이겨내고 새마을 운동과 조국 근대화에 앞장섰던 세대이다. 고령세대들의 노고에 감사할 줄 알도록 하기 위해서는 이런 내용을 가정과 학교, 사회교육을 통해 가르쳐야 한다. 다산은 "노인들은 앉아서 감독할 바가 있고, 어린이는 다니면서 받들 바가 있다. 장정은 힘쓸 일을 맡고 병자는 지키는 일을 맡는다."라고 했다. 목민리더십을 통해 고령화문제를 지혜롭게 풀어가야 할 때이다.

----

466 "老吾老以及人之老 幼吾幼以及人之幼 天下可運於掌."

우리는 지금 21세기를 살아가고 있다. 그러나 현재 우리의 상황은 200년 전에, 극한의 당쟁黨爭으로 인해 다산과 같은 인재를 버렸던 그때와 별반 다르지 않다. 이런 상황이 계속되는 이유는 '유시시구唯是是求'가 아닌 진영 간 이해관계에 치중한 리더십에 원인이 있다. 그리고 리더 계층의 '지식〔know〕'보다는 '인성〔be〕'과 '행위〔do〕'의 불균형에서 오는 가치관의 문제라고 본다. 이런 이유에서 목민정신에 기초한 한국적 리더십이 필요하다는 생각이고, 그 해법으로 목민리더십을 제안하였다.

이 책은 필자가 현장에서 리더십을 체험하고 교육기관에서 강의했던 내용을 『목민심서』의 '찰물察物'의 관점에서 재정리한 내용이다. 하지만 다산이 저술한 책이 워낙 많고 모두 한문으로 된 책들이라 필자로서도 내용을 파악하는 데 한계가 있었음을 고백하지 않을 수 없다. 그러나 박석무 선생님을 비롯한 많은 선학先學들이 다산 관련 서적을 번역 출판해 놓았고, 이미 발표된 논문 덕분에, 소〔牛〕가 비빌 언덕을 만난 입장에서 집필을 마칠 수 있었음에 감사드리는 마음이다.

오늘날 21세기는 변화와 혁신의 리더십을 필요로 한다. 다산이 살았던 그 시대에도 『경세유표』를 통해 '신아지구방新我之舊邦'을 제시했다. 이는 33세에 암행어사, 36세부터의 곡산부사, 그리고 정조를 보필하면서 체험했던 내용을 근거로 제안한 것이다. 그러나 오늘날의 현실은 『목민심서』 등을 집필하던 당시의 상황에 비해 물질적으로는 풍요로와졌지만, 정신적 결핍은 오히려 더 심화된 느낌이다. 특히 오늘날 여야與野 정치인들의 대립은 당시의 노론과 남인의 대립에 비교해 볼 때 더 지능화되고, 저열低劣해지기까지 해 보인다. 당시는 노론과 남인 중에서 학식이 높은 계층에서 반목이 심했다고 한다면, 지금은 국민들까지 진영논리로 이편, 저편으로 나누어져 있는 것이 현실이다. 이는 리더십 결핍 현상과 무관치 않다.

오늘날 심화深化되어가는 정쟁 상황은 가치전도를 심화시키고 국민의 정서情緖를 피폐하게 만들어 궁극적으로는 국민의 행복을 빼앗는 결과로 이어지고 있음을 간과해서는 안 된다. 정치인들은 '국민을 위해서', '사랑하는 국민' … 등을 운운하지만, 실제는 당리당략黨利黨略에 우선하는 경우가 대부분이다. 지금이야말로 다산이 강조했던 '유시시구唯是是求'에 기초한 '유선시사唯善是師' 정신으로 '위국위민爲國爲民'의 목민리더십이 필요할 때이다.

따라서 향후 한국의 리더십은 어떤 방법을 통해서든 현재 상태에서 바른 리더십으로 정형整形되어야 한다고 본다. 여기에는 여러 방법이 있을 수 있지만, 그중의 하나는 다산의 목민정신에 기초한 목민리더십을 구사하는 일이다. 억울하게 누명을 쓰고 햇수로 18년 동안이나 유배생활을 하면서, 그것도 언제 사약賜藥이 내려질지도 모르는 처절悽絶한 상황에서 500여 권이 넘는 방대한 저술을 통해 사유체계思惟體系의 변화와 제도개혁, 기술개발 등을 제안했고 2,500여 수의 시를 통해 잘못된 정치를 지적하고 백성을 위로했다. 그러면서 오직 위국위민爲國爲民의 삶을 솔선수범한 인물이 다산이라는 점에서다.

　이러한 목적으로 『다산 정약용의 목민리더십』을 내놓게 되었다. 독자 여러분께서는 이 책을 통하여 "다산은 누구인가?", "다산은 어떤 책을, 어떤 목적으로 저술했는가?", "왜 오늘날 목민정신이 필요한가?", "왜, 한국의 리더십은 목민정신에 기초한 리더십이어야 하는가?", "왜 『목민심서』가 한국적 리더십의 교과서가 되어야 하는가?", "인성교육이 왜 중요하고, 목민리더십과 연계해야 하는 이유는 무엇인가?" "나라가 어려웠을 때, 그런 와중에 소외되어 있던 학자들이 주장하며 정립했던 실학정신을 21세기에 어떻게 적용하도록 할 것인가?" 등에 대한 해답을 각자가 찾는 노력도 필요하다고 본다.

마지막으로 '목민리더십'을 강의하고 책을 집필하기까지 가르침을 주신 박석무朴錫武 이사장님과 다산 선생에 관한 책을 저술하시고, 논문을 발표해주신 분들께 감사드린다. 그리고 정성으로 교정을 맡아주신 최영숙崔英淑 선생님과 김동건金東鍵 박사님, 안미옥安美玉 회장님께도 감사드리며, 무엇보다도 이 책을 읽어주신 독자 제위께 감사 드립니다.

부록(2)

다산 정약용 선생 연보

정약용 선생의 연보年譜는 선생의 일생에 관한 내용을 연도순年度順으로 간략하게 적은 기록이다. 선생의 연보는 두 가지가 전해진다. 하나는 선생이 직접 자신의 일생을 연대순으로 기록한 『다산연보』이고, 또 하나는 현손 정규영丁奎英〔1872~1927〕이 『다산연보』를 첨삭添削해서 작성한 『사암선생연보』다.

본 연보는 『사암선생연보』를 송재소宋載邵 교수가 역주한 『다산의 한평생〔사암선생연보〕』과 『압해정씨가승押海丁氏家乘』, 다산이 작성한 묘지명墓誌銘과 묘갈명墓碣銘, 묘표墓表 등을 포함해서 재정리했다.

선생이 저술한 저서는 500권이 넘고, 묘지명은 30편〔묘지명 24편, 묘갈명 1편, 묘표 5편: 제1권 부록(1) 참조〕이다. 요절夭折한 자녀들에 대해서는 광명壙銘과 광지壙誌, 예명瘞銘의 이름으로 4편을 남겼다. 선생이 묘지명을 쓴 이유는 억울한 누명을 쓰고 죽임을 당한 사람들을 위로하고 명예를 회복시켜 주며, 감사의 뜻을 담아서 작성하였다. 그리고 너무 일찍 세상을 떠난 자녀와 며느리 등에 대해서 애석哀惜한 마음을 담아 기록하였음을 느낄 수 있다. 1세부터 75세까지 연도순으로 제시하였다.

◐ 1세: 1762〔영조 38〕

- 6/16〔양8/5〕: 사시巳時〔09~11시〕에 경기도 광주군 초부면 마현리〔지금
  의 남양주시 조안면 능내리〕에서 아버지 정재원丁載遠〔1730~1792〕과 어
  머니 해남윤씨海南尹氏 윤소온尹小溫〔1730~1770〕 사이에 3남 1녀 중 막
  내로 출생함. 이 해는 사도세자思悼世子〔1735~1762〕가 뒤주에 갇혀 세
  상을 떠난 임오화변壬午禍變〔5/13~21〕이 일어난 해임.
- 본관은 압해押海이고 아명은 귀농歸農이며 관명은 약용若鏞임.
  * 3/10: 아버지 정재원이 33세에 생원·진사시험 3등, 제13인으로 합
    격하여 3월 21일에 사은謝恩하고 마재에 머물고 있던 중에 벼슬직에
    나가게 됨.
- 11/9: 아버지 정재원이 경기전〔太祖 御眞, 전주〕 참봉에 임명됨.
  * 아버지 정재원은 세 번 상처喪妻했음. 16세〔1745년〕에 첫 번째 부인
    17세의 의령남씨〔1729~1752〕와 혼인하였으나 1남〔약현〕을 낳고
    23세에 상처喪妻하였음. 두 번째 부인은 24세〔1753년〕에 26세의 해
    남윤씨海南尹氏 윤소온尹小溫〔1730~1770〕를 속현續絃했으나 3남 1
    녀〔딸, 약전, 약종, 약용〕를 낳고 41세에 상처하였음. 세 번째 부인
    은 42세〔1771년〕에 금화연의 처녀 황씨를 측실로 맞았으나 그해에
    상처하고, 44세〔1773년〕에 잠성김씨〔1754~1813〕를 측실로 맞아
    1남 3녀〔딸3, 약횡〕를 낳았음. 결과적으로 4명의 부인과의 사이에
    9남매〔5남 4녀〕를 두었으나 정실正室과 측실側室을 동시에 두지는
    않았음.

☆ 참고사항
  * 압해정씨 가문의 마재 정착은 5대조 정시윤丁時潤〔1646~1713〕 공이
    1699년에 터를 잡고 임청정臨淸亭 정자를 세우면서 부터임.

◑ 2세: 1763〔영조 39〕

• 완두창豌豆瘡을 앓았음.

☆ 참고사항

   * 성호星湖 이익李瀷〔1681~1763〕이 63세로 별세함.

◑ 3세: 1764〔영조 40〕

• 3/29: 아버지가 중종의 첫 번째 계비 장경왕후의 희릉禧陵〔경기도 고양
  시 덕양구〕 참봉參奉으로 임명됨.
• 12/24: 아버지가 의금부도사都事에 임명됨.

◑ 4세: 1765〔영조 41〕

• 아버지에게 『천자문』을 배우기 시작함.
• 6/26: 아버지가 내섬시內贍寺 봉사〔종8품〕에 임명됨.

◑ 5세: 1766〔영조 42〕

• 4/1: 아버지가 사재감司宰監 주부에 임명됨.
• 6/18일: 아버지가 형조좌랑〔정6품〕에 임명됨
• 12/17: 아버지, 연천현감으로 부임함. 연천 관저에 가서 아버지에게 교
  육을 받음.

◑ 6세: 1767〔영조 43〕

• 12월: 아버지가 연천현감을 마치고 집에 머물게 되면서 이때부터 15세
  까지 아버지의 집중 지도를 받았음.

◗ 7세: 1768〔영조 44〕

• '산山'이란 제목의 '오언시五言詩〔小山蔽大山 遠近地不同〕'를 지어 아버지로부터 "분수에 밝으니 자라면 역법과 산수에 능통할 것이다."라는 칭찬을 들었음.

• 천연두를 순조롭게 앓았으나 오른쪽 눈썹 위에 흔적이 남아 눈썹이 세 개로 나뉘게 되어 '삼미자三眉子'라는 별호를 가지게 되었음.

◗ 9세: 1770〔영조 46〕

• 봄: 아버지와 함께 퇴계학문을 이익李瀷에게 전수한 허목許穆〔1595~1682〕의 묘소를 찾아 설명을 듣고 감명을 받았음.

• 11/9: 어머니 해남윤씨가 43세로 별세함. 어머니는 공재 윤두서의 손녀임. 다산은 자신이 윤두서의 초상화에 나타난 얼굴 모습과 수염 등이 닮았다 하여 문인들에게 "나의 정분精分〔심신의 근원〕은 외가에서 받은 것이 많다."고 했음.

 * 9세~12세까지는 큰형수〔약현의 처〕의 보살핌으로, 12세부터 15세〔결혼 전〕까지는 서모 잠성김씨의 보살핌으로 성장했음. 훗날 큰형수와 서모의 묘지명을 남겼음.

◗ 10세: 1771〔영조 47〕

• 아버지에게서 경서와 사기, 과예課藝 등을 공부하면서 1년 동안 지은 글이 자신의 키만큼 되었다고 전해지고, 이를 「삼미집三眉集」이라 했음.

◗ 12세: 1773〔영조 49〕

• 아버지가 44세에 20세의 서모 잠성김씨를 측실로 맞아들임.

◗ 13세: 1774〔영조 50〕

- 두보杜甫를 모방한 수백 수의 시〔杜詩〕를 지었는데, 두시杜詩의 뜻을 깊이 터득하였다 하여 아버지와 아버지 친구들로부터 칭찬을 들었음.

◗ 15세: 1776〔영조 52〕

- 2/15: 관례를 치렀음. 아명 '귀농歸農'에서 관명 '약용若鏞으로 바뀜.
- 2/22: 풍산홍씨〔1761~1839〕에게 장가를 들어 회현동 처가에서 살았음. 장인은 무과 출신으로 승지를 지낸 홍화보洪和輔〔1726~1791〕임.
- 3/4: 아버지가 호조 좌랑으로 복직되자 명례방 소룡동 집에서 살았으며, 육촌 처남 홍인호와 홍의호, 매형 이승훈, 이벽 등과 사귀게 됨.
- 6/20: 아버지가 인의引儀〔종6품 문관벼슬〕로 승진하여 제용판관濟用判官〔특산물 취급〕에 임명됨.

  ☆ 참고사항

  * 3/5: 묘시卯時〔5~7시〕에 영조英祖가 82세로 승하하고, 정조正祖가 즉위함.

◗ 16세: 1777〔정조 1〕

- 서울 생활을 하면서 이익李瀷의 유고를 처음 보고 "꿈속 같은 내 생각이 성호를 따라 사숙私淑하는 가운데 깨달은 것이 많다."고 말했음.
- 9/27: 화순 현감으로 부임하는 아버지를 따라 이동하던 중 충주 하담에 있는 어머니 선영에 들려 성묘하였음.

◗ 17세: 1778〔정조 2〕

- 아버지 주선으로 조익현趙翊鉉〔1737~1800〕이라는 선비를 만나 『맹자』에 대한 이야기를 들으면서 백성을 사랑하는 마음에 대해 큰 가르침을 받았음.

- 11월: 둘째 형 약전과 함께 화순 동림사에서 40일 동안 머물며 형은 『시경』을, 약용은 『맹자』를 읽고 「동림사 독서기」를 지었음.
- 겨울: 물염정勿染亭을 유람하고 「유물염정기」를 지었음. 광주 서석산瑞石山을 유람하고 「유서석산기遊瑞石山記」를 지었음.
- 화순현감인 아버지를 따라 외가에 가던 중 항촌 목리牧里에 사는 아버지의 친구 윤광택尹光宅 집을 방문하였으며, 다산은 윤서유尹書有〔1764~1820〕를 만나 동무 삼게 됨. 이때 윤광택은 황소 한 마리를 잡아 대접했음.
- 혜장의 스승인 연담蓮潭 유일有一〔1720~1799〕 대사〔59세〕를 만나 가르침을 받고 시를 지어 증정했음.

◑ 18세: 1779〔정조 3〕

- 2월: 고향에 돌아와 약전 형과 함께 과거시험 준비를 하였음.
- 겨울: 성균관에서 시행하는 승보시陞補試에 선발되었음.

◑ 19세: 1780〔정조 4〕

- 2/22: 아버지가 예천군수로 부임하였음.
- 아내와 함께 장인이 병마절도사직에 봉직하는 진주를 방문함.
- 3월: 예천의 반학정伴鶴亭에서 글을 읽으며 「반학정기伴鶴亭記」, 촉석루를 유람하며 「진주의기사기晋州義妓祠記」를 지었음.
- 4/15: 큰형수〔1750~1780, 약현의 부인〕가 31세로 별세함.
- 예천 관사 옆 건물에 귀신이 나온다는 소문을 무시하고 거처하며 책을 읽었음.
- 가을: 아버지와 함께 예천 북쪽 십리 부근에 위치한 약포藥圃 정탁鄭琢〔1526~1605〕의 별장〔선몽대〕을 찾아 우국충정을 기렸음.

* 정탁은 유성룡과 함께 이순신을 모함에서 구출하는데 앞장선 인물임.

- 겨울: 아버지와 장인이 어사 이시수李時秀〔1745~1821〕의 모함으로 탄핵을 받아 벼슬을 그만두고 마재로 돌아오게 되어 모시고 왔음.
- 12/27: 아버지보다 먼저 서울로 올라오면서 충주 하담에 들려 어머니께 성묘함.

◐ 20세: 1781〔정조 5〕

- 2월: 부친과 장인에 대한 감사가 2월까지 진행됨. 부친은 관직을 잃었고, 장인은 평안도 숙천으로 귀양갔음.
  * 서울에서 살면서 과시科詩〔과거볼 때 짓게 하는 시〕를 익히면서 고향에 계신 아버지를 자주 찾아뵈었음.
- 7월: 첫딸을 낳았는데 생후 4일 만에 죽었음.

◐ 21세: 1782〔정조 6〕

- 2월: 본가와 처가의 도움으로 서울 남대문 안쪽 창동倉洞에 처음으로 집을 장만하여 체천정사棣泉精舍라 이름을 지어 살았음.
- 가을: 봉은사奉恩寺에서 경의과문經義科文을 익힘.
  * "나의 의지를 밝히다."라는 '술지述志' 시를 지어 포부를 밝혔음.
- 겨울: 장인이 유배에서 풀려나 석방되었음. 영남 우도병마절도사로 임명됨.

◐ 22세: 1783〔정조 7〕

- 2/21: 세자책봉 경축으로 열린 증광감시增廣監試 식년시式年試가 열림. 약현, 약전 형과 함께 3형제가 경의초시經義初試에 나란히 합격하였음.
- 4/6: 회시會試〔초시 2차시험〕에서 두 형은 불합격하고 혼자 진사에 합격함.

* 진사 합격 후 아버지를 모시고 고향에서 축하잔치를 하고, 인근 수종 사에서 '춘일유수종사春日遊水鐘寺' 시를 지었고, 충주 하담의 어머 니 산소에 성묘하였음.

• 4/11: 정조와의 첫 만남이 선정전宣政殿에서 이루어졌음. 정조가 특별 히 '얼굴을 들라' 하며 '나이가 몇이냐'고 물었는데, '임오생壬午生입 니다.' 라고 답한 것이 성군과 현신의 '풍운지회風雲之會'의 만남이 되 었음. 성균관 생원으로 정조의 지우知遇를 받기 시작함.

• 9/12: 큰아들 학연學淵이 태어남.

• 9/21: 중형 약전이 진사시험에 합격하여 형제가 함께 성균관에서 공부함.

☆ 참고사항

* 10/14: 이승훈이 아버지를 따라 북경으로 출발, 10월 21일 도착해서 그 라몽 신부에게 베드로라는 세례명으로 영세를 받음〔이승훈은 이벽의 권유로 천주교 입교하였음〕.

* 이벽이 이승훈에게 중국에 가는 길에 천주교 서적을 구해올 것을 부탁함.

◑ 23세: 1784〔정조 8〕

• 향사례鄕射禮〔남인계 학자 중심의 모임〕를 행했음.

• 4/15: 큰형수 4주기 제사를 지내고 이벽李蘗과 함께 배를 이용 두미협 斗尾峽을 지나 서울로 가면서 이벽으로부터 「천주실의」에 대해 설명을 듣고 천주교에 관심을 가지게 됨.

• 6/16: 반제泮製〔성균관 유생들이 보는 과거시험〕에 뽑힘. 임금이 삼하三下 의 점수를 주고 종이와 붓을 하사했음.

• 여름: 80여 항목에 대해 「중용강의」를 하였음. '사칠이기四七理氣에 대 해서 퇴계와 율곡의 관점에 대해 차이점을 답하는 형식이었는데, 남인 계 유생들은 모두 퇴계의 사단이발四端理發의 설이 옳다는 답을 올렸지

만, 다산은 율곡의 기발氣發의 설이 옳다는 답을 올렸음. 남인계의 다산이 당파를 초월해서 노론계 율곡의 학설을 지지한 것에 대해 정조가 높게 평가하였음.

- 9월: 정시庭試〔대궐 안에서 보는 과거〕의 초시에 합격함.
- 겨울: 이벽의 집에서 이승훈에게 가성식 세례〔세례명: 요한〕를 받았음.

☆ 참고사항
  * 3/24: 북경에 간 이승훈이 세례 받고 서울 도착함, 이벽은 이승훈에게 가성식 영세를 받고 천주교에 입교함. 이때부터 천주교가 본격적으로 확산하기 시작함.

◗ 24세: 1785〔정조 9〕

- 2/25, 21, 27, 4/16일: 반제에 뽑혀 상으로 종이와 붓을 하사받았음.
- 봄에 성균관에서 이승훈, 이벽, 권일신, 정약전, 정약용, 김범우 등이 모여 신앙 집회를 엶〔'을사추조' 적발사건〕
  * 김범우만 체포되어 장살을 당함〔한국의 최초 순교자〕. 이때 이벽은 아버지〔이부만〕의 강력한 반대로 배교의 글을 쓰게 됨.
- 10/20: 정시庭試의 초시에 합격함.
- 11/3: 감제柑製〔제주도 감귤을 유생들에게 하사하고 보던 과거시험〕 초시에 수석으로 합격했음.
- 12/1: 정조가 춘당대에 친히 나와 식당에서 음식을 들었음. 거기서 식당명食堂銘 짓기에서 수석을 함. 비궁당명匪躬堂銘을 짓게 했는데 수석을 해 『대전통편』 한 질을 하사받았음. 「우인이덕조만사友人李德操輓詞」, 「추일서회秋日書懷」 등을 지었음.
- 이 해에 서제庶弟 약횡若橫〔1785~1829〕이 태어남.

☆ 참고사항

　＊6/14: 이벽 32세로 죽음을 맞이함. 부친 이부만이 종친회에 불려가 호
　　된 질책을 받고 돌아와 이벽에게 배교를 요구했고, 아들이 거절하자 이
　　부만이 대들보에 목을 매는 사건이 있은 이후 이벽은 두문불출한 끝에
　　전염병〔페스트〕에 걸려 의문의 죽음을 맞게 됨.

◑ 25세: 1786〔정조 10〕

• 2/4: 별시別試〔나라에 경사가 있을 때 보는 임시과거〕의 초시에 합격함.

• 7/29: 둘째 아들 학유學游가 출생함.

• 도기到記〔성균관 유생들에게 보는 시험의 일종〕의 초시에 합격함.

☆ 참고사항

　＊3월: 약종若鍾〔27세〕이 약전若銓 형을 통해 천주교 서적을 접했으며, 혼
　　자서 책을 통해 교리를 터득함. 성호의 문하에서 성리학을 공부하다가
　　도교에 심취하였으며, 형제들보다 늦게 천주교를 접했지만 조선 최초
　　의 천주교 신자 모임인 명도회明道會 회장을 역임함.

◑ 26세: 1787〔정조 11〕

• 1/26, 3/14: 반제泮製〔성균관 유생들에게 보는 시험 일종〕에 수석으로 뽑혀
　팔자백선과 『국조보감國朝寶鑑』 1질, 백면지白綿紙 100장을 하사받았
　음.

• 4/25: 아버지가 사도시司䆃寺 주부主簿로 임명되었다가 한성부漢城府서
　윤庶尹으로 옮김.

• 8/21: 반제에 고등高等으로 뽑혔음. 정조가 "상으로 주는 서책을 네가
　모두 얻었으니 계당주桂餳酒를 준다."는 말과 함께 홍인호洪仁浩를 시
　켜 『병학통兵學通』을 하사함. 이 해에 「추일문암산장잡시秋日門巖山莊

雜詩」를 지었음.

- 10월: 정미반회 사건이 일어남.

  * 정미반회丁未泮會 사건: 이승훈, 정약용 등이 성균관이 있는 반촌泮村
    〔지금의 혜화동〕 김석태 집에서 천주교를 공부하다 발각된 사건임.

- 12월: 반제에 뽑혔고, 다산은 과거 준비를 접고 경전의 뜻을 궁구하려
  는 마음을 가짐.

◗ 27세: 1788〔정조 12〕

- 1/7: 반제에 합격 후 임금을 배알하니 임금이 '책문策文〔과거 과목에 답
  한 글〕이 몇 수인가?'를 물었음.

- 3/7: 반제에 수석 합격하여 임금을 배알하니 임금이 '초시와 회시의 횟
  수가 얼마인가?'를 질문함.

◗ 28세: 1789〔정조 13〕

- 1/7: 인일제人日製〔정월 초이렛날 유생들에게 보는 시험〕에 합격함. 임금이
  네 번 초시를 본 것을 확인하고 급제하지 못함을 민망히 여김.

- 1/26: 반시泮試〔성균관에서 선비들에게 보이던 시험〕에서 표表를 지어 수석
  을 차지함. 정조가 "정약용을 직부전시하게 하라."고 지시함. 채제공蔡
  濟恭이 시험관으로 임명됨.

- 1/27: 대과에 급제하였음. 갑과 차석으로 합격하였으나 장원 심봉석이
  부친 이름을 누락해서 탈락함으로써 수석 합격자가 되었음. '공정과
  청렴'을 다짐하는 시를 지었음.

- 3월: 전시殿試〔시험에서 선발된 사람에게 임금이 친히 치르는 과거시험〕에 나
  아가 탐화랑探花郎의 예로써 7품관에 부쳐져 희릉禧陵 직장直長에 제수
  됨. 곧바로 초계문신이 됨.

- 4/1: 아버지가 울산부사로 임명됨. 아버지를 충주까지 배웅하고, 어머니 산소에 성묘함.
- 5월: 부사정副司正으로 임명됨.
- 6월: 가주서假注書에 제수됨.
- 8월: 각과문신閣課文臣으로 울산의 아버지를 찾아뵈었음.
- 11월: 친시親試〔임금이 몸소 시험장에 나와 성적을 살피고 급제자를 정하던 일〕에 「문체책文體策」을 지어올림.
- 겨울: 배다리〔舟橋〕 설치에 필요한 주교舟橋 규제를 지어 올렸음.
- 12/25: 셋째 아들 구장懼牂이 태어났으나 14개월 만에 천연두로 요절함.
  * 이 해 문신에게 부과하는 시험에서 수석을 다섯 번, 수석에 비교된 것이 여덟 번이나 되어 상을 받은 것이 많았음.

★ 주요 저술
  * 3월: 『대학』을 강의하고, 이를 정리하여 『희정당대학강의熙政堂大學講義』 1권을 지었음.

◗ 29세: 1790〔정조 14〕

- 2/26: 한림학사로 추천받아 6명이 정원인 한림회권翰林會圈에 뽑혀 29일에 노론의 김이교와 함께 예문관 검열에 단부單付〔벼슬을 부여함〕되었음. 그러나 노론 최병학이 "채제공이 주관한 관계로 남인을 우대하여 선발했다."고 상소했고, 이로 인해서 다산이 등용을 거부하자 정조가 노하여 최병학을 파면하고, 다산을 해미로 유배 보냄.
- 3/7: 해미현海美縣으로 정배定配되었다가 13일 배소配所〔귀양지에 배치됨〕되어 19일 용서받아 풀려났음. 귀경길에 온양온천에 들러 사도세자의 사장射場이 방치된 것을 발견하고 정비토록 했음. 이 내용을 보고 받은 정조가 온양 군수에게 지시하여 1795년에 영괴대靈槐臺가 세

위졌음.

- 5/3: 예문관 검열로 다시 들어갔다가 5일에 용양위의 부사과로 승진되었음.

- 6/10: 부친의 회갑일을 맞아 친지와 지인들이 모여 성대하게 축하연을 열었음.

- 여름: 순조의 탄생을 축하하는 과거시험에서 약전이 대과에 급제하였음.

- 7/4: 사간원 정언으로 추천되어 11일에 제수되고, 19일 각과閣課〔내각에서 하는 일〕의 일을 하도록 체임遞任〔벼슬이 갈림〕되었음.

- 9/6: 정언에 제수되어 잡과雜科〔기술관을 뽑는 과거〕 감대監臺〔감찰관직〕에 나아갔고, 10일 사헌부 지평持平〔정5품〕에 제수되어 무과武科 감대에 나아갔음.

  * 다산은 지평으로서 서울의 장신將臣 가문 자제들의 특혜를 제한시키고, 지방 출신의 능력 있는 무사를 선발하여 합격시켰음.

- 11/10: 아버지가 61세에 진주목사로 승진함.

☆ 참고사항

  * 3번의 유배생활: ①충청도 해미〔1790. 3. 8. 13~8. 19〕 ②경상도 장기
  〔1801. 2. 27~10. 20〕 ③전라도 강진〔1801. 11. 5~18. 9. 2〕

◗ 30세: 1791〔정조 15〕

- 봄: 진주목사로 있는 아버지에게 근친覲親〔부모를 찾아뵙는 일〕함.

- 4/2: 천연두와 종기를 앓던 셋째 아들 구장懼牂이 죽었음.

- 5/23: 사간원司諫院 정언에 제수됨.

- 10/22: 사헌부司憲府 지평에 제수됨.

- 12월: 친시親試〔임금이 친히 보는 시험〕에서 7등을 하고, 과시에서 6등을 했으며, 과강課講〔강독시험〕에서 6등을 차지해 모두 상을 받았음.

★ 주요 저술

* 4월: 아들 구장懼牂의 죽음에 대해 참회와 자책하는 마음으로 광명壙銘
「유자구장광명幼子懼牂壙銘」을 지었음.

* 여름:「유세검정기遊洗劍亭記」, 9월에「북영벌사기北營罰射記」를 지었음.

* 겨울:『시경강의』 12권을 지었음. 시경에 관한 800여 조 문항의 질문 내
용을 답변하는 형식으로 지어 올리니 정조가 이를 칭찬하였음.

☆ 참고사항

* 평택 현감으로 있던 이승훈의 벼슬이 박탈되고 투옥됐으나 배교背敎〔신
봉한 종교를 등짐〕 조건으로 석방됨.

* 10/23: 진산珍山사건이 있은 후 신해옥사辛亥獄事 시행을 계기로 다산
과 약전 형제는 천주교와 절의絶義했음.

* 진산사건珍山事件은 전라도 진산에 사는 윤지충尹持忠, 권상연權尙然이
라는 천주교 신도가 부모의 제사를 거부하고 위패를 불태운 사건임. 이
를 빌미 삼아 공서파인 목만중, 이기경, 홍낙안 등이 채제공에게 편지를
보내는 등 신서파에 대해 공격을 시작함. 이기경의 상소가 잘못되었다
는 어명御命으로 이기경에게 유배형이 내려지자, 다산은 백방으로 이기
경의 감형減刑을 위해 노력했지만 이기경은 다산을 미워했으며, 진산사
건을 계기로 천주교를 사교邪敎라고 더욱 매도하게 됨.

* 11/8: 정조가 위정학衛正學 선포함.

* 11/13: 윤지충〔다산의 외사촌〕과 권상연〔윤지충의 외사촌〕이 전주 풍
남문 앞 형장에서 참형 당했음.

* 천주교 박해: ① 신해박해〔1791, 정조 15〕 ② 신유박해〔1801, 순조 1〕
③ 기해박해〔1839, 헌종 5〕 ④ 병인박해〔1866, 고종 3〕

◑ 31세: 1792〔정조 16〕

• 2/27: 차녀 효순이 태어났음.

- 3/22: 홍문관록에 뽑혔으며, 28일 도당회권에 뽑히고, 29일 홍문관 수 찬修撰〔서책 편집관〕에 제수됨. 임금이 남인 가운데서 사간원 · 사헌부 의 관직을 이을 사람을 체재공과 상의하여 28명의 명단을 작성해서 올 렸는데, 그중 8명이 먼저 부서에 배치되었음.
- 4/9: 진주목사이던 아버지가 임소에서 63세로 작고함.
- 5월: 부친에 대해 충주 하담에 반장返葬〔객지에서 죽은 사람의 시체를 고향 으로 옮겨 장사 지냄〕하고 마재로 돌아와 곡했음. 마재에 여막廬幕〔상제가 거처하는 초막〕을 짓고 거처했음.
  * 여막살이를 하면서 3형제가 '수오재守吾齋', '매심재每心齋', '여유 당與猶堂' 당호와 「망하루기望荷樓記」를 구상했을 것으로 추정됨.

★ 주요 저술
  * 겨울: 수원화성의 규제를 지어 바쳤음. 「기중도설起重圖說」을 지어 공 사 기간을 10년 예상을 2년 9개월로 단축하고 예산 4만 냥을 절약했음.

◗ 32세: 1793〔정조 17〕

- 4월: 아버지의 소상小祥〔1년상〕을 마치자, 연복練服〔소상 이후 대상까지 입 는 상복〕으로 갈아입었음.

◗ 33세: 1794〔정조 18〕

- 1월: 차녀 효순이 생후 23개월만에 천연두로 사망하여 두척산斗尺山 구 장懼岾 옆에 묻었으며, 「유녀광지幼女壙誌」를 지었음. 수원화성 공사를 착공함.
- 3/5: 3녀〔후일 윤창모와 혼인〕가 태어남
- 6월: 아버지의 삼년상을 모두 마치고 벼슬에 다시 오름.
- 7/23: 성균관 직강直講〔정5품〕에 제수됨. 이때부터 공서파의 트집이 많

아짐.

- 8/10: 비변랑備邊郎〔군무의 기밀을 맡아보는 비변사의 관직〕에 임명하는 계
啓가 내려졌음.
- 10/27: 홍문관 교리에 제수되었다가 28일 수찬에 제수됨.
- 10/29: 성정각에서 경기 암행어사의 명을 받음.
- 11/15: 암행 결과인 '복명서'를 올림〔마전, 적성, 고양, 양주, 연천, 삭령〕.
  * 연천의 전 현감 김양직〔사도세자 등 임금 가족 묘자리 봐주는 지관
출신〕, 삭녕의 전 군수 강명길〔궁중어의 출신, 정조 어머니 혜경궁
홍씨의 병환을 돌봄〕의 죄악상을 낱낱이 고함. 왕실의 제지制止로 처
벌되지 않자 "법의 적용은 임금의 측근부터 엄격해야 한다."면서 재
차 처벌을 상소함. 암행어사 경험이 『경세유표』 저술의 토대가 되고,
『목민심서』 저술을 결심하는 계기가 됨.
- 12/7: 경모궁에 존호尊號를 추존해 올릴 때 도감都監〔국가 중대사를 관장
하기 위해 설치한 관청〕의 도청랑都廳郎〔실무책임자〕이 되었음.
- 12/13: 홍문관 부교리에 제수되었음.

☆ 참고사항
  * 12/23: 중국 주문모周文謨 신부가 지황池璜과 윤유일尹有一의 안내로
압록강을 건너 입국함.
  * 주문모는 강완숙姜完淑의 소개로 정조의 서제庶弟 은언군恩彦君의 부인
송씨와 며느리 신씨 등과 접촉했으며, 주문모 입국을 계기로 천주교 신
도가 3,000명에서 1만 명으로 늘어났음.

◑ 34세: 1795〔정조 19〕

- 1/17: 사간원司諫院 사간司諫〔종3품〕에 제수됨. 품계가 통정대부通政大
夫〔정3품〕에 오르고 동부승지同副承旨〔정3품〕에 제수되었음.

- 2/17: 병조참의兵曹參議〔정3품〕에 제수되어 수원 현륭원에 행차할 때 시위侍衛〔임금을 호위함〕로서 따랐고, 봉수당奉壽堂에서 혜경궁 홍씨에 대한 효 잔치를 열 때 화답하는 시를 지었음.
- 3/3: 의궤청儀軌廳 찬집纂輯〔편찬과 편집〕문신으로 임명되고, 규영부奎瀛府 교서승校書承으로 부임할 것을 명 받았음.
- 3/20: 우부승지右副承旨에 제수됨. 「화성정리통고華城整理通攷」의 찬술과 원소園所〔왕세자 및 왕세자빈의 산소〕를 설치하라는 명을 받고, 이가환·이만수·윤행임 등과 합작했음.
- 7/26: 주문모 입국사건과 연관되었다는 이유로 금정도金井道 찰방察訪〔도의 역참관리, 교통과 명령전달 등을 관리하는 종6품 외관직〕으로 외보됨〔정3품에서 종6품 좌천〕.
  * 지역 천주교 지도자 이존창을 체포하는 공을 세움. 이존창은 천주교를 배교하고 숨어 살던 중에 다시 활동하다 체포되어 신유옥사 때 사형을 당함.
- 8/12~14: 충청수영성의 영보정永保亭을 방문함.
- 10/24~11/5: 봉곡사鳳谷寺에서 이삼환을 비롯한 13명이 학술토론회를 열었음.
- 12/23: 금정에서 서울 명례방〔현재의 명동〕집으로 돌아와 죽란사竹欄舍라 이름 지었으며, 용양위龍驤衛 부사직副司直에 임명되어 한직閑職 생활로 여유를 가지게 됨.
  * 정조는 다산의 공적〔이존창 체포 등〕을 칭송하기 위해 이익운李益運과 충청관찰사 이정운李鼎運〔이익운의 형〕에게 다산을 표창할 장계를 올리도록 지시했으나 다산의 완곡한 사양으로 무산됨.
  * 다산의 후임 찰방인 김이영이 훗날 "선생은 청렴하면서도 근신하는

태도로 백성을 깨우치는 등 선정善政했음을 임금께 보고함.

★ 주요 저술

＊서암西菴 봉곡사鳳谷寺에서 13명의 선비들이 모여 강학회한 내용을 정리한 「서암강학기」와 성호 이익의 유고를 가져다가 교정한 『가례질서』, 퇴계의 책을 읽고 그 뜻을 부연하고 자신의 생각을 적은 「도산사숙록陶山私淑錄」을 지었음. 이 해에 「식목연표발植木年表跋」을 쓰고 「부용정시연기芙蓉亭侍宴記」를 지었으며, 암행어사 시절 백성의 고달픈 장면을 담은 '기민시飢民詩'를 지었음.

☆ 참고사항

＊4월: 황사영이 주문모〔1752~1801〕와 만나면서 알렉산드라라는 세례명으로 세례를 받음. 이 사실을 한영익韓永益이 이석李晳〔이벽의 형〕에게, 이석은 채제공에게 보고함. 주문모의 입국 사실이 알려지고 공서파의 공격이 거세지면서 규영부 교서직에서 정직停職됨.

＊5/12: 주문모 입국 시 그를 도왔던 최인길, 지황, 윤유일 등이 장살 당함.

◗ 35세: 1796〔정조 20〕

• 4/14: 용양위 부사직의 한직閑職을 기해 하담 선영을 찾아 부모님께 성묘함〔기일 4월 9일, 이 시기에 맞춰 아버지께 처음 성묘함〕. 하담 선영에서 돌아온 후 죽란시사竹欄詩社 모임을 만들어 곡산부사谷山府使 부임 전까지 문인들과 교유함.

• 10월: 규영부에 들어와 책을 교정하라는 어명을 받음. 규영부 교서가되어 「규영부교서기奎瀛府校書記」를 지었음. 「사기영선史記英選」의 제목과 「규운옥편奎韻玉篇」의 범례에 자문했음. 이만수 등과 더불어 「사기영선史記英選」 교정 작업에 참여했음.

• 11/5: 넷째 아들 삼동이 태어났음.

- 12/1: 병조참의兵曹參議에 제수되었고, 3일에 우부승지右副承旨〔정3품〕에 제수됨. 다음날 좌부승지에 올랐다가 부호군副護軍〔종4품〕으로 옮겨짐.

☆ 참고사항

  * 9/10: 화성이 완공됨.
  * 10/9: 정조 임금이 수원화성 공사 완료를 축하하는 낙성연을 베품.

◑ 36세: 1797〔정조 21〕

- 3월: 대유사大酉舍에 참석하고 춘추경전春秋經傳을 교정했음. 이문원摛文院에 들어가 이서구李書九·김조순金祖淳과 함께 두시杜詩를 교정함. 교서관校書館에 입직入直〔관에 들어가 숙직함〕하면서 「춘추좌씨전春秋左氏傳」을 교정함.
- 6/22: 동부승지에 제수되었으나, 이를 사퇴하는 「변방사동부승지소辨謗辭同副承旨疏」를 올림.
- 윤6/2: 곡산부사谷山府使에 제수됨.

★ 주요 저술

  * 겨울: 홍역을 치료하는 여러 처방을 기록한 『마과회통麻科會通』 12권을 완성했음.

◑ 37세: 1798〔정조 22〕

- 9/4: 넷째 삼동이 출생 22개월만에 사망하여 「유자삼동예명幼子三童瘞銘」을 지었음.
- 10월: 다섯째 아들이 태어났으나 천연두로 10일 만에 요절함.
- 겨울: 곡산의 좁쌀과 콩을 돈으로 바꾸어 올리라는 조정의 영슈을 철회해주도록 요청해 허락받았음. 오례의도척五禮儀圖尺과 실제 척이 달라 바로잡았음. 종횡표縱橫表를 만들어 호적戶籍, 군적軍籍을 정리했음.

★ 주요 저술

* 4월: 「사기찬주史記纂註」를 『사기선찬주계史記選纂注啓』로 완성하여 보고함.

* 「윤지익 묘지명尹持軫墓誌銘」을 지었음. 윤지익은 해남윤씨로 다산의 외가 쪽 친척으로 다산이 명례방에 있을 때 가까이 지내며 함께 공부했는데, 28세의 젊은 나이로 요절함을 애석하게 여겨 묘지명을 지었음.

◑ 38세: 1799〔정조 23〕

• 1/18: 번암樊巖 채제공蔡濟恭〔1720~1799〕이 별세하였음. 채제공을 사모하면서 번옹유사樊翁遺事를 지었음.

• 2월: 호조참판 임시직함을 받고 황주黃州 영위사迎慰使로 임명됨.

• 4/24: 곡산부사를 성공리에 마치고 내직으로 옮겨져 병조참의에 제수됨.

• 5/4〔귀경도중〕: 동부승지를 제수 받고 부호군에 옮겨졌음.

• 5/5: 다시 형조 참의에 제수되어 옥사獄事를 명쾌하게 처리하는 등 임금의 깊은 신임을 얻음.

* 7년 동안 살인죄로 감옥살이를 하고 있던 함봉련咸奉連을 무죄로 석방함.

* 이 시기에 「원原」과 「론論」 등이 저술된 것으로 보여짐.

• 6/21: 정조의 신임이 깊어지던 중에 대사 신헌조申獻朝가 "정약전 등을 추국하여 다스리십시오."라는 계청으로 민명혁閔命爀이 소를 올렸는데, 이는 채제공이 세상을 떠나 세력이 약해진 틈을 타 중형 약전을 거론하여 아우인 다산의 벼슬길을 막으려는 의도였음.

• 6/22: 다산은 자신의 입장을 밝히고 체임시켜 주기를 상소하는 「사형조참의소辭刑曹參議疏」를 내고 명례방의 죽란사竹欄舍로 돌아와 죽란시사竹欄詩社 활동에 주력했음.

- 7월 26일에 체직遞職〔물러나게 하는 것〕을 허락받았음.
- 10월: 천주교 배교자 조화진趙華鎭은 이가환, 정약용이 서교를 주창하고 모의하고 있다는 내용을 충청감사 이태영李泰永이 상주上奏〔임금께 보고함〕했으나 임금은 무고라고 일축함.
- 12/2: 여섯째 아들 농장農牂이 태어났음.

◑ 39세: 1800〔정조 24〕

- 봄: 다산은 세로世路가 위험하다고 느껴 낙향을 결심하고 마재로 돌아와 형제들이 모여 학술을 토론하는 등으로 소일했음.
- 6/12: 내각의 서리가 「한서선漢書選」 10질을 가지고 와서 "이 책 다섯 질은 남겨서 가전家傳의 물건을 삼고, 다섯 질은 제목을 써서 도로 들여보내라" 했음.
- 6/14: 정조의 몸에 종기가 나서 약물치료를 시작함.
- 6/28: 몸에 난 종기가 심해져서 정조正祖가 붕어崩御함.
- 겨울에 졸곡卒哭을 지낸 뒤 초하루와 보름에만 곡반哭班〔국상 때 곡을 하던 벼슬아치의 반열〕에 나아갔음. 다산은 소내로 돌아가 형제가 함께 모여 날마다 경전을 강하고, 그 당堂에 '여유與猶' 라는 편액을 달았음.

★ 주요 저술
  * 『문헌비고간오文獻備考刊誤』가 이루어졌으며, 「여유당기與猶堂記」와 「매심재기每心齋記」를 지었음.

◑ 40세: 1801〔순조 1〕

- 1/28: 조정의 분위기 파악차 소내에서 서울로 이동함.
- 2/8: 신유박해辛酉迫害가 시작됨.
- 2/9: 사간원의 계啓〔관청에서 임금에게 올리는 글〕로 인해 9일 하옥됨.

- 2/10~25: 신유박해 국청鞫廳이 진행됨.
  * 10일 새벽 의금부도사義禁府都事 한낙유韓樂裕에게 명례방에서 체포된 다산은 국문을 받았는데, 전 영의정 이병모李秉模가 위관이 되고, 영의정 심환지沈煥之, 좌의정 이시수李時秀, 우의정 서용보徐龍輔가 재판관이 되어 이가환, 정약용, 이승훈 순으로 심문을 진행함.
- 2/27: 3형제에 대한 재판이 확정 판결됨〔약종은 순교, 약전과 약용은 유배형에 처해짐〕.
- 2/28: 약전 형과 함께 유배지로 출발〔약전: 신지도, 약용: 장기〕.
  * 이동하는 동안 삼별시三別詩라 불리는 '석우별石隅別', '사평별沙坪別', '하담별荷潭別'을 지었음.
- 3/9: 장기에 도착해 읍내 마현리 성선봉成善封 군교軍校의 집에 거처를 마련함.
- 10/20: 황사영백서黃嗣永帛書 사건이 발생하면서 다산과 약전 형제는 서울로 압송됨.
- 10/27: 서울에 도착하여, 국청이 진행되었으나 황사영 사건과 무관한 것으로 밝혀짐.
- 11/5: 다산은 강진현康津縣, 약전은 흑산도黑山島로 전배되어 출발함.
- 11/21: 밤남정 마을에 도착, 형과 헤어지는 그때의 정경을 「율정별栗亭別」시에 담았음.
- 11/23: 강진에 도착했으나 주민들이 "서울서 역적 왔다."면서 주거 제공을 거절함. 동문 밖으로 나와 어느 주모의 도움으로 주막집에 거처를 정했으며, 이곳이 상례喪禮 연구의 산실이 됨.

★ 주요 저술
  * 3월: 『이아술爾雅述』 6권과 『기해방례변己亥邦禮辨』을 저술했는데, 겨울옥사 때 분실했음.

* 여름: 성호가 모은 100마디의 속담에 운을 맞춰 『백언시百諺詩』를 지었
  으며 훗날 『이담속찬耳談續纂』으로 수정, 보완되었음.
* 의서 『촌병혹치村病或治』와 「수오재기守吾齋記」를 저술하고 130여 수
  의 시를 지었음.

☆ 참고사항

* 1/10: 정순대비 사학금지 교서〔천주교는 사악한 종교이므로 국법으로
  금한다는 법령〕를 발표함.
* 1/19: 정약종의 책롱〔천주교 교재, 성구, 신부 및 황사영에게 보낸 서찰
  등〕 사건 발생. 서급書笈 사건이라고도 함.
* 3/12: 주문모가 스스로 의금부에 와서 자수함. 신도들이 많은 죽음을
  당하고 있음에 자신이 가만히 있을 수 없었다면서 스스로 자수하였음.
  이와 연관된 왕실의 송씨와 신씨, 강화도에 유배가 있던 정조의 서제庶
  弟 은언군이 3/17일 사약을 받고 사망함.
* 4/13: 주문모는 한강가 새남터에서 49세로 참수 당함.
* 7/22: 신유박해 국청에서 기록관이던 이안묵李安默〔1756~1804〕이 강진
  현감으로 부임함.
* 9/2: 정약종의 큰아들〔철상〕 순교, 둘째 아들〔하상〕은 8/15, 부인은
  10/18, 딸 정혜는 11/24 각각 순교함.
* 9/29: 황사영이 충북 제천, 베론 성지의 토굴에서 체포됨. 황사영은
  2/10일부터 상제喪制로 위장하고 제천지역 토굴에 숨어 생활하면서 황
  심과 옥천희 두 신도와 함께 중국의 구베아 신부에게 보내는 편지를 작
  성했음. 두 신도가 9/15일 체포되면서 9/26일 황사영이 있는 곳을 실토
  했고 9/29에 체포되었음.
* 황사영은 정약현의 사위임. 황석범〔1747~1775〕의 유복자로 태어나 16
  세에 진사시험 합격한 수재였으며, 정약현의 딸 명련과 결혼하면서 약
  종과 만나 천주교에 입교하였음.

* 11/5: 황사영이 27세로 능지처참형陵遲處斬刑을 당함. 황사영은 16세부터 27세까지 11년 동안 활동했음.
* 황사영의 어머니 이윤혜는 거제도로, 아내 정명련은 제주도로, 두 살 된 아들은 추자도에 버려졌으나 어부 오씨吳氏에게 발견되어, 오씨가 키운 것으로 알려지고 있음.

◑ 41세: 1802〔순조 2〕

• 2/7: 하인 석이가 가족 편지를 가지고 동문 밖 주막집에 찾아와 이삼일을 머물다 마재로 출발함.〔답장에 4월 10일 큰아들이 방문해 줄 것을 편지에 적어 보냄〕
• 4/10: 큰아들 학연學淵이 와서 근친覲親했음.
• 10/10: 제자 황상이 찾아와 가르침을 청했으며, 이후 서당을 열어 6명의 제자를 가르쳤음.
   * "주모가 밥은 먹여줄 것이니 동네 아이들 글을 가르쳐 주시오."라고 제안함에 따라 황상黃裳, 손병조孫秉藻, 황취黃聚, 황지초黃之楚, 김재정金載靖, 이청李晴〔자 학래鶴來〕 등을 가르치게 됨.
• 11/30: 여섯째 아들 농장이 4살에 요절夭折했음.
• 겨울: 부친의 친구인 윤광택尹光宅이 조카 시유詩有〔1780~1833〕를 시켜 술과 고기를 들고 찾아왔음.
• 12/22: 아들 농장農牂이 죽자 부인에 대한 걱정과 함께 두 아들에게 "두 아들 두 며느리가 효자 효부가 된다면 이곳 유배지에서 죽는다 해도 여한이 없겠다."는 등의 내용이 담긴 편지를 보냄.

★ 주요 저술
   * 겨울: '무덤 앞에서 울면서 읽어주라'는 당부 편지와 심정을 담아 「농아광지農兒壙誌」를 지었음.

◗ 42세: 1803〔순조 3〕

- 11/10: 사의재四宜齋 당호와 「사의재기四宜齋記」를 지었음.
- 사의재四宜齋: 네 가지를 마땅히 하는 집: ①생각을 맑게〔思사〕, ②용모는 엄숙하게〔貌모〕, ③말은 과목하게〔言언〕, ④행동은 후중하게〔動동〕.
- 겨울: 정순왕후가 석방할 것을 지시했으나 서용보徐龍輔의 반대로 석방이 취소됨.

★ 주요 저술

  * 봄:『예기』「단궁檀弓」편의 주석을 고쳐『단궁잠오檀弓箴誤』6권을 완성함.
  * 여름: 23칙으로 된「조전고弔奠考」를 완성함.
  * 가을: 詩「애절양哀絶陽」이 이루어졌음. 애절양은 당시 삼정의 문란〔田政, 軍政, 還穀〕의 실상을 보고 작성한 것으로, 특히 백골징포白骨徵布〔죽은 사람에 대한 세금〕와 황구첨정黃口僉正〔갓난 애기에 대한 병역세〕등 횡포가 심했음.
  * 겨울:『예전상의광禮箋喪儀匡』17권이 이루어졌음.

◗ 43세: 1804〔순조 4〕

★ 주요 저술

  * 봄: 2천자문으로 된『아학편훈의兒學編訓義』가 작성되었음.

◗ 44세: 1805〔순조5〕

- 4/18: 백련사白蓮寺에서 아암兒庵 혜장惠藏 선사를 만났음.
- 9/23: 큰아들 학연이 사의재로 찾아옴.
- 가을: 강진현 고이도〔현재의 고금도〕에서 귀양살이를 하다 풀려나는 김이재金履載와 송별하며 '송별送別'의 시詩를 부채에 써주었는데, 이

를 선자시扇子詩라고도 함. 훗날 김이재의 형인 김이교金履喬가 순조의 장인 김조순金祖淳에게 보여주게 되어 해배의 실마리를 제공하게 되었다는 설이 있음.

• 겨울: 보은산방寶恩山房〔고성사〕으로 거처를 옮겨 학연을 가르쳤음. 이곳이 『주역』 연구의 산실이 되었음.

★ 주요 저술

   * 여름: 「정체전중변正體傳重辨」〔일명 「己亥邦禮辨」〕 3권이 이루어졌음.

   * 겨울: 아들 학연에게 밤낮으로 『주역』과 『예기』를 가르쳤음. 혹 의심스러운 곳이 있어 그가 질문한 것을 답변해 기록해놓았는데, 모두 52칙으로 「승암문답僧庵問答」이라고 했음.

☆ 참고사항

   * 혜장〔1772~1811〕으로 인해 다례茶禮와 불교경전을 접하게 됨.

◑ 45세: 1806〔순조 6〕

• 봄: 학연을 데리고 보은산방에서 10리 길을 걸어 만덕산 백련사를 방문함.

• 가을: 학연을 마재로 돌려 보냄. 거처를 이청李晴〔자 鶴來〕의 집으로 옮김.

☆ 참고사항

   * 이청李晴〔1792~1861〕은 아전의 아들로 태어나 사의재의 6제자 중 막내임. 다산초당에서까지 다산의 옆에 있었으며, 해배 이후에도 마재를 내왕하며 다산을 섬겼음. 70세까지 과거에 매달려 공부했는데, 부賦는 합격했으나 시詩 분야가 모자라 탈락한 것으로 전해지고 있음.

◑ 46세: 1807〔순조 7〕

• 5월: 장손長孫 대림大林이 태어남.

• 7월: 형의 아들 학초學樵가 사망했다는 부음을 들었음.

★ 주요 저술

  * 7월: 묘지명「형자학초묘지명兄子學樵墓誌銘」을 썼음. 『상례사전喪禮四箋』 50권이 완성되었음.

  * 겨울: 『예전상구정禮箋喪具訂』 6권을 지었음.

◗ 47세: 1808〔순조 8〕

- 3/16: 다산초당으로 거처를 옮김. 이곳이 다산학 탄생의 산실이 되었으며, 다산이라는 아호가 생겨남. 다산초당은 강진현 남쪽의 만덕사萬德寺 서쪽에 있는데, 귤림처사橘林處士 윤단尹博〔연동파〕의 산정山亭이었음.

  * 다산초당으로 오게 된 배경: 윤단과 그의 아들 윤규로가 자제들을 교육시키기 위해 초빙함. 다신계 제자 18명 중에서 윤단의 손자가 6명임.

- 다산으로 거처를 옮긴 뒤 대臺를 쌓고, 못을 파고, 꽃나무를 열지어 심고, 물을 끌어 폭포를 만들고, 동쪽과 서쪽 각각에 암자를 짓고, 서적 1,000여 권을 쌓아놓고, 글을 짓고 스스로 즐기며 '정석丁石' 두 글자를 석벽石壁에 새겼음.

- 4/20: 큰아들 돌려보낸 뒤 1년 반 만에 둘째 아들 학유가 어머니 편지를 가지고 와서 8년 만에 상봉함. 학유는 1810년 5월까지 2년 정도 초당에 머무르며 가르침을 받았음.

  * 이때 학유가 결혼예물인 다홍치마를 지참한 것으로 추정됨.

★ 주요 저술

  * 봄: 『주역』의 어려운 부분을 들추어 『다산문답』 1권을 썼음.

  * 여름: 가계家誡를 썼음.

  * 겨울: 『제례고정祭禮考定』과 『주역심전周易心箋』 24권이 이루어졌음. 「독역요지讀易要旨」 18칙과 「역례비석易例比釋」을 지었음. 『주역서언周易緒言』 12권을 완성했음.

◐ 48세: 1809〔순조 9〕

• 봄: 혜장이 초의草衣〔1786~1866〕를 데리고 다산을 찾아와서 훗날 유교
와 불교의 학문 교류가 넓어지게 되고, 초의는 추사와도 교유하게 됨.

★ 주요 저술

    * 봄:『예전상복상禮箋喪服商』,『상례외편喪禮外篇』12권이 완성되었음.
    * 가을:『시경강의詩經講義』를 산록刪錄했음. 내용은『모시강의毛詩講義』
      12권을 첫머리에 놓고, 따로『시경강의 보유詩經講義補遺』3권을 지었음.

◐ 49세: 1810〔순조 10〕

• 5월: 학유가 다산초당에서 마재로 돌아감. 이때「하피첩霞帔帖」을 지참
시킴.

• 9월: 큰아들 학연이 바라를 두드려 억울함을 상소〔꽹가리 상소〕하고
김계락의 보고로 특별히 해배 은총이 내려졌으나, 홍명주의 상소와 이
기경의 대계臺啓로 인해 석방되지 못했음.

    * 풍증風證으로 큰 고생을 하고 있었음.

★ 주요 저술

    * 봄:『시경강의보詩經講義補』,『관례작의冠禮酌儀』와『가례작의嘉禮酌
      儀』가 완성됨. 봄, 여름, 가을 각 세 차례에 걸쳐 가계家誡를 썼음.
    * 겨울:『소학주천小學珠串』3권이 완성됨.

◐ 50세: 1811〔순조 11〕

• 9/14: 혜장이 40세의 짧은 일기로 입적入寂함.

★ 주요 저술

    * 봄:『아방강역고我邦疆域考』가 완성됨.
    * 겨울:『예전상기별禮箋喪期別』이 완성됨.

☆ 참고사항

 * 홍경래 난이 일어남.

◐ 51세: 1812〔순조 12〕

 • 봄: 딸이 옹산翁山 윤서유尹書有의 아들 창모昌謨에게 시집감.

 • 9/12: 이덕휘의 초청으로 월출산 남쪽 백운계곡을 유람. 윤동〔본명 윤
   종심〕, 초의와 함께 '백운도白雲圖'와 '다산도茶山圖'를 그렸음.

 ★ 주요 저술

   * 봄: 『민보의民堡議』를 완성했음. 계부季父 가정공稼亭公 정재진丁載進의
     부고를 받고 「계부가옹행장季父稼翁行狀」을 지었음.

   * 겨울: 『춘추고징春秋考徵』 12권이 완성됨. 초본은 둘째 아들 학유가, 재
     고본은 제자 이강회가 도왔음. 「아암장공탑명兒菴藏公塔銘」을 지었음.

◐ 52세: 1813〔순조 13〕

 • 7/14: 시집간 딸에게 매조도梅鳥圖를 그려 보냄.

   * 사위 윤창모와 딸은 1812년에 결혼해서 1년 정도 살다가 한양〔귀어
     촌〕으로 이사함.

 • 서모 잠성김씨〔1754~1813〕가 사망하였음. 훗날 묘지명을 썼음.

 ★ 주요 저술

   * 6월: 「증별이중협우후시첩서贈別李重協虞候詩帖序」를 썼음.

   * 겨울: 『논어고금주』 40권이 이루어졌음. 이 책은 여러 해 동안 자료를
     수집하여 이해 겨울에 완성했는데 이강회李綱會, 윤동尹峒 등이 도왔으
     며, 『논어』에 대해서는 이의가 워낙 많아서 「원의총괄原義總括」표를 만
     들어 「학이편學而篇」에서부터 「요왈편堯日篇」까지 원의를 총괄한 것이
     175조가 됨.

◗ 53세: 1814〔순조 14〕

• 4월: 대계가 정지되어 처음으로 죄인 명부에서 이름이 삭제되었음. 장
  령掌令 조장한趙章漢이 사헌부에 나아가 특별히 정지시킨 것임. 그때
  의금부에서 관문關文을 발송하여 석방시키려 했으나 강준흠姜浚欽의
  상소로 발송하지 못했음.

★ 주요 저술

  * 여름:『맹자요의孟子要義』9권이 완성됨.
  * 가을:『대학공의大學公議』3권,『중용자잠中庸自箴』3권,『중용강의보』
    6권이 완성됨.
  * 겨울: 이청李晴에게 집주集注케 하여『대동수경大東水經』2권이 완성됨.

◗ 54세: 1815〔순조 15〕

★ 주요 저술

  * 봄:『심경밀험心經密驗』과『소학지언小學枝言』이 완성됨. 다산은 “오직
    『심경』과『소학』이 모든 경전 가운데서 꽃을 피운 것이었다. 배우는 사
    람이 두 책에 마음을 기울이고, 힘써 실천하여『심경』으로써 그 안을 다
    스리고『소학』으로써 그 밖을 다스린다면 아마도 현자賢者가 되는 길이
    열릴 것이다.”라고 했음.

◗ 55세: 1816〔순조 16〕

• 6/6: 종형 정약전, 흑산도 유배지에서 59세로 사망함.
• 6/17: 종형의 부음을 들었음.
• 8월: 학유의 처 청송심씨가 사망하였음. 해배된 다음 해에 묘지명을 지
  었음.

★ 주요 저술

*봄:『악서고존樂書孤存』12권이 완성됨. 이는 '4서 5경'에『악경』을 추가하여 '4서 6경'을 완성하는 위업이었음.

● 56세: 1817〔순조 17〕

★ 주요 저술

*가을:『상의절요喪儀節要』가 이루어졌으며,『가례작의』와『제례고정』등과 함께 묶어서『사례가식』으로 펴냈음.『방례초본邦禮艸本〔경세유표〕』의 저술을 시작했는데 끝내지는 못했음.

● 57세: 1818〔순조 18〕

• 8/15: 이태순李泰淳이 상소하고 임금의 하교가 시행되는지 여부에 대해 남공철南公轍〔우의정〕이 확인함으로써 드디어 해배 명령이 발부됨.
• 9/2: 해배되어 유배지에서 고향 마재로 출발함.
• 9/15: 고향 마재에 도착함.

★ 주요 저술

*봄:『목민심서』저술을 시작함.
*여름:『국조전례고國朝典禮考』2권이 이루어졌는데,『상례외편喪禮外篇』에 편입되었음.
*가을:『기해방례변』을 지었음.

● 58세: 1819〔순조 19〕

• 봄: 충주 하담에 있는 선영에 성묘함.
• 여름: 노론 계열의 대표적 학자인 신작申綽·신진申縉 형제와 학술 논쟁을 벌인 끝에 높은 평가를 받음.

• 가을: 용문산龍門山을 유람했음.

★ 주요 저술

* 여름: 『흠흠신서欽欽新書』가 이루어졌는데, 이 책의 처음 이름은 『명청록明清錄』이며, 후에 『서경』 「우서虞書」의 '흠재흠재欽哉欽哉', 즉 '형벌을 신중히 하라'는 뜻에서 지었음.

* 겨울: 『아언각비雅言覺非』 3권이 완성됨.

* 이 해에 큰형수 경주이씨에 대한 「구수공인이씨묘지명丘嫂恭人李氏墓誌銘」, 둘째 며느리인 학유의 처에 대한 「효부심씨묘지명孝婦沈氏墓誌銘」, 약현 형의 아들 학수에 대한 「형자학수묘지명兄子學樹墓誌銘」, 서모 잠성김씨에 대한 묘지명庶母金氏墓誌銘을 지었음.

◑ 59세: 1820 〔순조 20〕

• 봄: 배를 타고 북한강을 거슬러 춘천의 청평산 등을 유람했음.

★ 주요 저술

* 겨울: 친구 윤서유에 대한 「옹산윤공묘지명翁山尹公墓誌銘」을 지었음.

◑ 60세: 1821 〔순조 21〕

• 9/4: 큰형〔약현: 1751~1821〕이 71세로 사망했음.

• 11/27: 노론계 김매순金邁淳을 만나 30여 년 전에 궁궐에서 맺은 인연을 토대로 유배지에서 연구한 학문에 대해 토론함.

★ 주요 저술

* 봄: 『사대고례산보事大考例刪補』 26편이 완성됨.

* 가을: 약현 형의 「선백씨정약현묘지명先伯氏丁若鉉墓誌銘」, 윤지범의 「남고윤참의묘지명南皐尹參議墓誌銘」을 지었음.

◑ 61세: 1822〔순조 22〕

- 1/29: 노론의 대가인 대산 김매순으로부터 『매씨서평』에 대한 서평을 편지로 받고 기뻐했음.
- 6월: 신작申綽, 김기서金基敍 등과 편지를 주고받으며 경서에 대해 논했음.
- 노론의 홍석주洪奭周/홍길주洪吉周/홍현주洪顯周 삼형제와 이들의 6촌인 홍한주洪翰周와 교유하였음.

★ 주요 저술

  * 회갑을 맞아 「자찬묘지명自撰墓誌銘〔집중본·광중본 2종〕」과 약전 형의 묘지명 「선중씨정약전묘지명先仲氏丁若銓墓誌銘」, 윤지평尹持平의 묘지명 「사헌부지평윤공묘지명司憲府持平尹公墓誌銘」, 이유수李儒修의 묘지명 「사헌부장령금이이주신묘지명司憲府掌令錦里李周臣墓誌銘」, 윤지눌尹持訥의 묘지명 「사헌부지평윤무구묘지명司憲府持平尹无咎墓誌銘」, 권철신의 묘지명 「녹암권철신묘지명鹿菴權哲身墓誌銘」, 이가환의 묘지명 「정헌이가환 묘지명貞軒李家煥墓誌銘」, 이기양李基讓의 묘지명 「복암이기양묘지명茯菴李基讓墓誌銘」 등을 지었음.

◑ 62세: 1823〔순조 23〕

- 4월: 다신계 제자 윤종삼〔旗叔기숙〕, 윤종진〔琴季금계〕이 마재에 찾아와서 다산 초당의 안부에 대해 대화를 나눔.
- 4/15일~25일: 산수汕水를 거슬러 유람하고 「산행일기汕行日記」, 「산수심원기汕水尋源記」 등을 지었음.
- 9/28: 승지 후보로 낙점됐으나 서용보의 방해로 취소되었음.

◑ 66세: 1827〔순조 27〕

• 10월: 순조의 아들 익종翼宗〔효명세자〕이 대리청정을 하며 다산을 모셔 오라 했는데, 윤극배尹克培가 "정약용이 아직도 천주교를 잊지 않았다"는 상소로 무산됨.

• 11월: 홍현주·석주 형제와 학문 논쟁을 벌이고 높은 평가를 받음.

◑ 67세: 1828〔순조 28〕

• 추사 김정희와 그의 아우 김상희金相喜가 찾아와 뱃놀이를 하며 시를 지었음.

◑ 69세: 1830〔순조 30〕

• 5/5: 약원藥院에서 탕제湯劑의 일로 아뢰어 부호군副護軍에 단부單付되었음. 그때 익종翼宗〔순조의 아들〕이 위독해 약원에서 약을 논의할 것을 청했음. 그러나 익종은 약을 올리기도 전인 6일에 세상을 떠났음.

◑ 73세: 1834〔순조 34〕

• 11월: 순조의 환후가 급해 명을 받들고 12일에 출발했는데 홍화문弘化門에서 승하했다는 말을 듣고 이튿날 고향으로 돌아왔음.

★ 주요 저술

* 봄:『상서고훈尙書古訓』과『상서지원록尙書知遠錄』7권을 개수改修하고 합해서 모두 21권으로 합편하였음.

* 가을:『매씨서평梅氏書平』9권을 개정했음.

◑ 75세: 1836〔헌종 2〕

• 2/22: 양력으로 4월 7일 진시辰時〔07~09시〕에, 태어나고 자란 집에서

생을 마쳤음. 이날은 선생의 회혼일回婚日이어서 족친族親과 문생門生들이 많이 모였음. 이날 문인 이강회李綱會가 서울에 있었는데 큰 집이 무너져 내리는 꿈을 꾸었다고 함. 장례 절차는 모두 선생의 유명遺命에 따라 「상의절요喪儀節要」를 지켜 시행했음.

- 4/1: 여유당與猶堂 뒤편 유산酉山에 장사지냄.

사후 연보

❖ 1862년〔철종 13〕: 서세 22년

- 노사蘆沙 기정진奇正鎭〔1788~1879〕이 "삼정문란의 해결책이 『목민심서』에 다 있습니다."라고 철종哲宗 임금에게 상소하였음.

❖ 1882년〔고종 19〕: 서세 42년

- 『여유당전서』가 전부 필사되어 내각에서 소장所藏함.

❖ 1910년〔순종 4〕: 서세 74년

- 7/18: 정헌대부正憲大夫 규장각 제학을 추증追贈하고 문도공文度公의 시호를 내림.〔나라에서 내려준 마지막 시호임〕

❖ 1925년: 서세 89년

- 7월 7일에서 9월 초까지 4차례 대홍수大洪水가 발생하여 다산의 고택〔여유당〕이 떠내려 갈 때 후손 정규영丁奎英이 유고遺稿를 구출해서 지켜냈음.

❖ 1936년: 서세 100주년

- 서거 100주년을 맞아하여 정인보, 안재홍 등이 『여유당전서』를 정리하여 펴냄.
- 1936~1938년까지 신조선사에서 활자본 『여유당전서』 154권 76책을 간행함.

❖ 1957년: 서세 121년

• 강진군에서 다산유적지 복원사업을 전개함.

❖ 1985년: 서세 149년

• 남양주시에서 마재 정약용 생가 복원사업을 전개함.

❖ 1997년: 서세 161년

• 유네스코에서 수원화성을 세계과학건축물로 선정함.

❖ 2012년: 서세 176년〔탄신 250년〕

• 다산 탄신 250주년을 맞아하여, 다산의 위대한 업적을 기려 유네스코에 서 다산을 헤르만 헤세, 장자크 루소 등과 함께 세계기념인물로 선정함.

❖ 2019년: 서세 183년

• 경기도에서 2012년도에 기 선정된 위인 33명에 대하여 이장, 통장, 주 민자치위원 등 4,000명을 대상으로 설문한 결과 경기도를 대표하는 역 사인물 1위에 정약용〔27.2%〕, 2위 정조〔21.0%〕, 3위는 율곡〔9.0%〕, 4 위 명성왕후〔6.7%〕, 5위 정도전〔6.7%〕 순으로 선정됨.

[찾아보기]

ㅅ

ㅈ

인문학적 지혜의 샘〔泉〕

다산 정약용의 목민리더십(Ⅱ)

초판 인쇄 ‖ 2021년 6월 18일
초판 발행 ‖ 2021년 6월 25일

지은이 ‖ 김종두
발행자 ‖ 김동구
디자인 ‖ 이명숙·양철민
발행처 ‖ 명문당(1923. 10. 1 창립)
주 소 ‖ 서울시 종로구 윤보선길 61(안국동)
　　　　우체국 010579-01-000682
전 화 ‖ 02)733-3039, 734-4798, 733-4748(영)
팩 스 ‖ 02)734-9209
Homepage ‖ www.myungmundang.net
E—mail ‖ mmdbook1@hanmail.net
등 록 ‖ 1977. 11. 19. 제1~148호

ISBN 979-11-91757-10-1 (94190)
ISBN 979-11-91757-08-8 (세트)
정가 ‖ 24,000원